权威·前沿·原创

皮书系列为
“十二五”“十三五”“十四五”国家重点图书出版规划项目

智库成果出版与传播平台

中国大中城市健康老龄化指数报告（2021~2022）

REPORT ON INDEX OF HEALTHY AGEING IN MAJOR CHINESE CITIES (2021-2022)

聚焦年龄友好城市

Focusing on Age-friendly City

西南交通大学国际老龄科学研究院 研创

社会科学文献出版社
SOCIAL SCIENCES ACADEMIC PRESS (CHINA)

图书在版编目(CIP)数据

中国大中城市健康老龄化指数报告.2021～2022：聚焦年龄友好城市/西南交通大学国际老龄科学研究院研创.--北京：社会科学文献出版社，2022.5
（健康老龄化蓝皮书）
ISBN 978－7－5201－9869－1

Ⅰ.①中… Ⅱ.①西… Ⅲ.①城市人口－人口老龄化－研究报告－中国－2021－2022 Ⅳ.①C924.24

中国版本图书馆CIP数据核字（2022）第042903号

健康老龄化蓝皮书
中国大中城市健康老龄化指数报告（2021～2022）
——聚焦年龄友好城市

研　　创／西南交通大学国际老龄科学研究院

出 版 人／王利民
组稿编辑／邓泳红
责任编辑／桂　芳
责任印制／王京美

出　　版／社会科学文献出版社·皮书出版分社（010）59367127
地址：北京市北三环中路甲29号院华龙大厦　邮编：100029
网址：www.ssap.com.cn
发　　行／社会科学文献出版社（010）59367028
印　　装／天津千鹤文化传播有限公司

规　　格／开　本：787mm×1092mm　1/16
印　张：25　字　数：373千字
版　　次／2022年5月第1版　2022年5月第1次印刷
书　　号／ISBN 978－7－5201－9869－1
定　　价／158.00元

读者服务电话：4008918866

健康老龄化蓝皮书编委会

编写组成员

编写组成员 （以作者首次出现排序）

杨一帆　彭春花　张雪永　康建春　王　卉

范文婷　田金吉　潘君豪　杨林川　张田丰

王大海　李芷皓　胡　松　张　铎　敬璐璐

谢智毅　姚高文　张晓丹　王培彦　毕森科

罗　鹏　陈蕾蕾　雷凤琴

主要编撰者简介

张雪永 博士，教授，博士生导师，西南交通大学文科建设处处长，国际老龄科学研究院院长，兼任中国老年学和老年医学学会养老人才发展专委会副主任、四川省老年学学会会长，四川省教学指导委员会委员、四川省老年健康发展中心专家组副组长、《西南交通大学学报》（社会科学版）编委会副主任，日本庆应义塾大学法学部访问教授（2017、2019）。

杨一帆 经济学博士，西南交通大学公共管理学院教授，国际老龄科学研究院副院长，四川省社会科学重点研究基地（老龄事业与产业发展研究中心）执行主任，主要研究领域为养老金融、健康老龄化、康养产业。

张　铎 助理研究员，西南交通大学马克思主义学院博士研究生，西南交通大学党政办公室副主任。主要研究领域为人口老龄化治理、老龄公共政策、康养产业。

杨林川 西南交通大学建筑学院研究员，博士生导师。香港大学博士（城市经济）、硕士（交通工程），厦门大学工学学士（城市规划）、理学学士（数学与应用数学）。主要研究领域为低碳交通与土地利用、交通经济、交通地理、交通出行行为和 GIS 应用。

康建春 西南交通大学公共管理学院硕士研究生，国际老龄科学研究院科研助理，主要研究领域为医养结合、医疗卫生政策、医疗保险。

国际老龄科学研究院工作回顾与展望

一　国际老龄科学研究院简介

西南交通大学国际老龄科学研究院于2015年5月15日正式获得全国老龄工作委员会办公室批准，成为全国第一批四个“国家老龄科学研究基地”之一，于2016年被四川省委办公厅评为“四川省委高校重点智库”，于2020年5月获得“中国老龄协会首批老龄科研基地”称号，并与西南交通大学公共管理学院合作于2019年1月建成“四川省社会科学重点研究基地老龄事业与产业发展研究中心”。作为全国重点高校中最早设立专司进行跨学科老龄研究的校级实体机构，西南交大国际老龄科学研究院综合集成百年交大在科学技术、人文社科领域的优势学科，独树一帜地彰显“高起点、跨学科、国际化”的鲜明特征，着力建设具有国际影响力的一流师资团队，培养拥有国际视野的一流人才，开辟学科改革与发展的实验田，培育老龄产业创新技术和产品的试验场，努力实现“放眼国际、立足本土”“国内一流，国际知名”的发展目标。

二　国际老龄科学研究院工作回顾

西南交通大学国际老龄科学研究院凭借西南交大建筑设计、信息科学、轨道交通、公共管理、马克思主义等学科基础，组建跨学科团队，对我国应对人口老龄化的一些基本问题、重点问题、热点问题和最迫切需要解决的问题开展了深入研究。在老龄政策方面，研究院积极协助制定地方政府部门“十四五”养老服务规划，参与《四川省老年人权益保障条例》等文件的修订、文件提纲及报告的撰写，推动健康老龄化稳步落地，为政府、社会、企业积极应对人口老龄化，构建全龄友好城市建言献策。在养老人才方面，帮助攀枝花市政府编制了阳光康养产业试验区和康养产业人才发展规划。在养老金融方面，通过对上海市人口趋势研判、政策解读、养老产业市场结构分析等多层次探讨，为交行上海市分行布局养老产业提供切入点与实施路径，推动银行提供多类型、广用途、多渠道的普惠金融产品服务，助力普惠型养老服务机构经营发展。在养老服务标准化方面，研究院运用丰富的国际学术研究资源，对养老机构的建筑环境、医养照护、组织绩效进行标准研发，实现组织的提质增效。在社会服务方面，助力成都市幸福美好生活十大工程实施、推进全龄友好包容社会营建工程，着眼“一老一小”民生所需，积极协助地区民政局因地制宜开展“养老服务发展‘十四五’规划课题”和“养老服务设施‘十四五’规划课题”研究，从体系搭建和标准化建设等方面入手，持续为各地区养老托育服务提供智力支持。

三　国际老龄科学研究院未来展望

老龄化是当今世界人口发展的必然趋势，也是世界各国普遍面临的重大社会问题。未来，研究院将积极响应国家号召，在学校科研管理机构的统筹下，组织校内各相关单位充分发挥自身的学科优势和体制优势，搭建嵌入真实社区的服务场景，与基层政府和社区合作推动项目落地、运行，不断强化科学技术支撑社会创新的能力，共同促进以健康老龄化为导向的整合服务系统高质量发展，助力实施积极应对人口老龄化的国家战略。

一是继续发挥国际老龄科学研究院的特长和优势，聚焦重点研究领域。发挥学校和区域的优势，着重聚焦老龄的公共政策和社会治理领域、老年健康领域、老年科技领域以及老年友好环境建设等四个方面的研究，灵活合理地运用各学科专业知识，协同创新共同开展综合型的大规模研究，打破各学科之间存在的“老龄分支”学科壁垒，丰富老龄科学内涵，为提供全方位养老服务建言献策。

二是树立并贯彻积极老龄观，积极推进新技术、新产业的发展。当前中国经济社会发展已经进入经济转型的关键期，应将科技进步作为积极应对人口老龄化的战略支撑，加强科技创新体系建设，充分考虑人口老龄化带来的科技新需求和新挑战。研究院愿意积极引导政府和企业观念转变，密切跟踪研究数字化背景下老龄交叉领域的现象和问题，将独立、自主和自尊的积极老龄化理念融入科技创新，为积极老龄观和积极老龄生活的实现出真招并使其见实效。

三是推进应对人口老龄化中国特色实践的落实。第一，立足和挖掘中国传统文化，关注不同地区、不同民族等差异化背景下老年人的真正需求，寻找因地制宜、成本节约的应对之策和应对之物。助力实施积极应对人口老龄化的国家战略在地方城市和社区的生动实践。第二，对接国内外高校及社会资源，加强未来产业发展所需的康养人才队伍建设，培养更多优质医护康养管理人才和技能人才，整体提升康养人才知识体系水平和服务人才技能水准。

西南交通大学国际老龄科学研究院是顺应老龄社会发展趋势而建立的新型研究与教学组织，将在党的领导下，立足中国国情、根植中国优秀传统文化，促进积极老龄观、健康老龄化的落实，并一如既往地发挥好智库作用，为建设和谐可持续发展社会以及全龄友好城市而努力。另外，按照去行政化的改革要求，创新组织模式，采用虚实结合方式，汇聚国际师资，借鉴国外研究与教学模式，努力使国际老龄科学研究院成为西南交通大学汇聚交叉领域高端学术人才与培养高端创新人才的高地。

摘　要

《中国大中城市健康老龄化指数报告（2021～2022）：聚焦年龄友好城市》是本系列蓝皮书的第四部成果。西南交通大学国际老龄科学研究院积极响应《中共中央关于制定国民经济和社会发展第十四个五年规划和二〇三五年远景目标的建议》和“实施积极应对人口老龄化国家战略”，在充分借鉴和反思世界卫生组织关于构建老年友好型城市社区的政策框架，解析其运作机制、成效和风险、约束条件的基础上，构建具有中国特色的、可持续发展的，韧性的、共建共治共享的年龄友好城市治理模式及绩效评估体系，为中国及时应对、科学应对、综合应对人口老龄化，构建包容性社会提供有益的启示。

“十四五”时期是我国进入新发展阶段，开启全面建设社会主义现代化国家新征程的第一个五年。本书以实施积极应对人口老龄化国家战略为依归，以联合国倡导的健康老龄化为主线，结合世界卫生组织的全球老年友好城市建设指南，并关联《中国儿童发展纲要（2021～2030年）》的相关要求，以我国38个大中城市作为研究考察对象，深刻剖析考虑“一老一小”包容发展的我国年龄友好城市建设理念、形式与治理模式。本书分别从“健康医疗”“人居环境”“交通出行”“社会公平与社会参与”“社会保障与金融”五大维度，通过公开数据对我国38个大中城市健康老龄化发展水平进行系统分析。综合运用全生命周期理论，整体治理、协同治理、网络治理理论，韧性理论等多学科前沿理论，探讨以构建年龄友好城市为目标的健康老龄化理论创新与实践创新，推动实现年龄友好社会的国家治理体系和治

理能力现代化。本书是国际老龄科学研究院围绕“积极应对人口老龄化、实现健康老龄化”，以国际行政科学学会（IIAS）“世界幸福城市治理研究中心/可持续老龄化治理研究中心”项目为依托，开展国际学术交流活动的成果产出，以及老龄事业与产业发展研究中心（四川省社会科学重点研究基地）的研究成果，也是2021年中央高校基本业务费重点团队项目、2021年四川省社会科学规划重点研究基地重大项目（SC21EZD051）等多个省部级课题的阶段性成果和国家社会科学基金项目“全球应对老龄化治理与构建年龄友好城市研究（18BZZ044）”的最终成果。

关键词： 健康老龄化　城市治理　老龄化　老龄科学

Abstract

The *Progress of Ageing Society Development in Major Chinese Cities, Powered by an Active Ageing Outlook (2021 – 2022): Focusing on Age – Friendly City* is the fourth fructification of the *Blue Book of Healthy Ageing*. The National Interdisciplinary Institute on Ageing (NIIA) of Southwest Jiaotong University actively responds to the Proposal of the Central Committee of the Communist Party of China on Formulating "the 14th Five – Year Plan for National Economic and Social Development and the Long – Range Objectives Through the Year 2035" and "the national strategy of actively coping with population ageing". On the basis of the World Health Organization's policy framework on building age-friendly urban communities, and analyzing its operation mechanism, effectiveness, risks and constraints, we build an age-friendly urban governance model and performance evaluation system with Chinese characteristics, sustainable development and resilience, which would provide useful insights for China to respond to population ageing in a timely, scientific and comprehensive manner and build an inclusive society.

The 14th Five – Year Plan period is the first five years in which China enters a new stage of development and starts a new journey of building a comprehensive socialist modern country. This report is based on the implementation of the national strategy of actively coping with population ageing, with the healthy ageing advocated by the United Nations as the main line, combined with the World Health Organization's global guidelines for the construction of Age – Friendly cities and the relevant requirements of the China Child Development Program (2021 ~ 2030), 38 large and medium-sized cities in China are taken as the objects of the study, and the in-depth analysis of the inclusive development of "the oldest and the youngest" is considered. The report also examines the concept, form and governance model of age-friendly city construction in China, taking 38 large and medium-sized cities in China as the research subjects. This report focusing on "Health Care", "Living Environment", "Transportation", "Social Equity and Social Participation", "Social Security and Finance". It comprehensively uses the Whole Life Cycle Theory, Holistic Governance, Collaborative Governance, Network Governance Theory and other multidisciplinary frontier theories to explore the theoretical and practical innovation of healthy ageing with the goal of building age-friendly cities, and to promote the modernization of national governance system and governance capacity to realize age-friendly society. This report is the outcome of the international academic exchange activities carried out by the International Institute of Administrative Sciences (IIAS) based on the project of the International Institute of Administrative Sciences (IIAS) "World Center for Well-being City Governance/Research Center for Sustainable Ageing Governance" focusing on "actively coping with population ageing and achieving healthy ageing". It is also the outcome of the research collaboration with the Center for Research on Ageing and Industrial Development (Sichuan Provincial Social Science Key Research Base), and is the phase achievement of several provincial and ministerial-level projects such as the 2021 Fundamental Research Funds for the Central Universities, the 2021 Sichuan Provincial Social Science Program Key Research Base Major Project (SC21EZD051). It is also the final outcome of the National Social Science Foundation's project "Research on Global Governance Response to Ageing and Construction of Age – Friendly Cities (18BZZ044)".

Keywords: Healthy Ageing; Urban Governance; Ageing; Ageing Science

目　录

Ⅰ　总报告

Ⅱ　分报告

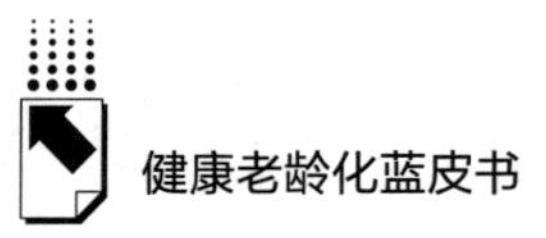

Ⅲ 专题篇

Ⅳ 借鉴篇

皮书数据库阅读**使用指南**

CONTENTS

I General Report

II Sub Reports

Ⅲ Special Reports

Ⅳ Reference Reports

总 报 告

General Report

B.1
积极老龄观引领的中国大中城市健康老龄化建设进展（2021～2022）
——聚焦年龄友好城市

杨一帆　彭春花*

摘　要： 持续推进健康老龄化建设是中国大中城市持续解放优质人口红利的关键举措和必由之路。本报告立足中国人口老龄化的基本国情，选择38个具有代表性的大中城市作为样本城市，采用层次分析方法构建具有中国特色的城市健康老龄化水平评价指标体系，建立“健康医疗”、“人居环境”、“交通出行”、“社会公平与社会参与”以及“社会保障与金融”5个评价维度和44个一级指标，使用公开数据，对38个样本城市各个维度的指标进行

* 杨一帆，经济学博士，西南交通大学公共管理学院教授，国际老龄科学研究院副院长，四川省社会科学重点研究基地（老龄事业与产业发展研究中心）执行主任，研究领域为养老金融、健康老龄化、康养产业；彭春花，西南交通大学公共管理学院2020级硕士研究生，国际老龄科学研究院科研助理，研究领域为社会保障与老龄科学。

评估分析，最终得出城市的总体排名。并对典型城市的城市健康老龄化水平建设五大维度进行分析，为其他城市发展提供经验借鉴。最后，结合中国整体城市健康老龄化水平发展现状，提出“优化政策设计，构建‘大养老’格局”“秉持积极理念，化解‘结构性’养老矛盾”“化解资源不均，推动‘社会化’养老进程”“推动年龄友好城市建设，提高‘系统性’治理水平”等行动策略，为我国积极应对人口老龄化、提高城市健康老龄化水平提供一定的参考。

关键词： 人口老龄化　健康老龄化　城市发展

中国的社会经济发展离不开超大人口规模的底蕴和积累。但随着老龄化问题日益严峻，人口结构矛盾的问题也逐渐显现。老龄化将持续很长一段时间的发展国情，决定我们必须正面应对老龄化社会的到来。《中华人民共和国国民经济和社会发展第十四个五年规划和 2035 年远景目标纲要》中提出将“积极应对人口老龄化”上升为国家战略。2021 年 11 月 18 日中共中央和国务院的《关于加强新时代老龄工作的意见》中提出，有效应对人口老龄化对于维系社会稳定、建设社会主义现代化国家具有重大意义。这些政策文件的出台一方面表明党和国家对老龄化问题的高度重视，另一方面也表明解决老龄化社会问题迫在眉睫。

一　人口老龄化与健康老龄化的时代背景

（一）城市健康老龄化建设背景

1. 人口老龄化加速发展的社会背景

20 世纪 90 年代末，我国也逐渐开始进入老龄化社会。超大的人口基数加上七八十年代实行的“独生子女”政策，导致21世纪我国老龄化呈现出加速发展的趋势。如图1所示，我国65岁及以上老年人口从2013年的1.32亿增长到2020年的1.91亿，占总人口的比例从2013年的9.70%增长到2020年的13.50%。[①]。

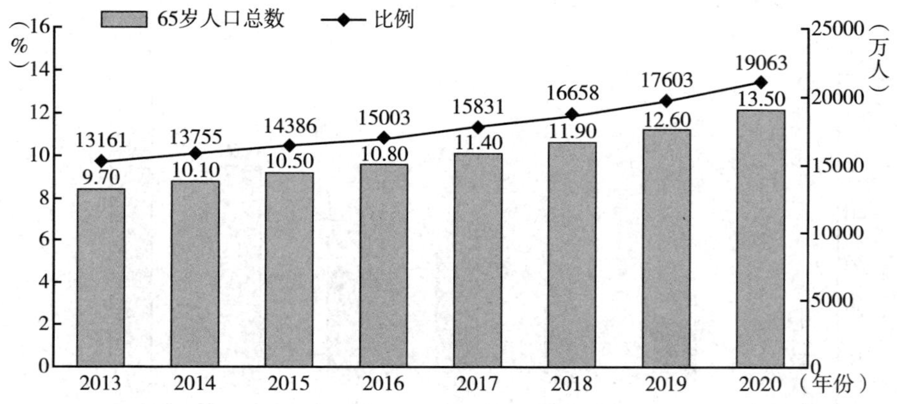

图1　2013~2020年我国65岁及以上人口数量及占比

资料来源：国家统计局。

从时间序列来看，我国的人口老龄化发展呈现不匀速增长的趋势。这主要是和过去几十年中国的几次生育高峰期相关。新中国成立之后出现第一波婴儿潮，随后的饥荒导致生育率降低。到20世纪60年代，生育意愿开始回升，出现第二波婴儿潮，一直持续到实行计划生育政策时期。中国近十几年的老龄化主要是由第一波婴儿潮导致的。在第一波婴儿潮中出生的人口在近些年逐渐迈入老龄，导致社会整体的老龄化水平提升。第二波婴儿潮时期出生的人口还未完全步入老龄，因此在未来的一段时间内，老龄化仍然会呈现持续高位的态势。

2. 大规模城镇化的人口流动

20世纪70年代末，改革开放的浪潮推动了大量人口流动。资源和产业

---

① 资料来源：国家统计局。

向沿海城市的聚集，导致大量的人口向城市流动。盼着寻找更多的就业机会和享受更好的服务，亿万农民在汹涌澎湃的城镇化浪潮中，努力向城市迈进。从1953年第一次人口普查的数据来看，当时我国的城镇化水平仅为13.26%，到2020年第七次人口普查时，我国的城镇化水平已达到63.89%，提高了50.63个百分点①（见图2）。

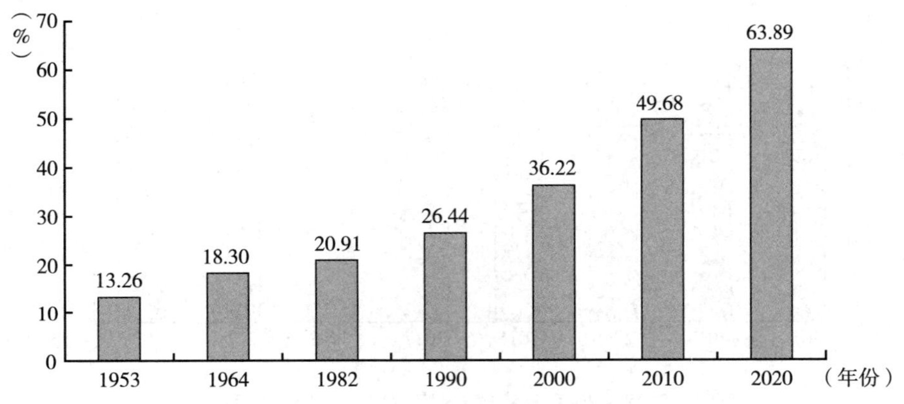

图2　我国七次人口普查城镇化率

资料来源：国家统计局。

城镇化是我国社会经济发展的结果。从城市的产生和发展的过程来看，不断发展的城市吸引大量人口的涌入，他们为城市发展提供了劳动力支持。但随着城市规模的逐渐扩大，超大的人口负荷也给城市发展带来众多的问题。城市资源的短缺、环境的破坏、人们需求的提高等现实因素的存在也给城市发展规划提出了巨大的挑战。

从1990年到2010年，虽然农村老龄化规模和程度均领先于城市，但城市老年人口规模扩大的速度较快，20年间，城市老年人口规模扩大了2.2倍，农村仅扩大了1/3。《国家应对人口老龄化战略研究总报告》预测数据显示，在城市人口老龄化速度加快发展的作用下，中国将在2023年迎来城

① 《七次全国人口普查见证中国从站起来到富起来再到强起来的全过程》，https://baijiahao.baidu.com/s?id=1699452134161825714&wfr=spider&for=pc，最后检索时间：2022年1月6日。

乡老龄化规模反转点，届时城镇老年人口规模将超越农村，到 2050 年，其超出的规模将达到 1.5 倍左右。在人口城镇化和老龄化动态交织的过程中，城市老龄化速度不断加快、规模持续扩大是人口与经济发展的新常态，也是 21 世纪不可逆转的基本国情。①

在人口老龄化的社会背景下，伴随着城市中老年人群体数量和规模的增加，如何在发展城市经济的同时，建成适宜老年人居住的城市成为新时期城市发展建设面临的难题。

3. 家庭结构的急剧变迁

人是社会发展的根本，也是一切经济社会运行存在的基础。然而，近几年，我国出现了人口困境。20 世纪七八十年代开始实行计划生育政策，提倡“少生、优生”，到 21 世纪我国进入老龄化社会，人口结构性矛盾开始显现。随着出生率的降低，国家逐渐开放生育政策，鼓励人们生育。2016 年，我国开始实行“全面二孩”政策，在全面二孩政策实行后，生育率出现短暂的回升，但随后政策的效果并不很理想，生育率没有像预测的那样提升，甚至出现了逐年降低（见图 3）。2021 年 5 月，我国开始实施“三孩政策”，试图通过增加出生人口来缓解老龄社会的压力。

根据 2021 年《中国统计年鉴》，全国共有家庭户 49416 万户，其中“一人户”有 125490007，超过 1.25 亿，占比超过 25%，根据最新的人口普查数据，2020 年，中国的总和生育率是 1.3。一位育龄女性，平均生育 2.1 个小孩，也就是总和生育率保持在 2.1，才能保证正常的人口更替水平——也就是下一代的人口总数不增不减。然而，中国的低生育率已经导致家庭结构出现变化，这成为新的社会问题。②

老龄化与少子化相遇，一边是“逐渐老去”，一边是“不愿生”。综观现实，人口规模基数大，少子化、长寿化、老龄化的基本国情仍然会持续很长一段时间，如何挖掘新形势下人口红利、解决现实问题，亟须我国予以重视。

---

① 数据来源：《国家应对人口老龄化战略研究总报告》。

② 数据来源：国家统计局。

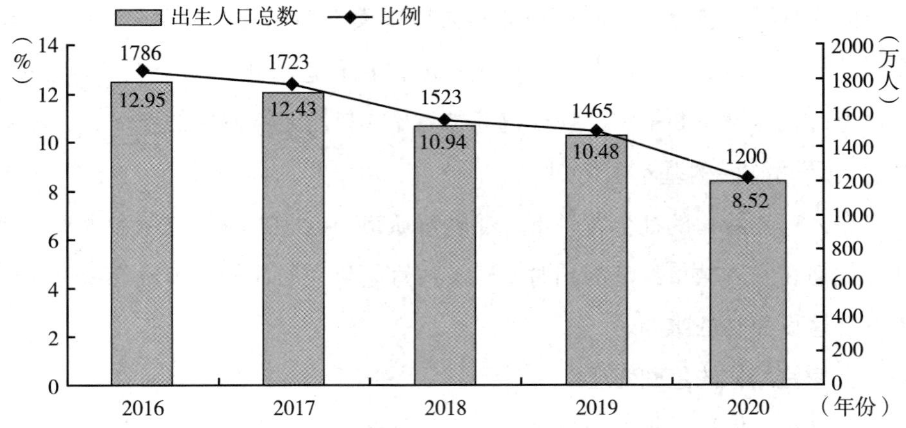

图 3　2016～2020 年我国出生人数及其占总人口的比例

资料来源：国家统计局。

（二）城市健康老龄化建设面临的问题

1. 社会负担加重

随着老龄化程度的加深，老年人总体数量在逐渐增多。按照传统的生产工作模式，当工作者到一定的年龄时就会退出劳动力市场。整个社会老年人增多意味着所需要赡养的人口在增多，这一定程度上增加了社会的负担。从图 4 可以看出，2016 年，我国的老年人抚养比为 15.0%。到 2020 年时，该指标上升到 19.7%。①

目前，超过 1.8 亿老年人患有慢性病，60 岁及以上老年人中老年痴呆患者约有 1507 万，认知症老年人的照护服务需求呈现快速增长趋势。2030 年我国老年痴呆患者人数将达到 2220 万，2050 年将达到 2898 万。当老年人口达到峰值时，认知症老年人的照护服务需求也将达到顶峰；预测到

① 《截至 2020 年全国老年人口抚养比为 19.7% 比 10 年前提高 7.8 个百分点》，https：//baijiahao. baidu. com/s？ id = 1713760773119784679&wfr = spider&for = pc，最后检索时间：2022 年 1 月 6 日。

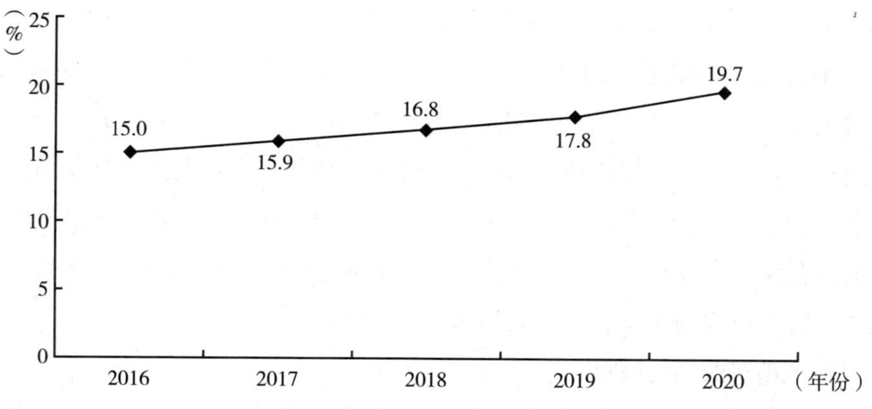

图 4　2016～2020 年我国老年人抚养比

资料来源：国家统计局。

2035 年我国老年抚养比将超过 50%，2050 年将达到 67.9%。[①]

日益增长的老年人数量导致社会医疗卫生服务的需求在不断增加。人体机能的衰弱是每个个体都无法避免的现象。在年龄不断增长的过程中，身体的各项机能在逐渐衰退，老年群体的抵抗力相对较弱，患上各种疾病的风险也在增加。因此，老年群体所需要的医疗卫生服务资源相对较多。城市发展中老年人数量增多的趋势，对于城市健康老龄化水平的建设提出了巨大的挑战。

2. 老龄伦理问题凸显

在传统的社会中，老年人拥有较为丰富的知识积累和人生阅历，从而具有较高的社会威望。随着信息社会的到来，科学技术的发展使得人们能够快速掌握大量的知识和信息，使得智慧不再是年长者的特权。反而是随着智能时代的到来，老年人跟不上时代的步伐，出现了老年“数字鸿沟”等问题。传统人口学意义上将老年人视为社会发展的负担和累赘，给老年人贴上负面消极的标签。但老年人作为时代发展中曾经的贡献者，理应享受发展的成果，而不是被时代抛弃。

① 数据来源：《认知症老年人照护服务现状与发展报告》。

在工业时代，追求效率成为城市发展的核心准则。但随着社会进步，GDP不再是衡量城市发展水平的唯一标准。城市需要年轻力壮的劳动力，同时也需要朝气蓬勃的儿童和安享晚年的老年人。但“变老”是一个自然的过程。每个人都无法避免，都有需要照料呵护的一天。尤其是在物质生活得到逐步改善的情况下，人们对于美好生活的需求在不断增加。正是这些美好的多样化需求的存在，督促城市在提升健康老龄化水平的同时，不仅需要关注到物质条件的供给，更需要提供人文关怀。

3. 城市产业结构调整

老龄化社会的到来对于产业结构的影响主要存在两条路径：一是劳动力的供给；二是社会需求的变化。老年人口规模的增加，年轻的劳动力数量供给不足，导致劳动力密集型产业不再适应社会发展的趋势，而是逐步转向智能技术产业的发展。我国工业化进程相对较慢，改革开放之初，沿海开放城市承接了大量发达国家劳动密集型产业的转移。但随着老龄化和社会经济技术的发展，我国也逐渐完成工业化进程，开始进入信息化社会，完成新的产业结构调整对于城市健康、持久性发展具有十分重要的意义。

另外，由于老年群体的增加，对适老化产品的需求也在推动产业的调整发展。社会中大量老年人口的存在，使老年人需求成为城市发展中不可忽视的部分，社会养老、养老护理等行业的需求逐渐增加。这也倒逼城市在发展建设的过程中必须将满足这些需求纳入城市发展规划中。然而，我国区域差异化发展的现实国情，约束着城市健康老龄化产业的均衡发展，造成不同区域、城市的产业结构调整效应存在明显的差异。

二　中国大中城市健康老龄化评估体系与构建原则

（一）健康老龄化的多维度评价

1. 养老保障维度

当人口老龄化成为社会常态时，健康问题成为全社会关注的焦点话题。健康在很大程度上影响着人们的福利水平，特别是对于身体机能在逐渐衰败的老年群体，健康水平直接影响其老年生活的品质。低水平的健康保障，使得长寿成为一种奢望。养老保障作为贯穿一生的制度安排，会对个体的经济财富、劳动参与以及购买能力等产生重要的影响，进而影响到人们的健康水平。自我国进入老龄化社会开始，学术界掀起了一股研究老龄化问题的热潮。一部分学者开始研究老龄化程度不断加深以及健康老年需求日益增加的背景下，未来养老保障发展的问题。“不平衡”“不充分”的发展问题已经成为我国社会发展的主要矛盾。资源的不均衡分布、经济的不平衡发展等导致各地的健康养老服务水平呈现差异化发展态势。如何实现社会经济和养老保障同步发展，成为缓解老龄化压力、实现健康老龄化的关键举措。① 从我国未来 30 年的发展来看，老龄化社会形态得不到扭转，因此养老保障体系的建设对于保障健康老龄化具有重要的价值。②

2. 社会参与维度

“社会参与”是相对于“社会孤立”提出来的一个概念，具体是指老年人参与政治、经济、文化和家庭等不同领域活动的总称。③ 其目的是增加老年人与社会的联系，丰富老年人的生活，从而促进老年人身心愉悦发展。李月、陆杰华等人根据中国健康与养老追踪调查数据，将老年人社会参与的类型分为简单交往型、智力参与型、健身锻炼型、团体组织型、助人奉献型五种类型。研究发现老年人积极参加多样化的社会活动一定程度上能够减少老年人抑郁等心理疾病的发生。④ 身体机能的老化是每个人都必须经历的一个过程，但社会参与能提升老年人的社会价值感和自我成就感。在科学技术快

---

① 王建民：《健康老龄化与老年健康保障体系化》，《南方人口》1999 年第 1 期。

② 耿爱生、杨文娴：《我国老年保障研究中的“健康老龄化”研究趋向及其价值》，《社会保障研究》2014 年第 2 期。

③ 谢立黎、汪斌：《积极老龄化视野下中国老年人社会参与模式及影响因素》，《人口研究》2019 年第 3 期。

④ 李月、陆杰华、成前、顾大男：《我国老年人社会参与与抑郁的关系探究》，《人口与发展》2020 年第 3 期。

速发展的今天，老龄化社会与信息技术社会的并存将在未来保持很长一段时间。大数据和信息技术的推广应用，智慧化发展水平的提升，一方面为老年人的"智慧参与"提供了广阔前景，另一方面也有效推动了健康老龄化的发展。①

3. 城市建设维度

在城市化进程中，资源和产业的聚集导致大量人口向城市流动，居住在城市中。城市的发展建设不仅与居民生活密切相关，还会对居民的健康产生重要的影响。城市化的过程对社会经济的发展起到了巨大的推动作用，但在这个过程中出现的一些"城市病"也危及城市的可持续发展和居民的健康水平。新型城镇化背景下，城市在老龄化的同时也会带来人口数量减少、产业收缩、就业减少、公共服务水平下降等问题，对这些问题处理不当的城市将会面临经济环境进一步恶化、发展困境等难题。② 有些学者研究了城市规划设计的不合理可能带来的各种健康风险问题，以及城市交通的规划布局也会造成城市各区域健康化水平的不均衡发展。③ 健康作为衡量城市发展水平的核心因素之一，对提升城市的竞争力具有十分重要的意义。Kresl 和 Letri 通过对欧美 39 个国家的调查，指出城市环境建设对老龄化社会居民的健康有着重要的影响。④

4. 经济发展维度

人口结构的变化将会对社会经济的发展产生重要的影响，适宜的人口数量、合理的人口结构以及高人口质量对于社会经济具有较强的推动作用。经济发展是价值创造和财富积累的过程，为实现健康老龄化提供了物

---

① 李翌萱：《人工智能时代老年人社会参与的价值审视和伦理思考》，《自然辩证法通讯》2021 年第 6 期。

② 春燕：《新型城镇化背景下地区人口老龄化与人口缩减叠加的问题及应对：日本经验与启示》，《城市发展研究》2020 年第 1 期。

③ Marco Bontje, "A Review of 'The Aging Population and the Competitiveness of Cities. Benefits to the Urban Economy,'" *International Journal of Housing Policy*, 2012.

④ Kresl. , P. K. and Letri, *The Aging Population and the Competitiveness of Cities*, Edward Elgar Publishing Limited, 2010.

质支撑。经济发展的一个重要体现就是社会保障制度的建立，政府基本养老金的发放、企业单位为职工购买企业年金以及个人年轻时购买商业养老保险，为老年群体在退出劳动市场（无收入）之后提供了重要的经济支持。对于目前老龄化社会发展的阶段，首先必须要解决养老保障资金问题。在劳动价值的创造者数量减少的情况下，如何提升价值创造的效率成为老龄化社会迫切需要解决的难题。老龄化社会带来人口红利的减少，对产业结构的调整升级提出新要求，也给整个经济运行带来巨大的挑战。如何布局规划养老产业、促进老龄经济的发展，对于积极应对人口老龄化具有重要的意义。

5. 社会环境维度

近些年，环境问题逐渐成为社会各界关注的热门话题。逐渐恶化的生态环境会对人们的身体、心理健康产生负面影响。除了自然环境的恶化之外，快节奏的城市生活、巨大的城市生活压力、工作竞争压力等也会对人们的健康产生消极的影响。王兰等人提出城市环境的主观感知也会对居民的健康产生影响，如居民对城市绿化、公共开放空间具有越正向的感知则越倾向于开展户外运动，越有利于健康。① 具有负向的感知可能会导致青少年和老年人的焦虑和抑郁等心理健康问题。②

（二）健康老龄化的城市治理评估体系构建

1. 评估过程

健康老龄化的城市治理评估主要从老龄化社会资源、规范老龄化社会行为、解决老龄化社会问题、促进老龄化社会经济发展等维度，对样本城市开展综合研究。

从系统观点出发，研究样本城市治理系统构成，主要是研究城市治理的

---

① 王兰、孙文尧、吴莹：《主观感知的城市环境对居民健康的影响研究》，《人文地理》2020年第2期。

② Dalgard, O. S., Tambs, K., "Urban Environment and Mental Health: A Longitudinal Study," *The British Journal of Psychiatry*, 1997.

主体、客体、环境、各子系统及其相互关系，以及系统运行各环节的作用发挥问题。

2. 评估方法

本报告采用层次分析法（AHP）作为评估样本城市健康老龄化治理水平的主要方法。层次分析法是一种定量和定性相结合的分析方法。城市健康老龄化治理水平的影响因素主要可划分为健康医疗、交通出行、人居环境、社会公平与社会参与以及社会保障与金融五大维度，再根据这五个维度设置对应的二级指标来分别评估样本城市每个维度的治理水平。层次分析法基本步骤主要如下。

第一步，建立层次结构模型。通过对所研究问题包含的因素进行分解，将这些因素按照目标层、准则层和指标层分类。

第二步，构造成对比较阵。根据第一步构建的层次结构模型，从第二层开始与上一层进行对比，直至最后一层。

第三步，计算权重并做一致性检验。分层级计算同一排因素的权重。

第四步，排序。对指标进行总体一致性检验。

第五步，代入数据，根据数据计算的结果得出结论，提出政策建议。

3. 指标选取原则

健康老龄化治理水平是多方因素共同影响的结果。城市的健康老龄化水平涵盖城市发展的方方面面。因此，在构建评估指标体系时，应当保证指标的选取能全面、系统地反映城市健康老龄化治理水平。因此，指标选取遵循以下原则。

（1）系统性

指标的系统性是指应当根据各维度的情况来构建城市健康老龄化指标，综合考虑每个维度之间的联系。将提升城市健康老龄化治理水平视为一个完整的系统，而不是单一的指标评价维度。因此，系统性是在构建指标时必须考虑的原则之一。

（2）可行性

指标的可行性是指在指标选取时要能够进行量化，并且具有正确可靠的数据进行量化处理。对于不能进行量化处理的重要指标，要求这类指标能够用定性的语言进行表述。指标的可行性决定了后续的评估能否顺利进行。对于城市健康老龄化治理水平的 5 个维度而言，定性、定量相结合的方式使得指标分析具有可行性，可为以后的数据分析提供依据。

（3）科学性

指标的科学性是指指标的选取要符合客观事实，具有科学的依据。城市老龄化治理是一项系统性工程，每个维度下的指标可能存在一定的联系，但作为衡量单一的维度而言，应注意指标的相对独立性，所以在选取评价指标时应尽量避免指标相互影响情况的出现。例如人居环境和交通出行可能存在指标重复的情况，应注意遵循指标科学分类的原则，保障指标选取的科学性原则。

（4）一致性

指标的一致性主要包括两个方面的内容。一是目标的一致性，即所选的指标目的都只有一个——评估城市的健康老龄化水平。因此，每一项指标都必须能够代表健康老龄化水平的某一个维度。二是指标资料来源口径的一致性，即针对同一指标下的数据要出自同一个数据库，这样才能确保数据的完整性和权威性。

（5）客观性

指标的客观性是指选取评估的指标必须能够真实衡量评价对象的情况，而不是根据主观意愿进行判断。在选取评估指标时，继续沿用课题组之前提出的城市居民退休生活质量的五个维度，根据这五个维度，从现实生活情况出发衡量城市健康老龄化治理水平。

4. 评估指标体系

遵循上述指标选取原则，采用层次分析法将城市健康老龄化水平的总目标体系分为健康医疗、人居环境、交通出行、社会公平与社会参与、社会保障与金融五个维度。根据每个维度的特性选取适当指标，构建城市健康老龄化水平的评价指标体系。这种三级指标结构体系，可以更全面、系统、科学地评估城市健康老龄化水平。

为了保证对样本城市健康老龄化水平评估的全面性、系统性和科学性，在构建指标时总共选取了44项指标，其中健康医疗维度下设8项指标、人居环境9项指标、交通出行6项指标、社会公平与社会参与10项指标、社会保障与金融11项指标。根据指标选取的方法和原则，我们认为五个维度下的44项指标能够较为全面和系统地反映样本城市的健康老龄化水平。

在完整的指标体系中：（+）表示该项指标为正向指标，其数值越高，现实情况越好；（-）表示为负向指标，其数值越低，现实情况越好（见表1）。

表1　城市健康老龄化指标评估体系

目标层	评价维度	一级指标
城市健康老龄化水平	健康医疗	人均医疗卫生支出(+)
		医疗卫生支出占GDP的比重(+)
		城镇家庭人均医疗保健支出占家庭消费支出的比重(-)
		每万人拥有医院数(+)
		每千人拥有医生数(+)
		每千人拥有床位数(+)
		每千名老年人拥有养老机构床位数(+)
		人口平均预期寿命(+)
	人居环境	空气优良率(+)
		每万人拥有绿地面积(+)
		人均公园绿地面积(+)
		人均公园数(+)
		建成区绿化覆盖率(+)
		道路交通等效声级(-)
		环境噪声等效声级(-)
		生活垃圾无害化处理率(+)
		废水处理厂集中处理率(+)
	交通出行	人均公共汽车客运量(+)
		年末人均出租车拥有数(+)
		人均城市道路面积(+)
		人均拥有公交车数量(+)
		路灯灯盏数量密度(+)
		建成区道路面积率(+)

续表

目标层	评价维度	一级指标
城市健康老龄化水平	社会公平与社会参与	第三产业人口占总人口比例(+)
		每万人拥有公共图书馆数(+)
		公共安全支出占公共预算财政支出的比重(+)
		人均住房建筑面积(+)
		CPI(居民消费价格指数)5年算术平均(-)
		每万人在校大学生人数(+)
		互联网宽带接入用户数占总人口的比例(+)
		娱乐教育文化服务占消费总支出的比例(+)
		每万人拥有卫生、社会保障和社会福利从业人数(+)
		人均教育支出(+)
	社会保障与金融	城镇基础养老金占人均可支配收入的比例(+)
		城市居民家庭消费支出(+)
		人均民生预算支出(+)
		人均一般公共财政预算支出(+)
		城市居民最低生活保障金与人均可支配收入比(+)
		月人均城镇职工基本养老保险金(+)
		城镇单位在岗职工平均工资(+)
		城镇居民人均可支配收入(+)
		人均城乡居民储蓄存款(+)
		商业保险深度(+)
		商业保险密度(+)

在指标选取时，严格遵循指标选取的五大原则，但由于部分指标数据的可获得性问题，在确定最终的评估指标体系时做出了一些调整。在不破坏指标选取五大原则的基础上，我们将部分难以获取的指标进行删减，或者用其他指标进行替代，最终确定了城市健康老龄化水平评估的44项指标。

在缺失值处理时，考虑到不同城市、不同数据的统计口径存在差异，因此本书采用了以平均值代替缺失值的方法。

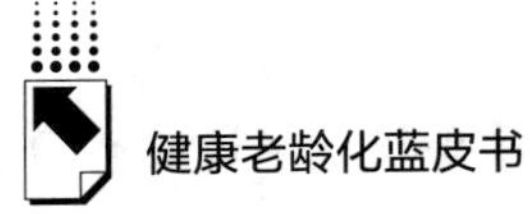

本报告所提城市健康老龄化水平的五大维度，这五大维度对于健康老龄化水平来说同等重要。因此，在本报告中将每个维度的权重均设置为20%，且每个维度下的指标权重也相同。

5. 指标解释

（1）健康医疗

A. 人均医疗卫生支出：根据样本城市财政支出中的医疗卫生支出除以当地常住居民人口数。

B. 医疗卫生支出占 GDP 的比重：卫生医疗支出除以当年 GDP 后乘以100%。

C. 城镇家庭人均医疗保健支出占家庭消费支出的比重：城镇家庭人均医疗保障支出占家庭总消费支出的比重。

D. 每万人拥有医院数：当地医院数（含卫生院数）除以以万为单位的当地的常住人口数。其中医院、卫生院数包括卫生部门、工业及其他部门、集体所有制单位、私人、以各种合作方式等举办的医院和卫生院数，还包括县级及以上医院数、城镇街道卫生院、农村卫生院及其他医院。

E. 每千人拥有医生数：医生（包括执业医师和执业助理医师）数除以城市常住人口千人数。

F. 每千人拥有床位数：医院、卫生院床位数除以常住人口千人数。

G. 每千名老年人拥有养老机构床位数：养老机构床位数除以城市老年人口千人数。

H. 人口平均预期寿命：在当地城市人口一定死亡水平之下，通过计算社会出生人口平均可存活的年数，预期在这个社会出生的人如果没有意外一生可以活多长时间。

（2）人居环境

A. 空气优良率：是指空气的质量。城市的空气质量受到各种污染物的影响，一定程度上会影响到居民的身体健康。

B. 每万人拥有绿地面积：绿地面积指用作绿化的各种土地面积，包括公园绿地、单位附属绿地、居住区绿地和风景林地的总面积。由城市总绿地面积除以常住人口万人数得出。

C. 人均公园绿地面积：城市总的公园绿地面积除以城市总人口数量。公园绿地向公众开放，能够起到美化城市环境和优化居民居住环境的作用，为居民提供更舒适的公共空间。

D. 人均公园数：公园一般是指由政府修建并经营的自然观赏区和为公众提供休息娱乐空间的公共区域。由城市公园数量除以常住人口数得出。

E. 建成区绿化覆盖率：由城市建成区绿化面积除以建成区面积得出。绿化覆盖面积是指树木、草坪等绿化植被的垂直投影面积。

F. 道路交通等效声级：这个指标反映的是城市道路噪声监测情况。

G. 环境噪声等效声级：是指城市市区环境噪声等级。

H. 生活垃圾无害化处理率：生活垃圾无害化处理率是指无害化处理的城市市区垃圾数量占城市生活垃圾总量的比重，一般要求生活垃圾无害化处理率大于或等于 85%。

I. 废水处理厂集中处理率：是指城市市区经过城市污水处理厂二级或二级以上处理且达标排放的污水量占城市生活污水总排放量的比重。

（3）交通出行

A. 人均公共汽车客运量：是指居民使用公共交通出行的人数占总出行人数的比重。

B. 年末人均出租车拥有数：是指年末城市内出租车的实际人均占有量。

C. 人均城市道路面积：城市道路的总面积除以城市常住人口数。

D. 人均拥有公交车数量：公共交通标准车辆台数和常住人口数的比值。

E. 路灯灯盏数量密度：每平方米道路面积上修筑的路灯数量。

F. 建成区道路面积率：是指道路网的总面积与建成区面积的比值。

（4）社会公平与社会参与

A. 第三产业人口占总人口比例：城市中从事第三产业的人数占总从业

人数的比重。

B. 每万人拥有公共图书馆数：城市拥有公共图书馆的数量除以常住人口万人数。

C. 公共安全支出占公共预算财政支出的比重。

D. 人均住房建筑面积：城市住房建筑面积除以人口数。

E. CPI（居民消费价格指数）5 年算术平均：居民消费价格指数 5 年算术平均。

F. 每万人在校大学生人数：城市在校大学生数量除以城市常住人口万人数。这个指标主要反映城市整体高层次教育文化氛围。

G. 互联网宽带接入用户数占总人口的比例：反映城市积极参与现代社会生活的人口比重以及未来发展智慧养老的社会条件。

H. 娱乐教育文化服务占消费总支出的比例：娱乐文化服务支出总额除以居民消费支出。

I. 每万人拥有卫生、社会保障和社会福利从业人数。

J. 人均教育支出：城市教育支出除以常住人口数。

（5）社会保障与金融

A. 城镇基础养老金占人均可支配收入的比例：城镇基础养老金总额除以城镇居民可支配收入总额。

B. 城市居民家庭消费支出：包括个人和家庭用于生活消费和个人消费的支出总额。

C. 人均民生预算支出：由民生预算投入除以常住人口数得出。

D. 人均一般公共财政预算支出。

E. 城市居民最低生活保障金与人均可支配收入比：城镇居民最低生活保障金除以人均可支配收入。

F. 月人均城镇职工基本养老保险金。

G. 城镇单位在岗职工平均工资。

H. 城镇居民人均可支配收入：当年城市居民可支配收入除以常住人口数。

I. 人均城乡居民储蓄存款：由年末城乡居民存款余额除以常住人口数。

J. 商业保险深度：城市中保险费用收入总额占城市 GDP 之比重。

K. 商业保险密度：城市中保险费用收入总额占城市常住人口的比重。

三　中国大中城市健康老龄化评估总排名及综合分析

（一）2021 ~2022年城市健康老龄化总排名

1. 城市选取和资料来源

在构建城市健康老龄化水平评估的指标体系之后，选取 38 个样本城市进行量化处理，以此来对我国 38 个大中城市的健康老龄化水平进行对比分析。从空间分布来看，选取的 38 个样本城市在地域上分布均匀，具有较好的代表性，能够较好地反映我国大中城市的健康老龄化水平，同时还有利于分析不同地区城市健康老龄化水平发展的差距，以及思考产生差异的原因，从而更有针对性地提出对策建议。

本报告的数据，均来自 38 个大中城市统计年鉴和统计公报，部分数据采用国家统计局的公开数据以及《中国城市统计年鉴》的数据，以确保每个指标数据的可靠性、一致性、权威性和科学性。

2. 数据处理

本报告采用的城市健康老龄化水平评估指标的计量单位存在差异，为了使数据能得到统一的分析和计算，本报告将所有指标的数据进行了无量纲化处理。主要包括以下步骤。

首先，判断指标的正负属性。正向指标表示数据数值越大则现实情况表现更好，得分越高；负向指标则与之相反，数值越小表示现实情况越好，得分越高。其次，在一个指标下的所有数据收集完整后，将表现最好的和最差的城市选出来，表现最差的城市赋值为 0 分，表现最好的赋值为 100 分。对其他城市则按照 0 ~100 分进行赋值，按照这个步骤对所有的指标进行同样的处理，完成对所有指标的无量纲化处理。

在数据收集完成之后，可以将 38 个城市健康老龄化水平数据矩阵化：

$$[x_{ij}](i = 1,2,...38; j = 1,2,...44) \tag{1}$$

i 表示样本城市的数量，j 表示指标数量。这是最初的数据，然后我们对数据进行无量纲化处理，将任意的第 $j(j = 1,2,...44)$ 项指标的数据，记为：

$$m = min\{x_{ij}\}, M = max\{x_{ij}\}, R = M - m, i = 1,2,...38 \tag{2}$$

然后所有原始数据根据无量纲化处理步骤进行变化，其公式变化如下。

①当数据为正指标，即数据越大反映越好的表现时，做如下处理：

$$y_{ij} = (x_{ij} - m)/R \tag{3}$$

②当数据为负指标，即数据越大反映越差的表现时，做如下处理：

$$y_{ij} = (M - x_{ij})/R \tag{4}$$

通过无量纲化处理，得到新的数据矩阵：

$$[y_{ij}](i = 1,2,...38; \quad j = 1,2,...44) \tag{5}$$

通过计算得出样本城市所有指标的得分，通过指标数据得分计算出每个城市各维度得分，然后根据各维度权重加总得到每个城市的健康老龄化水平，即：

$$D_i = \sum_{j=1}^{44}(y_{ij} \times w_j) \tag{6}$$

D 代表城市健康老龄化水平。

3. 总体情况

对搜集到的 38 个城市的五个维度数据进行统一处理，得到了各个城市健康老龄化水平的总排名，如表 2 所示。

表2　城市健康老龄化水平总得分及排名情况（2021年）

单位：分

城　市	城市健康老龄化水平		健康医疗	交通出行	人居环境	社会公平与社会参与	社会保障与金融
	排名	得分					
珠　海	1	65.89	11.73	15.95	16.40	10.10	11.72
北　京	2	52.65	13.52	5.44	10.38	8.59	14.72
南　京	3	50.79	11.33	6.54	12.50	11.15	9.27
乌鲁木齐	4	48.98	7.60	11.70	12.88	9.75	7.05
广　州	5	47.52	10.18	5.23	12.06	9.19	10.87
深　圳	6	47.47	8.68	7.36	10.98	6.58	13.87
上　海	7	45.02	10.68	3.07	10.35	8.22	12.70
太　原	8	41.94	10.49	5.76	8.87	9.57	7.24
杭　州	9	41.60	11.15	3.86	9.53	7.09	9.97
宁　波	10	41.46	13.28	3.19	7.62	8.44	8.92
昆　明	11	41.06	10.47	3.10	11.41	10.58	5.49
厦　门	12	40.05	8.23	6.52	11.36	6.34	7.60
银　川	13	39.52	8.40	6.07	11.20	7.67	6.18
呼和浩特	14	38.70	8.18	4.63	10.58	9.40	5.91
兰　州	15	37.80	7.65	7.56	8.91	9.27	4.40
贵　阳	16	37.76	9.85	4.44	8.96	8.70	5.81
武　汉	17	37.51	9.82	4.49	7.98	7.90	7.32
苏　州	18	37.44	8.83	3.80	8.43	8.12	8.26
成　都	19	37.21	10.46	3.14	9.41	8.44	5.76
青　岛	20	36.64	10.80	3.80	9.28	6.18	6.59
无　锡	21	36.61	9.49	3.16	8.70	7.90	7.36
沈　阳	22	36.28	10.10	4.95	8.00	7.12	6.11
西　安	23	36.24	8.11	5.54	6.63	9.12	6.84
长　沙	24	36.12	8.30	2.52	8.73	9.91	6.65
大　连	25	35.65	8.31	4.87	10.82	5.81	5.85
海　口	26	35.55	10.00	4.07	11.31	6.35	3.81
南　昌	27	35.36	9.20	2.68	11.13	7.54	4.81
郑　州	28	34.95	8.99	2.12	8.29	8.02	7.54

续表

城　市	城市健康老龄化水平		健康医疗	交通出行	人居环境	社会公平与社会参与	社会保障与金融
	排名	得分					
天　津	29	34.60	7.59	4.73	8.33	5.49	8.46
济　南	30	34.57	9.37	4.31	8.00	6.50	6.39
西　宁	31	34.49	10.08	5.81	6.81	5.77	6.01
重　庆	32	34.38	7.33	1.57	11.04	8.18	6.25
长　春	33	33.25	7.71	4.40	6.98	8.58	5.58
石家庄	34	31.80	8.53	1.66	8.57	7.48	5.56
福　州	35	31.53	7.44	1.95	9.40	7.60	5.14
合　肥	36	30.99	8.13	3.13	8.96	5.90	4.88
南　宁	37	30.44	7.96	1.95	9.42	7.18	3.92
哈尔滨	38	28.51	7.85	3.35	5.37	6.01	5.93

资料来源：根据中国各城市统计年鉴和统计公报，经作者计算得到。

在表2所示各个城市健康老龄化水平排名中，珠海、北京、南京、乌鲁木齐、广州的健康老龄化水平位于全国前五。但五个城市的总得分均不高，其中乌鲁木齐的交通出行和人居环境两个维度的指标得分较高，其他的指标得分相对较低。排名靠前主要由平均化处理所致，城市健康老龄化水平排名末五位的城市分别为哈尔滨、南宁、合肥、福州以及石家庄，这也凸显了这些城市整体上在健康老龄化建设方面存在一些问题。

一是总体建设水平偏低，本次报告统计了38个大中城市的城市健康老龄化水平，从每个城市的总得分情况来看，平均分只有38.90分。总分超过60分的只有珠海一个城市，得分为65.89分。总分在50分以上的只有珠海、北京和南京三个城市，其余的城市健康老龄化水平得分都在50分以下。城市健康老龄化建设是老龄化社会必须经历的过程，在现阶段我国城市的健康老龄化建设严重滞后的现实情况之下，完善城市基础设施建设、公共服务供给，对于城市的长远发展具有十分重要的意义。

二是区域间发展不平衡。从每个城市的总得分情况来看，我国城市健康老龄化水平呈现“南高北低、东高西低”的格局。排名靠前的城市大多数为沿海城市，比如珠海、南京、广州、深圳、上海等。而哈尔滨、南宁、石家庄、西宁等城市健康老龄化水平相对较低。这也体现出我国健康老龄化发展仍然存在“不平衡”“不充分”的问题。

（二）典型城市分析——排名前五的城市

1. 珠海市

在城市健康老龄化水平综合得分上，珠海市以总分 65.89 分位居第一，再一次领先全国其他大中城市。从整体的得分情况来看，珠海的总分并不算高，这说明我国整体城市健康老龄化发展水平仍然还有很大的提升空间。从具体每个维度的得分情况来看，珠海市的健康医疗得分为 11.73 分、人居环境得分为 16.40 分、交通出行得分为 15.95 分、社会公平与社会参与得分为 10.10 分、社会保障与金融分值为 11.72 分。从城市健康老龄化的五大维度来看，珠海市每个维度的得分均超过平均水平，尤其是在人居环境和交通出行这两个维度均在 38 个城市中位列第一。健康医疗、社会公平与社会参与方面位居第三位，社会保障与金融方面位于第四位，从整体的情况来看，珠海市健康老龄化总体发展水平较为稳定（见表 3、图 5）。

珠海市作为第一批对外开放的城市之一，具有得天独厚的地理位置、较为适宜的气候，在生态环境和城市规划建设方面具有明显的优势。“宜居城市”已经成为珠海市发展的名片。珠海市致力于走出一条与其他城市不同的发展道路，拥有“国家森林城市”“国家公园城市”“世界十佳宜居城市”等一连串的头衔，使得珠海市成为大多数人居家生活的首选城市。

表 3　珠海市健康老龄化建设各指标得分（2021 年）

单位：分

城市	健康医疗	人居环境	交通出行	社会公平与社会参与	社会保障与金融	总分	排名
珠海	11.73	16.40	15.95	10.10	11.72	65.89	1
均值	9.36	9.62	4.69	7.94	7.82	38.90	

资料来源：作者根据中国相关城市统计年鉴和统计公报计算所得。下同。

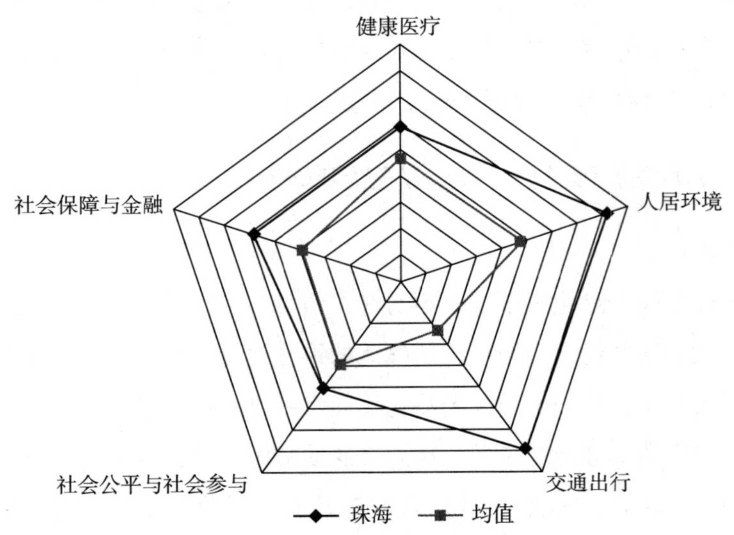

图5　珠海市健康老龄化指数雷达图（2021年）

2. 北京市

北京市的健康老龄化水平综合得分为52.65，排名第二。在城市健康老龄化水平的五大维度中，北京市的得分均高于全国平均水平。健康医疗、人居环境以及社会保障与金融得分均高于10分。但北京市健康老龄化交通出行方面的得分仅5.44分（见表4、图6）。

近些年，北京市老龄化速度发展极快。根据第七次人口普查的情况，北京市60岁及以上的人口占比达到19.6%。相对于其他城市来说，北京作为我国的首都，各方面的资源都相对丰富，但超大的人口规模导致城市发展中仍然会受到一些现实因素的影响。例如，人口大量涌入、硬件设施的建设不足导致城市的交通出行仍然是城市发展的“硬伤”，这也导致了北京市交通出行的得分最低。由于资源的聚集，健康医疗以及社会保障与金融两个维度的得分相对较高。因此，对于当下的北京市来说，首先需要解决的是城市交通系统的问题，这不仅是提高北京市健康老龄化水平的应对之策，更是北京作为首都对标国际化大都市的重要内容。

表4　北京市健康老龄化建设各指标得分（2021年）

单位：分

城市	健康医疗	人居环境	交通出行	社会公平与社会参与	社会保障与金融	总分	排名
北京	13.52	10.38	5.44	8.59	14.72	52.65	2
均值	9.36	9.62	4.69	7.94	7.82	38.90	

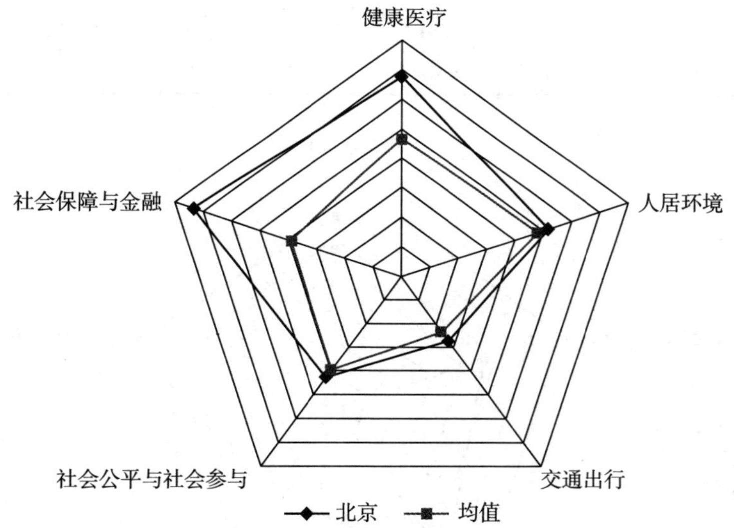

图6　北京市健康老龄化指数雷达图（2021年）

3. 南京市

南京市的健康老龄化水平保持相对稳定。对比《中国大中城市健康老龄化指数报告（2019～2020）》中的排名来看，南京城市健康老龄化水平总排名也是第三，说明其城市健康老龄化水平相对稳定。从城市健康老龄化水平的五大维度来看，南京市的健康医疗、人居环境、交通出行、社会公平与社会参与以及社会保障与金融得分分别为11.33分、12.50分、6.54分、11.15分以及9.27分（见表5、图7）。

作为“六朝古都”的南京，近些年，在政治、经济、文化以及生态环境建设等方面做出了巨大的努力，也取得了较大的发展成效。南京市政府也提出继续完善公共服务的供给，为老年人生活提供保障，建成老年友好城市。

表5　南京市健康老龄化建设各指标得分（2021年）

单位：分

城市	健康医疗	人居环境	交通出行	社会公平与社会参与	社会保障与金融	总分	排名
南京	11.33	12.50	6.54	11.15	9.27	50.79	3
均值	9.36	9.62	4.69	7.94	7.82	38.90	

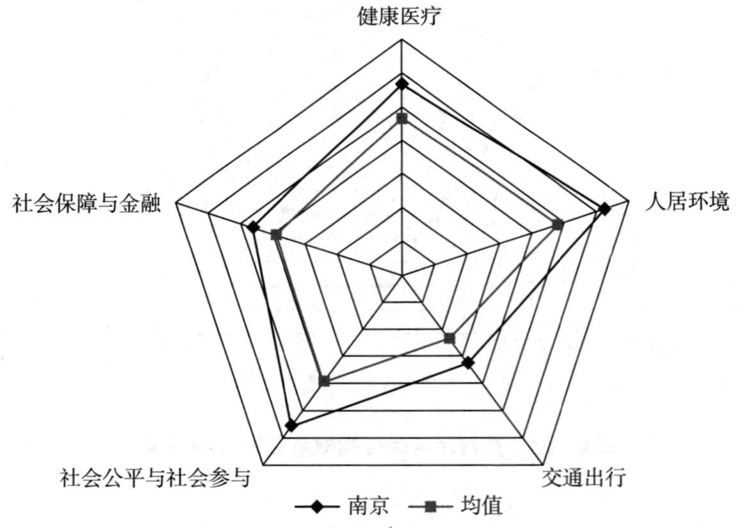

图7　南京市健康老龄化指数雷达图（2021年）

4. 乌鲁木齐市

上一轮城市健康老龄化水平评估中乌鲁木齐在全国38个大中城市的排名为第13名，本轮评估中乌鲁木齐城市健康老龄化水平排名为全国第4名，排名出现了很大的提升。从五大维度来看，乌鲁木齐人居环境和交通出行的得分相对较高，分值为12.88分和11.70分（见表6、图8）。而在健康医疗、社会保障与金融两个维度则低于全国的平均水平。作为唯一挤进排名前五的西部城市，乌鲁木齐近两年的城市健康老龄化水平建设得到了很大的提升。

近些年，乌鲁木齐作为新疆的省会城市经济社会得到了较快发展。根据2018年中国32个城市的居民富裕指数，乌鲁木齐居民富裕指数高达116，在西部排名第一、全国排名第九。这表明乌鲁木齐在经济、交通、住房、医疗保障等方面都得到了较快的发展，这也为城市健康老龄化水平的提升做出了贡献，使得乌鲁木齐城市健康老龄化水平在西部地区排名第一。

表6　乌鲁木齐市健康老龄化建设各指标得分（2021年）

单位：分

城市	健康医疗	人居环境	交通出行	社会公平与社会参与	社会保障与金融	总分	排名
乌鲁木齐	7.60	12.88	11.70	9.75	7.05	48.98	4
均值	9.36	9.62	4.69	7.94	7.82	38.90	

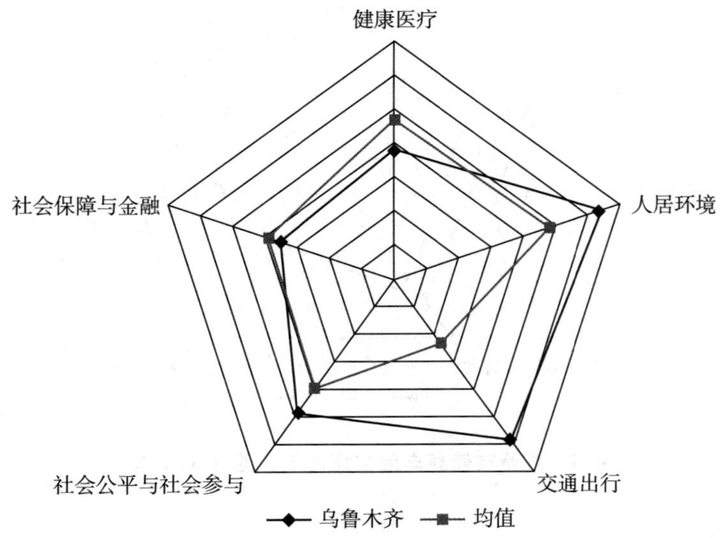

图8　乌鲁木齐市健康老龄化指数雷达图（2021年）

5. 广州市

广州是我国老龄化社会的代表性城市，在城市健康老龄化水平评估中综合得分排名第五，总分为47.52分，比38个样本城市平均得分高出8.62

分。在城市健康老龄化水平五大维度中，广州市的人居环境得分最高，为12.06分，最低的是交通出行，得分仅为5.23分。健康医疗、社会公平与社会参与以及社会保障与金融得分相对均衡，分别为10.18分、9.19分和10.87分（见表7、图9）。

表7　广州市健康老龄化建设各指标得分（2021年）

单位：分

城市	健康医疗	人居环境	交通出行	社会公平与社会参与	社会保障与金融	总分	排名
广州	10.18	12.06	5.23	9.19	10.87	47.52	5
均值	9.36	9.62	4.69	7.94	7.82	38.90	

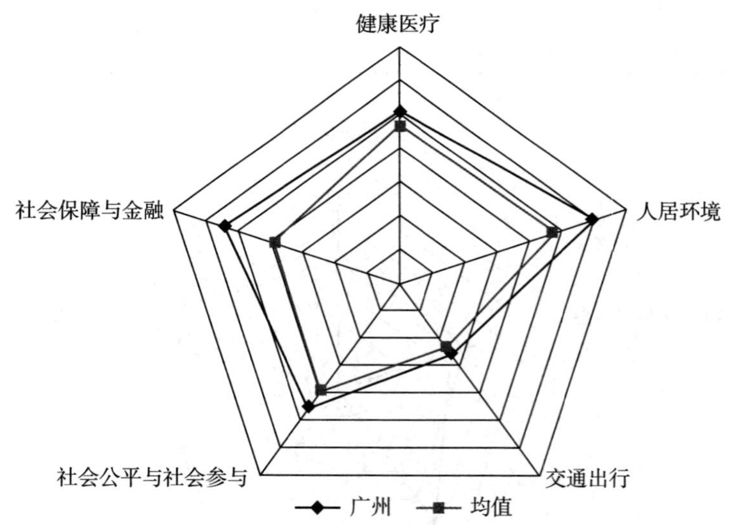

图9　广州市健康老龄化指数雷达图（2021年）

作为一个流动性较高的开放城市，广州市的人口老龄化受到人口流动的影响。由于产业和资源的聚集，广州吸引了大量年轻人的到来。常住人口的增多，一方面为城市的发展建设提供了劳动力，另一方面也对社会的基础设施和服务建设提出了挑战。考虑老年群体的需求偏好，让城市更包容，成为下一步广州城市发展建设的重要内容。

四 提高健康老龄化水平地方治理能力的行动策略

在人口老龄化日益严峻的社会背景下，从中央到地方各级政府不断进行探索，出台一系列应对老龄化的政策文件，形成了全面系统、内涵丰富、要求明确的人口老龄化战略政策，老龄事业的发展也被纳入国民经济发展计划和社会规划中。[①]《国家积极应对人口老龄化中长期规划》对我国到21世纪中叶的老龄事业进行了战略性规划。十三届全国人大四次会议上发布了《中华人民共和国国民经济和社会发展第十四个五年规划和2035年远景目标纲要》，提出将“积极应对人口老龄化”上升为国家战略，提高今后老龄工作开展的政治站位。2021年11月18日，中共中央、国务院《关于加强新时代老龄工作的意见》提出把积极老龄观、健康老龄化理念融入经济社会发展全过程。本报告就关于如何提高健康老龄化水平地方治理能力提出以下政策建议。

（一）优化政策设计，构建“大养老”格局

老龄化社会背景下提升城市的包容性是国家社会治理面临的新挑战。在党和国家高度重视下，相关方面出台了一系列的政策、方案等试图解决老龄工作存在的问题。但由于发展的“不平衡”“不充分”问题，各地方政府对于老龄化问题的理解、认识程度以及解决问题的能力都存在差异，导致很多地方性的政策和行动浮于表面，并未得到很好落实。为了使现有的政策框架和治理手段得到较为充分的回应，提升城市面对人口老龄化的韧性和创新力，应从优化政策设计开始着手。从目前各城市的老龄化工作开展情况来看，仍然存在一些不足。一是对全生命周期的关注不够，“健康”不仅针对老年人，更是涉及每个年龄阶段。二是忽视老年人的主体性。目前很多政策的设计仍然是一种理想状态，是政策制定者单方面考虑老年工作如何开展，

① 同春芬、刘嘉桐：《积极老龄化研究进展与展望》，《老龄科学研究》2017年第9期。

在这个过程中忽视了老年人才是该类政策的受众群体。三是实施健康老龄化政策的资源存在不平衡。在我国实施健康老龄化政策最大的问题在于资源、服务的不均衡发展，地区、城乡、群体之间存在较大的差异。

为了完善政策体系，从宏观层面构建“大养老”的格局，各地方在制定涉及养老服务产业、老年照护服务、医养结合等方面的政策时要以提高养老服务质量为目标。李克强总理强调“一老一小”就是最大的民生问题，因此需要统筹养老托育服务发展，这也就指明政府在制定政策时，应当从全生命周期的视角来认识老龄化问题。在人口快速流动的现代社会，这就要求城市高质量养老服务的供给不仅面对特定的工作人群，而且要将其作为全局性、长远性的战略任务来抓，促进城市健康老龄化水平的提升。

（二）秉持积极理念，化解“结构性”养老矛盾

随着全球老龄化加速发展，全球的政治经济面临着“百年未有之大变局”。发达国家由于工业化开始得较早，属于“先富后老”，而中国面临的是“未富先老”的发展格局。长期以来，解决老龄化问题主要有两条途径：一是“经济论”，即通过经济社会发展来应对人口老龄化；二是“制度论”，即通过制定完善的制度来应对。对于“未富先老”、仍然处于社会主义初级阶段的中国来说，我们提出“积极论”，即以更加积极的态度去面对老龄化的到来。努力转变全社会对于老龄化社会到来的悲观理念，以更加积极的观念看待老年人，迎接老龄化社会的到来。

《国家积极应对人口老龄化中长期规划》指出，人口老龄化是社会发展的重要趋势，是经济社会发展的必然结果，也是今后较长一个时期我国的基本国情。老龄化成为不可扭转的社会形势，这对我们来说既是挑战，又是机遇。努力发掘老年人的活力和主观能动性，发挥老年人的积极作用，引导老年人保持积极乐观、老当益壮的健康心态，发挥正能量，为社会发展做出力所能及的贡献。这种积极的观念更应该融入城市健康老龄化治理之中，成为城市应对人口老龄化的指导思想、基本原则、内在动力以及推动城市健康发展的内驱力。把积极应对人口老龄化同中国特色社会主

义发展实践相结合，实现应对人口问题的“本土化”治理，提出健康老龄化的中国本土化方案。

（三）化解资源不均，推动“社会化”养老进程

老龄化浪潮扑面而来，“中国式”健康老龄化城市建设打响攻坚战。从本报告对 38 个样本城市的评估结果来看，有些城市的健康老龄化水平相对较高，而有些城市则很低。之前展示的地区差异也表明我国在推动健康老龄化建设方面仍然存在资源不均衡的问题。对于现阶段我国健康老龄化发展，关键的内容之一是需要避免健康老龄化资源分散配置、重复建设的现象，不断提高健康老龄化建设的效率。这就要求逐渐建立和完善养老服务标准体系，建立多部门联合的监管机制，对不同健康老龄化主体进行行为规范。定期加强设施规划、服务运营的监管。围绕抓重点、补短板、强弱项等促进资源的优化配置，促进城市健康老龄化的均衡发展。

除此之外，城市健康老龄化水平提升还需要抓实重点人群。完善对困难人群及高龄、失能、空巢老人家庭的服务，加大资源倾斜力度。补齐欠发达地区健康老龄化的短板。从本轮的城市健康老龄化评估情况来看，地区发展的差异性较为明显。本报告主要是对全国 38 个大中城市的数据进行评估，全国农村地区、边远地区等相对欠发达地区的情况无疑更加严峻。因此，需要加大向这些地区的财政投入，完善政府的购买制度，加大对欠发达地区健康老龄化建设的支持力度。

（四）推动年龄友好城市建设，提高“系统性”治理水平

1996 年，联合国第二届人居环境会议上首次提出“儿童友好城市”（Child Friendly City，简称 CFC）的概念。2002 年，联合国儿童特别会议提出要致力于发展有利于儿童居住的城市和社区。① 2005 年，在老龄化和城市化双重压力的背景下，世界卫生组织开展了“老年友好城市”相关工作。

① UNICEF，“A World Fit for Children”，New York，NY：UNICEF，2008.

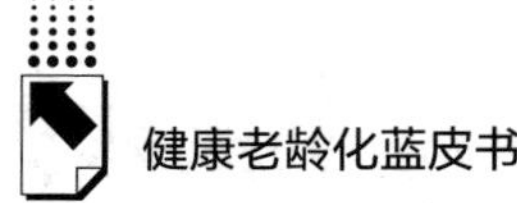

老年人和儿童作为城市发展中相对弱势的群体，逐渐得到了社会各界的关注。“健康老龄化”不仅包括老年群体，更应该包括全年龄段群体。城市的发展建设所服务的对象是所有的居民，不可能将每一群体进行独立区分。因此在城市建设过程中不是只对老年人、儿童友好，而是面向全年龄段人群友好。

在高度重视和积极应对人口老龄化背景下，把年龄友好城市的建设纳入各级政府发展规划。积极借鉴其他发达国家和地区建设年龄友好城市的经验，对新时期健康老龄化建设进行指导，形成新的工作机制。在考虑到社会各方参与主体的前提下，共同推进年龄友好城市的创建工作。通过学习借鉴世界卫生组织《全球老年友好城市建设指南》以及联合国儿童基金会《儿童友好城市建设指南》，将这两个指南的精神融入城市规划建设中，为创建年龄友好城市指明发展目标和实施方案。在借鉴其他先进地区经验的同时，立足中国发展的实情，营造全龄友好包容的社会氛围，走出一条极具中国特色的年龄友好城市创建道路。

分 报 告

Sub Reports

B.2
中国大中城市健康老龄化健康医疗指数分报告

张雪永　康建春　王 卉*

摘　要： 健康医疗是衡量我国健康老龄化水平的重要指标之一。当前，我国正面临人口老龄化高位态势与多种健康、多重疾病等因素交织的复杂局面，各个城市不平衡不充分的健康医疗供给与人民日益增长的健康医疗需求之间存在巨大缺口。本文通过梳理文献，沿用历年观测指标，对选取的38个大中城市进行综合分析与单项指标分析，计算得出各城市健康医疗状况排名，评估各地健康医疗发展水平，探究影响各城市医疗健康发展的相关因素，提出“融入健康理念，完善顶层制度设计；把握数字优势，赋能健康医疗管理；促进主动健康，提升老龄人口健康素养；营造老龄友

* 张雪永，西南交通大学文科建设处处长，国际老龄科学研究院院长，教授；康建春，西南交通大学公共管理学院2019级硕士研究生，国际老龄科学研究院科研助理，研究方向为医养结合、医疗卫生政策；王卉，西南交通大学公共管理学院2019级本科生，国际老龄科学研究院科研助理，研究方向为公共事业管理、老龄事业管理。

好健康生态，推动连续长效健康管理”等对策建议。

关键词： 人口老龄化　健康医疗　老年人

一　年龄友好城市与老年健康发展现状

自世界卫生组织在2015年提出年龄友好城市的理念之后，世界各国都在加强年龄友好城市的建设。2020年，我国启动全国示范性老年友好型社区创建工作，并提出到2035年，在全国城乡范围内实现老年友好型社区全面覆盖。从健康医疗角度出发，年龄友好城市或社区离不开医疗基础设施的建设和完善。老年人的健康水平显著影响家庭的各项消费支出和经济负担[①]，进一步影响社会的和谐与稳定。而一个社区乃至一个城市的医疗健康水平，决定了该区域的健康老龄化水平。农村地区老年人的健康医疗保障也不容忽视，提高农村老年人的医疗保险水平及医疗支付能力，增强医疗服务可及性，有利于降低农村地区老年人的健康不平等程度[②]。当前，我国正由单一分散的医疗服务体系向整合型医疗转型。数字科学技术与医疗服务、医药供给、健康保健、医疗保险、公共卫生及社区养老医疗服务紧密结合。在健康医疗服务体系建设过程中，健康医疗发展呈现商业健康医疗保险、社会医疗机构、医疗要素市场和互联网数字化技术相结合的趋势，并在政策上由“医疗保障”逐步向“健康保障”发展[③]。将健康理念融入政策和制度之中，充分发挥健康医疗对老年人健康的正向作用，统筹城乡发展，提升医疗资源薄弱地区医疗服务可获得性，才能切实保障城乡居民的健康。

① 宋颖、徐爱军、艾晓倩：《老年人健康冲击对家庭消费的影响研究：兼论商业医疗保险的风险分散效应》，《中国卫生经济》2021年第9期。

② 周琛琛、张明君：《医疗服务可及性与农村老年人健康不平等程度的关系研究》，《医院管理论坛》2021年第7期。

③ 章滨云：《医疗保障2.0时代大健康行业发展展望》，《中国卫生资源》2021年第4期。

二　健康医疗指标说明及数据计算

（一）指标选取及说明

城市健康医疗水平与其公共卫生体制建设紧密相关。本报告将采取以下八个维度，对各城市健康医疗情况进行分析。具体指标解释如下。

人均医疗卫生支出：该项指标衡量某地区常住人口的医疗卫生支出水平。基于该地区常住居民人口数与该地区财政支出中医疗卫生支出部分计算得出。

医疗卫生支出占 GDP 的比重：该项指标衡量某地区医疗卫生支出占该地区当年 GDP 的比重。其计算方式为：当地医疗卫生支出/当地 GDP×100%。

城镇家庭人均医疗保健支出占家庭消费支出的比重：该项指标衡量城市家庭消费结构中医疗卫生支出的占比，反映城镇家庭对医疗资源的获取和使用情况。基于该地区城镇家庭人均医疗保健支出与家庭消费总支出计算得出。

每万人拥有医院数：该项指标衡量某一地区的医疗卫生资源情况。数值越小，表明该地区医疗资源越紧张，反之亦然。基于当地医疗卫生机构数量（包括卫生院的数量）与当地常住人口万人数计算得出。

每千人拥有医生数：该项指标衡量某一地区的医疗卫生资源情况。数值越小，表明该地区医疗资源越紧张，反之亦然。基于当地医生数量（包括执业医师和执业助理医师）与当地常住人口千人数计算得出。

每千人拥有床位数：该项指标衡量某一地区的养老服务资源情况。数值越小，表明该地区医疗资源越紧张，反之亦然。基于当地医院和卫生院的床位数与当地常住人口千人数计算得出。

每千名老年人拥有养老机构床位数：该项指标衡量某一地区的养老服务资源情况。数值越小，表明该地区养老服务资源越紧张，反之亦然。基于当地养老机构床位数与当地老年人口千人数计算得出。

人口平均预期寿命：该项指标一定程度上反映该地区人口的基本健康情况。根据当地出生婴儿和各年龄段人口死亡生命表测算得出。

（二）数据计算及权重设计

对各个一级指标的权重进行处理，并对数据进行无量纲处理后，城市得分区间在0～100分，其中，满分为100分，最低分为0分。若得分100，则表示该城市在38个城市中居首位，是理想标准。将所有原数据的量纲删减后，所有数据在0～100分的区间内进行分布。

本报告最终得到的样本数据矩阵：

$$[x_{ij}](i = 1,2,\cdots 38; j = 1,2,3,4,5,6,7,8) \quad (1)$$

式（1）中，i为样本数量，j为指标数量。因各指标数据量纲及单位有所不同，故在此对指标进行无量纲正向处理。

对于任意$j(j = 1,2,\cdots 8)$项指标的数据，记：

$$m = min\{x_{ij}\}, M = max\{x_{ij}\}, R = M - m, i = 1,2,\cdots 8 \quad (2)$$

如果第j项指标越大反映越好的表现时，变换公式为：

$$y_{ij} = (x_{ij} - m)/R \quad (3)$$

如果第j项指标越小反映越差的表现时，变换公式为：

$$y_{ij} = (M - x_{ij})/R \quad (4)$$

经过上述处理，将最终的数据矩阵记为：

$$[y_{ij}](i = 1,2,\cdots 38; \quad j = 1,2,3,4,5,6,7,8) \quad (5)$$

三　各城市健康医疗总体得分情况分析及各指标排名分析

（一）我国各城市健康医疗指标总得分及排名情况

全国各地都非常重视健康医疗工作和健康医疗服务体系建设。根据已有的中国大中城市健康老龄化指数报告评价基础，本报告对38个城市进行测算，得出38个城市2021年健康医疗得分与排名。从表1和图1可以看到，2021年健康医疗排名中居前五的城市分别是北京（67.60分）、宁波（66.40分）、珠海（58.63分）、南京（56.63分）、杭州（55.76分），排名末五的城市分别是重庆（36.66分）、福州（37.22分）、天津（37.97分）、乌鲁木齐（38.02分）、兰州（38.25分）。38个城市的健康医疗维度平均得分为46.82分。排名第一与排名最后的城市总得分相差30.94分。

城市健康医疗的排名受当地经济发展水平、医疗资源分布、人口结构、人均收入、就医观念等因素的影响。综合来看，排名靠前的城市大多分布在我国经济较为发达的地区，如北京、上海、南京、杭州、珠海等城市。这反映出经济发达对城市医疗健康的促进作用。

表1　中国大中城市健康医疗得分与排名（2021年）

单位：分

城　市	健康医疗得分	排名	城　市	健康医疗得分	排名
北　京	67.60	1	郑　州	44.94	20
宁　波	66.40	2	苏　州	44.14	21
珠　海	58.63	3	深　圳	43.39	22
南　京	56.63	4	石家庄	42.64	23
杭　州	55.76	5	银　川	42.01	24
青　岛	53.99	6	大　连	41.57	25
上　海	53.39	7	长　沙	41.51	26
太　原	52.47	8	厦　门	41.16	27
昆　明	52.35	9	呼和浩特	40.89	28
成　都	52.31	10	合　肥	40.65	29
广　州	50.89	11	西　安	40.57	30
沈　阳	50.49	12	南　宁	39.79	31
西　宁	50.39	13	哈尔滨	39.24	32
海　口	50.01	14	长　春	38.54	33
贵　阳	49.26	15	兰　州	38.25	34
武　汉	49.11	16	乌鲁木齐	38.02	35
无　锡	47.43	17	天　津	37.97	36
济　南	46.86	18	福　州	37.22	37
南　昌	45.98	19	重　庆	36.66	38

资料来源：作者根据中国各城市统计年鉴和统计公报计算所得，下同。

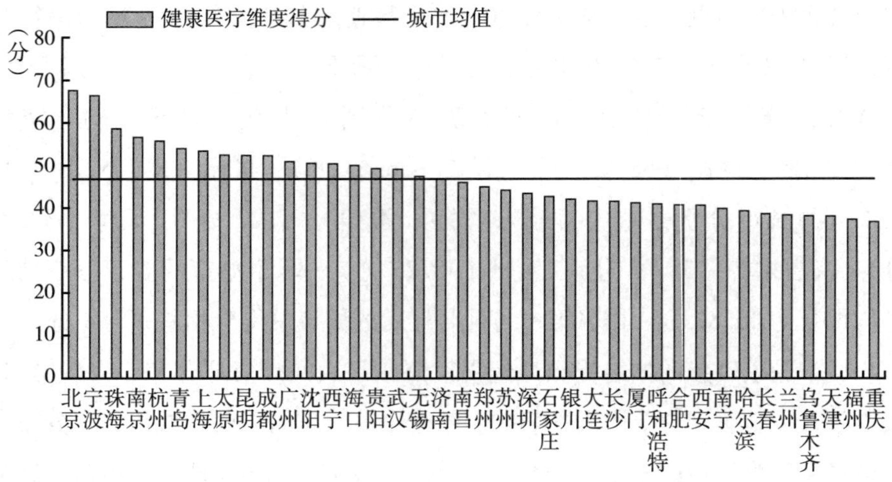

图 1　中国大中城市健康医疗维度得分及排名情况（2021 年）

（二）各城市健康医疗一级指标得分及排名

1. 人均医疗卫生支出

人均医疗卫生支出用以衡量一个国家或地区的卫生支出总和与总人口之间的比率关系。居民收入水平与地区间医疗资源的差异，是造成地区医疗卫生支出差异的重要影响因素。如表 2 所示，深圳市人均医疗卫生支出得分最高，为 12.50，乌鲁木齐人均医疗卫生支出得分最低，得分为 0。人均医疗卫生支出得分排名前五的城市分别是深圳、北京、珠海、上海、宁波，得分分别是 12.50、12.40、11.86、9.48、8.48。人均医疗卫生支出得分后五位的城市分别是乌鲁木齐、哈尔滨、沈阳、呼和浩特、太原，其得分分别为 0.00、0.81、1.37、1.57、1.60。

从图 2 的得分排名情况来看，人均医疗卫生支出得分较高的城市大多位于华东和华南较为发达的地区，得分较低的城市大多位于中部和西部地区。一方面，优质医疗资源集中的地区，会吸引外地患者到当地就诊，由此推动该地区人均医疗卫生支出的增长。另一方面，在相对缺乏优质医疗资源的地区，

表 2　中国大中城市人均医疗卫生支出得分与排名（2021 年）

单位：分

城　市	人均医疗卫生支出得分	排名	城　市	人均医疗卫生支出得分	排名
深　圳	12.50	1	南　宁	3.08	20
北　京	12.40	2	兰　州	2.81	21
珠　海	11.86	3	昆　明	2.67	22
上　海	9.48	4	银　川	2.60	23
宁　波	8.48	5	青　岛	2.57	24
厦　门	6.80	6	大　连	2.49	25
广　州	6.73	7	西　宁	2.45	26
南　昌	5.59	8	长　春	2.29	27
南　京	5.24	9	合　肥	2.29	28
天　津	4.51	10	济　南	2.28	29
杭　州	4.43	11	西　安	2.13	30
武　汉	4.26	12	石家庄	2.04	31
重　庆	4.25	13	成　都	1.88	32
苏　州	4.02	14	长　沙	1.83	33
郑　州	3.50	15	太　原	1.60	34
无　锡	3.45	16	呼和浩特	1.57	35
海　口	3.44	17	沈　阳	1.37	36
福　州	3.42	18	哈尔滨	0.81	37
贵　阳	3.36	19	乌鲁木齐	0.00	38

受当地医疗服务能力、人口结构、消费能力等因素的综合影响，人均医疗卫生支出得分相对较低。

2. 医疗卫生支出占 GDP 的比重

医疗卫生支出占 GDP 的比重用以衡量某地区医疗卫生支出占该地区 GDP 的比例。如表 3 所示，医疗卫生支出占 GDP 比重这一指标得分最高的城市是西宁，得分最低的城市是乌鲁木齐。其中，医疗卫生支出占 GDP 比重得分排名前五位的城市分别是西宁、南宁、重庆、石家庄和海口，得分分别为 12.50、12.47、11.53、11.14、10.55。医疗卫生支出占 GDP 的比重得分居末五位的城市分别是乌鲁木齐、无锡、长沙、苏州和青岛，得分分别为 0.00、0.19、0.27、0.77、2.10。如图 3 所示，该项指标排名中，城市分布特征并不明显。

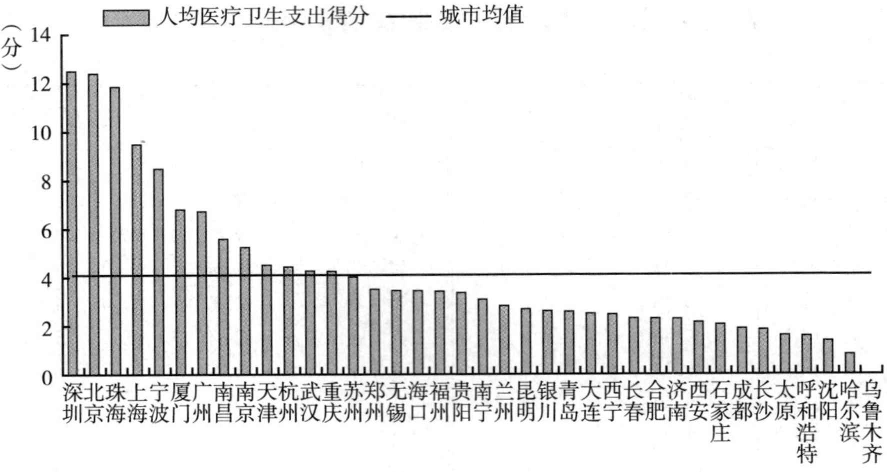

图 2　中国大中城市人均医疗卫生支出得分及排名情况（2021 年）

资料来源：国家统计局。

表 3　中国大中城市医疗卫生支出占 GDP 的比重得分与排名（2021 年）

单位：分

城　市	医疗卫生支出占 GDP 的比重得分	排名	城　市	医疗卫生支出占 GDP 的比重得分	排名
西　宁	12.50	1	沈　阳	4.64	20
南　宁	12.47	2	郑　州	4.46	21
重　庆	11.53	3	西　安	4.38	22
石家庄	11.14	4	大　连	4.02	23
海　口	10.55	5	宁　波	4.00	24
北　京	10.27	6	呼和浩特	3.58	25
南　昌	9.41	7	福　州	3.55	26
哈尔滨	9.39	8	太　原	3.49	27
天　津	9.05	9	济　南	3.08	28
兰　州	8.40	10	武　汉	2.83	29
贵　阳	8.36	11	杭　州	2.79	30
上　海	7.82	12	成　都	2.74	31
深　圳	7.29	13	南　京	2.69	32
长　春	6.92	14	合　肥	2.34	33
银　川	6.51	15	青　岛	2.10	34
厦　门	6.32	16	苏　州	0.77	35
珠　海	6.11	17	长　沙	0.27	36
昆　明	5.17	18	无　锡	0.19	37
广　州	5.00	19	乌鲁木齐	0.00	38

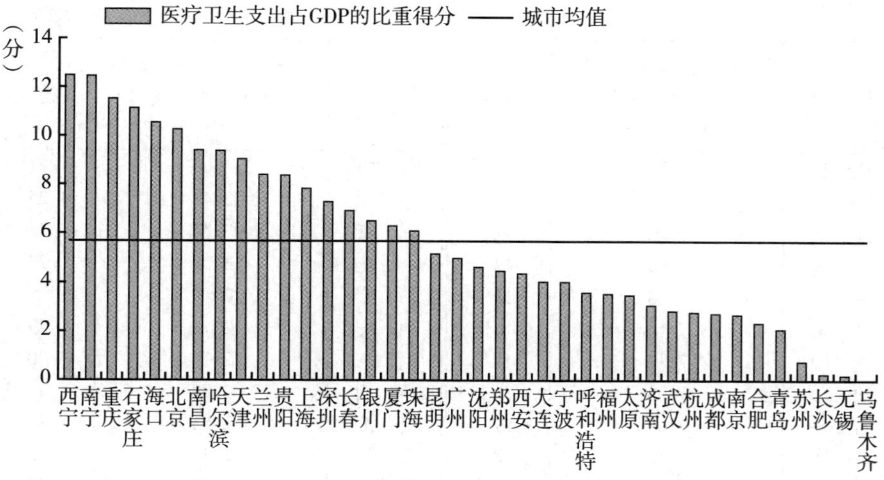

图 3　中国大中城市医疗卫生支出占 GDP 的比重得分及排名情况（2021 年）

资料来源：国家统计局。

3. 城镇家庭人均医疗保健支出占家庭消费支出的比重

作为衡量家庭消费支出结构的一项指标，该项指标为负向指标。如表 4 所示，得分排名前五位的城市分别是深圳、福州、南昌、厦门和合肥，得分分别是 12. 50、11. 58、11. 48、11. 34、10. 43，得分排名末五位的城市分别是太原、长春、银川、杭州、重庆，得分分别是 0. 00、0. 94、2. 26、2. 31、2. 41。如图 4 所示，排名较为靠前的多为东部沿海等经济发达的城市，靠后的多是中西部城市。这反映出东、中、西部家庭人均医疗保健支出占家庭消费支出比重的不均衡。其中，中西部城镇家庭负担相对较重。

表 4　中国大中城市城镇家庭人均医疗保健支出占家庭消费支出的比重得分与排名（2021 年）

单位：分

城　市	城镇家庭人均医疗保健支出占家庭消费支出的比重得分	排名	城　市	城镇家庭人均医疗保健支出占家庭消费支出的比重得分	排名
深　圳	12. 50	1	合　肥	10. 43	5
福　州	11. 58	2	广　州	10. 24	6
南　昌	11. 48	3	苏　州	9. 93	7
厦　门	11. 34	4	青　岛	9. 16	8

续表

城　市	城镇家庭人均医疗保健支出占家庭消费支出的比重得分	排名	城　市	城镇家庭人均医疗保健支出占家庭消费支出的比重得分	排名
成　都	8.79	9	呼和浩特	3.60	24
宁　波	8.38	10	兰　州	3.48	25
南　京	8.36	11	北　京	3.44	26
无　锡	7.96	12	大　连	3.09	27
海　口	7.48	13	西　宁	2.79	28
济　南	7.18	14	西　安	2.76	29
贵　阳	7.12	15	乌鲁木齐	2.74	30
沈　阳	7.08	16	昆　明	2.72	31
石家庄	7.00	17	哈尔滨	2.55	32
珠　海	6.50	18	天　津	2.44	33
上　海	6.42	19	重　庆	2.41	34
长　沙	6.01	20	杭　州	2.31	35
武　汉	5.45	21	银　川	2.26	36
南　宁	5.18	22	长　春	0.94	37
郑　州	3.73	23	太　原	0.00	38

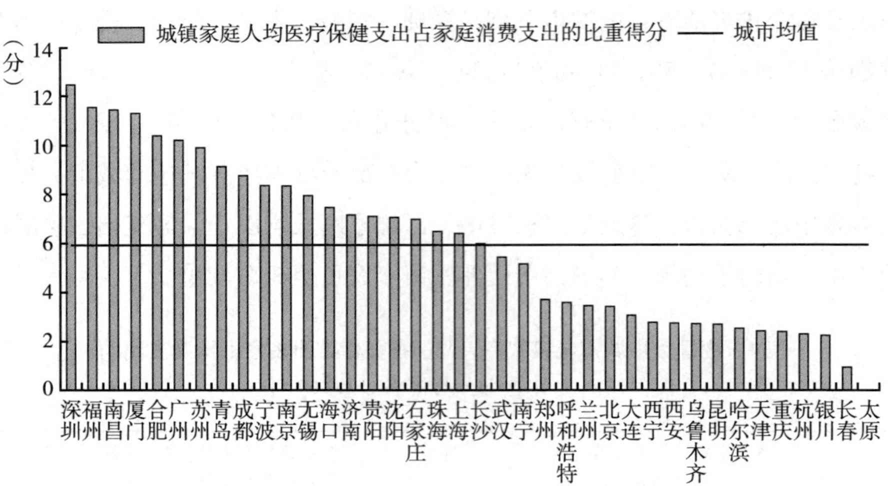

图 4　中国大中城市城镇家庭人均医疗保健支出占家庭消费支出的比重得分及排名情况（2021 年）

资料来源：国家统计局。

4. 每万人拥有医院数

该项指标反映的是人均医疗资源丰富程度。每万人拥有医院数越少，则该城市的医疗资源越紧张。如图 5 所示，每万人拥有医院数得分比较高的城市大多分布在西南地区，得分较低的城市大多分布在东南沿海城市。这与人口流动有关。如表 5 所示，对原始数据进行归一化处理后发现，在全国 38 个样本城市中，得分最高的是昆明，得分最低的是深圳。其中：排名前五位的城市分别是昆明、青岛、乌鲁木齐、贵阳、成都，得分分别是 12.50、12.42、10.10、9.90、9.87；排名末五位的城市分别是深圳、厦门、上海、广州、福州，得分分别是 0.00、1.44、1.89、2.49、2.62。

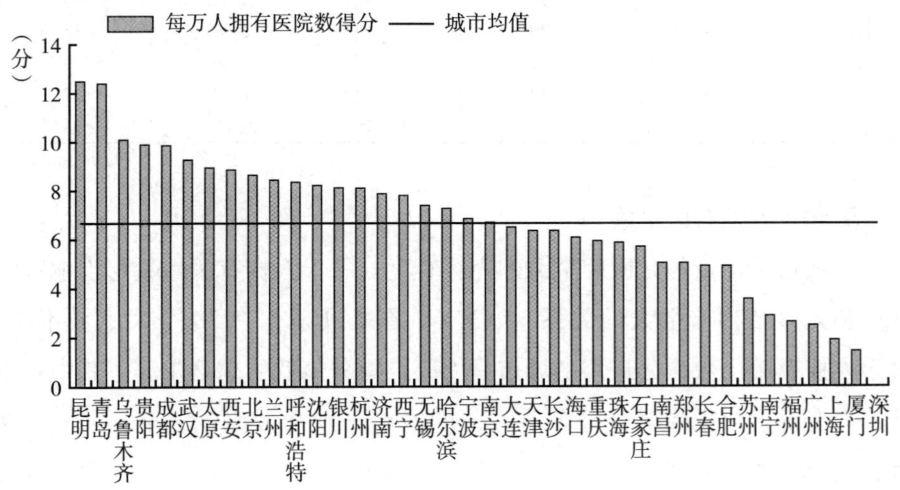

图 5 中国大中城市每万人拥有医院数得分及排名情况（2021 年）

资料来源：国家统计局。

表 5 中国大中城市每万人拥有医院数得分与排名（2021 年）

单位：分

城市	每万人拥有医院数得分	排名	城市	每万人拥有医院数得分	排名
昆明	12.50	1	成都	9.87	5
青岛	12.42	2	武汉	9.28	6
乌鲁木齐	10.10	3	太原	8.96	7
贵阳	9.90	4	西安	8.87	8

续表

城　市	每万人拥有医院数得分	排名	城　市	每万人拥有医院数得分	排名
北　京	8.66	9	海　口	6.08	24
兰　州	8.46	10	重　庆	5.95	25
呼和浩特	8.37	11	珠　海	5.88	26
沈　阳	8.23	12	石家庄	5.71	27
银　川	8.13	13	南　昌	5.05	28
杭　州	8.12	14	郑　州	5.05	29
济　南	7.88	15	长　春	4.94	30
西　宁	7.81	16	合　肥	4.93	31
无　锡	7.39	17	苏　州	3.57	32
哈尔滨	7.27	18	南　宁	2.88	33
宁　波	6.84	19	福　州	2.62	34
南　京	6.70	20	广　州	2.49	35
大　连	6.50	21	上　海	1.89	36
天　津	6.35	22	厦　门	1.44	37
长　沙	6.35	23	深　圳	0.00	38

5. 每千人拥有医生数

该项指标衡量的是医疗资源的充裕程度。每千人拥有医生数与当地医院数量和人口结构有很大的关系。如表 6、图 6 所示，在 38 个大中城市中，每千人拥有医生数得分最高的城市是太原，得分最低的是哈尔滨。其中：每千人拥有医生数指标得分排名前五位的城市分别为太原、北京、宁波、珠海、杭州，得分分别是 12.50、12.31、10.02、9.48、9.43；得分排名后五位的城市分别为哈尔滨、重庆、天津、南昌、深圳，得分分别是 0.00、0.30、1.65、1.76、1.78。

表 6　中国大中城市每千人拥有医生数得分与排名（2021 年）

单位：分

城　市	每千人拥有医生数得分	排名	城　市	每千人拥有医生数得分	排名
太　原	12.50	1	珠　海	9.48	4
北　京	12.31	2	杭　州	9.43	5
宁　波	10.02	3	乌鲁木齐	9.07	6

续表

城　市	每千人拥有医生数得分	排名	城　市	每千人拥有医生数得分	排名
昆　明	8.74	7	呼和浩特	4.83	23
银　川	8.43	8	武　汉	4.82	24
郑　州	7.58	9	南　宁	4.77	25
济　南	7.52	10	厦　门	4.19	26
南　京	7.12	11	无　锡	4.06	27
成　都	6.77	12	苏　州	3.14	28
海　口	6.76	13	合　肥	3.00	29
西　宁	6.74	14	长　春	2.96	30
青　岛	6.12	15	大　连	2.87	31
贵　阳	6.12	16	上　海	2.67	32
长　沙	5.53	17	福　州	2.33	33
广　州	5.47	18	深　圳	1.78	34
沈　阳	5.44	19	南　昌	1.76	35
石家庄	5.33	20	天　津	1.65	36
兰　州	5.24	21	重　庆	0.30	37
西　安	5.19	22	哈尔滨	0.00	38

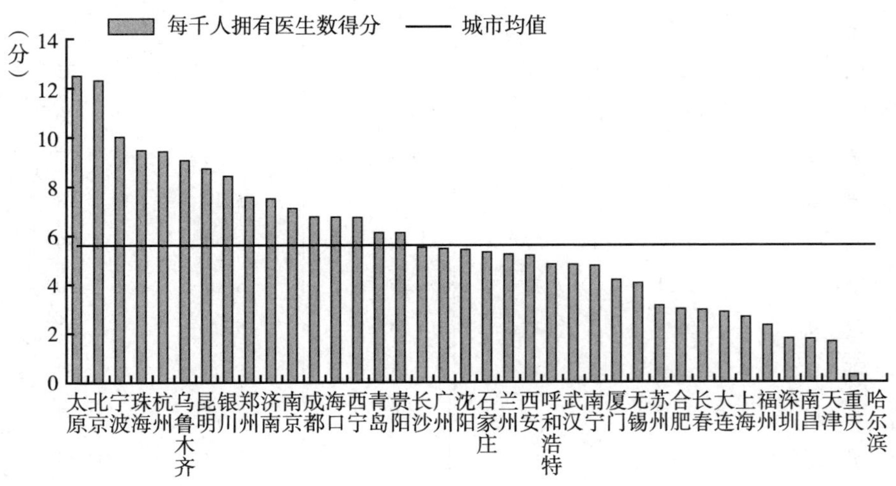

图 6　中国大中城市每千人拥有医生数得分及排名情况（2021 年）

资料来源：国家统计局。

6. 每千人拥有床位数

该指标用以衡量人均医疗卫生资源的丰富程度。如表 7、图 7 所示，中西部城市每千人拥有床位数得分排名较高，东部和南部地区城市排名靠后。其中：得分排名前五的城市分别是太原、郑州、西宁、乌鲁木齐、昆明，得分分别是 12.50、12.42、12.35、11.88、11.55；每千人拥有床位数指标得分排名后五的城市分别为深圳、天津、厦门、福州、石家庄，得分分别是 0.00、0.95、1.41、1.87、3.52。

表 7　中国大中城市每千人拥有床位数得分与排名（2021 年）

单位：分

城　市	每千人拥有床位数得分	排名	城　市	每千人拥有床位数得分	排名
太　原	12.50	1	合　肥	7.15	20
郑　州	12.42	2	济　南	6.99	21
西　宁	12.35	3	南　京	6.92	22
乌鲁木齐	11.88	4	上　海	6.89	23
昆　明	11.55	5	青　岛	6.58	24
沈　阳	10.88	6	宁　波	6.54	25
长　沙	10.54	7	广　州	6.04	26
杭　州	10.48	8	呼和浩特	5.96	27
成　都	9.85	9	苏　州	5.29	28
武　汉	9.66	10	珠　海	5.24	29
哈尔滨	9.51	11	南　宁	5.16	30
兰　州	9.34	12	北　京	5.07	31
海　口	8.79	13	南　昌	5.06	32
银　川	8.77	14	重　庆	4.92	33
贵　阳	8.60	15	石家庄	3.52	34
长　春	7.77	16	福　州	1.87	35
西　安	7.66	17	厦　门	1.41	36
大　连	7.42	18	天　津	0.95	37
无　锡	7.20	19	深　圳	0.00	38

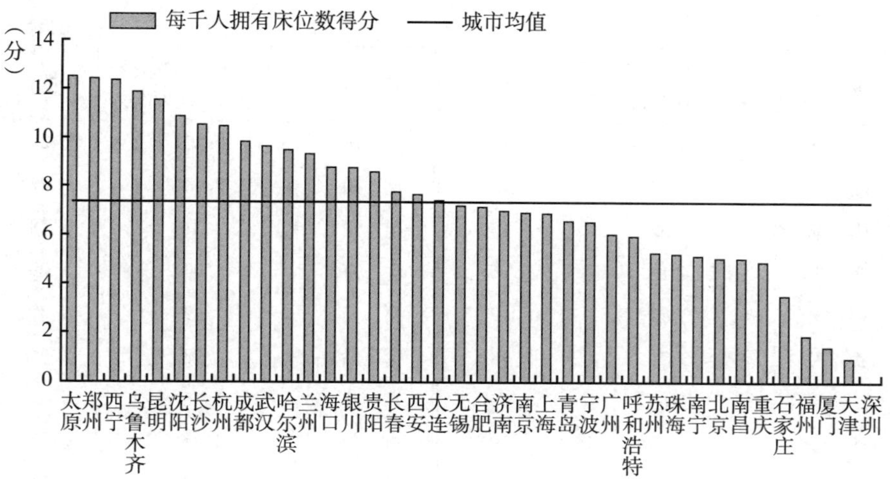

图 7　中国大中城市每千人拥有床位数得分及排名情况（2021 年）

资料来源：国家统计局。

7. 每千名老年人拥有养老机构床位数

如表 8、图 8 所示，通过归一化数据分析可知，在选取的 38 个大中城市中，每千名老年人拥有养老机构床位数指标得分最高的是宁波，排名最末的是深圳。其中：每千名老年人拥有养老机构床位数指标得分排名前五的城市分别是宁波、呼和浩特、南京、太原、大连，得分分别是 12. 50、8. 54、7. 77、7. 47、7. 07；每千名老年人拥有养老机构床位数指标得分排名末五的城市分别是深圳、兰州、乌鲁木齐、贵阳、海口，得分分别是 0. 00、0. 51、0. 88、1. 29、1. 54。

表 8　中国大中城市每千名老年人拥有养老机构床位数得分与排名（2021 年）

单位：分

城　市	每千名老年人拥有养老机构床位数得分	排名	城　市	每千名老年人拥有养老机构床位数得分	排名
宁　波	12. 50	1	上　海	5. 93	7
呼和浩特	8. 54	2	青　岛	5. 74	8
南　京	7. 77	3	无　锡	5. 52	9
太　原	7. 47	4	济　南	5. 14	10
大　连	7. 07	5	长　春	5. 06	11
杭　州	6. 86	6	沈　阳	4. 98	12

续表

城市	每千名老年人拥有养老机构床位数得分	排名	城市	每千名老年人拥有养老机构床位数得分	排名
北京	4.97	13	重庆	2.82	26
苏州	4.92	14	昆明	2.42	27
成都	4.32	15	南宁	2.21	28
西宁	4.16	16	珠海	1.90	29
福州	3.92	17	西安	1.79	30
武汉	3.71	18	南昌	1.78	31
广州	3.65	19	郑州	1.76	32
长沙	3.59	20	厦门	1.76	33
哈尔滨	3.47	21	海口	1.54	34
合肥	3.40	22	贵阳	1.29	35
天津	3.23	23	乌鲁木齐	0.88	36
石家庄	3.04	24	兰州	0.51	37
银川	3.03	25	深圳	0.00	38

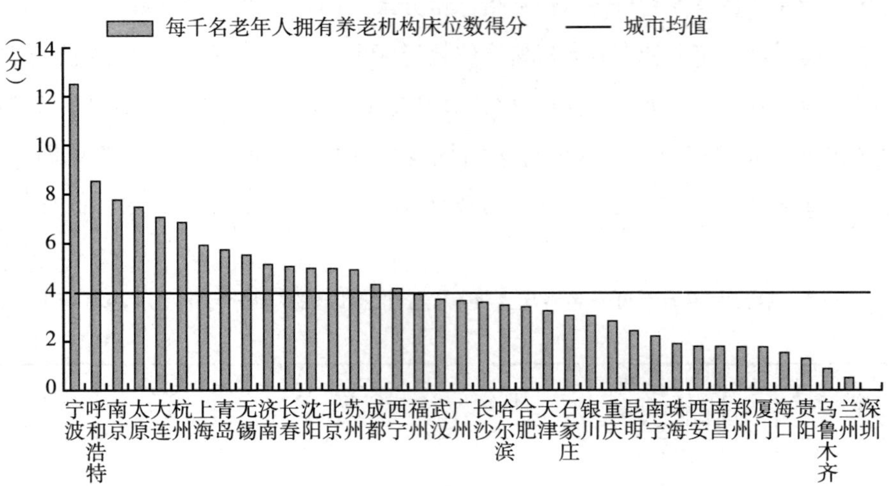

图 8　中国大中城市每千名老年人拥有养老机构床位数得分及排名情况（2021 年）

资料来源：国家统计局。

8. 人口平均预期寿命

人口预期寿命是衡量一个地区健康水平的重要指标，而且已被写入“十四五”规划预期目标。如表9、图9所示，人口平均预期寿命指标得分较高的城市分布在东部等经济较为发达的地区，分数较低的城市则多分布在中西部地区。通过归一化数据可知，在选定的38个大中城市中，人口平均预期寿命得分排名最高的是苏州，排名最低的是兰州。其中：人口平均预期寿命得分排名前五的城市分别是苏州、上海、南京、珠海、无锡，得分分别是12.50、12.29、11.83、11.67、11.66；人口平均预期寿命得分排名末五的城市是兰州、西宁、银川、乌鲁木齐、南宁，得分分别是0.00、1.58、2.28、3.35、4.05。

表9　中国大中城市人口平均预期寿命得分与排名（2021年）

单位：分

城　市	人口平均预期寿命得分	排名	城　市	人口平均预期寿命得分	排名
苏　州	12.50	1	长　春	7.66	20
上　海	12.29	2	长　沙	7.39	21
南　京	11.83	3	合　肥	7.12	22
珠　海	11.67	4	济　南	6.79	23
无　锡	11.66	5	昆　明	6.59	24
杭　州	11.33	6	郑　州	6.44	25
广　州	11.27	7	哈尔滨	6.24	26
北　京	10.47	8	太　原	5.95	27
天　津	9.78	9	南　昌	5.85	28
宁　波	9.64	10	海　口	5.36	29
深　圳	9.32	11	石家庄	4.86	30
青　岛	9.29	12	贵　阳	4.51	31
武　汉	9.11	13	重　庆	4.49	32
大　连	8.11	14	呼和浩特	4.44	33
成　都	8.10	15	南　宁	4.05	34
福　州	7.93	16	乌鲁木齐	3.35	35
厦　门	7.90	17	银　川	2.28	36
沈　阳	7.87	18	西　宁	1.58	37
西　安	7.78	19	兰　州	0.00	38

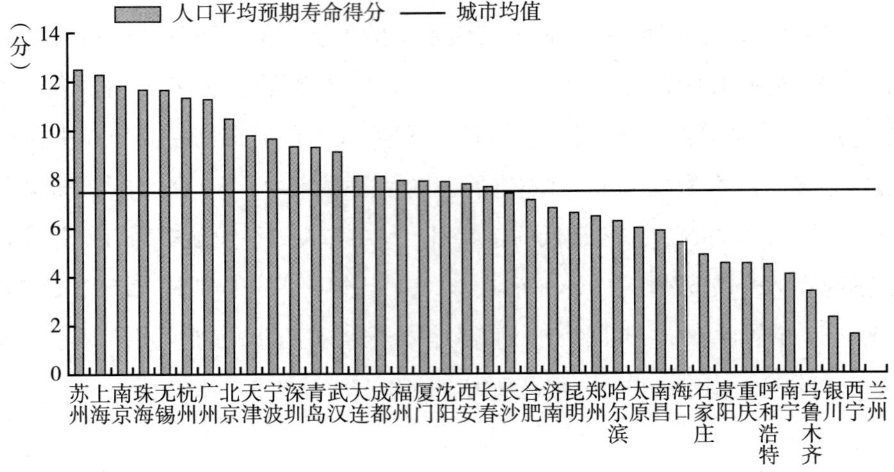

图 9　中国大中城市人口平均预期寿命得分及排名情况（2021 年）

资料来源：国家统计局。

四　聚焦全龄健康医疗，积极应对人口老龄化

（一）融入健康理念，完善顶层制度设计

一方面，要加强立法保障，这是全龄健康医疗保障体系得以完善的基础。如果缺少必要的政策和制度安排，就难以对健康医疗体系予以持续的财政投入，更难建立起有效的健康医疗体系去应对人口老龄化问题。另一方面，借鉴年龄友好城市建设和改革进程中的先进经验与举措，尽快将其上升为法律法规，用制度的方式固定下来。此外，理顺管理机制，培育政策环境加快构建保障全生命周期的健康医疗服务体系，为群众提供便捷的健康医疗配套服务，包括及时有效的医疗保险和养老保险转移接续，是提升我国全体居民的健康医疗可及性的有效路径。

（二）把握数字优势，赋能健康医疗管理

健康医疗的发展需要数据作为支撑。伴随物联网、区块链、人工智能等技术在智慧社区移动医疗体系建设和管理中的深度融合，数字技术正在愈加深入地参与重塑现行医疗管理生态。首先，在获得健康数据方面，利用当前智能健康穿戴设备、大数据、5G、互联网 + 和数字医疗等技术，完善数字科技医疗应用的顶层设计和相关指引性文件，科学定位数字化医疗管理参与角色，引导数字健康医疗的有序发展。其次，在利用健康数据方面，整理老年人信息数据，运用数字化手段将当地居民健康情况及时上传到医疗服务信息平台，跟踪分析老年人健康基本情况，及时对接各地区的医疗服务中心或医疗服务信息平台，协调医疗资源，并提升当地家庭医生的签约率和服务水平，实现对居民身体健康数据的动态化、精准化管理。最后，通过数字科技等手段，突破资源输送梗阻，开放和普及优质医疗资源，提升基层地区，尤其是部分偏远地区的优质医疗资源可及性，提高医疗服务质量；并通过互联网远程教学培训当地医护人员，提高医护人员的服务能力和水平。

（三）促进主动健康，提升老龄人口健康素养水平

当前老龄人口受教育结构失衡，层次不均，亟须加强健康教育宣传工作，探索面向不同受教育水平老龄人口的健康教育方式，全面提升人口健康意识与素养。不断丰富和拓宽老龄人口健康信息获取渠道，增进和推动老龄人口与医护人员的交流互动，提高老龄人口对不健康方式的判断和识别能力，帮助老年人群养成良好的生活习惯和行为习惯，提升主动健康意识和自我健康预防能力，是推动老龄人口健康医疗总体水平提升的有效路径。

（四）营造老龄友好健康生态，推动连续长效健康管理

全力推进健康中国建设，促进人口健康老龄化，需要做好对老年人口慢性疾病的长期管理。增强健康医疗机构协作，明确不同层级医疗服务整体性定位分工，逐步打通城乡范围内连续医疗服务网络。推动医疗资源有效下

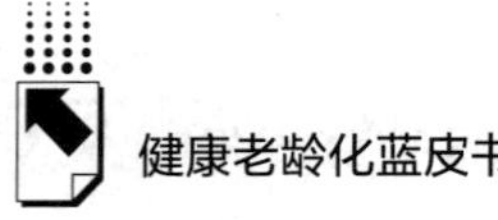

沉，提升社区公共医疗卫生机构服务能力和水平，充分发挥社区公共医疗卫生机构在老年人口从上级医院诊疗后接驳家庭和社区的重要作用，实现医疗资源、护理资源等多种资源向老年人群聚集，使传统医疗就诊向生活场景融入转变；通过科普、指导、跟踪、监测等系列配套措施，支持居家规范管理与长期康养治疗目标达成，推动治疗理念从以治病为中心向以健康为中心转变。此外，在尊重老龄化程度差异的基础上，推动城乡地区医疗资源协调发展，并通过提高流动人口特别是老年人群的健康医疗服务可及性，缓解因流动带来的“损耗效应”。多措并举，打好“组合拳”，最终促进健康医疗的可持续发展。

B.3
中国大中城市健康老龄化人居环境指数分报告

范文婷　田金吉　潘君豪*

摘　要： 高质量的人居环境是国家新型城镇化战略规划的重要内容，事关积极应对人口老龄化的空间营建。本文对人居环境相关文献进行了系统梳理和分析，认为以健康为导向、覆盖全龄的人居环境建设和前沿技术的创新应用是当下该领域研究的热点。基于此，选取全国38个典型大中城市作为研究对象，对空气优良率、每万人拥有绿地面积、环境噪声等效声级、生活垃圾无害化处理率等9个重要指标2017年、2019年和2021年3年的数据进行计算与对比，深度剖析了以健康为导向的全龄友好型人居环境的建设现状和未来发展趋势，并从提升人居环境治理综合能力、强化以健康为导向的全龄友好型城市规划和重视前沿技术对人居环境质量的提升作用三个维度提出了对策建议。

关键词： 人居环境　健康老龄化　全龄友好　老龄科学

一　背景及文献综述

人居环境是人类长期以来生存和发展的基础，与之相关的各类研究贯

* 范文婷，西南交通大学公共管理学院讲师，研究方向为人口社会学；田金吉，西南交通大学公共管理学院2021级硕士研究生，国际老龄科学研究院科研助理，研究方向为社会保障与公共政策；潘君豪，西南交通大学公共管理学院2021级硕士研究生，国际老龄科学研究院科研助理，研究领域为社会保障与老龄科学。

穿于古今中外的时间长河中。夏商时期的《周易》和《归藏》是中国最早关于人居环境相关研究的成文典籍，其中“天人合一”的思想深刻地影响了中国千年来的建筑设计与城市规划格局[①]。中国第一部工科类巨著《考工记》记载的都城规划思想在曹魏邺城、唐长安城和明清北京城得到了完全的体现[②]。清朝《四库全书》已然集成了古人关于人居环境理论体系的价值理念与实践中的技术操作等各方面的内容[③]。近现代以来，从梁思成提出的“体形环境”[④] 到吴良镛院士的《人居环境科学导论》[⑤]，中国逐渐形成了与西方对标的具备五大系统（全球、区域、城市、社区、建筑）和五大要素（自然、社会、人、居住、支撑网络）的人居环境理论体系[⑥]。西方关于人居环境的思想理念一直寓于城市规划格局当中，从霍华德的田园城市理论、柯布西耶的“光辉城市”蓝图，再到雅各布斯撰写的《美国大城市的死与生》对传统城市规划理论的批判和对城市生命有机体的倡导[⑦]，是西方在历经二次工业革命后对人与空间关系的探索与反思。

高质量人居环境的营建已然成为各国政府和国际组织的重要议题。习近平总书记2021年3月22日在福建考察时就强调要把“菜篮子、人居环境、城市空间”等工作放到城市管理工作的重要位置[⑧]。2021年11月18日，中共中央、国务院发布的《关于加强新时代老龄工作的意见》指出，

---

① 王树声：《“天人合一”思想与中国古代人居环境建设》，《西北大学学报》（自然科学版）2009年第5期。

② 陈筱、孙华：《中国古代都城规划的模数控制方法试探——从明中都设计尺度复原谈起》，《建筑学报》2021年第5期。

③ 王金岩、翟一鸣：《中国古代人居功能体系的核心构成与价值启示——基于〈四库全书〉文献的解析》，载《2019中国城市规划年会论文集》。

④ 庄惟敏：《中国语境下梁思成建筑教育思想的国际范式——“体形环境”建筑思想与清华建筑学院的发展》，《建筑学报》2021年第9期。

⑤ 吴良镛：《人居环境科学导论》，中国建筑工业出版社，2001。

⑥ 吴良镛：《人居环境科学的人文思考》，《城市发展研究》2003年第5期。

⑦ 〔加拿大〕简·雅各布斯：《美国大城市的死与生》，金衡山译，译林出版社，2005。

⑧ 《如何建设好管理好一座城市，习近平这些话深入人心》，http://www.workercn.cn/34198/202103/31/210331110936417.shtml，最后检索时间：2021年11月20日。

要将无障碍环境建设和适老化改造纳入城市更新之中统筹推进[①]。美国在1993年就掀起过人居环境设计变革的热潮，通过制定《可持续发展设计指导原则》，在建筑环境、能源利用、自然文化资源和城市废弃物处理等方面融入可持续发展的理念[②]。1985年，第40届联合国大会通过决议，将每年10月的第一个星期一定为“世界人居日”以落实《人居议程》，唤起对人类基本住房权利的关注[③]。2001年第56届联合国大会通过决议将“人居中心”升格成为“人居署”，并于2016年召开的第三次联合国住房和城市可持续发展大会上（“人居三”）发布了《新城市议程》[④]，其中关于城市规划与管理的新框架成为联合国千年发展目标（MDG）和2030年可持续发展议程（SDG）中可持续城市与社区目标（SDG11）的重要延伸和体现。

以健康为导向、覆盖全龄的人居环境建设是当下“以人为中心”新型城镇化的重要刚需。谢劲、全明辉等提出的健康导向型人居环境概念将“交通环境”“人文环境”“游憩环境”视为健康环境建设的基本属性[⑤]。谢宏杰、王乾坤等借鉴生态学派的研究范式，提出将“健康位”作为城市人居环境研究的基础之一[⑥]。肖华斌、何心雨等认为未来的研究应重点关注城市绿地的空间特征与居民健康需求层级的供求适配程度[⑦]。以健康为导向的公共空间和资源分配理应覆盖城市的所有群体，尤其是要保障“一老一小”

① 《〈中共中央国务院关于加强新时代老龄工作的意见〉：打造老年宜居环境》，http：//house. cnr. cn/jdt/20211125/t20211125_ 525670152. html，最后检索时间：2021年11月25日。

② Platcheck，E. R.，Schaeffer，L.，Kindlein，W.，“Methodology of Ecodesign for the Development of More Sustainable Electro-electronic Equipments，” *Journal of Cleaner Production*，16（2008），pp. 75 – 86.

③ 张晨、宣嘉东、彭翀、曾坚：《联合国人居大会背景下城市发展新思维及中国城市规划应对》，《城市发展研究》2020年第11期。

④ 《为所有人建设可持续城市和人类住区基多宣言》，https：//www. un. org/zh/documents/treaty/files/A – RES – 71 – 256. shtml，最后检索时间：2021年11月25日。

⑤ 谢劲、全明辉、谢恩礼：《健康中国背景下健康导向型人居环境规划研究——以杭州市为例》，《城市规划》2020年第9期。

⑥ 谢宏杰、王乾坤、胡继强：《健康位：流行病学与生态学视野下的健康人居理论研究范式探讨》，《现代城市研究》2021年9月。

⑦ 肖华斌、何心雨、王玥、王洁宁、姜芊孜：《城市绿地与居民健康福祉相关性研究进展——基于生态系统服务供需匹配视角》，《生态学报》2021年第12期。

的基本健康人居权利。李小云分析了全龄社区包容性设计的基本内涵，从微空间打造、儿童导向和空间资源分配等方面微更新城市公共空间①。张璐、叶竹重点考察了既有空间条件限制下全龄化改造的策略，从照护、出行、陪伴和社会参与四个方面明确了改造的重点和要求②。

以数字科技为基础构建的智慧城市以及元宇宙正在成为未来人居环境发展研究的前沿。吴良镛指出科技观是人居环境科学五大重要原则之一③，龙瀛以新城市科学和未来城市的视角展望了颠覆性技术驱动下的未来人居环境研究，提出新科技革命背景下建成环境研究的新方法、新视角和新数据④。喻国明、耿晓梦认为由互联网各类技术相互重组、融合和创新形成元宇宙的技术将无缝链接物理空间和居民的心灵空间，构成一个超越现实维度的新世界⑤，城市人居环境的概念以及内涵也将被重新解构。

综上所述，人居环境科学跨越了传统的学科边界，其实际应用领域更是事关所有人的共同福祉。在目前的研究中，不仅要科学地扬弃“风水”等中国古代智慧成果，还要前瞻性地将各种颠覆性科学技术对自然和社会环境的影响纳入人居环境的研究当中，探索构建一套对标国际的人居环境评估指标体系，推动我国以健康为导向、覆盖全龄的高质量人居环境建设。

二　人居环境指标说明与数据计算

城市人居环境发展指标对于衡量城市人居环境质量具有重要的作用。良

① 李小云：《包容性设计——面向全龄社区目标的公共空间更新策略》，《城市发展研究》2019 年第 11 期。

② 张璐、叶竹：《基于老幼复合共享特征的既有住区全龄化改造策略》，《城市发展研究》2020 年第 10 期。

③ 吴良镛：《人居环境科学与新发展观》，《国际融资》2004 年第 11 期。

④ 龙瀛：《颠覆性技术驱动下的未来人居——来自新城市科学和未来城市等视角》，《建筑学报》2020 年第 3 期。

⑤ 喻国明、耿晓梦：《何以“元宇宙”：媒介化社会的未来生态图景》，《新疆师范大学学报》（哲学社会科学版）2022 年第 3 期。

好的指标不仅可以较为准确地反映城市人居环境的舒适度、健康度和可居住性，也为积极应对人口老龄化的城市提供在人居环境方面重要的发展目标和方向。

在城市人居环境发展方面，以国内 38 个城市的人居环境为研究对象，沿用历年观测点指标，选取了空气优良率、每万人拥有绿地面积、人均公园绿地面积、人均公园数、建成区绿化覆盖率、环境噪声等效声级、道路交通等效声级、生活垃圾无害化处理率、废水处理厂集中处理率共 9 个指标来测量各个城市人居环境情况。各指标的相关说明如下。

空气优良率：基于城市环境空气质量综合状况的无量纲指数，用于衡量城市环境空气质量，空气优良率值越大表明综合污染程度越轻。

每万人拥有绿地面积：指的是城市非农业人口每万人拥有城镇公共绿地面积。计算公式为：每万人拥有绿地面积（公顷/万人） = 城市公共绿地面积（公顷）/城市非农业人口（万人）。

人均公园绿地面积：指的是建成区内公园绿地面积的人均占有量。计算公式为：人均公园绿地面积 = 建成区公园绿地总面积/建成区常住人口数量。

人均公园数：指的是建成区内公园的人均数量。计算公式为：人均公园数 = 城市公园数量/常住人口数。

建成区绿化覆盖率：根据《中华人民共和国城市绿化条例》规定，建成区绿化覆盖面积是公共绿地、居住区绿地、单位附属绿地、防护绿地、生产绿地、风景林地六类绿化面积之和。计算公式为：建成区绿化覆盖率 = 建成区绿化覆盖面积/建成区总面积 × 100%。

环境噪声等效声级：指的是城市市区环境噪声等级。国务院为保障城市居民生活质量，制定了《中华人民共和国城市区域环境噪声标准》，并规定五类标准（0 类标准、1 类标准、2 类标准、3 类标准、4 类标准）的适用区域范围。

道路交通等效声级：道路交通噪声主要是指机动车辆在城市内交通干线上行驶带来的噪声。道路交通等效声级主要涉及《声环境质量标准 GB 3096 - 2008》中的第 4 类声环境功能区——交通干线两侧一定距离之内，即需要防止交通噪声对周围环境产生严重影响的区域。

生活垃圾无害化处理率：指的是统计周期内生活垃圾无害化处理量占生活垃圾产生量的比重。计算公式为：生活垃圾无害化处理率 = 生活垃圾无害化处理量/生活垃圾产生量 ×100%，一般要求该指标大于或等于 85%。

废水处理厂集中处理率：指的是统计周期内通过废水处理厂处理的废水量占废水排放总量的比重。计算公式为：废水处理厂集中处理率 = 通过废水处理厂处理的废水量/废水排放总量 ×100%。

三　各城市人居环境总体得分情况分析及各指标排名分析

（一）我国各城市人居环境指标总得分及排名情况

基于历年中国城市居民退休生活质量指数报告的评价体系，本文沿用了人居环境发展维度的 9 个一级指标并形成评价体系。本文数据直接或间接来源于 2017 年、2019 年、2020 年中国各城市统计年鉴，以确保各城市数据的统一性。

对原始数据做归一化处理后，得出 38 个城市在人居环境维度的得分及排名情况，如表 1、图 1 所示。

表 1　中国大中城市人居环境得分及排名（2021 年）

单位：分

城　市	人居环境得分	排名	城　市	人居环境得分	排名
珠　海	81.99	1	厦　门	56.82	6
乌鲁木齐	64.42	2	海　口	56.54	7
南　京	62.51	3	银　川	55.99	8
广　州	60.29	4	南　昌	55.66	9
昆　明	57.07	5	重　庆	55.22	10

续表

城　市	人居环境得分	排名	城　市	人居环境得分	排名
深　圳	54.90	11	长　沙	43.66	25
大　连	54.09	12	无　锡	43.52	26
呼和浩特	52.89	13	石家庄	42.87	27
北　京	51.89	14	苏　州	42.17	28
上　海	51.74	15	天　津	41.63	29
杭　州	47.67	16	郑　州	41.44	30
南　宁	47.10	17	济　南	40.00	31
成　都	47.03	18	沈　阳	39.98	32
福　州	47.00	19	武　汉	39.89	33
青　岛	46.40	20	宁　波	38.10	34
贵　阳	44.82	21	长　春	34.91	35
合　肥	44.79	22	西　宁	34.07	36
兰　州	44.54	23	西　安	33.14	37
太　原	44.35	24	哈尔滨	26.86	38

资料来源：作者根据中国各城市统计年鉴和统计公报计算所得。

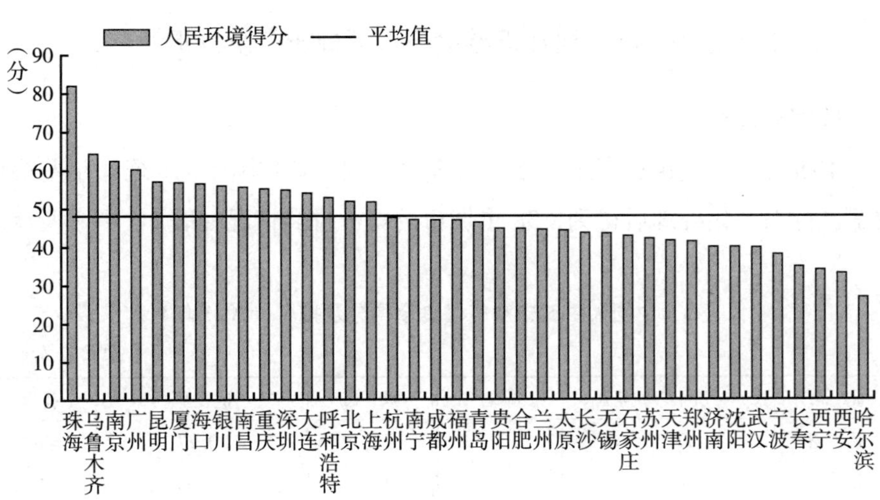

图 1　中国大中城市人居环境得分及排名情况（2021 年）

表 1 和图 1 的数据显示，人居环境得分排名前五的城市分别是珠海（81.99 分）、乌鲁木齐（64.42 分）、南京（62.51 分）、广州（60.29 分）、昆明（57.07 分）。38 个城市的人居环境平均得分为 48.10 分，以平均分为标准可以看出排名靠前和排名靠后的城市差距很大。

通过观察表 1、图 1 数据可较为直观地看出各城市的地理环境、人口规模、自然条件、经济条件、历史发展等因素均对人居环境得分产生一定的影响。其中地理环境和人口规模因素的影响较大。在得分排名前几位的城市中，除了位于亚欧大陆腹地的乌鲁木齐市以外，大多数都位于东部沿海地区，如珠海、广州、厦门、海口等城市，其地理位置较好，气候湿润，植被条件和空气流动性好，容易清除污染物。而乌鲁木齐排名第二位的情况属于个例，受到城市人口容量和自然资源以及公共服务供给能力的匹配问题等的影响。而得分靠后的 5 个城市中除宁波外均位于中国北方地区。我国北方地区集中了燃煤供暖以及火力发电有关的工业城市，一定程度上影响了空气质量。另外受经济因素的影响也较大，东部城市经济发展水平相对较高，在人居环境质量优化方面的公共财政投入力度更大，人居环境维度一级指标的总体水平也相对较高。

（二）我国各城市人居环境维度一级指标排名及分析

1. 空气优良率

本报告中空气优良率这一指标主要通过对 2020 中国城市统计年鉴中的数据进行归一化处理后得到，38 个城市的得分排名情况如表 2、图 2 所示。

表 2　中国大中城市空气优良率得分及排名（2021 年）

单位：分

城市	空气优良率得分	排名	城市	空气优良率得分	排名
福州	11.10	1	西宁	10.27	6
贵阳	10.98	2	海口	10.03	7
厦门	10.86	3	深圳	9.43	8
昆明	10.86	4	银川	8.95	9
南宁	10.27	5	南昌	8.83	10

续表

城 市	空气优良率得分	排名	城 市	空气优良率得分	排名
宁 波	8.63	11	苏 州	6.56	25
珠 海	8.48	12	乌鲁木齐	6.15	26
上 海	8.06	13	长 沙	6.03	27
重 庆	8.06	14	无 锡	5.32	28
长 春	7.88	15	合 肥	4.95	29
哈尔滨	7.76	16	南 京	4.83	30
大 连	7.64	17	武 汉	4.24	31
兰 州	7.28	18	北 京	3.94	32
广 州	7.10	19	西 安	3.04	33
呼和浩特	7.04	20	天 津	2.69	34
杭 州	6.74	21	太 原	1.55	35
成 都	6.74	22	济 南	0.48	36
青 岛	6.74	23	郑 州	0.18	37
沈 阳	6.57	24	石家庄	0.00	38

资料来源：作者根据2020年中国城市统计年鉴计算所得。

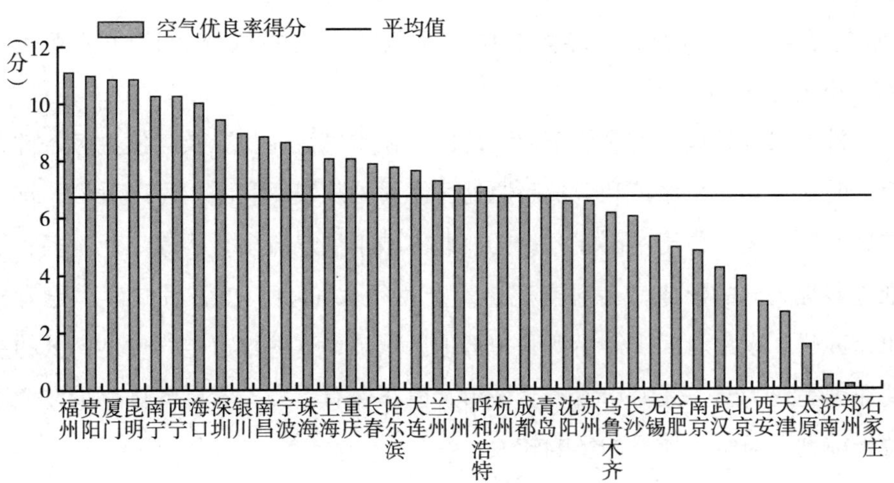

图2 中国大中城市空气优良率得分及排名情况（2021年）

资料来源：作者根据2020年中国城市统计年鉴计算所得。

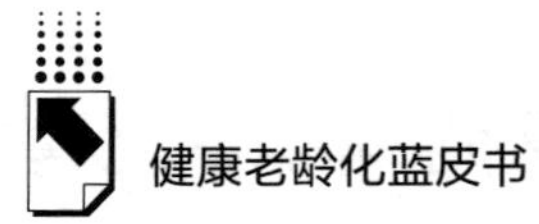

由表 2 可知，空气优良率排名第一的城市是福州市，得分为 11.10；排名前五的城市分别为福州、贵阳、厦门、昆明、南宁，其得分分别为 11.10、10.98、10.86、10.86、10.27。排名末五的城市分别为石家庄、郑州、济南、太原、天津，其得分分别为 0.00、0.18、0.48、1.55、2.69。由图 2 所知，38 个城市空气优良率这一指标的平均得分是 6.74。

排名前五的城市中有位于我国沿海地区的福州、厦门、南宁和位于云贵高原的贵阳和昆明，这表明城市所处地理位置与城市环境空气质量有密切的联系。沿海城市靠近海边，海风较大，能够提高空气流通速度，对空气净化起着重要作用；同时海水会吸附一部分城市空气中的杂质，也起到一定的净化空气作用。贵阳和昆明位于中国云贵高原地区，虽无靠海优势，但其森林资源丰富：昆明的森林覆盖率达 52.62%，贵阳的森林覆盖率达 46.5%。森林能够自动调节空气中的氧气和二氧化碳浓度，吸收工业废气，过滤净化防渗性物质，是贵阳和昆明的天然绿色生态屏障。并且贵阳的雷电天数较多，年平均可达到 49.1 天，雷电能电解空气中的水汽，产生负氧离子，负氧离子有“空气中的维生素”“空气维生素”等美称，能降解中和空气中的有害气体，这进一步提高了城市的空气优良率。

排名末五的城市大多位于内陆地区，在空气流通状况及自然生态条件方面，明显不如沿海城市和云贵高原地区。另外从表 2 和图 2 可以看出，排名靠后的城市大多位于中国北方地区。北方城市用煤较多，而燃煤灰尘多，易推进雾霾天气的形成，会对空气质量产生很大影响。在靠后城市中也有杭州、苏州、南京、武汉等沿海和中部地区城市，这些城市空气优良率低的主要原因是作为新一线城市或省会城市，汽车保有量高，其尾气排放量在全国位于前列，对空气质量的影响较大。

2. 每万人拥有绿地面积

本报告中每万人拥有绿地面积这一指标主要通过 2020 年中国城市统计年鉴中的数据进行归一化处理后得到，38 个城市的得分排名情况见表 3 和图 3。

表3　中国大中城市每万人拥有绿地面积得分及排名（2021年）

单位：分

城　市	每万人拥有绿地面积得分	排名	城　市	每万人拥有绿地面积得分	排名
南　京	11.11	1	济　南	1.82	20
广　州	9.66	2	大　连	1.70	21
珠　海	9.50	3	沈　阳	1.62	22
乌鲁木齐	9.02	4	天　津	1.57	23
深　圳	6.87	5	成　都	1.52	24
上　海	5.96	6	宁　波	1.40	25
长　春	4.73	7	武　汉	1.38	26
厦　门	4.72	8	南　昌	1.21	27
呼和浩特	4.21	9	合　肥	1.19	28
杭　州	3.70	10	郑　州	0.97	29
青　岛	3.39	11	兰　州	0.91	30
北　京	3.18	12	重　庆	0.89	31
贵　阳	3.01	13	苏　州	0.78	32
银　川	2.33	14	南　宁	0.50	33
西　安	2.02	15	福　州	0.28	34
太　原	1.97	16	西　宁	0.24	35
海　口	1.94	17	长　沙	0.21	36
昆　明	1.92	18	哈尔滨	0.02	37
无　锡	1.82	19	石家庄	0.00	38

资料来源：作者根据2020年中国城市统计年鉴计算所得。

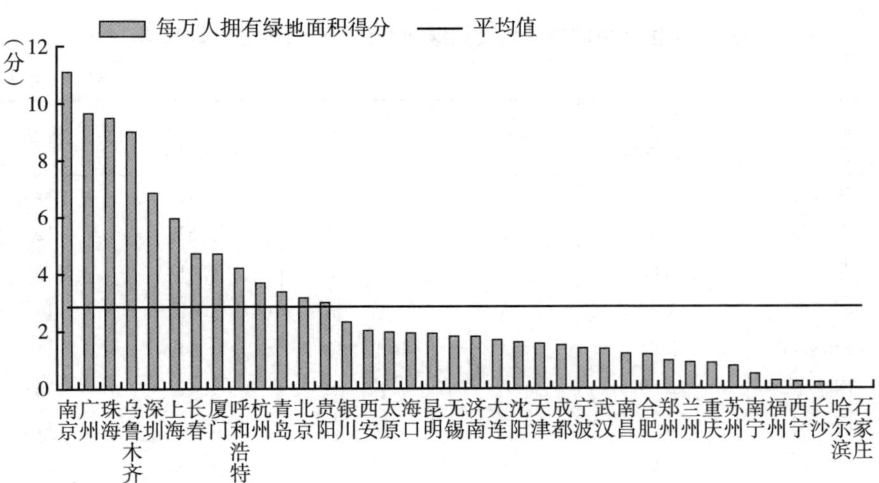

图3　中国大中城市每万人拥有绿地面积得分及排名情况（2021年）

资料来源：作者根据2020年中国城市统计年鉴计算所得。

从表3可以看出：每万人拥有绿地面积排名中南京位于第一，得分为11.11；排名前五的城市分别为南京、广州、珠海、乌鲁木齐、深圳，其得分分别为11.11、9.66、9.50、9.02、6.87；排名末五的城市分别为石家庄、哈尔滨、长沙、西宁、福州，其得分分别为0.00、0.02、0.21、0.24、0.28。另外，据图3可知，在每万人拥有绿地面积这一指标上，38个城市的平均值为2.88，只有13个城市达到均值以上。

在数据处理过程中发现，人口规模在很大程度上影响了这一指标。成都的城市绿地总面积比乌鲁木齐多1万公顷，但是，乌鲁木齐全国排名第四，而成都较靠后，其主要影响因素便是人口。根据第七次全国人口普查数据，成都市常住人口为2093.78万人，而乌鲁木齐的常住人口为405.44万人，前者是后者的5.16倍。除人口因素外，经济发展水平对各城市的绿地建设也有较大的影响，在排名靠前的城市中，也有像广州、珠海、深圳、上海等人口规模较大的城市，这些城市经济相对发达，更加注重绿化环境。

3. 人均公园绿地面积

在本报告中人均公园绿地面积这一指标主要通过对2020年中国城市统计年鉴中的数据进行归一化处理后得到，38个城市的得分排名情况如表4所示。

表4　中国大中城市人均公园绿地面积得分及排名（2021年）

单位：分

城　市	人均公园绿地面积得分	排名	城　市	人均公园绿地面积得分	排名
珠　海	11.11	1	太　原	1.91	11
广　州	5.34	2	青　岛	1.62	12
北　京	3.85	3	郑　州	1.61	13
深　圳	3.40	4	杭　州	1.47	14
呼和浩特	2.84	5	上　海	1.44	15
南　京	2.59	6	沈　阳	1.41	16
厦　门	2.52	7	济　南	1.40	17
乌鲁木齐	2.02	8	武　汉	1.33	18
银　川	2.01	9	海　口	1.30	19
贵　阳	1.96	10	重　庆	1.23	20

续表

城　市	人均公园绿地面积得分	排名	城　市	人均公园绿地面积得分	排名
天　津	1.07	21	南　昌	0.59	30
兰　州	1.06	22	福　州	0.58	31
宁　波	1.01	23	南　宁	0.57	32
成　都	0.91	24	无　锡	0.52	33
合　肥	0.89	25	大　连	0.49	34
西　宁	0.87	26	长　沙	0.30	35
长　春	0.80	27	哈尔滨	0.13	36
昆　明	0.68	28	石家庄	0.08	37
西　安	0.60	29	苏　州	0.00	38

资料来源：作者根据 2020 年中国城市统计年鉴计算所得。

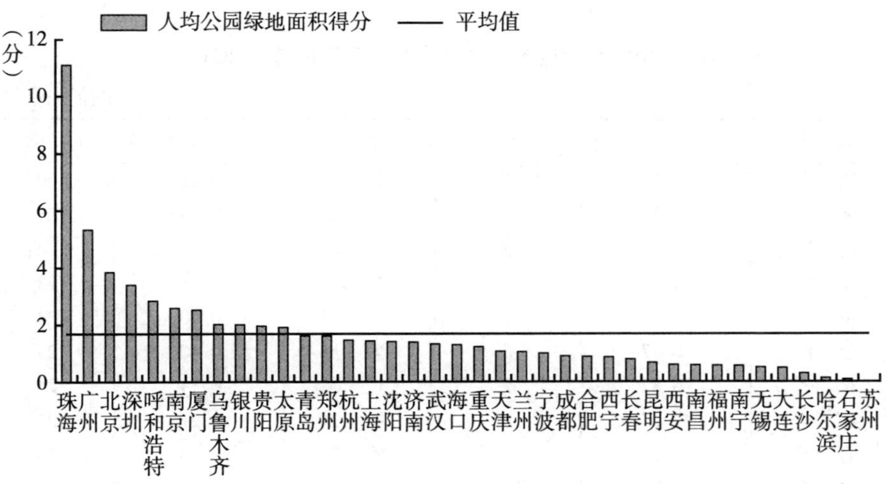

图 4　中国大中城市人均公园绿地面积得分及排名情况（2021 年）

资料来源：作者根据 2020 年中国城市统计年鉴计算所得。

由表 4 和图 4 可知：排名第一的城市为珠海市，得分为 11.11，排名前五的城市分别为珠海、广州、北京、深圳、呼和浩特，其得分分别为 11.11、5.34、3.85、3.40、2.84；排名末五的城市分别为苏州、石家庄、哈尔滨、长沙、大连，其得分依次为 0.00、0.08、0.13、0.30、0.49。由图 4 可知，在人均公园绿地面积这一指标上，38 个城市平均得分为 1.67，仅有 11 个城市达到均值以上，还有 27 个城市在平均值以下。

人均公园绿地面积受城市公园绿地总面积的影响较大，排名靠前的城市中，以中国首都北京为例，北京在公园绿地总面积方面位居全国第一（35157 平方米），而排名最末的西宁（1688 平方米）其公园绿地总面积仅仅约为北京公园绿地总面积的 1/20。在公园绿地总面积相差不多的情况下，城市人口规模和密度对人均公园绿地面积指标的影响也较大，以呼和浩特和无锡两个城市为例，两者绿地总面积分别为 4137 平方米、3934 平方米，但在人均公园绿地面积得分中一个位居前列，一个比较靠后。

4. 人均公园数

本报告中人均公园数这一指标主要通过对 2020 年中国城市统计年鉴中的数据进行归一化处理后得到。38 个城市的得分及排名情况如表 5、图 5 所示。

表 5　中国大中城市人均公园数得分及排名（2021 年）

单位：分

城　市	人均公园数得分	排名	城　市	人均公园数得分	排名
珠　海	11.11	1	太　原	0.43	20
海　口	8.23	2	青　岛	0.43	21
昆　明	3.39	3	重　庆	0.42	22
贵　阳	1.45	4	深　圳	0.41	23
厦　门	1.23	5	福　州	0.40	24
宁　波	0.97	6	西　宁	0.40	25
杭　州	0.82	7	上　海	0.39	26
南　宁	0.77	8	西　安	0.27	27
合　肥	0.76	9	沈　阳	0.20	28
济　南	0.72	10	兰　州	0.20	29
南　京	0.54	11	石家庄	0.17	30
大　连	0.53	12	银　川	0.17	31
呼和浩特	0.51	13	哈尔滨	0.16	32
南　昌	0.51	14	天　津	0.14	33
郑　州	0.51	15	乌鲁木齐	0.13	34
长　春	0.46	16	武　汉	0.11	35
广　州	0.46	17	无　锡	0.09	36
北　京	0.45	18	成　都	0.09	37
苏　州	0.44	19	长　沙	0.00	38

资料来源：作者根据 2020 年中国城市统计年鉴计算所得，下同。

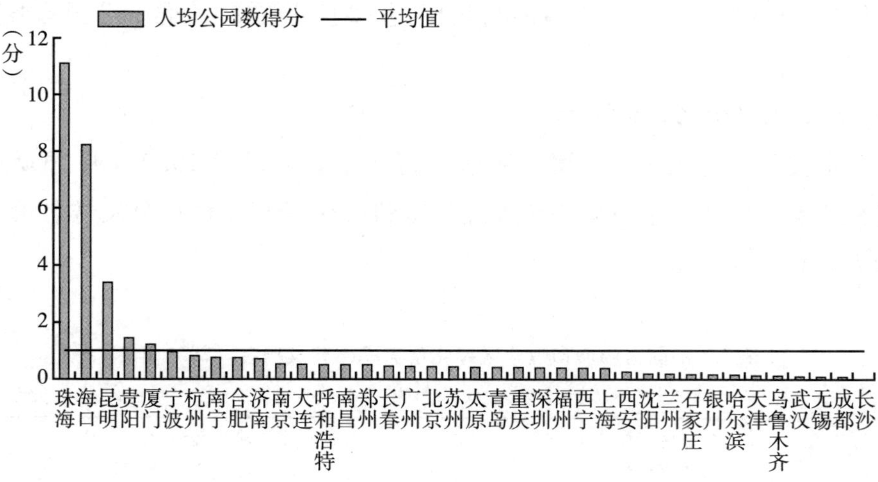

图 5　中国大中城市人均公园数得分及排名情况（2021 年）

资料来源：国家统计局。

由表 5 和图 5 可知：得分排名第一的城市是珠海市，排名前五的城市分别为珠海、海口、昆明、贵阳、厦门，其得分分别为 11.11、8.23、3.39、1.45、1.23；排名后五的城市分别为长沙、成都、无锡、武汉、乌鲁木齐，其得分分别为 0.00、0.09、0.09、0.11、0.13。根据图 5 可知，在人均公园数这一指标上，38 个城市的平均值为 1.01，仅有 5 个城市达到均值以上，有大约 87% 的城市在均值以下，城市人均公园数得分普遍较低且极端化现象非常严重。

人均公园数得分一方面受经济发展水平和地理环境的影响。例如珠海、厦门、宁波、杭州等沿海经济发展水平较高的城市的人均公园数得分也普遍较高。另一方面受人口数量的影响，例如：深圳总公园个数为 911 个，排名第二，但在人均公园数中排名较后；而呼和浩特公园个数仅为 31 个，人均公园数排名却高于深圳，位于第 13。由此体现出其在人口上的差异：根据第七次全国人口普查数据，呼和浩特常住人口仅为 344.61 万人，而深圳常住人口为 1756 万人，是呼和浩特的 5.1 倍。类似的城市包括银川、乌鲁木齐等。也有城市在人均公园绿地面积上相对靠后，而在人均公园数指标中排名靠前，这些城市往往在公园的配置上数量多且分布较为分散，公园的类型也较为多样。

5. 建成区绿化覆盖率

本报告中建成区绿化覆盖率这一指标主要通过对2020年中国城市统计年鉴中的数据进行归一化处理后得到，38个城市的得分及排名情况如表6和图6所示。

表6　中国大中城市建成区绿化覆盖率得分及排名（2021年）

单位：分

城　市	建成区绿化覆盖率得分	排名	城　市	建成区绿化覆盖率得分	排名
南　昌	11.11	1	济　南	4.39	20
北　京	9.90	2	银　川	4.29	21
珠　海	8.64	3	郑　州	4.14	22
太　原	7.92	4	海　口	4.10	23
广　州	7.58	5	长　春	3.97	24
福　州	7.50	6	杭　州	3.78	25
南　京	7.35	7	西　宁	3.78	26
厦　门	7.30	8	贵　阳	3.63	27
大　连	6.42	9	青　岛	3.50	28
成　都	6.00	10	重　庆	3.46	29
深　圳	5.96	11	呼和浩特	3.40	30
合　肥	5.71	12	武　汉	3.34	31
无　锡	5.65	13	南　宁	3.18	32
石家庄	5.57	14	上　海	3.10	33
苏　州	4.95	15	西　安	2.99	34
乌鲁木齐	4.85	16	沈　阳	2.70	35
昆　明	4.84	17	兰　州	2.21	36
宁　波	4.63	18	天　津	1.39	37
长　沙	4.41	19	哈尔滨	0.00	38

由表6和图6可知：排名第一的城市是南昌市，得分为11.11，排名前五的城市分别为南昌、北京、珠海、太原、广州，其得分分别为11.11、9.90、8.64、7.92、7.58；排名后五的城市分别为哈尔滨、天津、兰州、

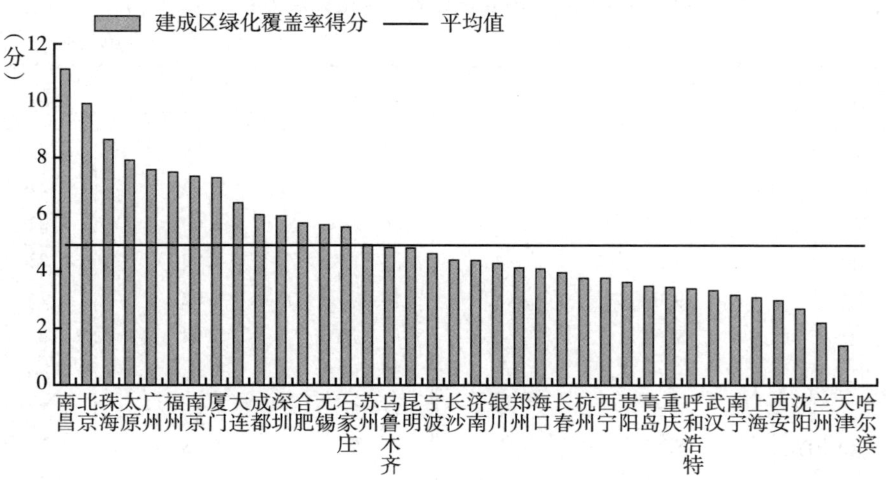

图 6　中国大中城市建成区绿化覆盖率得分及排名情况（2021 年）

资料来源：国家统计局。

沈阳、西安，其得分分别为 0.00、1.39、2.21、2.70、2.99。由图 6 可知，在建成区绿化覆盖率这一指标上 38 个城市的平均值为 4.94，有 15 个城市达到均值及以上。

排名靠前的城市中，北京、珠海、广州等城市的经济在全国处于领先地位，对建成区绿化覆盖程度的重视度高，其中北京市各区在绿化建设方面正逐步完善居民住宅区、新建住房和道路两旁的绿化，加大扩建、新建多种类型公园，扩大绿色屏障范围。在得分排名靠前的城市中也有南昌、太原等经济发展相较一般的城市，主要原因是这些城市的建成区面积较小。《2019 城市建设统计年鉴》数据显示，南昌市建成区面积为 355.67 平方公里，而广州市为 1324.17 平方公里，是南昌的 3.72 倍。排名靠后的城市主要由于植被种植自然条件欠佳且经济较为落后，因此绿化覆盖率偏低，比如沈阳、兰州。

6. 环境噪声等效声级

本报告中环境噪声等效声级这一指标主要通过对国家统计局噪声监测数据进行归一化处理后得到，如表 7 和图 7 所示。

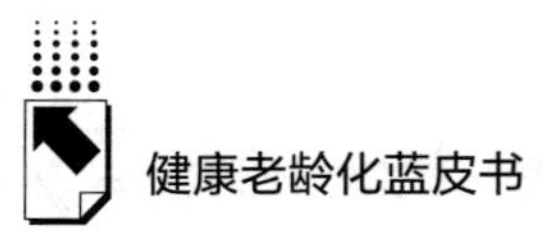

表 7　中国大中城市环境噪声等效声级得分及排名（2021 年）

单位：分

城　市	环境噪声等效声级得分	排名	城　市	环境噪声等效声级得分	排名
重　庆	11. 11	1	太　原	6. 64	20
昆　明	9. 52	2	武　汉	6. 64	21
银　川	9. 52	3	苏　州	6. 49	22
乌鲁木齐	9. 52	4	海　口	6. 20	23
大　连	9. 09	5	长　春	5. 92	24
南　京	9. 09	6	广　州	5. 92	25
北　京	8. 66	7	厦　门	5. 63	26
天　津	8. 51	8	西　安	5. 63	27
呼和浩特	8. 51	9	珠　海	5. 48	28
南　宁	8. 23	10	沈　阳	5. 34	29
西　宁	7. 79	11	郑　州	5. 34	30
南　昌	7. 65	12	宁　波	5. 19	31
长　沙	7. 65	13	贵　阳	5. 19	32
成　都	7. 50	14	杭　州	4. 76	33
兰　州	7. 50	15	无　锡	4. 62	34
合　肥	7. 36	16	青　岛	4. 04	35
石家庄	6. 93	17	福　州	3. 61	36
上　海	6. 93	18	深　圳	3. 61	37
济　南	6. 93	19	哈尔滨	0. 00	38

资料来源：作者根据国家统计局噪声监测数据计算所得，下同。

由表 7 和图 7 可知：排名第一的城市是重庆市，得分为 11. 11，排名前五的城市分别为重庆、昆明、银川、乌鲁木齐、大连，其得分分别为 11. 11、9. 52、9. 52、9. 52、9. 09；排名后五的城市分别为哈尔滨、深圳、福州、青岛、无锡，其得分分别为 0. 00、3. 61、3. 61、4. 04、4. 62。由图 7 可知，38 个城市这一指标的平均值为 6. 69，有 19 个城市达到均值以上。

总体来说，38 个城市环境噪声治理情况较好，通过分析表 7 和图 7 数据可以发现城市繁华程度、交通流量、人口流量对城市环境噪声有重要影响，如广州、珠海、杭州、深圳得分均在均值以下，而银川、乌鲁木齐、呼和浩特得分排在前列。东部地区和沿海地区城市，经济水平高，人流量大，

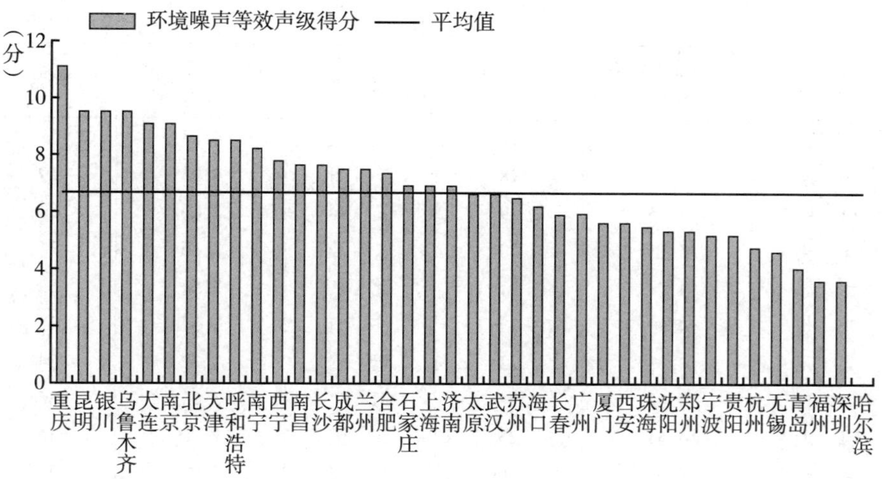

图 7　中国大中城市环境噪声等效声级得分及排名情况（2021 年）

资料来源：国家统计局。

而西北地区城市人口稀少，交通流量小，因此相较而言，城市环境噪声更小。

7. 道路交通等效声级

本报告中道路交通等效声级这一指标主要通过对《2020 中国环境统计年鉴》中的数据进行归一化处理后得到，38 个城市的得分排名情况如表 8 和图 8 所示。

表 8　中国大中城市道路交通等效声级得分及排名（2021 年）

单位：分

城　市	道路交通等效声级得分	排名	城　市	道路交通等效声级得分	排名
乌鲁木齐	11.11	1	大　连	7.09	9
重　庆	9.98	2	昆　明	7.09	10
银　川	9.50	3	南　京	6.92	11
南　昌	8.21	4	杭　州	6.92	12
石家庄	7.89	5	天　津	6.76	13
郑　州	7.73	6	苏　州	6.28	14
珠　海	7.73	7	青　岛	6.12	15
厦　门	7.41	8	上　海	5.80	16

续表

城　市	道路交通等效声级得分	排名	城　市	道路交通等效声级得分	排名
呼和浩特	5.64	17	武　汉	4.03	28
宁　波	5.15	18	广　州	4.03	29
合　肥	5.15	19	长　春	3.86	30
无　锡	5.15	20	长　沙	3.86	31
太　原	4.99	21	北　京	3.54	32
福　州	4.99	22	济　南	3.54	33
兰　州	4.83	23	贵　阳	3.22	34
海　口	4.67	24	西　宁	3.06	35
深　圳	4.51	25	沈　阳	2.90	36
南　宁	4.51	26	西　安	2.09	37
成　都	4.19	27	哈尔滨	0.00	38

资料来源：作者根据2020中国环境统计年鉴计算所得。

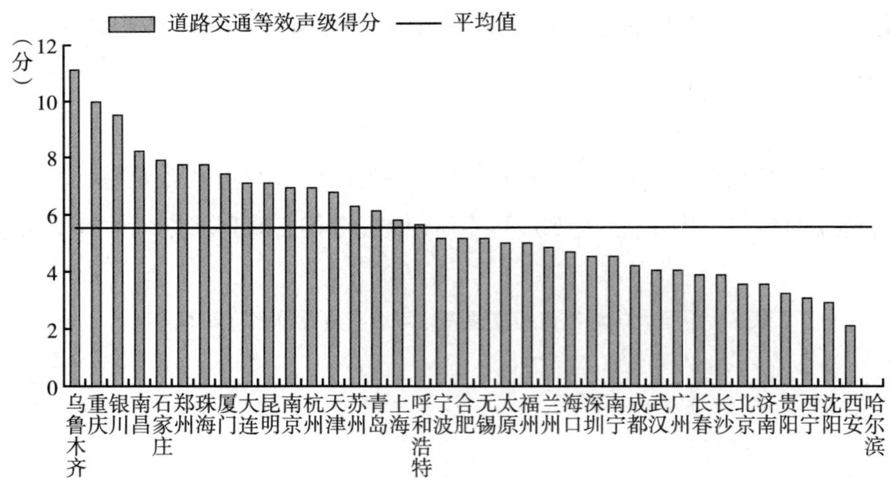

图8　中国大中城市道路交通等效声级得分及排名情况（2021年）

资料来源：作者根据2020中国环境统计年鉴计算所得。

由表8和图8可知：排名第一的城市是乌鲁木齐，得分为11.11，排名前五的城市分别为乌鲁木齐、重庆、银川、南昌、石家庄，其得分分别为11.11、9.98、9.50、8.21、7.89；排名后五的城市分别为哈尔滨、西安、沈阳、西宁、贵阳，其得分分别为0.00、2.09、2.90、3.06、3.22。由图8可知，在道路交通等效声级这一指标上，38个城市的得分平均值为5.54，有17个城市达到平均值以上。

得分主要受城市产业发展、地形等的影响但总体差异不大。哈尔滨近年来大力发展交通运输、物流产业，道路车辆的增加，特别是大型货运车，对城市道路交通噪声情况带来一定影响。在地形方面，西宁市呈东西条带状分布，是狭长的地形，交通较为不便，对道路交通噪声污染会产生一定的影响。地形也会影响城市交通的发展，发达的交通会对降低道路交通噪声污染产生积极作用，例如地铁能够一定程度上减轻道路上的交通噪声污染。而贵阳面临着地质条件的限制，在修建地铁时会较多遇到填洞和堵水；哈尔滨天气寒冷，并且地下有永久冻土层，因此一年动工时间短且修建要求非常高；西安作为十三朝古都，地下埋葬了许多古墓，出于对文物的保护，修建地铁进度非常缓慢。因此，这些城市主要发展地面交通，其道路交通等效声级排名处于靠后位置。

8. 生活垃圾无害化处理率

本报告中生活垃圾无害化处理率这一指标主要通过对《2020中国城市统计年鉴》中的数据进行归一化处理后得到，38个城市得分排名情况如表9和图9所示。

表9　中国大中城市生活垃圾无害化处理率得分及排名（2021年）

单位：分

城　市	生活垃圾无害化处理率得分	排名	城　市	生活垃圾无害化处理率得分	排名
天　津	11.11	1	宁　波	11.11	10
石家庄	11.11	2	合　肥	11.11	11
太　原	11.11	3	福　州	11.11	12
沈　阳	11.11	4	厦　门	11.11	13
大　连	11.11	5	南　昌	11.11	14
哈尔滨	11.11	6	济　南	11.11	15
上　海	11.11	7	青　岛	11.11	16
南　京	11.11	8	郑　州	11.11	17
杭　州	11.11	9	武　汉	11.11	18

续表

城　市	生活垃圾无害化处理率得分	排名	城　市	生活垃圾无害化处理率得分	排名
长　沙	11.11	19	无　锡	11.11	29
广　州	11.11	20	苏　州	11.11	30
深　圳	11.11	21	珠　海	11.11	31
南　宁	11.11	22	北　京	11.05	32
海　口	11.11	23	兰　州	10.97	33
重　庆	11.11	24	呼和浩特	10.82	34
成　都	11.11	25	西　安	7.83	35
昆　明	11.11	26	贵　阳	5.31	36
银　川	11.11	27	西　宁	0.06	37
乌鲁木齐	11.11	28	长　春	0.00	38

资料来源：作者根据 2020 年中国城市统计年鉴计算所得。

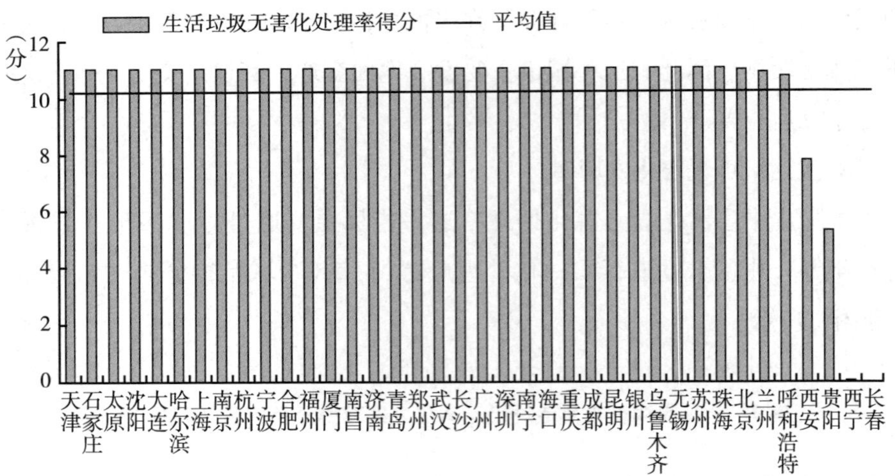

图 9　中国大中城市生活垃圾无害化处理率得分及排名情况（2021 年）

资料来源：作者根据 2020 年中国城市统计年鉴计算所得。

由表 9 和图 9 可知，有 31 个城市得分均为 11.11 分，表明这 31 个城市的生活垃圾无害化处理率均为 100%。生活垃圾无害化处理率得分排名与城市生活垃圾无害化处理能力密切相关。据智研咨询《2020 年中国城市生活垃圾处理现状分析》报告数据，表 9 中位于末五、生活垃圾无害化处理率未达到 100% 的长春、西宁、贵阳、西安、呼和浩特等城市所在省份生活垃圾无害化处理能力排名在全国也靠后，分别为第 20、第 31、第 22、第 21、第 27 位，同时这些城市的整体基础建设与经济发展水平也落后于沿海及部分内陆经济发达城市，政府在追求短期经济增长的过程中疏于对环境保护的立法和实施。北京作为我国首都，其生活垃圾无害化处理率未达到 100% 的主要原因在于城市生活垃圾产生量大，根据灵动核心统计数据，北京 2019 年城市生活垃圾产生量约为 960 万吨，位于全国第一。

9. 废水处理厂集中处理率

本报告中废水处理厂集中处理率这一指标主要通过对《2020 中国城市统计年鉴》中的数据进行归一化处理后得到，38 个城市的得分排名情况如表 10 和图 10 所示。

表 10　中国大中城市废水处理厂集中处理率得分及排名（2021 年）

单位：分

城　市	废水处理厂集中处理率得分	排名	城　市	废水处理厂集中处理率得分	排名
石家庄	11.11	1	西　安	8.65	20
乌鲁木齐	10.51	2	天　津	8.38	21
长　沙	10.09	3	杭　州	8.36	22
贵　阳	10.06	4	沈　阳	8.14	23
大　连	10.02	5	银　川	8.10	24
呼和浩特	9.91	6	南　宁	7.97	25
郑　州	9.85	7	太　原	7.83	26
济　南	9.61	8	武　汉	7.71	27
深　圳	9.61	9	哈尔滨	7.67	28
兰　州	9.59	10	合　肥	7.66	29
青　岛	9.46	11	昆　明	7.65	30
无　锡	9.24	12	西　宁	7.61	31
广　州	9.09	13	福　州	7.43	32
上　海	8.96	14	北　京	7.32	33
南　京	8.96	15	长　春	7.29	34
海　口	8.96	16	南　昌	6.43	35
重　庆	8.96	17	厦　门	6.04	36
成　都	8.96	18	苏　州	5.54	37
珠　海	8.82	19	宁　波	0.00	38

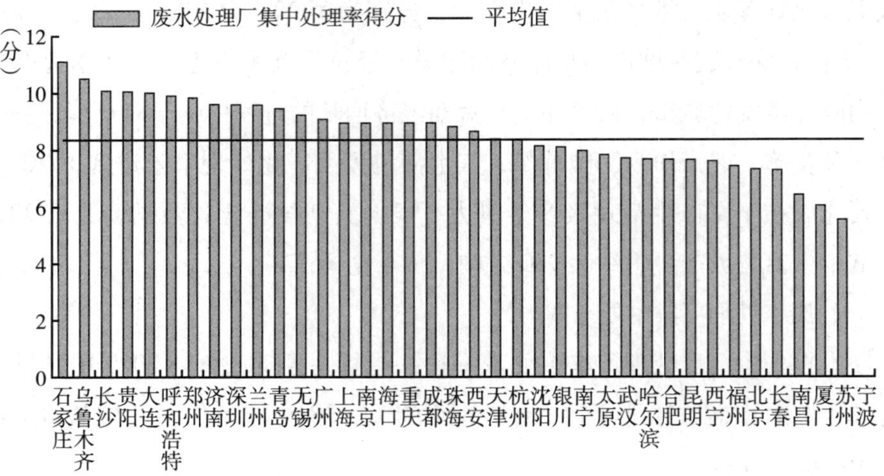

图 10　中国大中城市废水处理厂集中处理率得分及排名情况（2021 年）

资料来源：国家统计局。

由表 10 和图 10 可知：排名第一的城市是石家庄，得分为 11. 11，得分排名前五的城市分别为石家庄、乌鲁木齐、长沙、贵阳、大连，其得分分别为 11. 11、10. 51、10. 09、10. 06、10. 02；排名后五的城市分别为宁波、苏州、厦门、南昌、长春，其得分分别为 0. 00、5. 54、6. 04、6. 43、7. 29。由图 10 可知，在废水处理厂集中处理率这一指标上，38 个城市的平均值为 8. 36，得分达到平均值及之上的城市有 22 个。排名处于最后的苏州和宁波主要受城市产业的影响，苏州的支柱产业是纺织、冶金、化工、轻工业，宁波的支柱产业是纺织、制造、石油加工、炼焦等产业，这些产业都需排放大量废水。目前我各城市废水处理已有一定成效，废水处理能力也有较大提升，但离全国水环境的彻底改善依旧有较大距离，对于存在的废水处理设施缺口、设施供需、废水处理后利用水平等问题，还需进一步完善。

四　提升生态舒适人居环境治理水平，推动全龄友好城市环境建设

城市人居环境建设已成为推动城市化发展进程、衡量城市化发展水平的重

要因素。因切入点的不同，评价城市人居环境的指标体系各有侧重，本文对城市人居环境的描述主要是城市生态环境、生活居住环境。为积极响应健康老龄化战略、顺应新时代健康老龄化城市发展趋势，构建“全龄友好型”城市宜居环境体系，我国各城市还需进行多方面提升，将关注点上升到质的追求，促进新型健康老龄化城市人居环境的打造。

（一）树立城市可持续发展观，提升人居环境治理综合能力

居住是城市最基本的功能之一。城市可持续发展观的树立有助于提高人居环境质量，促进社会的稳定发展。作为一项持续性工程，通过合理利用原生环境，将城市开发与保护相结合，进而推动城市人居环境的可持续发展，实现资源节约型、环境友好型城市的建设。一是要提高城市生态环境维护能力。以提高环境质量为目标，推进流域共治和联防联控，深入开展空气、水资源等的污染防治，制定污染源排放标准，实施严格的环境保护制度，并通过环境质量目标监测、考核、评估，进一步解决影响居民健康的突出环境问题。二是提高城市治安能力，保障城市居民人身安全。对如地震、洪水、台风、暴雨等具有发生可能性的自然灾害做好有效的预防措施。三是提高公民参与意识和人才培养能力。一方面，通过政策引导、新媒体传播等渠道，促进城市居民关注城市动态，并引导其积极参与到人居环境的建设过程中；另一方面，加强高层次人才队伍建设，引进和培养一批具备高技术水平的带头人，借鉴经验方法，营造良好环境建设氛围。此外，还要创新人才评价激励机制，在提供基础社会保障的同时，实行灵活的用人机制和科学的评价机制。

（二）强化以健康为导向的全龄友好型城市规划格局

对“一老一小”弱势群体的关注，既是我国当前城市更新和高质量人居环境建设的必然趋势，也是贯彻落实习近平总书记强调的“人民城市人民建，人民城市为人民”指示精神，增强广大人民群众幸福感的重要着力点。在全龄友好型城市的建设中应以健康为导向，遵循生态学基本原理和城

市生命体有机更新原则，合理决策各项开发建设计划，促进城市可持续发展。首先，在“五位一体”战略布局指导下，平衡并协调生态文明与经济发展之间的冲突关系。一方面，通过合理规划绿色设施空间，为不同需求层次的居民提供各类休闲环境；另一方面，加强公园、湿地、森林建设，为老年群体的生活居住提供良好的环境质量。其次，加强城市无障碍基础设施建设规划。将无障碍环境建设和适老化改造纳入城市更新、城镇老旧小区改造中，建设现代化城市交通网，提高老年人参与社会活动的安全便利性，在空间和形式上提升“一老一小”的生活质量，推动活力、安全、可持续的全龄友好型城市的建设。最后，完善城市功能区划分。城市居民尤其是“一老一小”对噪声反应敏感，通过功能区的划分，减少居住区的声音污染。此外，还应重视文化设施及体育运动设施的建设，为老年群体和低龄儿童提供多元化的精神慰藉和体育锻炼服务。

（三）重视前沿技术对人居环境质量的提升作用

以数字科技为底座构建的智慧城市 4.0 版本有望将自然空间、社交空间和虚拟空间进行深度融合并嵌入千家万户中。无论是在新型基础设施建设还是在老旧小区改造中，都要充分发挥科技赋能的关键性作用，加速人居环境场景的高品质高频迭代，将更多核心技术应用于人居环境的现实场景中，通过对人居相关数据的挖掘和二次利用，合理规划城市公共服务基础设施，利用信息流、数据流精准调配公共服务资源跟随人流进行城域内跨时空流动，形成以个性化需求驱动的沉浸式人居环境有机生命体。在具体场景营建上，以街道为单位的“未来养老”场景通过集成医疗、照护、关爱和文娱等主要板块，以智能化的感知平台和前置的风控系统，确保老年群体在 15 分钟生活圈中享受到高品质的生活和应急服务；“未来商圈”既要有高端定制化商业服务，同时也应兼顾“市井烟火”的居民日常生活刚需，依托数字科技和平台的资源整合能力，对接、培育一批具备优质产品和服务的供应商，建立线上线下相结合的商业创新生态。“未来健康”要联通社区内所有脱敏的个人健康数据，提升居民电子健康档案的可视化和可用性，做到医疗场所、生活场所与健身场所居民基本健康信息的系统集成，并能提供健康管理决策的有力支持。“未来教育”要充分体现对全生命周期群体学习需求的包容性服务，盘活社区存量资源，为0～3岁幼儿配置规模适当的幼儿托育点位，采用物联网全覆盖的安防方式，及时干预各类风险行为。针对义务教育阶段的孩子开发国家精品课程进行云端共享，放大优质教育资源的覆盖面。对博物馆、图书馆等公共文化和教育资源进行数字化处理，借助VR/AR/MR等立体成像技术创新居民体验方式。

B.4

中国大中城市健康老龄化交通出行指数分报告

杨林川　张田丰　王大海*

摘　要： 年龄友好型交通出行是积极老龄化、健康老龄化关注的重要角度。城市交通状况和居民出行条件深刻地影响着城市老年人群体的出行。本文从城市发展的交通出行角度入手，构建由人均公共汽车客运量、年末人均出租车拥有数量、人均城市道路面积、建成区道路面积率、人均公交车拥有数量、路灯灯盏数密度组成的健康老龄化交通出行指标体系，使用各个城市2019~2020年统计年鉴等相关数据进行研究。研究发现，年龄友好型城市交通出行系统建设需要城市管理者掌握系统化的方法，具备生态系统的思维，从理念意识、法制建设、配套设施三个方面进行改善将更利于年龄友好型交通的发展。

关键词： 年龄友好　交通出行　交通生态　系统治理

本文选择了人均公共汽车客运量、年末人均出租车拥有数量、人均城市道路面积、建成区道路面积率、人均公交车拥有数量、路灯灯盏数密度6个指标来反映各个城市建设年龄友好交通的进展情况。选择这6

---

* 杨林川，西南交通大学建筑学院研究员，博士生导师，研究方向为交通与土地利用、适老化出行环境；张田丰，西南交通大学公共管理学院2019级硕士研究生，国际老龄科学研究院科研助理，研究方向为公共政策；王大海，西南交通大学公共管理学院2019级本科生，国际老龄科学研究院科研助理，研究方向为公共事业管理。

个指标有两个原因。一是保持指标的代表性。通过对道路情况、交通状况、出行情况的研究，选出 6 个可较好反映城市交通的指标构成评估城市健康老龄化出行的指标体系。无论是从城市交通出行的角度还是从年龄友好的角度来看，这 6 个指标都是健康老龄化在城市交通方面的必要指标，具有较强的代表性。本报告对往年的指标做了小幅度的调整和修改，新选择的指标也加入了对“出行”的考虑，通过拥堵的时间和经济成本反映出行的便利性，增强了“交通出行”这一维度对健康老龄化指数的代表性。二是数据的易得性和权威性。资料来源于 2020 年各大城市统计年鉴与《2020 年中国城市统计年鉴》，本文已经在交通出行的维度中做了新的内涵补充和指标更新。指标的更新将会为本文的结论和建议带来积极影响。

一　年龄友好城市交通出行：治理方法与案例

（一）年龄友好型交通出行的治理方法：系统治理

党的十九届四中全会提出，推动良治善治、构建老年友好型社会环境是老龄社会治理的基础。年龄友好型交通出行在新时期被赋予了新的理念，其基本内涵是实现全龄人群对交通出行的共建共治共享，实现年龄友好交通出行的善治，实现系统治理[①]。

交通运输领域研究多认为，交通出行及相关设施是一个复杂系统，表现出显著的组织化、系统化的特征，因此应当使用系统理论来探讨城市交通出行系统的演化过程。王鹏飞等使用系统理论对道路交通系统的演化进行了非线性建模[②]；邵志国等运用复杂系统的方法和 Logistic 模型对

---

① 游宁龙、李文越：《老年友好视角下旧城区公园绿地步行可达性评价与优化》，《西北师范大学学报》（自然科学版）2019 年第 6 期。

② 王鹏飞、朱俊泽、王安格、刘鹏、李梦、徐秋实：《道路交通系统演化的非线性动力模型》，《交通运输系统工程与信息》2021 年第 5 期。

区域交通基础设施生态系统的演化进行了建模①；杨浩雄等使用系统动力的方法对区域交通拥堵问题进行了建模和分析②；刘铭等运用复杂系统的方法对城市交通网络进行了分析③，对未来城市交通出行的研究方向和发展趋势进行了展望。

通过文献发现，复杂系统作为新兴的治理工具和分析手段，已经广泛应用在城市交通出行的问题研究当中。年龄友好的交通出行是更加复杂的命题，需要广泛地应用系统化的治理方法和治理工具分析交通设施、交通出行方式、交通拥堵等内容④，为实现年龄友好交通出行的共建共治共享提供理论依据。

（二）年龄友好型交通出行的治理案例

在世界卫生组织出版的《全球老年友好型城市建设指南》中，交通出行是其中之一的指标。在《衡量城市对老年人关爱的程度》中，交通出行设计指标同样是指标体系中的重要部分。该部分内容通过搜集世界卫生组织全球年龄友好型城市社区网络建设案例，归纳了年龄友好城市的建设要点。

美国波特兰市发展年龄友好交通的思路是发展均衡可及的交通出行系统。一是交通出行方式多样化，包括私人汽车、公共交通和辅助服务、社区交通选择、自行车、步行和其他方式。二是保证健康的交通出行环境。波特兰市政府认为对汽车的严重依赖将会影响居民健康。虽然从短期来看，汽车可能仍然是波特兰市居民主要的出行方式，但随着波特兰市日益提倡步行和公共交通及推动步行和公共交通基础设施的建设，汽车、公交及非机动交通将更加平衡。三是在交通安全方面，为了保障老年人和儿童的出行安全，波

---

① 邵志国、韩传峰、孟令鹏、吴启迪：《基于 Logistic 的区域交通基础设施生态系统演化模型》，《系统工程理论与实践》2018 年第 11 期。

② 杨浩雄、李金丹、张浩、刘淑芹：《基于系统动力学的城市交通拥堵治理问题研究》，《系统工程理论与实践》2014 年第 8 期。

③ 刘铭、闫亚美、黄炎：《复杂系统在城市交通网络中的应用》，《科技导报》2017 年第 14 期。

④ 孙羿、凌嘉勤：《城市空间易行性及其对老年友好城市建设的启示：以香港为例》，《国际城市规划》2020 年第 1 期。

特兰城市街道将机动车行驶速度限制从每小时最高25英里降低为每小时20英里。通过对交通速度的限制来改善出行环境，使街道交叉口更加安全，以鼓励居民选择步行。同时，随着机动车速度的降低，交通事故的发生频率和交通事故的破坏程度得到降低，极大地保障了居民的交通出行安全。

英国曼彻斯特市发展年龄友好交通的思路是全民共享。自2008年4月以来，曼彻斯特市超过60岁的老年人能够免费乘坐公共汽车、火车和电车。曼彻斯特市的交通运输机构正在共同努力，为老年人解决其他关键问题，包括可达性、灵活性和安全性等。为保障老年人的出行安全，2009年曼彻斯特市对118个道路安全隐患点进行改进。就当地环境而言，优先事项包括新建和改造绿地公园、改善基础设施、提高公共场所的安全性。

日本秋田市发展年龄友好交通的重点为提高老年人出行的便捷和安全程度。秋田市的基础设施附有语音助手系统；标志设计便于识别和理解，行走的路线易分辨；地图上标出了每一层楼的卫生间；道路设置了残障人士的逗留位置；公交车设置了升降机；市区为居民提供可租借的轮椅和手推车，同时轮椅道可以自行加热以融化冰雪。在具体行动上，秋田制定了“一个公共交通硬币”计划，旨在让老年人增加社会参与。这项活动计划开始于2001年，主要以70岁及以上的老人为目标。当年龄下调至68岁时，使用者的比例升至11.4%。此后该项目在2017年10月将年龄下调至65岁，以期达到使用者比例更大的增长。这项“一个公共交通硬币”计划完美地契合了老年友好伙伴计划——商店和澡堂为出示“一个硬币”券的客人提供折扣和免费饮料。该计划推动老人走出家门，增加社会参与，丰富生活。

（三）年龄友好型交通出行系统案例

2018年起深圳市开始重点建设年龄友好型交通，这在发布的《深圳市交通综合治理三年行动方案》中有所体现，以2020年度的工作计划为例，深圳市将一年的工作计划分成了33项具体工作，梳理后如表1所示。

表 1　深圳市 2020 年交通综合治理行动方案的系统生态框架

系统生态治理相关行动	具体行动
协同治理,提高主要走廊运行效率	行动 1:协同治理,提高主要走廊运行效率
	行动 2:挖掘主要拥堵区间轨道运能潜力
	行动 3:针对大客流轨道 OD 开设点对点公交快线
	行动 4:合理提高轨道站点安检效率
	行动 5:提升轨道站点闸机通过效率
	行动 6:完善轨道站点客流实时监测发布系统
	行动 7:优化常规公交线网及运营方案
	行动 8:研究推广响应式公交(MaaS)便捷服务
	行动 9:优化提升公交专用道设置与管理水平
	行动 10:试点推动主要客流走廊常规公交智慧运行
	行动 11:提升公交停靠站点智慧化服务水平
	行动 12:梳理解决主要高快速路主线交织问题
	行动 13:适当提高快速路限速标准
	行动 14:优化主要交通走廊拥堵交叉口信号管控方案
	行动 15:推动拥堵主干道路智慧化改造提升
	行动 16:推动慢行系统骨干网络规划建设与改造
服务提质,提升重点区域服务品质	行动 17:推动交通枢纽综合服务提升
	行动 18:推动交通走廊综合服务提升
	行动 19:提升商务办公片区交通集散效率
	行动 20:提升工业混合片区交通安全便捷水平
	行动 21:打造适宜全年龄人群的交通慢速友好街区
平衡发展,保障薄弱区域基本需求	行动 22:提升"城中村"交通出行环境
	行动 23:鼓励老旧社区周边停车位错时共享
	行动 24:完善停车全流程智慧指引服务
	行动 25:持续推动断头路打通与次支路建设
	行动 26:加强片区慢行交通路权与停放设施保障
	行动 27:适当优化外围组团电动自行车组织管理
	行动 28:持续开展交通拥堵点"微整治"
	行动 29:持续优化拥堵片区交通组织
需求调控,逐渐降低小汽车使用强度	行动 30:试点建立公共停车设施动态调价机制
	行动 31:持续优化、新增路内宜停车泊位设置
	行动 32:加大严管区交通执法力度
	行动 33:加强外地车使用管理

资料来源：根据《深圳市交通综合治理三年行动方案》相关要点整理。

通过表1可以发现，深圳市通过四大策略33项行动全面体现对年龄友好的关注。一是采用协同治理，优化交通线网，疏通客流拥堵，提高主要走廊运行效率；二是服务提质，加强交通枢纽、走廊片区的服务性，提升重点区域服务品质；三是平衡发展，优化城中村、老旧小区、拥堵片区的交通环境，保障薄弱区域基本需求；四是需求调控，通过发展公共交通、加强监管执法，逐渐降低小汽车使用强度。通过以上行动方案，提升交通服务和管理水平，最大限度地保障居民的交通出行权益。

二　数据计算和权重设计

交通出行指标体系占健康老龄化指数一级指标体系中20%的权重。根据交通出行这一维度所包含的6个测量指标，赋予各个测量指标相等的权重。

本文对数据进行了无量纲化处理，即消除原始数据量纲，将数据转换到0~1的区间。

经过测量，本文最终得到样本数据矩阵为：

$$[X_{ij}](i = 1,2,\cdots 38;\quad j = 1,2,\cdots 6) \tag{1}$$

在式（1）中，i为样本量，j为指标个数。鉴于各指标数值的量纲不同，并且有些指标的判断方向不一致，因此有必要采取无量纲正向处理，具体处理方法如下所示。

对于任意第$j(j = 1,2,\cdots 6)$项指标的数据，记：

$$m = min\{x_{ij}\},M = max\{x_{ij}\},R = M - m,i = 1,2,\cdots 38 \tag{2}$$

样本数据可根据如下公式进行变化。

当第j项指标越大反映越好的表现时，采用以下公式：

$$y_{ij} = (x_{ij} - m)/R \tag{3}$$

当第j项指标越小反映越差的表现时，采用以下公式：

$$y_{ij} = (M - x_{ij})/R \tag{4}$$

经过上述处理，最终的数据矩阵记为：

$$[y_{ij}](i = 1,2,\cdots 38;\ \ j = 1,2,\cdots 6) \tag{5}$$

三　交通出行指标得分及排名情况的总体分析

（一）交通出行总得分及排名情况

基于历年中国城市健康老龄化指数报告的评价体系，本文延续并且发展了交通出行发展维度的六个一级指标。之前的七维度指标将指标设计重点集中于“交通”而忽略了“出行”。本次指标中增加的“人均公共汽车客运量”与“路灯灯盏数量密度”反映了居民出行的情况，“人均公共汽车客运量”反映了出行的水平，“路灯灯盏数量密度”则是反映了出行的安全性。年龄友好型城市的交通出行服务应当满足安全、充足、品质三个特征。在我国建设年龄友好城市阶段初期，各个城市应当做好安全和充足的工作。安全和充足能够最大限度保障老年人和儿童的权益，因此，新延续和改进的指标体系能够同我国当前建设年龄友好型交通的阶段相结合，具备借鉴意义。鉴于各城市数据的统一性，本文采用 2019 年的数据，且均来源于中国各城市统计年鉴和《中国城市统计年鉴》。原始数据经归一化处理后，得出 38 个城市在交通出行发展维度的得分排名情况，如表 2 和图 1 所示。

表 2　中国大中城市交通出行指标总得分及排名（2021 年）

单位：分

城　市	交通出行总得分	排名	城市	交通出行总得分	排名
珠　海	79.73	1	银　川	30.35	7
乌鲁木齐	58.50	2	西　宁	29.06	8
兰　州	37.82	3	太　原	28.80	9
深　圳	36.78	4	西　安	27.70	10
南　京	32.69	5	北　京	27.19	11
厦　门	32.58	6	广　州	26.13	12

续表

城　市	交通出行总得分	排名	城市	交通出行总得分	排名
沈　阳	24. 75	13	宁　波	15. 96	26
大　连	24. 33	14	无　锡	15. 78	27
天　津	23. 64	15	成　都	15. 68	28
呼和浩特	23. 16	16	合　肥	15. 65	29
武　汉	22. 43	17	昆　明	15. 49	30
贵　阳	22. 20	18	上　海	15. 33	31
长　春	22. 00	19	南　昌	13. 40	32
济　南	21. 56	20	长　沙	12. 59	33
海　口	20. 37	21	郑　州	10. 60	34
杭　州	19. 31	22	南　宁	9. 77	35
苏　州	18. 98	23	福　州	9. 74	36
青　岛	18. 98	24	石家庄	8. 28	37
哈尔滨	16. 77	25	重　庆	7. 87	38

资料来源：对各样本城市 2020 年统计年鉴和《2020 年中国城市统计年鉴》相关数据作归一化处理后得到。

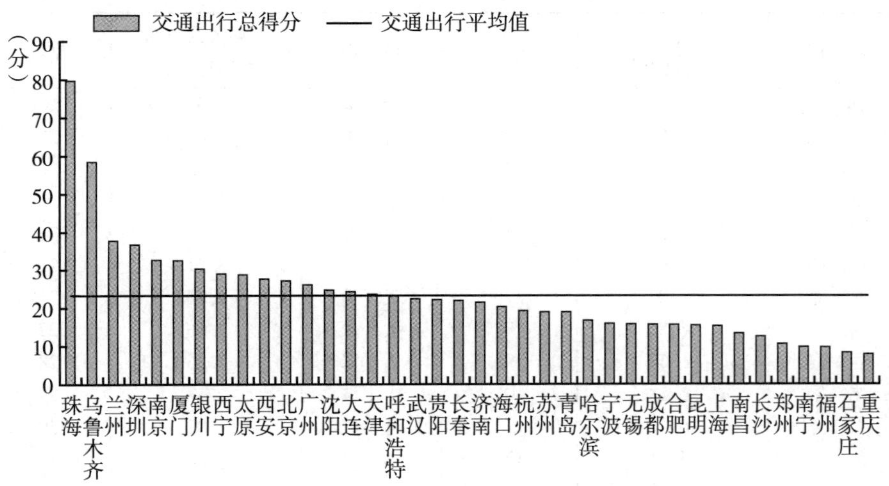

图 1　中国大中城市交通出行指标总得分及排名（2021 年）

资料来源：对各样本城市 2020 年统计年鉴和《2020 年中国城市统计年鉴》相关数据作归一化处理后得到，下同。

从表 2 和图 1 可以看到，在交通出行总得分排名榜上，排名前五的城市分别是珠海（79. 73）、乌鲁木齐（58. 50）、兰州（37. 82）、深圳

(36.78)、南京(32.69)。38 个城市的交通出行维度平均得分为 23.47。在城市交通出行这一发展维度中,超过一半的城市没有达到平均分。城市间得分差距较大,得分最高的珠海和得分最低的重庆相差超过 70 分。

(二)交通出行各个指标得分排名情况

1. 人均公共汽车客运量

人均公共汽车客运量反映了居民使用公共交通出行的频率。国际公共交通协会(Union International des Transports Publics,简称 UITP)认为,公共交通是老年人出行的主要方式。该指标可反映城市居民享有的公共交通服务品质。人均公共汽车客运量得分通过归一化各城市 2020 年统计年鉴和《2020 年中国城市统计年鉴》中的数据得到,如表 3 和图 2 所示。

表 3 中国大中城市人均公共汽车客运量得分及排名(2021 年)

单位:分

城 市	人均公共汽车客运量得分	排名	城 市	人均公共汽车客运量得分	排名
乌鲁木齐	16.67	1	哈尔滨	4.02	20
珠 海	13.03	2	济 南	3.80	21
兰 州	10.95	3	杭 州	3.58	22
厦 门	9.29	4	郑 州	3.45	23
深 圳	7.26	5	长 春	3.44	24
广 州	7.09	6	上 海	3.21	25
北 京	7.03	7	长 沙	2.90	26
西 宁	6.85	8	太 原	2.66	27
西 安	6.53	9	天 津	2.26	28
沈 阳	6.18	10	宁 波	2.17	29
大 连	6.16	11	合 肥	2.09	30
银 川	5.91	12	南 昌	2.00	31
武 汉	5.89	13	海 口	1.75	32
呼和浩特	5.31	14	福 州	1.37	33
青 岛	5.01	15	重 庆	1.30	34
贵 阳	4.84	16	无 锡	1.15	35
昆 明	4.63	17	苏 州	0.87	36
南 京	4.61	18	南 宁	0.59	37
成 都	4.05	19	石家庄	0.00	38

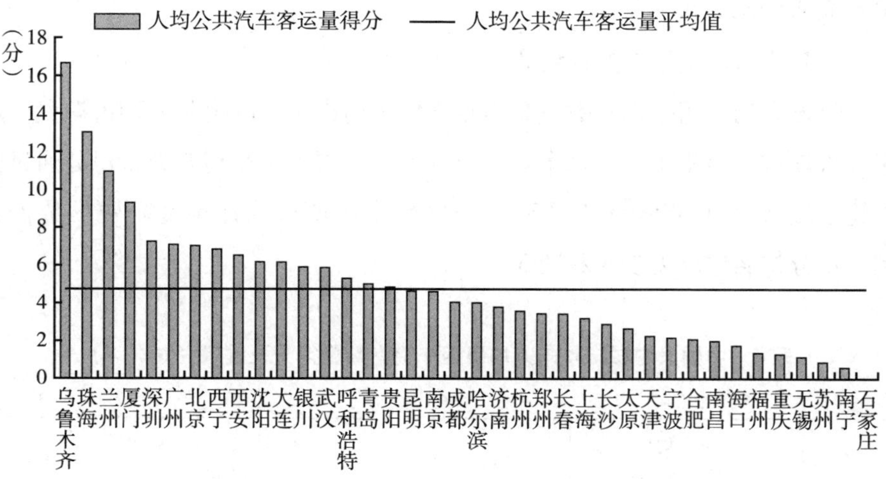

图 2　中国大中城市人均公共汽车客运量得分及排名情况（2021 年）

由表 3 和图 2 可知，乌鲁木齐人均公共汽车客运量排名第一，得分为 16.67；其他排名前五的城市为珠海、兰州、厦门、深圳，其得分分别为 13.03、10.95、9.29、7.26。排名末五的城市分别为石家庄、南宁、苏州、无锡、重庆，其得分分别为 0.00、0.59、0.87、1.15、1.30。38 个城市人均公共汽车客运量的平均得分是 4.73。

在得分前五的城市中，乌鲁木齐、兰州因其地广人稀的自然地理优势，公共交通是居民主要的交通方式，因此获得排名前五的成绩。珠海由于常住人口较少，经济基础优越，基础设施完善，该指标得分同样较高。而在厦门、深圳此类人口密集的城市，人均公共汽车客运量则需要通过高水平的交通治理能力来实现。例如：深圳市针对公共交通展开专项治理行动，采用慢行复兴、三网融合、深入挖潜、智慧提升、定向增供、分类调控、停车改革、精细管理等八大策略，推动落实了 45 项交通拥堵治理措施，促进了该市交通出行方式结构的优化，交通拥堵恶化形势得到一定延缓；厦门市则开展了推进综合治理交通拥堵专项工作。二者共同点是将“治堵”“事故”“线路规划”“交通网络”等交通治理的重要对象进行统筹规划和综合施策，从根本上对城市交通系统进行优化，进而提升居民对公共交通服务品质的满意度。

2. 年末人均出租车拥有数量

年末人均出租车拥有数量是指年末城市内出租车的实际人均占有量，用来评价该城市出租车供求基本面与充足度。人均出租车拥有数量得分通过归一化各城市 2020 年统计年鉴和《2020 年中国城市统计年鉴》中的数据得到。得分排名情况见表 4 和图 3。

表 4　中国大中城市年末人均出租车拥有数量得分及排名（2021 年）

单位：分

城　市	年末人均出租车拥有数量得分	排名	城　市	年末人均出租车拥有数量得分	排名
乌鲁木齐	16. 67	1	南　京	4. 87	20
北　京	14. 71	2	杭　州	4. 38	21
兰　州	11. 94	3	广　州	4. 35	22
海　口	11. 48	4	厦　门	4. 29	23
银　川	10. 48	5	济　南	3. 91	24
长　春	9. 93	6	昆　明	3. 57	25
西　宁	9. 80	7	青　岛	3. 43	26
贵　阳	9. 68	8	郑　州	2. 96	27
珠　海	8. 97	9	南　昌	2. 54	28
沈　阳	8. 42	10	长　沙	2. 31	29
呼和浩特	8. 35	11	南　宁	1. 93	30
天　津	8. 10	12	福　州	1. 89	31
太　原	7. 13	13	成　都	1. 58	32
哈尔滨	6. 16	14	宁　波	1. 57	33
大　连	6. 13	15	石家庄	1. 44	34
上　海	6. 03	16	合　肥	1. 23	35
深　圳	5. 79	17	无　锡	0. 68	36
武　汉	5. 72	18	苏　州	0. 22	37
西　安	5. 00	19	重　庆	0. 00	38

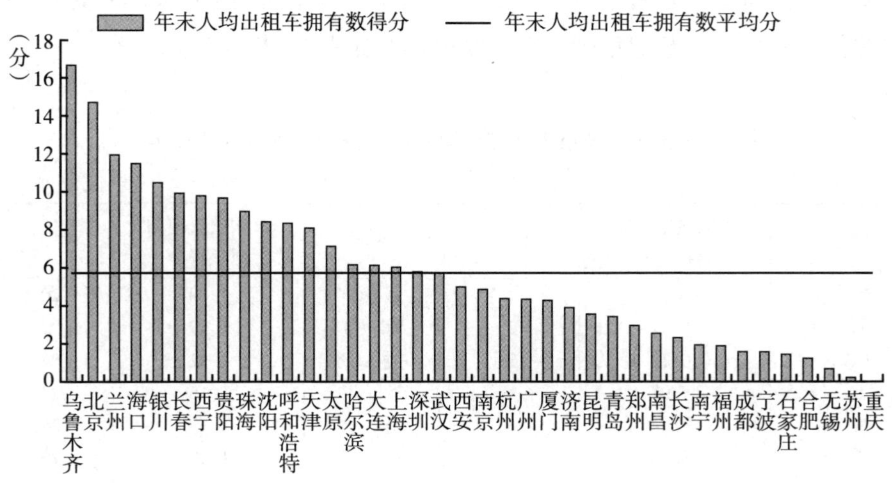

图3　中国大中城市年末人均出租车拥有数量得分及排名情况（2021年）

由表4和图3可知，乌鲁木齐的年末人均出租车拥有数排名第一，得分为16.67，排名第二到第五的城市依次为北京、兰州、海口、银川，其得分分别为14.71、11.94、11.48、10.48。排名末五的城市依次为重庆、苏州、无锡、合肥、石家庄，其得分分别为0.00、0.22、0.68、1.23、1.44。由图3可知，年末人均出租车拥有数这一指标38个城市的平均得分是5.73。

在该指标得分排名前五的城市中，乌鲁木齐、兰州、银川因其地广人稀、公路为主的地理特征，能够在该指标中保持前五的名次，而北京的高值则反映了北京市在出租车治理方面的工作落实情况。北京市确保出租车运营数量，保障了司机的收益，对于防止过度竞争、保持行业稳定和效益、保证服务质量起到了重要作用。海口市则是持续增加出租车运营数量，在2021年该指标的排名中，跻身前五。

3. 人均城市道路面积

人均城市道路面积是城市道路总面积和城市常住人口的比值。人均城市道路面积得分越高，在一定程度上可以反映出该城市的交通便捷度越高。人均城市道路面积得分通过归一化各城市2020年统计年鉴和《2020年中国城市统计年鉴》中的数据得到。得分排名情况如表5、图4所示。

表5　中国大中城市人均城市道路面积得分及排名（2021年）

单位：分

城　市	人均城市道路面积得分	排名	城市	人均城市道路面积得分	排名
珠　海	16.67	1	深　圳	1.60	20
南　京	6.37	2	海　口	1.39	21
乌鲁木齐	6.12	3	成　都	1.32	22
太　原	4.07	4	兰　州	1.15	23
济　南	3.94	5	南　宁	1.13	24
厦　门	3.88	6	西　宁	1.00	25
天　津	3.61	7	重　庆	0.99	26
广　州	3.38	8	南　昌	0.96	27
银　川	3.07	9	宁　波	0.92	28
西　安	2.97	10	大　连	0.82	29
武　汉	2.74	11	哈尔滨	0.58	30
无　锡	2.74	12	贵　阳	0.56	31
青　岛	2.63	13	郑　州	0.55	32
苏　州	2.55	14	石家庄	0.51	33
合　肥	2.48	15	长　沙	0.46	34
长　春	2.23	16	昆　明	0.40	35
沈　阳	2.20	17	福　州	0.28	36
呼和浩特	2.08	18	上　海	0.07	37
杭　州	1.85	19	北　京	0.00	38

由表5和图4可知：珠海市的人均城市道路面积排名第一，得分为16.67；其他排名前五的城市分别为南京、乌鲁木齐、太原、济南，其得分分别为6.37、6.12、4.07、3.94。排名末五的城市分别为北京、上海、福州、昆明、长沙，其得分分别为0.00、0.07、0.28、0.40、0.46。由图4可知，38个城市的人均城市道路面积的平均得分是2.38。

人均城市道路面积一定程度上反映了城市道路交通的充足程度，受交通治理水平的影响。一个具有包容性的城市最基础的要求是能够为居民提供较为合理的道路空间。

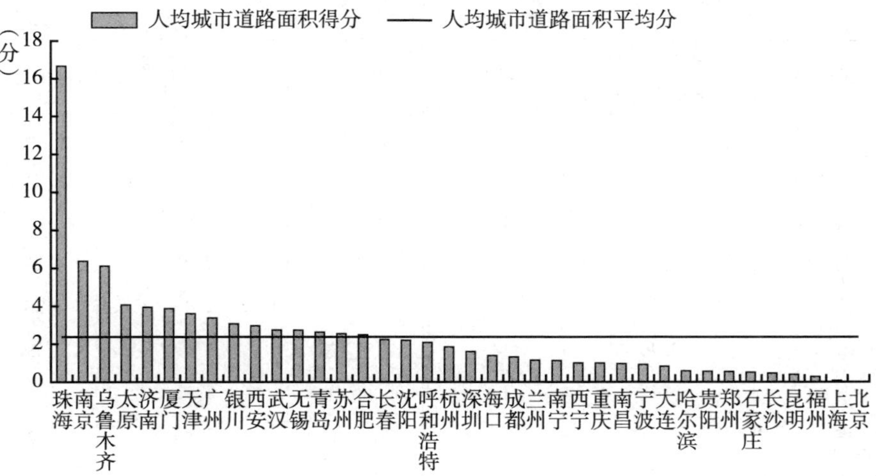

图4　中国大中城市人均城市道路面积得分及排名情况（2021年）

资料来源：国家统计局。

4. 建成区道路面积率

建成区道路面积率指的是道路网的总面积与建成区面积的比值。建成区道路面积率得分越高，说明该城市建成区的道路网络越密集，越能疏导车流和人流，这在一定程度上可以反映出该城市的交通便捷程度。便捷可及的交通网络也是健康老龄化在交通方面的要求，可及的交通能够帮助老年人提高与社会的接触频率，保障其发展和自我实现的权利不会因其自身的生理能力不足受到影响。建成区道路面积率得分通过归一化各城市2020年统计年鉴和《2020年中国城市统计年鉴》中的数据得到。得分排名情况见表6和图5。

表6　中国大中城市建成区道路面积率得分及排名（2021年）

单位：分

城　市	建成区道路面积率得分	排名	城　市	建成区道路面积率得分	排名
珠　海	16.67	1	南　京	5.55	5
苏　州	7.31	2	太　原	4.93	6
无　锡	6.04	3	合　肥	4.66	7
石家庄	5.72	4	天　津	4.59	8

续表

城　市	建成区道路面积率得分	排名	城　市	建成区道路面积率得分	排名
西　宁	4.47	9	乌鲁木齐	2.82	24
济　南	4.36	10	青　岛	2.79	25
西　安	4.22	11	南　昌	2.68	26
南　宁	4.18	12	深　圳	2.25	27
武　汉	3.54	13	兰　州	2.13	28
哈尔滨	3.40	14	宁　波	2.07	29
厦　门	3.29	15	呼和浩特	1.92	30
重　庆	3.28	16	郑　州	1.63	31
沈　阳	3.21	17	大　连	1.50	32
杭　州	3.19	18	长　沙	1.36	33
广　州	3.18	19	上　海	1.19	34
福　州	3.10	20	海　口	1.04	35
银　川	3.06	21	昆　明	0.80	36
长　春	3.04	22	贵　阳	0.49	37
成　都	2.85	23	北　京	0.00	38

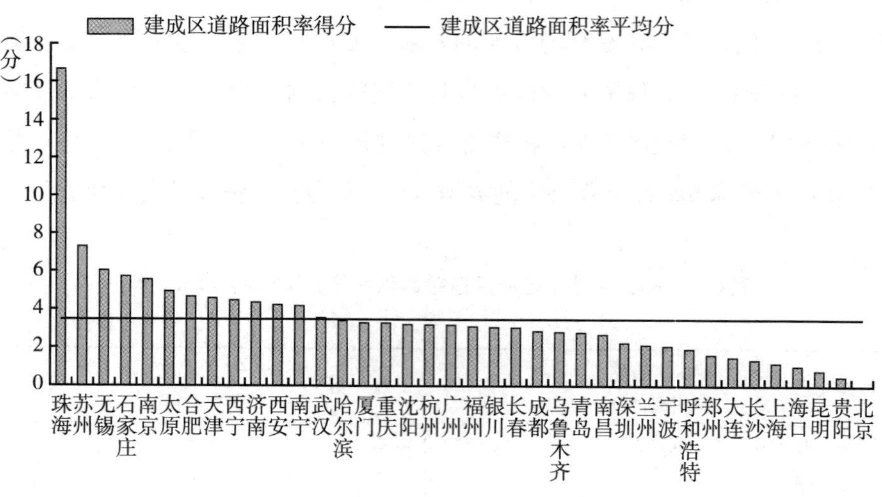

图 5　中国大中城市建成区道路面积率得分及排名（2021 年）

由表6和图5可知：珠海市的建成区道路面积率排名第一，得分为16.67；其他排名前五的城市分别为苏州、无锡、石家庄、南京，其得分分别为7.31、6.04、5.72、5.55。排名末五的城市分别为北京、贵阳、昆明、海口、上海，其得分分别为0.00、0.49、0.80、1.04、1.19。38个城市的建成区道路面积率平均得分是3.49。

珠海、苏州、无锡、石家庄、南京能够取得前五名的原因主要有两点。一是具备高密度、系统化的交通网络。尤其是苏州、南京、无锡和珠海四个城市，建立了集公路、城市轨道交通于一体的交通系统，通过城市群的协同发展，提高了城市间交通的便利性。二是五个城市在具有众多的支路和次干路的基础上，着重打通断头路，形成了方便可及的交通网络。

5. 人均公交车拥有数量

人均拥有公交车数量是公共交通车辆标准台数和常住人口的比值。这一比值越高也就代表着每一位居民可以获得的公交车及其相关服务越充足，间接能够反映居民出行时公共交通服务的可及性和便利性，因此它成为保障老年人发展权利的重要交通指标。人均拥有公交车数量得分通过归一化各城市2020年统计年鉴和《2020年中国城市统计年鉴》中的数据得到，如表7和图6所示。

表7 中国大中城市人均拥有公交车数量得分及排名（2021年）

单位：分

城市	人均拥有公交车数量得分	排名	城市	人均拥有公交车数量得分	排名
深圳	16.67	1	广州	4.58	10
珠海	7.72	2	西安	4.52	11
乌鲁木齐	6.11	3	成都	4.29	12
长沙	5.47	4	杭州	4.16	13
北京	4.98	5	济南	4.00	14
南京	4.69	6	海口	3.97	15
厦门	4.69	7	青岛	3.85	16
呼和浩特	4.62	8	昆明	3.80	17
宁波	4.61	9	武汉	3.73	18

续表

城　市	人均拥有公交车数量得分	排名	城　市	人均拥有公交车数量得分	排名
兰　州	3.38	19	哈尔滨	2.52	29
天　津	3.35	20	贵　阳	2.22	30
大　连	3.33	21	福　州	2.09	31
西　宁	3.33	22	郑　州	2.02	32
太　原	3.19	23	长　春	1.85	33
银　川	3.02	24	苏　州	1.68	34
合　肥	2.86	25	南　宁	1.45	35
上　海	2.84	26	无　锡	1.01	36
沈　阳	2.66	27	石家庄	0.49	37
南　昌	2.59	28	重　庆	0.00	38

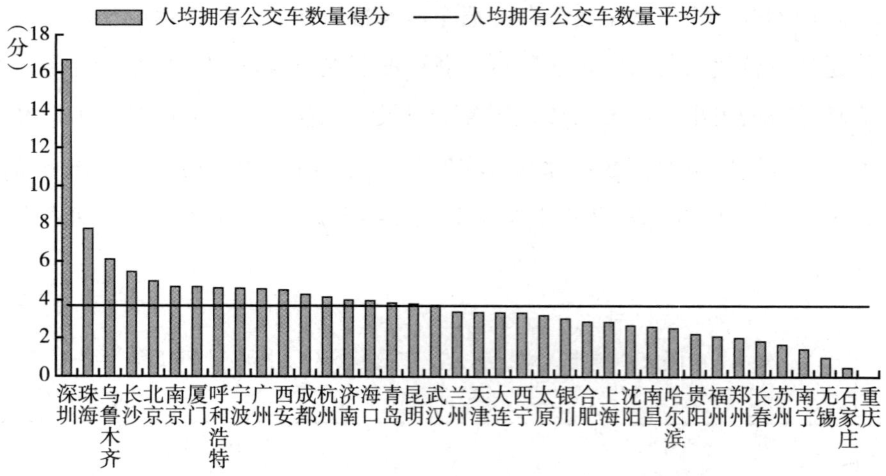

图 6　中国大中城市人均拥有公交车数量得分及排名（2021 年）

由表 7 和图 6 可知：深圳市的人均拥有公交车数量得分排名第一，得分为 16.67；其他排名前五的城市分别为珠海、乌鲁木齐、长沙、北京，其得分数据分别为 7.72、6.11、5.47、4.98。排名末五的城市分别为重庆、石家庄、无锡、南宁、苏州，其得分分别为 0.00、0.49、1.01、1.45、1.68。由图 6 可知，38 个城市的人均拥有公交车数量的平均得分是 3.75。

深圳、珠海、长沙、北京能够取得前五的原因主要有两点。一是公交车投入数量多。深圳、长沙、北京三个城市均为人口密集的一线或新一线城市。能够在人口密集约束的条件下实现该指标排名靠前，可见其公共交通资源投入力度之大。二是加大新能源公交车的投放力度。而乌鲁木齐和珠海因其常住人口较少获得了很高的得分。

6. 路灯灯盏数密度

路灯灯盏数密度指的是每平方米道路面积上修筑的路灯数量。路灯灯盏数密度能够反映城市道路、广场、街区的照明情况，完备的道路基础设施是居民交通出行的保障性条件。路灯灯盏数密度得分通过归一化各城市 2020 年统计年鉴和《2020 年中国城市统计年鉴》中的数据得到，表 8 和图 7 所示为路灯灯盏数密度得分及排名。

表 8　中国大中城市路灯灯盏数密度得分及排名（2021 年）

单位：分

城市	路灯灯盏数密度得分	排名	城市	路灯灯盏数密度得分	排名
珠海	16.67	1	重庆	2.29	20
乌鲁木齐	10.12	2	杭州	2.15	21
兰州	8.27	3	沈阳	2.09	22
厦门	7.14	4	上海	1.99	23
太原	6.82	5	天津	1.74	24
南京	6.60	6	成都	1.59	25
大连	6.39	7	济南	1.54	26
苏州	6.36	8	长春	1.52	27
银川	4.81	9	青岛	1.26	28
宁波	4.63	10	福州	1.00	29
西安	4.45	11	呼和浩特	0.88	30
贵阳	4.42	12	武汉	0.80	31
无锡	4.17	13	海口	0.74	32
西宁	3.61	14	南宁	0.49	33
广州	3.55	15	北京	0.47	34
深圳	3.22	16	石家庄	0.13	35
南昌	2.62	17	长沙	0.09	36
合肥	2.34	18	哈尔滨	0.09	37
昆明	2.30	19	郑州	0.00	38

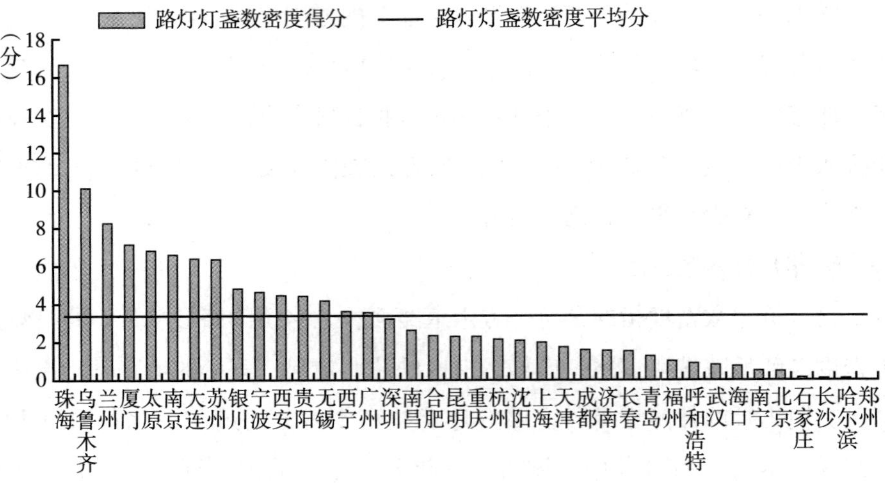

图 7　中国大中城市路灯灯盏数密度得分及排名（2021 年）

由表 8 和图 7 可知：珠海市路灯灯盏数密度得分排名第一，得分为 16.67；其他排名前五的城市分别为乌鲁木齐、兰州、厦门、太原，其得分分别为 10.12、8.27、7.14、6.82。排名末五的城市分别为郑州、哈尔滨、长沙、石家庄、北京，其得分分别为 0.00、0.09、0.09、0.13、0.47。由图 7 可知，38 个城市的路灯灯盏数密度平均得分为 3.40。

就排名前五的城市而言，珠海、乌鲁木齐、兰州、厦门、太原能够表现突出的原因有两点。一是道路交通基础设施条件完备，该部分数据间接反映出了城市道路交通基础设施完备程度。建成区的道路夜间路灯充足，保障了道路安全。二是公共部门交通治理水平和治理能力的现代化。例如珠海市从 2016 年开始，着力提升城市功能品质，建设宜居安居的魅力城市。其中，提升城市品质的工程就包括夜景亮化工程，让市民出行既安全又方便。

四　年龄友好型交通建设的对策建议

人口老龄化既是机遇也是挑战。从第七次全国人口普查的实际数据情况可以看出，逐步上升的老龄化比例意味着各大城市将会面临更为严峻的老年人交通出行问题。结合交通出行各指标得分和排名情况，各大城市在理念意识、配套法规和交通设施三部分需提高年龄友好型城市交通出行系统建设的重视程度。

一是将人文关怀融入城市交通规划管理的全过程。城市开放包容的人文关怀不仅要体现在文化、习俗、价值观上的包容，更应该体现在城市服务规划上的普惠包容。民众是城市公共交通服务的实际使用者，不同年龄段民众对城市各类公共交通服务使用的评价满意度就是城市交通规划管理的考核成绩。年龄友好型交通建设既需要城市交通服务吸取实际运作中的经验教训，加强整体交通规划布局构建，根据不同年龄群体的特点，合理规划交通出行，满足实际运行过程中老年群体特殊的交通出行需求，也需要城市在交通规划中坚持以人民为中心的发展理念，规范运营管理，保障道路安全，搭建一个科学合理、健康安全、舒适便捷的城市公共交通服务体系。

二是以合理完善的配套法律法规保障年龄友好的交通出行。良法是善治的前提。法律能否得以被遵守履行的关键就在于法律是否能做到真正凝聚共识、体现民意。实现年龄友好的交通出行系统建设需要对制度法规的可行性和适用性进行分析，城市交通出行作为一项基础公共服务涉及城市生活中的多个群体，其重点应是保障人民群众得到交通出行服务的机会，而不是简单提供平均化的交通出行机会。为此需要国家和地方“双管齐下”，制定一系列与老龄化社会相适应的法律法规，明确对弱势群体的权益保护，确保高龄群体的交通出行权益；基于地区情况，制定不同的交通服务标准，改善城市交通出行环境；完善地方配套法规体系，为城市交通出行基础设施建设提供顶层设计。

三是用年龄友好的交通工具提高交通出行质量。城市交通出行需要在基础设施上满足年龄友好，展现具有适用性的人文关怀，改善适老化交通出行服务的硬性设施和周边环境。在交通基础设施服务建设方面，要综合考虑老龄群体需要，提供更多具有预见性和辅助性的交通设施，如增加座椅数量、

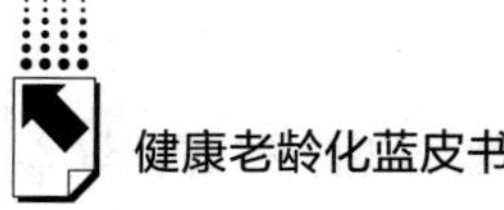

扶手扶栏、无障碍通道等基础设施。同时推动城市公共交通服务信息化平台的构建，发挥技术优势，进行信息化调控管理，做好基础设施保障、信息化管理系统建设、智慧运营管理，如优化早晚高峰线路运行、车次管理安排、适老化设备安全性的监测管理等。

B.5

中国大中城市健康老龄化社会公平与社会参与指数分报告

张雪永　李芷皓　胡　松*

摘　要： 本文首先对国内有关社会公平和老年人社会参与相关研究进行回顾，为本文的指标选取提供相关理论支撑。从社会服务、文化、居住环境、经济支出、教育等方面选取了10个指标，对38个城市的社会公平与社会参与指数的综合得分和单一指标得分进行排名，分析综合得分排名前五城市，分指标得分排名前五、后五城市的特点与共性问题。最后从"公平"和"参与"两方面提出针对性建议，一定程度上为城市优化健康条件、参与机会和安全提供参考，以促进老年乃至全龄阶段人群生活质量的提高。

关键词： 健康老龄化　积极老龄化　社会公平　社会参与

城市应该提供公平的社会环境，提供一定的设施和服务去支持居民获得良好的生活和提高生产率，使得居民从全生命周期得到诸如文化、教育、社会保障及社会服务等全方位的保障，而公平的社会环境能够极大地促进老年人参与社会活动。良好的社会参与有助于为老年人增权赋能，提高其获得感

* 张雪永，西南交通大学文科建设处处长，国际老龄科学研究院院长，教授；李芷皓，西南交通大学公共管理学院2020级硕士研究生，研究领域为社会保障与公共政策；胡松，西南交通大学公共管理学院2020级硕士研究生，研究领域为社会保障与公共政策。

和幸福感，改善其身心健康，一定程度缓解了劳动力不足、老年抚养比过高等问题。

一　老年人社会公平与社会参与的研究现状

2002年，联合国大会通过了《老龄化马德里政治宣言》，从制度安排的角度提出通过调整政策，比如提高退休年龄、推动新的老年教育等计划扩大老年人社会参与的能力和机会，帮助人们改变对老龄人口的态度，并使老年人充分发挥余热，积极地投入社会中。同年《老龄问题国际行动计划》提出了“确保所有人都能够有保障、有尊严地步入老年，并享有充分参与社会活动的权利”的目标。本文从世界卫生组织的老龄政策框架及内涵出发，结合文内层次分析法指标的选取，从产业、医疗卫生、社会保障、老年教育、数字鸿沟等几方面来对我国的老年公平和老年社会参与的研究现状进行分析和梳理。

（一）我国老年社会公平问题研究

社会公平就是全体社会成员能够合理而公允地分配社会中的各项利益，包括政治利益、经济利益和其他利益，它意味着权利的平等、分配的合理、机会的均等和司法的公正①。老年社会公平则是指老年人在参与社会生活的过程中，与不同年龄的群体能够以合理、合乎道德的方式分配涉及老年群体利益的社会资源与社会权利，得到老年群体能接受的结果②。现有老年公平问题的研究主要集中在健康公平和教育公平两方面。

世界卫生组织（WHO）新健康观中指出“健康是躯体、精神和社会活动三个方面的完好状态”，有学者以此为基础构建指标体系，对老年人不同健康指标的健康公平性进行分析，研究结果表明老年人躯体方面的健康水平

---

① 俞可平：《社会公平和善治是建设和谐社会的两块基石》，《中国特色社会主义研究》2005年第1期。

② 杜鹏、谢立黎：《中国老年公平问题：现状、成因与对策》，《中国人民大学学报》2017年第2期。

显著高于心理和社会适应两个方面的健康水平，且文化教育对健康的影响愈加明显[①]。因此，应设法提高老年人的心理健康和社会适应能力，并通过加强对文化教育程度这一因素的干预来不断改善老年人的健康状况。而有学者也认为文化水平较低的老年人收入水平和社会地位一般也较低，且这类人群往往距离医疗资源较远，健康不公平现象因此而生。有学者认为家庭经济状况与健康不公平的相关性最大，经济状况是造成老年人健康结果微弱差异的最主要原因[②]，往往经济条件较好的老年人群能够更好地利用医疗条件。提高对应人群的经济收入水平、改善收入分配的不公平性可以一定程度上改变老年人健康不公的现状[③]。

实现城乡老年教育公平是社会善待老人、实现社会公平的重要手段，是社会公平基本、重要的表现。保障老年人教育的相对平等意义非凡，不仅能够起到缓和社会矛盾关系、促进社会稳定的作用，还能充实丰富老年人的生活，调节老年人的精神与心理平衡[④]。而我国当前老年教育公平缺失主要体现在城乡老年教育不平衡，干群老年教育不平衡，经济发达同欠发达的城市之间的老年教育不平衡，沿海地区与内陆地区之间以及东部、中部与西部地区之间的区域老年教育不平衡[⑤]。于一凡和隋鑫以上海市老年教育资源的空间配置为例，指出我国城市设施配置在用地规模、人口分布和邻近设施等方面存在差异，导致了设施使用效率和教育资源配置不公的问题[⑥]。

从其他方面来看，老年人是当前社会群体中较为弱势的一方，需要得到

---

① 郭振友、石武祥：《基于新健康观指标体系的老年人健康公平性研究》，《中国卫生统计》2015 年第 5 期。

② 卢若艳、高建民、许永建等：《福建省老年人健康公平性及分解》，《中国公共卫生》2016 年第 9 期。

③ 赵婷、乔慧：《宁夏海原县农村老年人健康公平性及其分解分析》，《中国卫生统计》2020 年第 2 期。

④ 刘洪林：《略论城乡老年教育公平——评〈教育公平：维系社会公平正义的基石〉》，《中国教育学刊》2016 年第 11 期。

⑤ 赵文君、卢筱媚：《老年教育公平的缺失与回归——基于宁波社区大学老年教育发展的个案分析》，《职教论坛》2015 年第 6 期。

⑥ 于一凡、隋鑫：《公平视域下的养老服务设施空间布局评价——基于上海市老年教育设施的实证研究》，《社会政策研究》2018 年第 1 期。

更多公共服务资源的倾斜，然而目前我国老年人感受到政府提供的基本公共服务的公平程度还远不足以得到令人满意的分数[①]。我国经济社会发展必然要从老年人实际需要出发，建立和完善由国家、社区和个人（家庭）共同提供的需求导向型老年社会福利制度[②]，要更多地依靠与我国社会发展阶段相契合的“普惠+特惠”的基本社会保障制度，为老年贫困人口做好兜底保障工作，提升社会效率与公平[③]。

（二）我国老年社会参与问题研究

相较于老年社会公平，我国老年社会参与问题的研究要更为丰富，视角也更广阔。1994年《中国老龄工作七年发展纲要（1994—2000年）》首次提出了“五个老有”的老龄工作总目标，其中的“老有所为”是指“实现老有所为，发挥老年人的作用。鼓励、支持低龄和健康老人在自愿量力的前提下，参与社会发展，推动社会精神文明和物质文明建设”。在2000年，就有学者对老年人社会参与的意义、内容与实现参与的几个关系做过研究，认为老年人社会参与应包含一切有益于社会的各项活动。老年人参与社会活动既能助力社会经济发展，又能使老年人充分发挥价值，安度充实而又幸福的晚年，同时也是老年人不可剥夺的权利[④]。

老年人进行社会参与不仅对经济、文化具有重大意义，也能实现老年人自身价值，然而我国老年人社会参与的客观情况却不是十分理想。首先，老年社会参与需要国家乃至个体具备较为丰厚的经济基础；其次，需要拥有健康的老年资源；最后，社会能够为有社会参与意愿的老年人提供多元化的参与空间。简单来说，经济基础是最为关键的前置条件，健康的老年资源是基

① 王莉芬、徐天琦：《政府基本公共服务与老年人公平感——基于CGSS2015数据的分析》，《绥化学院学报》2020年第8期。

② 曹艳春、吴蓓、戴建兵：《我国需求导向型老年社会福利内容确定与提供机制分析》，《浙江社会科学》2012年第8期。

③ 陈友华、庞飞：《精准扶贫与老年贫困消减》，《河海大学学报》（哲学社会科学版）2018年第4期。

④ 杨宗传：《再论老年人口的社会参与》，《新闻与传播评论》2000年第1期。

本条件，多元化的参与空间是实施参与的现实途径。然而现实中的主要情况却是既有社会发展水平同老年人口社会参与需求的双向不匹配。从社会角度来看原因有以下几点。第一，对于老年人的观念仍未及时转变，没能很好地挖掘老年人力资源，人力市场对老年人群隐形的歧视仍然存在。第二，我国的现有产业结构不适合老年人，目前老年社会参与的落点更多地偏向第一、二产业和第三产业中的流通部门如运输、批发零售和为生产和生活服务的部门，更强调体力工作，适合于老年人参与的第三产业发展严重滞后①。第三，相关的法规制度仍不完善，缺乏相关法律条文保护老年人的基本合法权益，需要明确法律责任②。第四，老年社会参与活动形式单一，能够供老年人发挥作用的场景有限。从老年群体角度来看原因有两点。第一，我国老年人群文化程度相对较低，人文社会科学素养不尽如人意。第二，随着科技水平的提升和医疗技术发展，我国人均寿命不断提高，但老年人群的健康素养仍然堪忧，难以提供高水平的健康老年资源。

另外，随着人类工业化、信息化、物联网及大数据等技术的飞速发展，在数字化与老龄化的双重叠加作用下，老年群体受到生理条件、文化及制度等多方因素的限制，在获取信息技术的能力以及运用信息来便利生活方面与其他群体形成了较大差距③，这也就造成了老年数字鸿沟。数字化正以难以想象的速度融入了社会生活的各方各面，互联网成为社会成员沟通交流以及获取公共服务的重要渠道，现代的衣食住行都离不开数字化技术的应用，却也同时成为老年群体社会参与的巨大阻碍，使得老年群体在数字化过程中被落下，有悖于社会发展进步的“公平”。让老年群体能在“快时代”拥有选择“慢下来”的权利，融入数字社会共享数字化进步所带来的成果，是体现一个城市、一个社会人性和温暖的重要因素④。

① 刘颂：《积极老龄化框架下老年社会参与的难点及对策》，《南京人口管理干部学院》2006年第4期。

② 韩青松：《老年社会参与的现状、问题及对策》，《南京人口管理干部学院》2007年第4期。

③ 陆杰华、郭芳慈：《数字时代弥合老年人数字鸿沟》，《北京观察》2021年第4期。

④ 杨斌、金栋昌：《老年数字鸿沟：表现形式、动因探寻及弥合路径》，《中州学刊》2021年第12期。

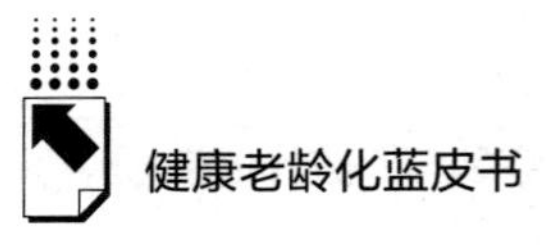

二　社会公平与社会参与指标说明及数据计算

（一）指标选取及说明

随着人口老龄化日益加深，通过对老年人的社会公平与社会参与评估，可了解老年人的社会公平与社会参与实际情况。本文通过10个指标对38个城市的老年人社会公平与社会参与进行测量。10个指标相关说明如下。

第三产业人口占总人口比例：城市第三产业从业人数除以当地总从业人口，再乘以100%。可测量该市的第三产业发展水平，第三产业发展水平反映该市的服务水平。

每万人拥有卫生、社会保障和社会福利从业人数：城市从事卫生、社会保障和社会福利的人数乘以一万除以总人数。是衡量该市社会保障水平的重要指标。

每万人拥有公共图书馆数：城市公共图书馆数量乘以一万除以总人口数。可衡量该市阅读和学习设施的齐全程度。

公共安全支出占公共预算财政支出的比重：城市公共安全总支出除以公共预算财政总支出。可衡量该市对公共安全方面的投入水平。

人均住房建筑面积：城市住房建筑面积除以城市总人数。能部分反映该市居民的生活质量。

CPI（居民消费价格指数）5年算术平均：城市近5年内一组商品按当期价格计算的价值除以该组固定商品按基期价格计算的价值后乘以100%所得到的数值加总，再除以5。CPI 5年算术平均，反映了该市5年内的物价稳定情况。

每万人在校大学生人数：城市在校大学生人数乘以一万除以当地常住总人口。每万人在校大学生人数反映了该市的教育资源及教育水平。

互联网宽带接入用户数占总人口的比例：城市互联网宽带接入用户数除以当地常住人口数，再乘以100%。互联网宽带接入用户数占该市总人口比例，反映了该市的通信设施建设情况及信息化建设水平。

娱乐教育文化服务占消费总支出的比例：城市娱乐教育文化服务消费除以总消费，再乘以100%。娱乐教育文化服务占总消费支出比例，反映出该市居民在生存资料消费、发展资料消费与享受资料消费之间的选择，可部分反映该市居民的生活质量。

人均教育支出：城市教育的总支出除以当地常住人口数。人均教育支出表示，城市教育总体支出与该市常住人口的比值，是衡量该市教育水平的重要指标，得分越高，人均教育支出越多，当地的教育发展水平越高。

（二）数据计算和权重设计

在健康老龄化评价指数的五个评价维度中，社会公平与社会参与同其他四个评价维度一样，被赋予了20%的权重。根据社会公平与社会参与这一维度所包含的一级指标个数，赋予10个一级指标相同的权重。

经过测量，本报告最终得到样本数据矩阵：

$$[x_{ij}](i = 1,2,...38; \quad j = 1,2,...10) \tag{1}$$

式（1）中，i为样本数量，j为指标数量。鉴于各指标数值的量不同，并且有些指标的判断方向不一致，因此有必要采取无量纲正向处理法，具体处理方法如下所示。

将任意第j（$j = 1,2,...10$）项指标的数据，记为：

$$m = min\{x_{ij}\}, M = max\{x_{ij}\}, R = M - m, i = 1,2,...38 \tag{2}$$

则样本数据根据如下公式进行变化。

当数据为正指标时，即数据越大反映越好的表现时，对其做如下处理：

$$y_{ij} = (x_{ij} - m)/R \tag{3}$$

当数据为负指标时，即数据越大反映越差的表现时，对其做如下处理：

$$y_{ij} = (M - x_{ij})/R \tag{4}$$

通过处理我们可得到数据矩阵：

$$[y_{ij}](i = 1,2,...38;\ j = 1,2,...10) \tag{5}$$

三　社会公平与社会参与指标排名情况分析

（一）社会公平与社会参与指标排名

本报告综合评价10个指标后，测量得出38个大中城市社会公平与社会参与方面的得分，所采用的数据，直接或间接来源于2020年中国各城市统计年鉴和中国各城市统计公报，原始数据经归一化处理后，得出38个城市在社会公平与社会参与维度的得分排名情况。如表1和图1所示，得分均值为39.71分，极值差为28.31分，全国范围内38个大中城市的社会公平与社会参与综合得分在各区间分布较为均匀，不存在显著区域差别与经济水平差别。总分名次居于前五的城市分别为南京、昆明、珠海、长沙、乌鲁木齐，得分分别为55.77、52.90、50.51、49.57、48.75；名次居于后五的城市分别为天津、西宁、大连、合肥、哈尔滨，得分分别为27.46、28.85、29.04、29.48、30.03。其中既包括东部经济水平较高的城市，也包括中西部稳步发展的城市。

表1　各城市社会公平与社会参与总得分排名情况（2021年）

单位：分

城　市	社会公平与社会参与总得分	排名	城　市	社会公平与社会参与总得分	排名
南　京	55.77	1	广　州	45.95	9
昆　明	52.90	2	西　安	45.59	10
珠　海	50.51	3	贵　阳	43.50	11
长　沙	49.57	4	北　京	42.97	12
乌鲁木齐	48.75	5	长　春	42.91	13
太　原	47.85	6	成　都	42.22	14
呼和浩特	46.99	7	宁　波	42.22	15
兰　州	46.37	8	上　海	41.12	16

续表

城　市	社会公平与社会参与总得分	排名	城　市	社会公平与社会参与总得分	排名
重　庆	40.90	17	杭　州	35.46	28
苏　州	40.61	18	深　圳	32.91	29
郑　州	40.10	19	济　南	32.50	30
武　汉	39.52	20	海　口	31.77	31
无　锡	39.51	21	厦　门	31.69	32
银　川	38.36	22	青　岛	30.90	33
福　州	38.00	23	哈尔滨	30.03	34
南　昌	37.72	24	合　肥	29.48	35
石家庄	37.39	25	大　连	29.04	36
南　宁	35.92	26	西　宁	28.85	37
沈　阳	35.61	27	天　津	27.46	38

资料来源：作者根据中国各城市统计年鉴和统计公报计算所得。

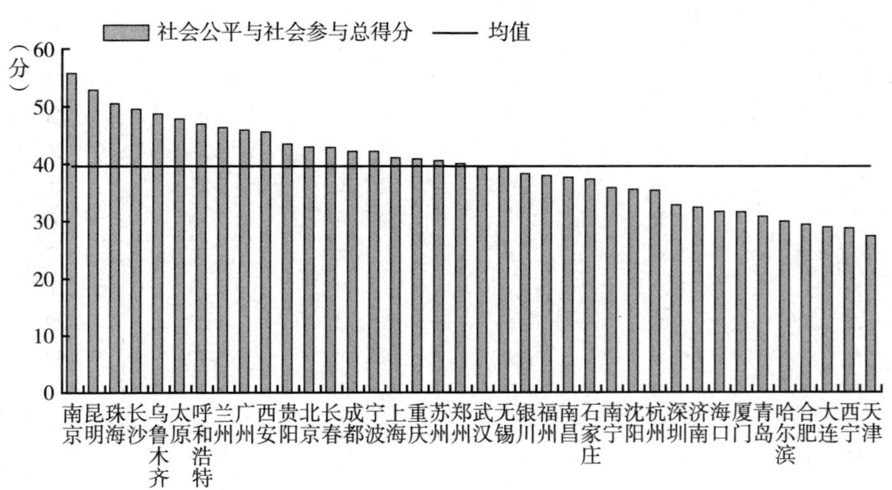

图 1　各城市社会公平与社会参与总得分排名情况（2021 年）

资料来源：作者根据中国各城市统计年鉴和统计公报计算所得。

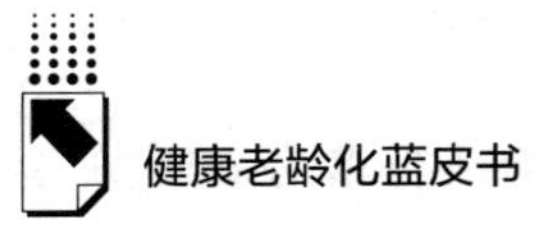

（二）各城市社会公平与社会参与一级指标排名

1. 第三产业人口占总人口比例

如表2和图2所示，名次居于前五的城市分别为北京、海口、呼和浩特、哈尔滨、上海，名次居于最后的五个城市分别为苏州、福州、无锡、合肥、珠海。基于以上分析可知：排名前五的城市多为第三产业较为发达的城市或者旅游城市，如海口和呼和浩特，当地旅游业发展水平较高，第三产业从业人员占当地总从业人口的比例较大；排名后五的城市多为东部沿海城市，其经济发展多以制造业为主，第三产业从业人员占总从业人口比例较小。

表2　各城市第三产业人口占总人口比例得分及排名情况（2021年）

单位：分

城　市	第三产业人口占总人口比例得分	排名	城　市	第三产业人口占总人口比例得分	排名
北　京	10.00	1	兰　州	5.49	20
海　口	8.78	2	长　春	5.46	21
呼和浩特	8.51	3	济　南	5.21	22
哈尔滨	8.07	4	武　汉	5.07	23
上　海	7.92	5	重　庆	4.99	24
石家庄	7.88	6	青　岛	4.71	25
广　州	7.86	7	郑　州	4.51	26
乌鲁木齐	7.84	8	太　原	4.26	27
西　宁	7.21	9	杭　州	4.19	28
成　都	7.00	10	贵　阳	4.03	29
沈　阳	6.48	11	深　圳	3.40	30
南　京	6.41	12	南　昌	2.72	31
西　安	6.19	13	厦　门	2.60	32
昆　明	6.15	14	宁　波	2.57	33
长　沙	5.90	15	珠　海	2.52	34
大　连	5.72	16	合　肥	2.22	35
南　宁	5.61	17	无　锡	2.01	36
天　津	5.54	18	福　州	1.87	37
银　川	5.53	19	苏　州	0.00	38

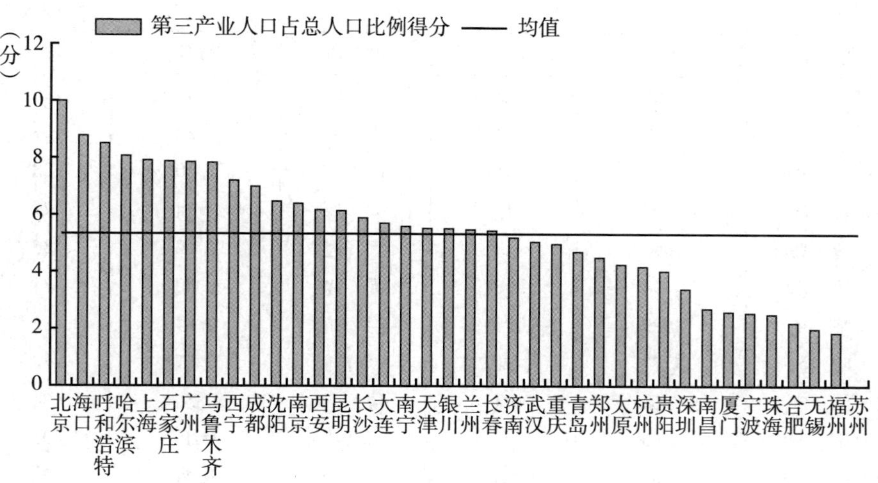

图2　各城市第三产业人口占总人口比例得分及排名情况（2021 年）

2. 每万人拥有卫生、社会保障和社会福利从业人数

如表 3 和图 3 所示，名次居于前五的城市分别为北京、重庆、上海、广州、成都，名次居于最后五位的城市分别为珠海、银川、西宁、海口、厦门。基于以上分析可知，此项指标在一定程度上与城市经济发展水平有关：排名前五的城市多为经济发展水平较高的一线城市，经济实力提高了社会保障水平；排名后五的城市多为中西部经济整体发展水平不高的城市或沿海城市，由于经济原因或者当地政府重视不够，社会保障发展较慢。

表3　各城市每万人拥有卫生、社会保障和社会福利从业人数得分及排名情况（2021 年）

单位：分

城　市	得分	排名	城　市	得分	排名
北　京	10.00	1	天　津	3.11	7
重　庆	6.89	2	杭　州	2.88	8
上　海	6.83	3	郑　州	2.83	9
广　州	5.09	4	西　安	2.32	10
成　都	5.00	5	南　京	2.19	11
深　圳	3.39	6	武　汉	2.14	12

续表

城　市	得分	排名	城　市	得分	排名
石家庄	2.05	13	合　肥	1.44	26
昆　明	1.98	14	贵　阳	1.23	27
苏　州	1.98	15	南　昌	1.20	28
长　沙	1.98	16	太　原	1.14	29
青　岛	1.95	17	大　连	1.02	30
沈　阳	1.94	18	无　锡	0.90	31
济　南	1.89	19	兰　州	0.81	32
哈尔滨	1.72	20	呼和浩特	0.57	33
南　宁	1.64	21	厦　门	0.56	34
宁　波	1.63	22	海　口	0.45	35
乌鲁木齐	1.60	23	西　宁	0.41	36
福　州	1.49	24	银　川	0.30	37
长　春	1.46	25	珠　海	0.00	38

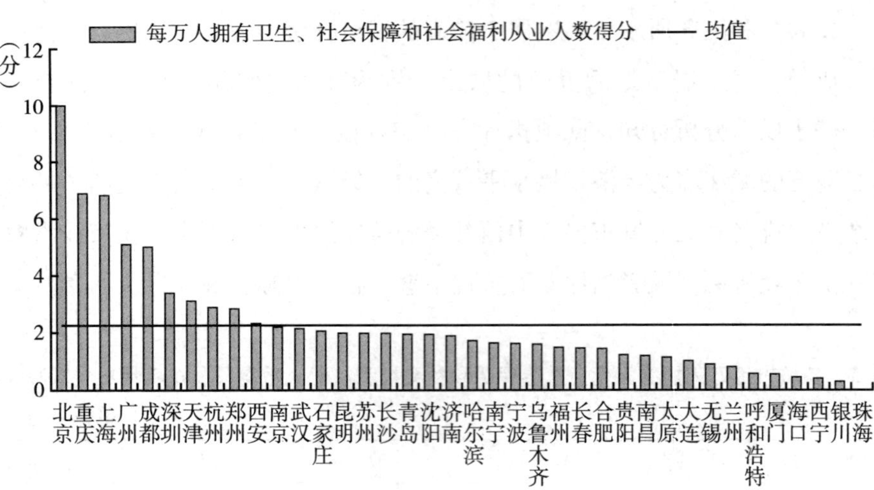

图3　各城市每万人拥有卫生、社会保障和社会福利从业人数得分及排名情况（2021年）

3. 每万人拥有公共图书馆数

如表4和图4所示，名次居于前五的城市分别为深圳、呼和浩特、银川、贵阳、太原，名次居于后五的城市分别为广州、上海、苏州、合肥、北京。基于以上分析，除深圳外，排名前五的城市多为中西部经济发展水平不高的城市，排名后五的城市多为东部经济发展水平较高的城市。东中西部存在的经济差异使得中西部地区的大量人口向东部经济发展水平较高的城市流动，东部与中西部每万人拥有公共图书馆数差距变大；深圳得分较高的原因是当地政府较为重视公共文化。

表 4　各城市每万人拥有公共图书馆数得分及排名情况（2021 年）

单位：分

城　市	每万人拥有公共图书馆得分	排名	城　市	每万人拥有公共图书馆得分	排名
深　圳	10.00	1	南　昌	0.18	20
呼和浩特	0.53	2	南　京	0.17	21
银　川	0.52	3	哈尔滨	0.14	22
贵　阳	0.39	4	长　春	0.13	23
太　原	0.36	5	杭　州	0.13	24
西　宁	0.32	6	武　汉	0.12	25
珠　海	0.31	7	济　南	0.11	26
沈　阳	0.30	8	郑　州	0.11	27
厦　门	0.29	9	长　沙	0.10	28
石家庄	0.28	10	重　庆	0.09	29
昆　明	0.25	11	成　都	0.08	30
海　口	0.25	12	西　安	0.07	31
兰　州	0.24	13	青　岛	0.07	32
大　连	0.22	14	无　锡	0.06	33
宁　波	0.21	15	北　京	0.04	34
乌鲁木齐	0.21	16	合　肥	0.04	35
南　宁	0.20	17	苏　州	0.02	36
天　津	0.19	18	上　海	0.01	37
福　州	0.18	19	广　州	0.00	38

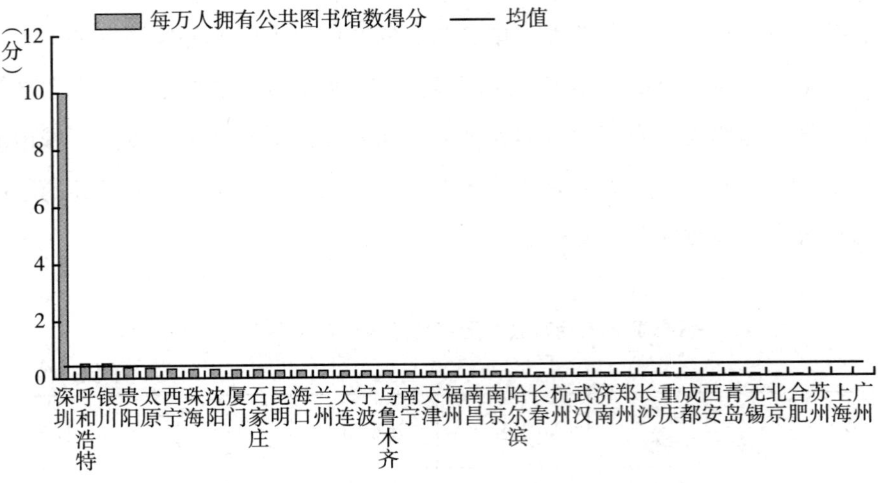

图 4　各城市每万人拥有公共图书馆数得分及排名情况（2021 年）

4. 公共安全支出占公共预算财政支出的比重

如表 5 和图 5 所示，排名前五的城市多为各省份省会或首府，政府在公共安全方面的投入较大；排名后五的城市中如天津、北京和深圳，经济发展水平较高，虽公共安全支出数额较大，但其占公共预算财政支出比重较小，合肥和西宁的城市外来人口较少，政府在公共安全方面投入较少。

表 5　各城市公共安全支出占公共预算财政支出的比重得分及排名情况（2021 年）

单位：分

城　市	得分	排名	城　市	得分	排名
乌鲁木齐	10.00	1	无　锡	7.79	7
广　州	8.57	2	苏　州	7.48	8
贵　阳	8.28	3	沈　阳	7.23	9
珠　海	8.17	4	大　连	7.08	10
南　京	8.07	5	兰　州	6.86	11
昆　明	7.88	6	成　都	6.58	12

续表

城市	得分	排名	城市	得分	排名
厦门	6.55	13	海口	5.01	26
太原	6.38	14	呼和浩特	4.90	27
南宁	6.28	15	上海	4.89	28
西安	6.22	16	长沙	4.66	29
南昌	6.04	17	长春	4.33	30
杭州	6.04	18	哈尔滨	4.28	31
青岛	5.91	19	郑州	3.99	32
宁波	5.60	20	银川	3.80	33
武汉	5.50	21	西宁	3.69	34
重庆	5.43	22	合肥	3.19	35
济南	5.39	23	深圳	1.41	36
石家庄	5.20	24	北京	0.61	37
福州	5.06	25	天津	0.00	38

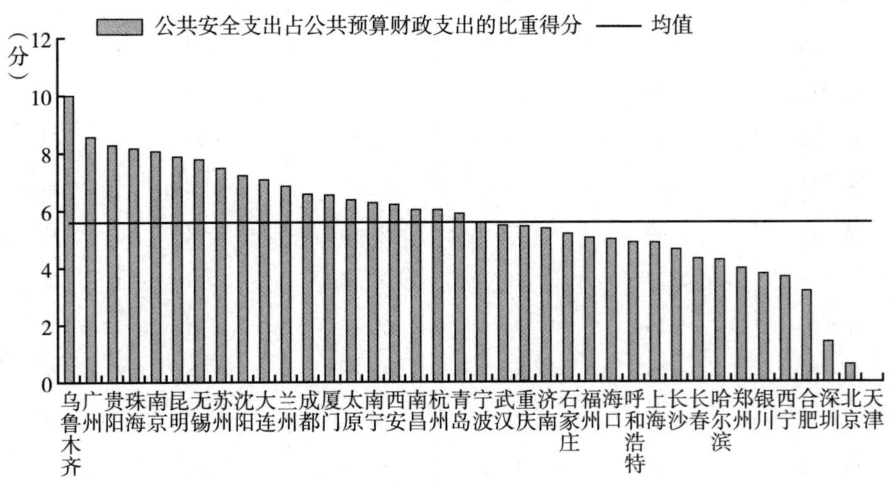

图 5　各城市公共安全支出占公共预算财政支出的比重得分及排名情况（2021 年）

5. 人均住房建筑面积

如表 6 和图 6 所示，排名前五的城市多为面积较大的城市，可用于住房建筑的空间较多；排名后五的城市则多为整体面积较小或人口较多的城市，如海口和厦门城市整体面积较小，天津和深圳城市人口众多，人均住房建筑面积随人口数量的上升而下降。

表 6　各城市人均住房建筑面积得分及排名情况（2021 年）

单位：分

城　市	人均住房建筑面积得分	排名	城　市	人均住房建筑面积得分	排名
福　州	10.00	1	西　宁	4.38	20
苏　州	8.62	2	哈尔滨	4.29	21
昆　明	8.48	3	西　安	4.22	22
无　锡	8.47	4	呼和浩特	4.20	23
宁　波	8.37	5	合　肥	4.19	24
长　沙	6.47	6	广　州	4.07	25
南　京	6.12	7	太　原	4.06	26
兰　州	6.09	8	北　京	3.44	27
石家庄	5.89	9	长　春	3.29	28
济　南	5.67	10	乌鲁木齐	3.25	29
南　昌	5.66	11	青　岛	3.22	30
杭　州	5.40	12	沈　阳	3.01	31
郑　州	5.27	13	珠　海	2.91	32
重　庆	5.16	14	南　宁	2.91	33
上　海	5.05	15	天　津	2.91	34
贵　阳	4.98	16	海　口	2.80	35
成　都	4.84	17	大　连	2.70	36
银　川	4.84	18	厦　门	2.67	37
武　汉	4.64	19	深　圳	0.00	38

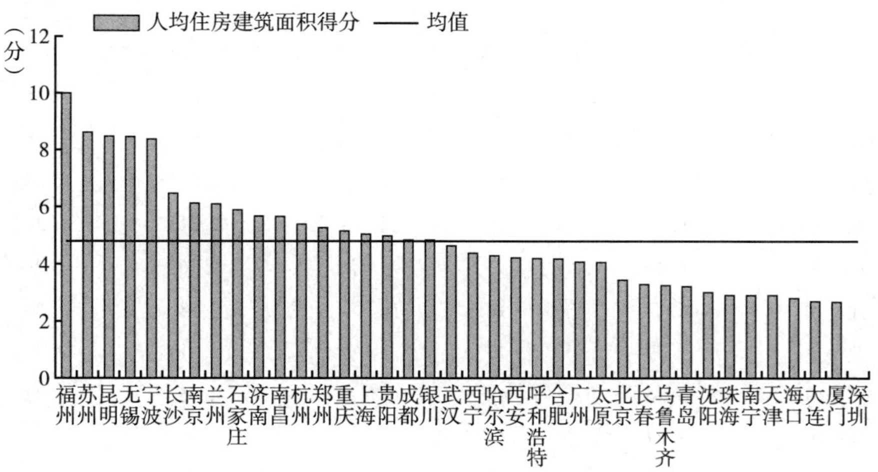

图 6　各城市人均住房建筑面积得分及排名情况（2021 年）

6. CPI（居民消费价格指数）5年算术平均

如表 7 和图 7 所示，名次居于前五的城市分别为兰州、太原、西安、昆明、贵阳，名次居于后五的城市分别为海口、济南、杭州、深圳、广州。基于以上分析可知：排名前五的城市多为中西部经济发展较为平稳的城市，经济发展情况较为稳定，物价水平变动不大；排名后五的城市多为东部地区经济增长速度较快的城市，随着经济的迅猛发展，物价水平也随之较快上升。

表 7　各城市 CPI 5 年算术平均得分及排名情况（2021 年）

单位：分

城　市	CPI 5 年算术平均得分	排名	城　市	CPI 5 年算术平均得分	排名
兰　州	10.00	1	重　庆	7.72	6
太　原	9.30	2	长　春	7.54	7
西　安	8.77	3	石家庄	7.37	8
昆　明	8.07	4	珠　海	7.37	9
贵　阳	7.72	5	福　州	7.19	10

续表

城　市	CPI 5 年算术平均得分	排名	城　市	CPI 5 年算术平均得分	排名
长　沙	7.02	11	大　连	3.86	25
乌鲁木齐	7.02	12	青　岛	3.68	26
呼和浩特	6.84	13	西　宁	3.51	27
银　川	6.67	14	无　锡	3.51	28
成　都	6.49	15	上　海	3.16	29
沈　阳	6.14	16	南　宁	2.98	30
北　京	5.79	17	苏　州	2.81	31
厦　门	5.26	18	哈尔滨	2.46	32
合　肥	4.74	19	南　京	1.93	33
天　津	4.56	20	广　州	1.93	34
郑　州	4.39	21	深　圳	1.75	35
武　汉	4.21	22	杭　州	1.58	36
宁　波	4.04	23	济　南	1.23	37
南　昌	4.04	24	海　口	0.00	38

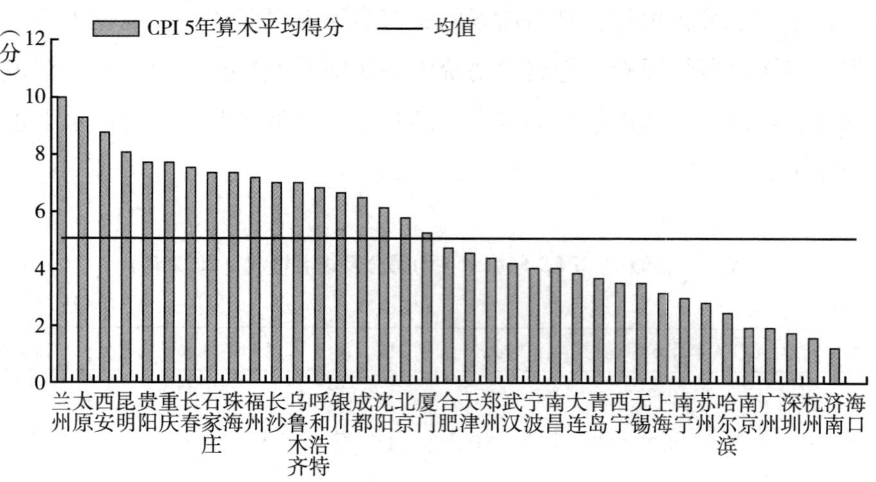

图 7　各城市 CPI 5 年算术平均得分及排名情况（2021 年）

7. 每万人在校大学生人数

如表 8 和图 8 所示，名次居于前五的城市分别为太原、南昌、郑州、南京、兰州，名次居于后五的城市分别为深圳、无锡、上海、苏州、宁波。基于以上分析可知：排名前五的城市大多为中西部各省省会，教育资源几乎为全省最丰富，能最大限度吸引本省学生就读；排名后五的城市多为东部沿海等非省会城市，此类城市经济发展水平较高，人口基数较大，但教育资源多集中于省会城市，本市高等教育院校数量有限。

表 8　各城市每万人在校大学生人数得分及排名情况（2021 年）

单位：分

城　市	每万人在校大学生人数得分	排名	城　市	每万人在校大学生人数得分	排名
太　原	10.00	1	哈尔滨	4.37	20
南　昌	9.98	2	成　都	4.27	21
郑　州	9.18	3	石家庄	4.11	22
南　京	9.09	4	沈　阳	4.08	23
兰　州	8.24	5	银　川	3.84	24
武　汉	7.80	6	青　岛	3.39	25
昆　明	7.77	7	福　州	3.37	26
西　安	7.37	8	杭　州	3.32	27
珠　海	7.36	9	大　连	3.18	28
贵　阳	7.12	10	厦　门	2.69	29
长　沙	6.79	11	天　津	2.50	30
呼和浩特	6.62	12	西　宁	1.86	31
广　州	6.41	13	北　京	1.80	32
南　宁	5.55	14	重　庆	1.75	33
合　肥	5.47	15	宁　波	1.66	34
济　南	5.01	16	苏　州	1.41	35
长　春	5.00	17	上　海	1.27	36
乌鲁木齐	4.92	18	无　锡	0.94	37
海　口	4.91	19	深　圳	0.00	38

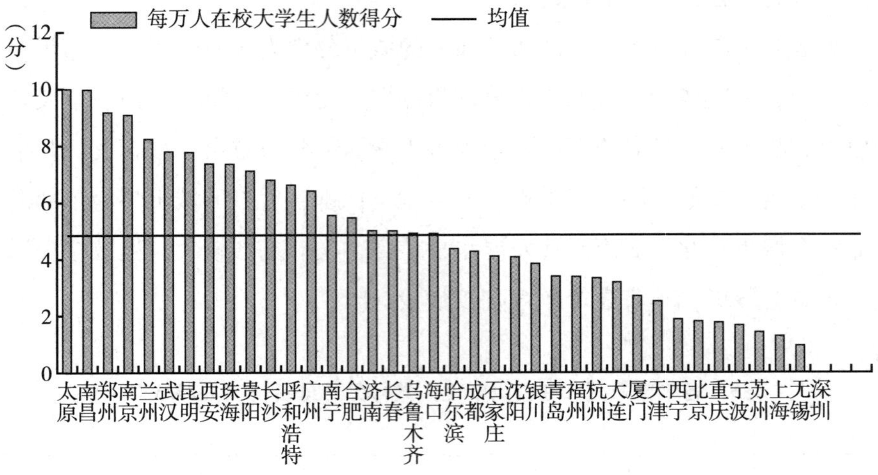

图8　各城市每万人在校大学生人数得分及排名情况（2021年）

8. 互联网宽带接入用户数占总人口的比例

如表9和图9所示，排名前五的城市多为经济发展水平较高的东部沿海城市，如宁波、珠海和南京，互联网宽带接入的条件较好，呼和浩特当地人口较少，互联网宽带接入占比较大，长春市政府对互联网宽带接入方面较为重视。排名后五的城市，有些经济发展水平整体不高，互联网宽带接入方面条件略微欠缺；虽然北京和天津互联网宽带接入用户数量较多，但城市人口基数大，整体占比较小。

表9　各城市互联网宽带接入用户数占总人口的比例得分及排名情况（2021年）

单位：分

城　市	得分	排名	城　市	得分	排名
呼和浩特	10.00	1	苏　州	7.23	6
长　春	8.88	2	无　锡	6.84	7
宁　波	8.69	3	乌鲁木齐	6.18	8
珠　海	7.86	4	银　川	6.17	9
南　京	7.44	5	厦　门	5.94	10

续表

城　市	得分	排名	城　市	得分	排名
兰　州	5.29	11	南　宁	3.32	25
杭　州	5.13	12	青　岛	3.19	26
太　原	4.98	13	深　圳	3.13	27
武　汉	4.56	14	昆　明	3.11	28
福　州	4.56	15	贵　阳	3.01	29
南　昌	4.53	16	石家庄	2.79	30
海　口	4.52	17	西　宁	2.70	31
成　都	4.51	18	广　州	2.64	32
长　沙	4.16	19	上　海	2.58	33
郑　州	4.15	20	天　津	2.01	34
济　南	4.01	21	北　京	1.73	35
重　庆	3.91	22	沈　阳	1.37	36
西　安	3.75	23	大　连	1.11	37
合　肥	3.65	24	哈尔滨	0.00	38

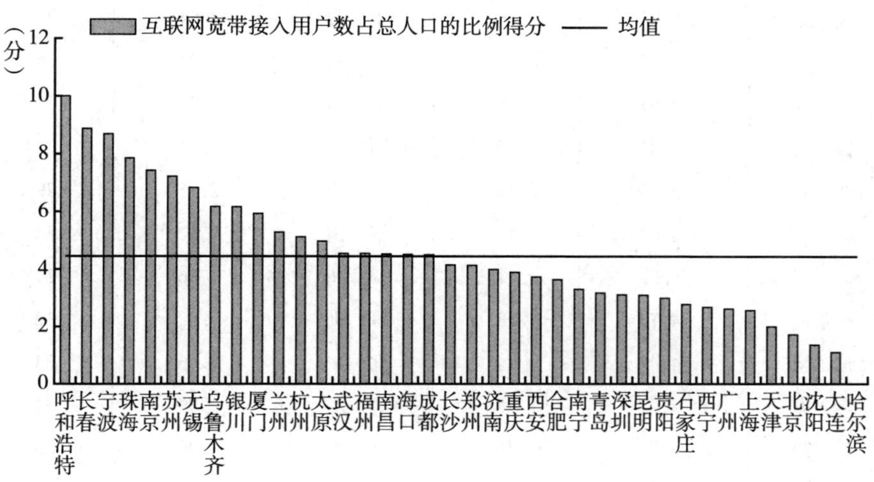

图 9　各城市互联网宽带接入用户数占总人口的比例得分及排名情况（2021 年）

9. 娱乐教育文化服务占消费总支出的比例

如表 10 和图 10 所示，名次居于前五的城市分别为南京、长沙、昆明、苏州、无锡，名次居于后五的城市分别为石家庄、厦门、兰州、南昌、青岛。基于以上分析：排名前五的城市多为省会城市或经济发展水平较高的城市，居民对发展资料消费和享受资料消费的意愿更强；排名靠后的城市多为经济发展水平不高的城市，居民对发展资料消费和享受资料消费的意愿略显不足。

表 10　各城市娱乐教育文化服务占消费总支出的比例得分及排名情况（2021 年）

单位：分

城　市	得分	排名	城　市	得分	排名
南　京	10.00	1	宁　波	3.71	20
长　沙	9.82	2	郑　州	3.25	21
昆　明	7.59	3	大　连	3.11	22
苏　州	7.00	4	天　津	3.07	23
无　锡	5.97	5	武　汉	2.67	24
太　原	5.93	6	重　庆	2.64	25
南　宁	5.89	7	成　都	2.24	26
长　春	5.61	8	杭　州	2.24	27
银　川	5.41	9	西　宁	2.21	28
西　安	5.03	10	合　肥	2.15	29
乌鲁木齐	5.02	11	济　南	2.12	30
广　州	4.99	12	福　州	1.96	31
哈尔滨	4.70	13	深　圳	1.82	32
沈　阳	4.47	14	北　京	1.66	33
珠　海	4.02	15	青　岛	1.39	34
贵　阳	4.01	16	南　昌	1.20	35
呼和浩特	3.89	17	兰　州	1.02	36
海　口	3.76	18	厦　门	0.70	37
上　海	3.74	19	石家庄	0.00	38

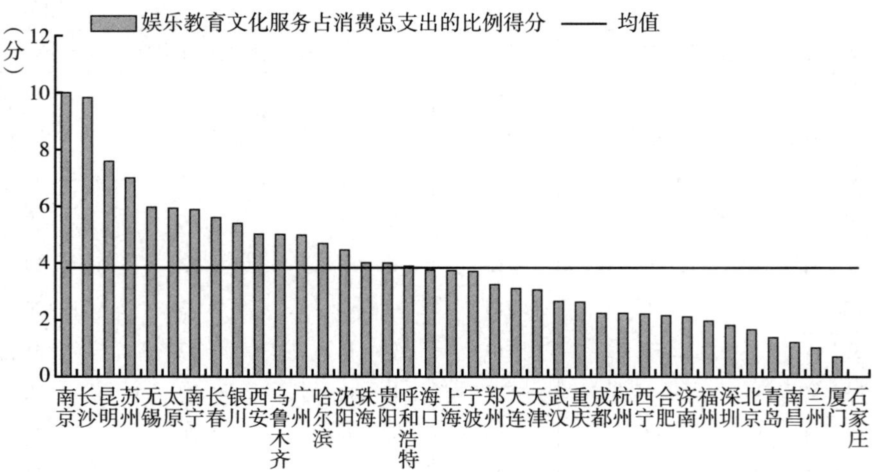

图 10　各城市娱乐教育文化服务占消费总支出的比例得分及排名情况（2021 年）

10. 人均教育支出

如表 11 和图 11 所示，名次居于前五的城市分别为珠海、深圳、北京、宁波、上海，名次居于后五的城市分别为哈尔滨、沈阳、呼和浩特、大连、成都。基于以上分析：排名前五的城市多为东部经济发展水平较高的城市，可用于教育方面的资金较多；排名后五的城市多为西部和东北部城市，用于教育上的资金投入在绝对数量上低于东部城市，相对于东部城市，西部和东北部城市居民文化水平较低，在教育投入方面的意识也略微不足。

表 11　各城市人均教育支出得分及排名情况（2021 年）

单位：分

城　市	人均教育支出得分	排名	城　市	人均教育支出得分	排名
珠　海	10.00	1	杭　州	4.56	6
深　圳	8.02	2	厦　门	4.43	7
北　京	7.91	3	广　州	4.39	8
宁　波	5.74	4	南　京	4.35	9
上　海	5.68	5	苏　州	4.06	10

续表

城　市	人均教育支出得分	排名	城　市	人均教育支出得分	排名
天　津	3.57	11	济　南	1.85	25
青　岛	3.39	12	石家庄	1.81	26
无　锡	3.03	13	西　安	1.65	27
武　汉	2.82	14	昆　明	1.60	28
贵　阳	2.74	15	南　宁	1.53	29
乌鲁木齐	2.71	16	太　原	1.43	30
长　沙	2.67	17	银　川	1.27	31
西　宁	2.55	18	海　口	1.27	32
郑　州	2.42	19	长　春	1.20	33
合　肥	2.39	20	成　都	1.20	34
福　州	2.32	21	大　连	1.04	35
重　庆	2.32	22	呼和浩特	0.93	36
兰　州	2.32	23	沈　阳	0.59	37
南　昌	2.18	24	哈尔滨	0.00	38

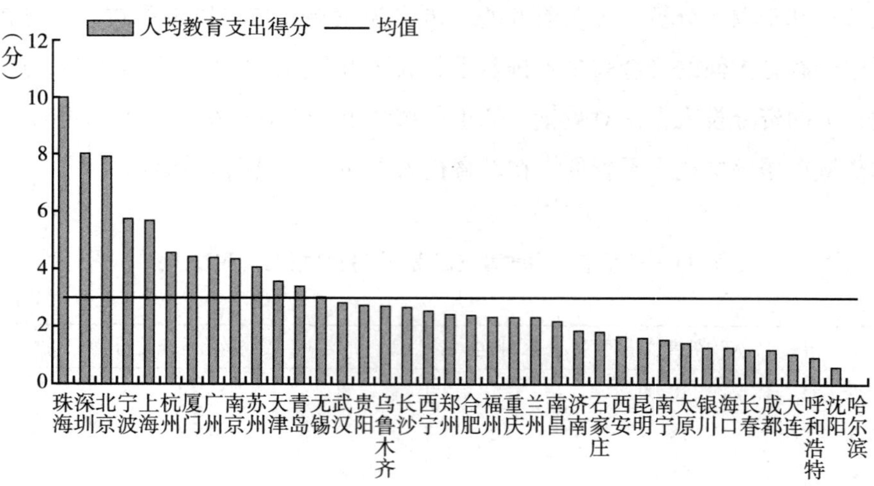

图 11　各城市人均教育支出得分及排名情况（2021 年）

四　对策建议

（一）提升保障水平，维护老年社会公平

一是加强养老服务体系建设，解决我国养老服务从业人员不足且从业人员素质整体较低、养老事业产业发展不均衡及养老服务覆盖人群有限等问题。一方面，大力提倡社会孝道，宣扬敬老爱老的传统文化，各城市政府应根据各地实际出台相应养老政策，在统一规划公办养老机构的同时，大力促进规范性民办养老机构发展，为老有所养提供场地；另一方面，促进各城市第三产业的发展，开拓养老市场，加大对卫生、社会保障专业类院校投入，依托当地高等专业院校，为养老服务行业培育符合条件的人才，加强养老机构与院校合作，养老机构为专业院校人才提供可实践的机会，院校可为养老机构增加养老服务人才与人力，提升城市养老机构的养老服务水平。二是提升互联网覆盖率，正确应对老年数字鸿沟。我国仍有一部分城市存在互联网覆盖面不足的现状，老年人与现代社会发展脱节。首先，积极推进互联网入户工作，为老年人获取数字信息提供基础条件；其次，改进数字信息技术界面，推动适老化数字界面发展；最后，进行老年数字教育，提高老年人数字信息获取能力。

（二）完善相关政策，促进老年社会参与

一是增加老年大学、公共图书馆及老年图书资源，为老年人提供老年学习的硬件设施，如老年图书资源的内容应从老年人阅读视角出发，符合老年人阅读习惯，拓宽老年人认识世界、了解世界的渠道，注重老年文化公平，开阔老年人眼界与视野。二是鼓励老年人参与经济社会发展。一方面，成立专业机构对老年人进行再就业培训和教育，提升老年人就业知识技能，挖掘老年人力资源，体现老年人价值。另一方面，各城市政府可制定相应政策支持老年人再就业，如稳固宏观经济社会发展、

直接或间接为老年人提供合适的就业岗位及支持用人单位返聘部分退休老年职工等。

（三）协调地域均衡发展，构建健康老龄社会

对老年人关注不应囿于狭窄的区域化视角，而是应秉持宏观视角，坚持整体观，在全国范围内注重社会公平与社会参与。目前我国城市老年人社会公平与社会参与在地域上主要面临东中西部发展不均衡的问题，东部地区整体经济发展水平较高，为促进老年人健康而提供的资金与设施更为齐全、老年居民的活动方式更为丰富以及促进老年人社会参与的制度较为完善。协调地域老年生活均衡发展，一方面，应加大对中西部城市的老年相关项目的资金投入，丰富老年人生活方式，提升老年人社会参与感；另一方面，加强区域合作，通过借鉴与学习，探索促进老年人社会公平与社会参与的方式。

B.6

中国大中城市健康老龄化社会保障与金融指数分报告

张 铎　敬璐璐　谢智毅*

摘　要： 社会保障与金融对老年人的日常生活有重要影响。随着我国人口老龄化程度不断加深，基本养老保险已经不足以保障老年群体的基本生活水平，国民养老财富与金融市场的结合迫在眉睫。本文从城市发展的社会保障与金融维度入手，通过分析城镇基础养老金占人均可支配收入的比例、城市居民家庭消费支出、人均民生预算支出、人均一般公共财政预算支出、城市居民最低生活保障金与人均可支配收入比、月人均城镇职工基本养老保险金、城镇单位在岗职工平均工资、城镇居民人均可支配收入、人均城乡居民储蓄存款、商业保险深度、商业保险密度这 11 个重要指标的数据，从社会保障与金融维度探讨健康老龄化背景下的城市治理现状、未来实践方向。在对 38 个城市指标数据进行横向比较的基础上，深入解析典型城市的社会保障与金融发展情况，提出规范发展养老服务金融、大力发展养老产业金融、协调经济发展与养老金融等对策建议，以期实现社会保障与金融联动、同步发展，优化积极老龄观、健康老龄化理念指引下的城市治理。

关键词： 养老金融　经济发展　三支柱养老保险　金融市场

* 张铎，西南交通大学党政办公室副主任，西南交通大学马克思主义学院 2017 级博士研究生，助理研究员，研究方向为人口老龄化治理；敬璐璐，西南交通大学公共管理学院 2020 级硕士研究生，研究方向为老龄事业与产业研究；谢智毅，西南交通大学公共管理学院 2019 级本科生，研究方向为养老金融。

一　发展现状及研究综述

科技的进步和医疗卫生事业的发展使人们的预期寿命不断延长，预计2040年，我国将迈入深度老龄化社会。与已经进入深度老龄化社会的发达国家相比，我国的人口老龄化有未富先老、未备先老的显著特征，基本养老保险支付压力不断加重，多地已经出现基本养老保险收不抵支的问题①。在此背景下，发展养老金融成为实现积极应对人口老龄化国家战略的现实路径之一。

20世纪90年代中期，德国的单支柱养老保险模式受到人口老龄化的挑战，加之民主德国与联邦德国统一，原本的养老保险受保群体规模激增，养老保险支付压力急剧上升。德国于2001年开始了第三次养老保险改革，由单支柱养老保险模式转换到多支柱养老保险模式，具体包括社会法定养老保险、企业内部养老保险和李斯特养老金②，其实质就是由政府、企业和个人共同承担养老金储备责任，目的是实现养老保险制度的可持续发展。此次改革取得了良好效果，也为我国发展三支柱养老金提供了经验。

2018年4月2日，财政部等多部门联合出台《关于开展个人税收递延型商业养老保险试点的通知》，明确实施个人税收递延型商业养老保险试点，标志着我国个人储蓄养老计划取得重大突破，中国养老金三支柱初步成形。早在2013年前后，我国学者已经开始研究养老金融相关的理论以及发展养老金融对我国社会保障制度可持续发展的启示。养老金融的核心是大力促进个人账户养老金、企业年金、职业年金进入资本市场③，美国、日本等国家大多建立了政府、市场和个人共担的三支柱养老金体系，而我国则面临着养老金保值增值能力弱、养老金融服务缺乏需求导向、传统储蓄观念制约养老金融服务发展等问题④。发展

---

① 薛惠元、邓大松：《我国养老保险制度改革的突出问题及对策》，《经济纵横》2015年第5期。

② 刘涛：《德国养老保险制度的改革：重构福利国家的边界》，《公共行政评论》2014年第6期。

③ 胡继晔：《养老金融：理论界定及若干实践问题探讨》，《财贸经济》2013年第6期。

④ 董克用、张栋：《中国养老金融：现实困境、国际经验与应对策略》，《行政管理改革》2017年第8期。

养老金融一方面可以为老年人提供多元化的养老财富积累和消费渠道，另一方面可以为养老产业发展提供更为便捷的投融资方式①。

总之，积极老龄观、健康老龄化理念指引下的城市治理要求实现社会保障与金融市场的协调发展，从而为老年人安享晚年提供经济维度的坚实保障。本报告将从社会保障与金融维度下的11个指标切入，分析我国主要城市的经济发展现状和老年人社会保障水平，结合现有政策环境，对城市健康老龄化发展提出相应的政策建议。

二　指标选取及说明

本报告是健康老龄化指数报告的一个分报告，旨在对城市社会保障与金融发展情况进行梳理和分析。本报告评估社会保障与金融发展水平的一级指标有11个：城镇基础养老金占人均可支配收入的比例、城市居民家庭消费支出、人均民生预算支出、人均一般公共财政预算支出、城市居民最低生活保障金与人均可支配收入比、月人均城镇职工基本养老保险金、城镇单位在岗职工平均工资、城镇居民人均可支配收入、人均城乡居民储蓄存款、商业保险深度、商业保险密度。一级指标的具体说明如下。

城镇基础养老金占人均可支配收入的比例：城镇基础养老金除以城镇居民人均可支配收入。

城市居民家庭消费支出：指居民用于满足家庭日常生活消费需要的全部支出，既包括现金消费支出，也包括实物消费支出。消费支出包括食品烟酒、衣着、居住、生活用品及服务、交通通信、教育文化娱乐、医疗保健以及其他用品及服务八大类。

人均民生预算支出：民生预算投入除以常住人口数。民生预算投入是指一般公共预算中用于民生事业的总支出。

① 董克用、孙博、张栋：《从养老金到养老金融：中国特色的概念体系与逻辑框架》，《公共管理与政策评论》2021年第6期。

人均一般公共财政预算支出：一般公共财政预算支出除以常住人口数。一般公共财政预算支出按照其功能分类，包括一般公共服务支出，外交、公共安全、国防支出，农业、环境保护支出，教育、科技、文化、卫生、体育支出，社会保障及就业支出和其他支出，共分为23个细项。

城市居民最低生活保障金与人均可支配收入比：城镇居民最低生活保障金除以人均可支配收入。

月人均城镇职工基本养老保险金：每个月城镇职工人均的基本养老保险金数额。

城镇单位在岗职工平均工资：当年城镇单位在岗职工平均工资。

城镇居民人均可支配收入：当年城市居民可支配收入除以城市常住人口数。

人均城乡居民储蓄存款：由年末城乡居民存款余额除以常住人口数。

商业保险深度：某地保费收入占该地GDP之比重，反映了该地保险业在GDP中的地位。

商业保险密度：按照当地常住人口计算的人均保费额，反映了该地（居民）参加保险的程度和保险业发展水平。

通过查阅各城市2020年度的统计年鉴和2019年度的国民经济和社会发展统计公报，作者得到了38个城市在社会保障与金融维度下的各项指标值，将得到的数据进行无量纲化、归一化处理后，利用层次分析法进行赋权，得到了各指标下的城市得分及排名。在数据无量纲化中，社会保障与金融维度下的11个一级指标得分区间为0～100。0表示某城市在该指标下的表现最差，100表示某城市在该指标下的表现最优。

三　社会保障与金融维度指标得分及排名情况

（一）各城市社会保障与金融维度指标总得分及排名

将38个城市在11个指标下的得分进行加总后，得到其在社会保障与金融维度下的综合得分及排名，如表 1 所示：排名前五位的城市依次是北京（73.60 分）、深圳（69.36 分）、上海（63.51 分）、珠海（58.62 分）、广州（54.33 分），分别高于综合指标的均值（36.42 分）37.18、32.94、27.09、22.20、17.91 分；排名后五位的城市依次是海口（19.03 分）、南宁（19.62 分）、兰州（22.02 分）、南昌（24.06 分）、合肥（24.41 分），远低于综合指标的均值；排名第一的北京与排名末位的海口分值相差 54.57 分。

表 1　各城市社会保障与金融总得分及排名（2021 年）

单位：分

城　市	社会保障与金融总得分	排名	城　市	社会保障与金融总得分	排名
北　京	73.60	1	济　南	31.96	20
深　圳	69.36	2	重　庆	31.25	21
上　海	63.51	3	银　川	30.89	22
珠　海	58.62	4	沈　阳	30.57	23
广　州	54.33	5	西　宁	30.07	24
杭　州	49.83	6	哈尔滨	29.65	25
南　京	46.33	7	呼和浩特	29.57	26
宁　波	44.61	8	大　连	29.25	27
天　津	42.31	9	贵　阳	29.03	28
苏　州	41.29	10	成　都	28.81	29
厦　门	38.00	11	长　春	27.88	30
郑　州	37.68	12	石家庄	27.80	31
无　锡	36.80	13	昆　明	27.47	32
武　汉	36.62	14	福　州	25.69	33
太　原	36.22	15	合　肥	24.41	34
乌鲁木齐	35.23	16	南　昌	24.06	35
西　安	34.22	17	兰　州	22.02	36
长　沙	33.25	18	南　宁	19.62	37
青　岛	32.96	19	海　口	19.03	38

资料来源：作者根据中国各城市统计年鉴和统计公报计算所得。

（二）各城市社会保障与金融维度一级指标排名及分析

1. 城镇基础养老金占人均可支配收入的比例

居民可支配收入是指居民从事生产经营活动或者工作所获得的净收入。居民可支配收入被认为是消费开支的决定性因素，常被用来衡量一个国家生活水平的变化情况。城镇基础养老金由当地社会经济发展状况、职工平均工资、财政政策与城镇人口平均预期寿命等因素决定。城镇基础养老金占人均可支配收入比例这一指标反映了一个城市社会经济发展水平和政府财政支出对养老民生事业的倾斜程度，是衡量老年群体是否受惠于经济发展红利的重要指标。

从表 2 可以看出，重庆（9.09 分）、西宁（7.26 分）、太原（6.04 分）、乌鲁木齐（5.43 分）、深圳（5.39 分）、哈尔滨（4.72 分）、西安（4.30 分）、银川（4.21 分）、海口（4.14 分）、郑州（4.06 分）以较高的得分位居前十名。如图 1 所示，排名前十的城市中，位于中西部的经济稳步增长城市占据了大多数，而经济发展较好的东部沿海城市如上海、珠海、宁波在该指标上的得分则低于均值，排名靠后。

表 2　各城镇基础养老金占人均可支配收入的比例得分及排名（2021 年）

单位：分

城　市	城镇基础养老金占人均可支配收入的比例得分	排名	城　市	城镇基础养老金占人均可支配收入的比例得分	排名
重　庆	9.09	1	石家庄	4.04	11
西　宁	7.26	2	长　春	3.87	12
太　原	6.04	3	天　津	3.54	13
乌鲁木齐	5.43	4	合　肥	3.39	14
深　圳	5.39	5	贵　阳	3.22	15
哈尔滨	4.72	6	兰　州	3.13	16
西　安	4.30	7	呼和浩特	2.66	17
银　川	4.21	8	南　宁	2.51	18
海　口	4.14	9	广　州	2.47	19
郑　州	4.06	10	厦　门	2.41	20

续表

城　市	城镇基础养老金占人均可支配收入的比例得分	排名	城　市	城镇基础养老金占人均可支配收入的比例得分	排名
青　岛	2.31	21	大　连	1.49	30
福　州	2.05	22	珠　海	1.22	31
南　昌	2.03	23	南　京	1.07	32
沈　阳	2.02	24	长　沙	1.01	33
昆　明	1.96	25	成　都	0.97	34
武　汉	1.84	26	杭　州	0.61	35
济　南	1.70	27	苏　州	0.36	36
北　京	1.61	28	无　锡	0.21	37
上　海	1.55	29	宁　波	0.00	38

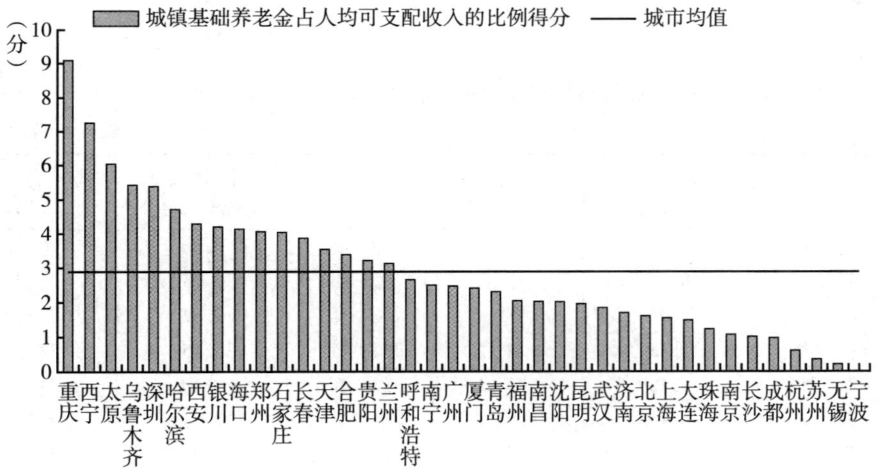

图1　各城镇基础养老金占人均可支配收入的比例得分及排名情况（2021年）

2. 城市居民家庭消费支出

城市居民家庭消费支出由地方经济发展水平和居民可支配收入水平决定，可以综合反映城市居民生活消费水平。从表3可以看到，上海以9.09分位列第一，北京、广州、杭州、深圳等地分别以8.47分、8.05分、7.73分、7.42分紧随其后。以上几个城市在该指标上的得分均与其社会经济发展水平相匹配，反映出该区域居民可支配收入水平高，生活条件好，消费能力突出。如

图2所示，福州、长春、呼和浩特、成都等18个城市的得分均低于均值(4.21分)。南宁、太原、石家庄分别以0.00分、0.38分、1.04分位列最后三名。一方面是因为这三个城市的经济发展相对缓慢、城镇单位在岗职工平均工资相对较低，居民可以支配的收入也较少；另一方面是因为居民的储蓄意愿较强，而消费意愿较弱。例如太原，虽然在该指标上排名靠后，但太原在人均城乡居民储蓄存款指标上得分4.86分，排名第六。由此可见，城市居民家庭消费支出既和居民的消费能力有关，也和居民的消费意愿有关。东部沿海城市的居民普遍消费能力强且消费意愿高，正向推动该地区的商品经济和服务经济积极发展，经济发展速度也更快；而中西部地区的城市居民消费能力有限，对于第三产业的带动有限，经济转型速度较慢，经济发展潜能还有待激发。

表3　城市居民家庭消费支出得分及排名（2021年）

单位：分

城　市	城市居民家庭消费支出得分	排名	城　市	城市居民家庭消费支出得分	排名
上　海	9.09	1	济　南	4.30	20
北　京	8.47	2	福　州	4.05	21
广　州	8.05	3	长　春	3.67	22
杭　州	7.73	4	呼和浩特	3.55	23
深　圳	7.42	5	成　都	3.10	24
珠　海	6.43	6	哈尔滨	2.94	25
苏　州	6.30	7	贵　阳	2.91	26
长　沙	6.26	8	南　昌	2.71	27
厦　门	5.91	9	西　安	2.58	28
宁　波	5.86	10	银　川	2.45	29
无　锡	5.59	11	合　肥	2.32	30
南　京	5.10	12	郑　州	2.28	31
昆　明	4.92	13	兰　州	2.23	32
青　岛	4.89	14	重　庆	1.82	33
天　津	4.74	15	海　口	1.67	34
大　连	4.54	16	西　宁	1.26	35
沈　阳	4.52	17	石家庄	1.04	36
乌鲁木齐	4.48	18	太　原	0.38	37
武　汉	4.48	19	南　宁	0.00	38

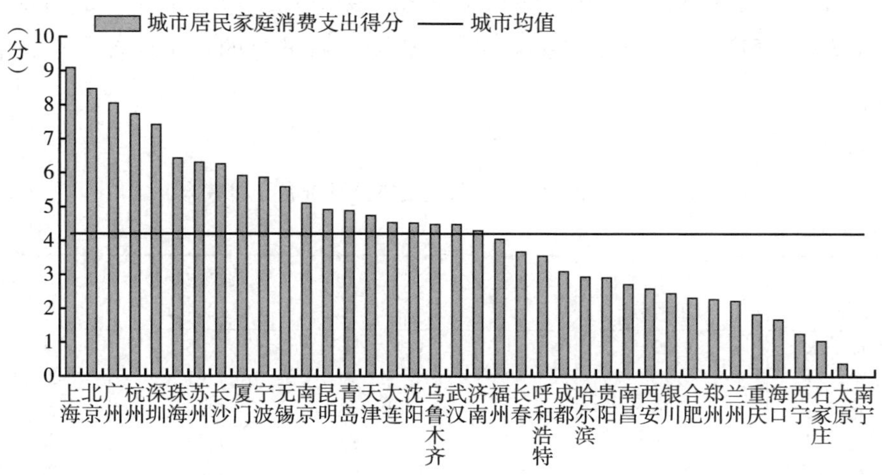

图 2　城市居民家庭消费支出得分及排名情况（2021 年）

3. 人均民生预算支出

人均民生预算支出是地区经济发展程度、财政收入和人民生活相互关联的反映，也是一个城市社会福利水平高低的体现。相比于民生支出占一般公共预算支出的比重，人均民生预算支出考虑到区域常住人口数，它能更精准、更科学地反映财政支出对人民重点需求的保障力度以及对民生福祉的改善程度。由表 4 可以看出，珠海（9.09 分）、宁波（4.76 分）、北京（3.90 分）、贵阳（3.75 分）、长沙（3.50 分）以较高的得分位居该指标的前五名。其中，珠海更是以 4.33 分的差距遥遥领先第二名宁波。尽管珠海在经济发展水平方面稍微落后于北京、广州、上海等地，但是珠海在社会民生方面投入力度很大，政府一直坚持“节用裕民”理念，教育、科技、社保、卫生健康等民生领域支出增幅较大，群众满意度不断提高。昆明、上海、郑州等 24 个城市指标得分均低于指标均值（2.15 分），这些城市排名靠后，有一部分原因是其经济发展水平还比较缓慢，财政收入难以支撑政府扩大民生预算支出，另一部分原因则是其人口规模过大。哈尔滨、西宁、南宁三个城市分别以 0.00 分、0.60 分、0.80 分排名倒数第一、第二和第三（见图 3）。哈尔滨 2019 年的人均民生预算支出为 583.25

元，与第一名珠海相比相差了 4046.23 元，除此以外，西宁、南宁和合肥的人均民生预算支出也少于1000 元①，说明这些城市的民生建设力度还有待加强。

表 4　各城市人均民生预算支出得分及排名（2021 年）

单位：分

城　市	人均民生预算支出得分	排名	城　市	人均民生预算支出得分	排名
珠　海	9.09	1	南　昌	1.88	20
宁　波	4.76	2	深　圳	1.67	21
北　京	3.90	3	成　都	1.64	22
贵　阳	3.75	4	太　原	1.53	23
长　沙	3.50	5	长　春	1.42	24
青　岛	3.05	6	西　安	1.39	25
厦　门	3.01	7	沈　阳	1.34	26
兰　州	2.92	8	呼和浩特	1.29	27
广　州	2.91	9	福　州	1.27	28
苏　州	2.91	10	重　庆	1.19	29
南　京	2.66	11	银　川	1.16	30
武　汉	2.44	12	乌鲁木齐	1.10	31
杭　州	2.39	13	石家庄	1.05	32
无　锡	2.15	14	海　口	1.00	33
昆　明	2.10	15	大　连	0.94	34
上　海	2.07	16	合　肥	0.94	35
郑　州	1.99	17	南　宁	0.80	36
天　津	1.94	18	西　宁	0.60	37
济　南	1.91	19	哈尔滨	0.00	38

4. 人均一般公共财政预算支出

一般公共财政预算支出按照其功能分类，包括一般公共服务支出，外交、公共安全、国防支出，农业、环境保护支出，教育、科技、文化、卫生、体育支出，社会保障及就业支出和其他支出等。人均一般公共财政预算支出将常住人口纳入了考虑，可以更准确地反映不同城市在维持社会正常运转、提高人民生活幸福感方面的财政投入力度。从表 5 可以看出，珠海在该

① 数据为作者根据各城市 2020 年的统计年鉴及 2019 年的统计公报整理计算得出。

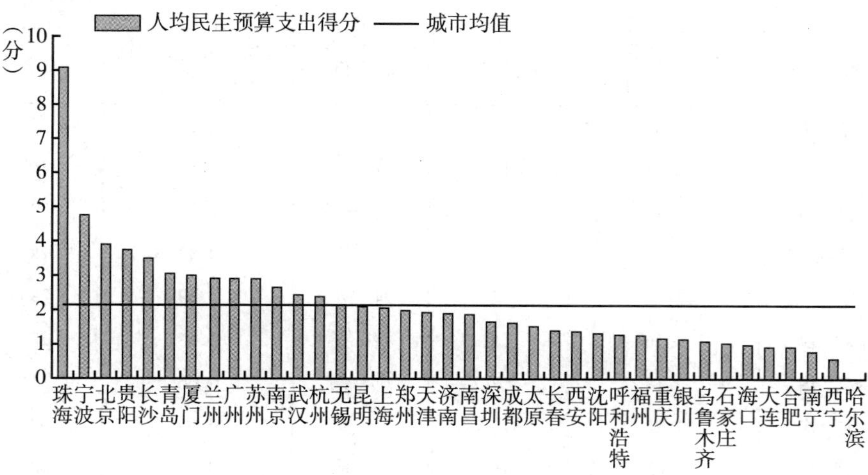

图 3　各城市人均民生预算支出得分及排名情况（2021 年）

指标上仍然位居榜首，北京、深圳、上海分别以 8.01 分、7.84 分、7.77 分的高分紧随其后，这说明城市经济发展越好，越有能力在一般公共服务、教育、卫生等与民生福祉密切相关的方面投入更多财政。原本在人均民生预算支出指标上排名第二的宁波，在该指标上排名降低至第五，这从侧面反映出宁波的一般公共财政预算支出更向民生预算支出方面倾斜。如图 4 所示，乌鲁木齐、长沙、无锡等 25 个城市指标得分均低于指标均值（2.44 分），其中以经济发展平稳的中西部城市居多。

表 5　各城市人均一般公共财政预算支出得分及排名（2021 年）

单位：分

城　市	人均一般公共财政预算支出得分	排名	城　市	人均一般公共财政预算支出得分	排名
珠　海	9.09	1	天　津	4.07	6
北　京	8.01	2	厦　门	3.68	7
深　圳	7.84	3	武　汉	3.24	8
上　海	7.77	4	苏　州	3.23	9
宁　波	6.25	5	南　京	3.10	10

续表

城　市	人均一般公共财政预算支出得分	排名	城　市	人均一般公共财政预算支出得分	排名
杭　州	2.88	11	太　原	1.18	25
广　州	2.84	12	济　南	1.10	26
郑　州	2.75	13	呼和浩特	1.06	27
乌鲁木齐	2.42	14	沈　阳	0.82	28
长　沙	2.27	15	西　安	0.69	29
无　锡	2.26	16	福　州	0.68	30
青　岛	2.14	17	成　都	0.66	31
重　庆	1.78	18	兰　州	0.64	32
银　川	1.65	19	昆　明	0.56	33
南　昌	1.58	20	长　春	0.49	34
大　连	1.46	21	海　口	0.43	35
贵　阳	1.43	22	南　宁	0.21	36
西　宁	1.20	23	哈尔滨	0.04	37
合　肥	1.19	24	石家庄	0.00	38

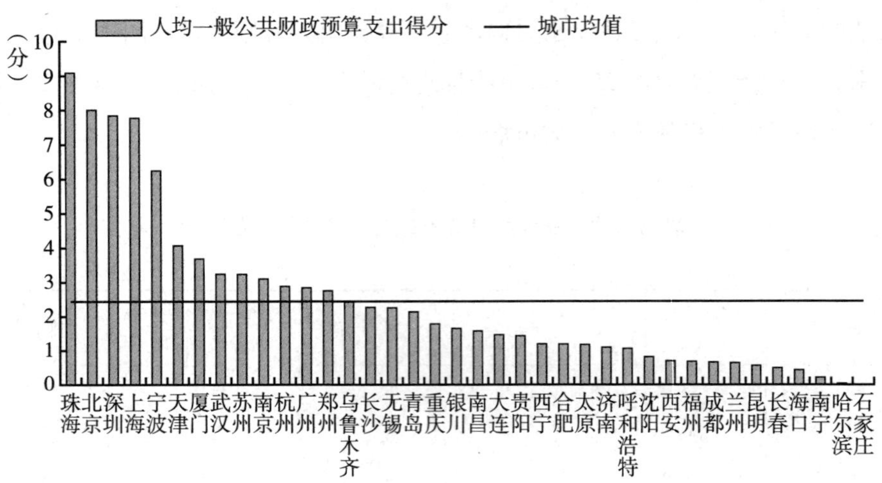

图 4　各城市人均一般公共财政预算支出得分及排名情况（2021 年）

5. 城市居民最低生活保障金与人均可支配收入比

城市居民最低生活保障金与人均可支配收入比可以直观反映政府的兜底保障力度和区域经济发展水平。当区域经济发展水平高的时候，人均可支配收入会上升，政府财政收入也会增加，从而有能力提高最低生活保障金发放水平。因此，在一定程度上，人均可支配收入与最低生活保障金呈正相关关系。由表 6 可知，天津、重庆、珠海、兰州、深圳分别以 9.09 分、7.95 分、7.05 分、6.65 分、6.52 分居于前五位。如图 5 所示，无锡、南昌、武汉等 21 个城市指标得分均低于指标均值（3.69 分），说明这些城市需重视经济建设与民生保障在政府治理中的地位。

表 6　城市居民最低生活保障金与人均可支配收入比得分及排名（2021 年）

单位：分

城　市	城市居民最低生活保障金与人均可支配收入比得分	排名	城　市	城市居民最低生活保障金与人均可支配收入比得分	排名
天　津	9.09	1	武　汉	3.21	20
重　庆	7.95	2	银　川	3.05	21
珠　海	7.05	3	北　京	3.03	22
兰　州	6.65	4	福　州	2.76	23
深　圳	6.52	5	苏　州	2.65	24
西　宁	6.34	6	宁　波	2.64	25
南　宁	6.29	7	合　肥	2.25	26
太　原	5.87	8	呼和浩特	2.18	27
贵　阳	5.78	9	沈　阳	2.18	28
石家庄	5.42	10	成　都	1.92	29
哈尔滨	5.13	11	昆　明	1.80	30
西　安	4.78	12	厦　门	1.75	31
郑　州	4.69	13	南　京	1.57	32
长　春	4.45	14	济　南	1.41	33
上　海	3.85	15	大　连	1.34	34
杭　州	3.85	16	长　沙	0.92	35
海　口	3.75	17	广　州	0.70	36
无　锡	3.61	18	青　岛	0.38	37
南　昌	3.30	19	乌鲁木齐	0.00	38

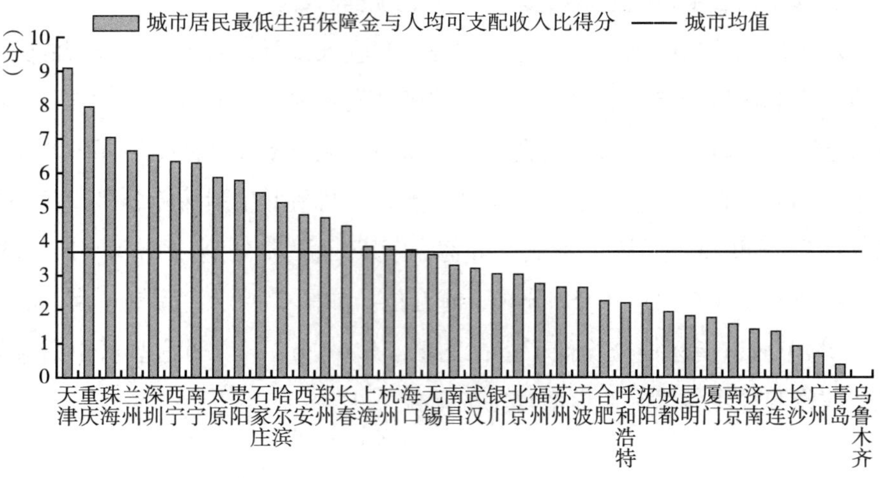

图 5　城市居民最低生活保障金与人均可支配收入比得分及排名情况（2021 年）

6. 月人均城镇职工基本养老保险金

月人均城镇职工基本养老保险金由区域经济发展水平、财政政策制定和执行效度，以及当地城镇人口平均预期寿命等因素共同决定。从表 7、图 6 可以看出，深圳、北京、上海、广州、厦门位列该指标的前五名，其得分分别为 9.09 分，5.84 分，5.70 分，5.50 分，4.21 分。与《中国大中城市健康老龄化指数报告（2019～2020）》数据相比，这些城市的排名均提高了。排名后五的城市依次为南宁、成都、兰州、大连、贵阳。作为超大城市和西部的新经济中心，成都还应进一步加强民生保障能力。

表 7　各城市月人均城镇职工基本养老保险金得分及排名（2021 年）

单位：分

城　市	月人均城镇职工基本养老保险金得分	排名	城市	月人均城镇职工基本养老保险金得分	排名
深　圳	9.09	1	乌鲁木齐	3.81	6
北　京	5.84	2	南　京	3.34	7
上　海	5.70	3	青　岛	3.16	8
广　州	5.50	4	西　宁	3.15	9
厦　门	4.21	5	苏　州	2.96	10

续表

城　市	月人均城镇职工基本养老保险金得分	排名	城市	月人均城镇职工基本养老保险金得分	排名
杭　州	2.94	11	长　沙	1.70	25
天　津	2.79	12	海　口	1.70	26
太　原	2.62	13	福　州	1.58	27
呼和浩特	2.55	14	银　川	1.57	28
西　安	2.53	15	石家庄	1.51	29
重　庆	2.50	16	沈　阳	1.33	30
哈尔滨	2.47	17	长　春	1.19	31
合　肥	2.47	18	昆　明	1.18	32
郑　州	2.37	19	南　昌	0.83	33
武　汉	2.08	20	贵　阳	0.72	34
珠　海	1.97	21	大　连	0.72	35
济　南	1.95	22	兰　州	0.62	36
宁　波	1.87	23	成　都	0.08	37
无　锡	1.73	24	南　宁	0.00	38

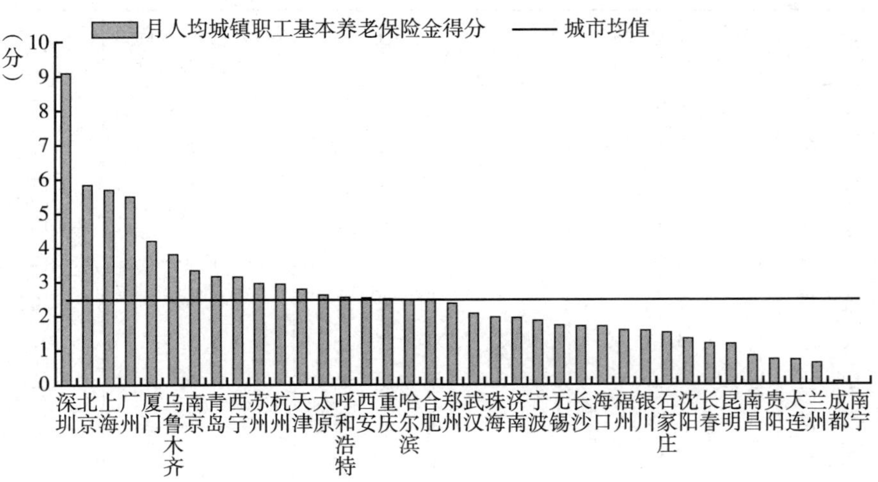

图 6　各城市月人均城镇职工基本养老保险金得分及排名情况（2021 年）

7. 城镇单位在岗职工平均工资

城镇单位在岗职工平均工资与城市经济发展密切相关，一般来说，平均工资水平越高，人们的可支配收入也越高，消费欲望也会增强，从而推动城市经济正向发展。根据表 8 的数据，在该指标上排名前五的城市分别为北京（9.09 分）、上海（7.84 分）、南京（4.89 分）、深圳（4.71 分）、广州（4.30 分），这 5 座城市也是青年人才向往的理想之城。由图 7 可知，珠海、济南、长沙等 27 个城市在该指标上的得分均低于指标均值（2.13 分），侧面反映排名靠前和排名靠后的城市得分差距较大。近年来，我国平均工资最高的三大行业一直是信息传输、软件和信息技术服务业，科学研究和技术服务业以及金融业，“北上广深”恰好是这些行业最为集中的地区，所以排名靠前的城市将该指标均值提高了。排名最后五位的城市分别为石家庄、哈尔滨、太原、呼和浩特、海口，得分均在 1 分以下，这 5 个城市需要尽快确定经济转型发展的方向，提振城市经济复苏。

表 8　各城市城镇单位在岗职工平均工资得分及排名（2021 年）

单位：分

城　市	城镇单位在岗职工平均工资得分	排名	城　市	城镇单位在岗职工平均工资得分	排名
北　京	9.09	1	武　汉	1.84	15
上　海	7.84	2	厦　门	1.82	16
南　京	4.89	3	成　都	1.79	17
深　圳	4.71	4	西　安	1.73	18
广　州	4.30	5	大　连	1.59	19
杭　州	3.99	6	合　肥	1.56	20
天　津	3.15	7	银　川	1.51	21
宁　波	3.08	8	昆　明	1.46	22
无　锡	2.59	9	贵　阳	1.32	23
苏　州	2.57	10	西　宁	1.21	24
青　岛	2.33	11	南　宁	1.16	25
珠　海	2.12	12	乌鲁木齐	1.14	26
济　南	2.09	13	重　庆	1.04	27
长　沙	1.88	14	福　州	0.97	28

续表

城　市	城镇单位在岗职工平均工资得分	排名	城　市	城镇单位在岗职工平均工资得分	排名
南　昌	0.92	29	海　口	0.60	34
兰　州	0.91	30	呼和浩特	0.50	35
长　春	0.88	31	太　原	0.38	36
郑　州	0.88	32	哈尔滨	0.33	37
沈　阳	0.84	33	石家庄	0.00	38

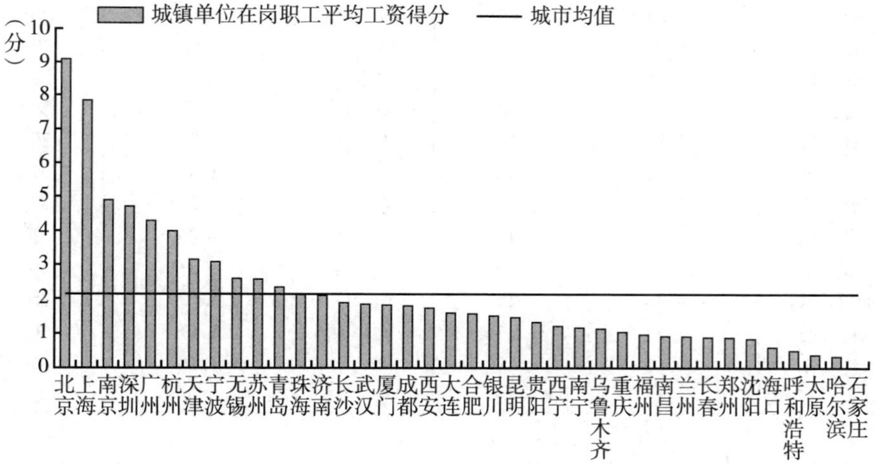

图7　各城市城镇单位在岗职工平均工资得分及排名情况（2021年）

8. 城镇居民人均可支配收入

城镇居民人均可支配收入受地区生产总值的影响，由城镇单位在岗职工平均工资和经济发展水平决定，体现了地区人口的消费能力和生活水平。从表9可以发现，在该指标排名前五的城市中，位于长江三角洲地区的上海、苏州、杭州占据了的三个席位，这一方面得益于长三角地区的经济发展好，职工平均工资高，另一方面得益于这三个城市社会保障水平高，人均民生预算投入较多。由图8可知，长春（1.81分）、南宁（1.77分）、太原（1.51分）、西宁（1.20分）、重庆（0.00分）在该指标上排名靠后，这与其地区经济发展水平有直接关系。

表 9　各城市城镇居民人均可支配收入得分及排名（2021 年）

单位：分

城　市	城镇居民人均可支配收入得分	排名	城　市	城镇居民人均可支配收入得分	排名
北　京	9.09	1	昆　明	3.51	20
上　海	9.04	2	天　津	3.48	21
苏　州	8.03	3	成　都	3.43	22
杭　州	7.52	4	合　肥	3.34	23
广　州	7.31	5	南　昌	3.08	24
宁　波	7.28	6	乌鲁木齐	2.78	25
南　京	7.17	7	郑　州	2.66	26
深　圳	6.80	8	西　安	2.62	27
无　锡	6.68	9	哈尔滨	2.24	28
厦　门	6.09	10	海　口	2.03	29
珠　海	5.32	11	石家庄	1.95	30
长　沙	5.32	12	贵　阳	1.89	31
青　岛	5.17	13	银　川	1.88	32
济　南	4.65	14	兰　州	1.86	33
武　汉	4.61	15	长　春	1.81	34
呼和浩特	4.14	16	南　宁	1.77	35
福　州	3.84	17	太　原	1.51	36
沈　阳	3.61	18	西　宁	1.20	37
大　连	3.55	19	重　庆	0.00	38

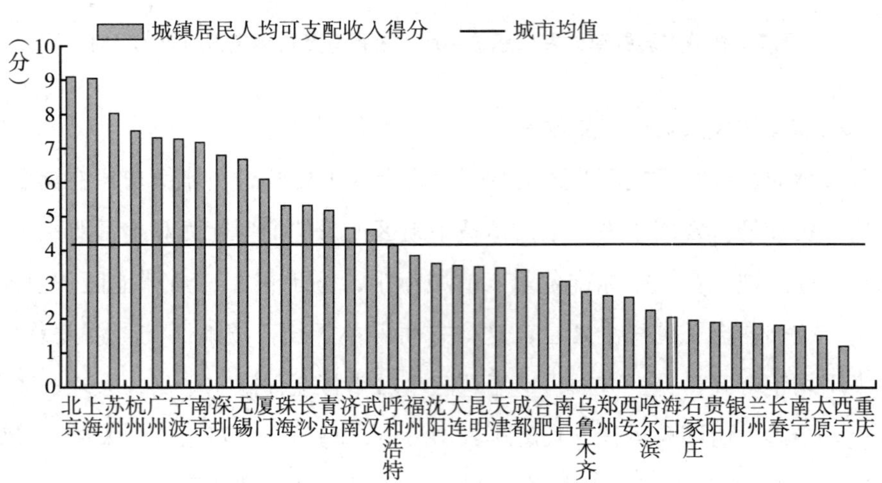

图 8　各城市城镇居民人均可支配收入得分及排名情况（2021 年）

9. 人均城乡居民储蓄存款

受“开源节流”等传统观念影响，我国居民的储蓄意识普遍较高。人均城乡居民储蓄存款可以反映一个地区潜在的投资能力。由表10可以看到，北京、上海、宁波、珠海、深圳这5个城市分别以9.09分、5.85分、5.25分、5.02分、4.97分位列该指标的前5名。2019年，排名第一的北京人均城乡居民储蓄存款额达到了173243元①。一方面可能是因为这些城市高收入人群规模较大，提高了地区的储蓄存款总量，另一方面也得益于地区经济发展较好，人均可支配收入高，在满足消费欲望之余还能存下一部分钱。在这一指标排名后五的城市分别是南宁、合肥、重庆、哈尔滨、贵阳，其指标得分均低于1分。排名最后的南宁2019年人均城乡居民储蓄存款为53919元②，尽管与北京差距较大，但是与当地的物价水平是基本匹配的。

表10　各城市人均城乡居民储蓄存款得分及排名（2021年）

单位：分

城　市	人均城乡居民储蓄存款得分	排名	城　市	人均城乡居民储蓄存款得分	排名
北　京	9.09	1	苏　州	3.31	12
上　海	5.85	2	无　锡	3.19	13
宁　波	5.25	3	兰　州	3.07	14
珠　海	5.02	4	西　安	3.03	15
深　圳	4.97	5	成　都	2.74	16
太　原	4.86	6	乌鲁木齐	2.70	17
广　州	4.84	7	银　川	2.10	18
杭　州	4.48	8	天　津	2.06	19
沈　阳	3.52	9	武　汉	2.00	20
大　连	3.35	10	海　口	1.91	21
南　京	3.33	11	长　沙	1.82	22

① 数据为作者根据各城市2020年的统计年鉴及2019年的统计公报整理计算得出。

② 数据为作者根据各城市2020年的统计年鉴及2019年的统计公报整理计算得出。

续表

城　市	人均城乡居民储蓄存款得分	排名	城　市	人均城乡居民储蓄存款得分	排名
福　州	1.78	23	青　岛	1.31	31
昆　明	1.76	24	西　宁	0.84	32
郑　州	1.75	25	南　昌	0.81	33
呼和浩特	1.70	26	贵　阳	0.74	34
长　春	1.70	27	哈尔滨	0.35	35
石家庄	1.48	28	重　庆	0.25	36
济　南	1.40	29	合　肥	0.23	37
厦　门	1.33	30	南　宁	0.00	38

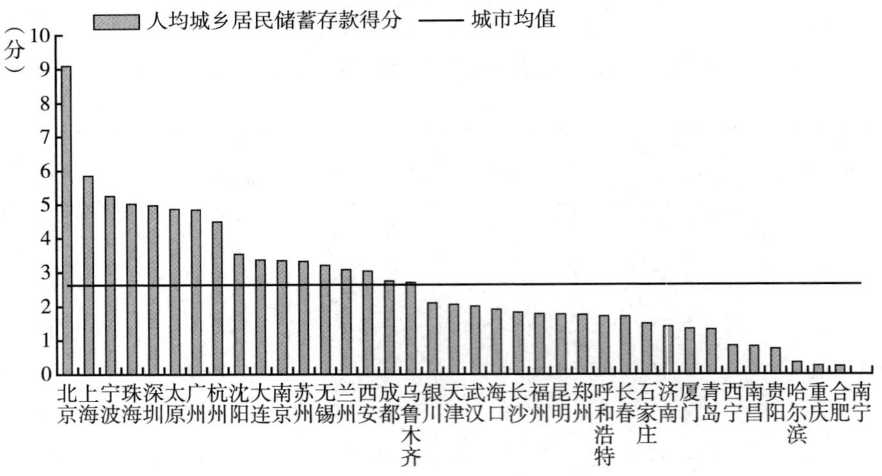

图 9　各城市人均城乡居民储蓄存款得分及排名情况（2021 年）

10. 商业保险深度

商业保险深度是区域保险收入费用总额占城市生产总值的比重，由地区经济发展水平和保险业发展速度共同决定，能够较好地反映保险业在区域国民经济中的地位高低。从表 11 可以看到，哈尔滨、石家庄、郑州、太原、银川占据了该指标上排名前五的席位，实现惊人逆袭，而“北上广深”则相对靠后。2019 年，排名第一的哈尔滨商业保险深度为 7.15%，说明地区保险业近年来发展较快，居民的保险意识开始增强；而排名最后的兰州商业保险深度为 1.50%①，一方面反映该地区生产总值不高，另一方面也说明该地区的保险业还有待开发。

表 11　各城市商业保险深度得分及排名（2021 年）

单位：分

城　市	商业保险深度得分	排名	城　市	商业保险深度得分	排名
哈尔滨	9.09	1	武　汉	5.20	20
石家庄	8.63	2	南　宁	5.14	21
郑　州	8.12	3	昆　明	5.05	22
太　原	7.47	4	上　海	4.84	23
银　川	7.43	5	贵　阳	4.78	24
成　都	7.40	6	天　津	4.64	25
广　州	7.29	7	青　岛	4.26	26
北　京	7.04	8	长　沙	4.14	27
沈　阳	7.00	9	珠　海	4.06	28
乌鲁木齐	6.94	10	南　昌	4.05	29
济　南	6.66	11	重　庆	3.83	30
西　安	6.62	12	厦　门	3.67	31
杭　州	6.45	13	合　肥	3.60	32
南　京	6.34	14	苏　州	3.53	33
呼和浩特	6.28	15	福　州	3.47	34
大　连	6.12	16	无　锡	3.44	35
深　圳	5.86	17	宁　波	2.63	36
长　春	5.71	18	海　口	1.28	37
西　宁	5.45	19	兰　州	0.00	38

① 数据为作者根据各城市 2020 年的统计年鉴及 2019 年的统计公报整理计算得出。

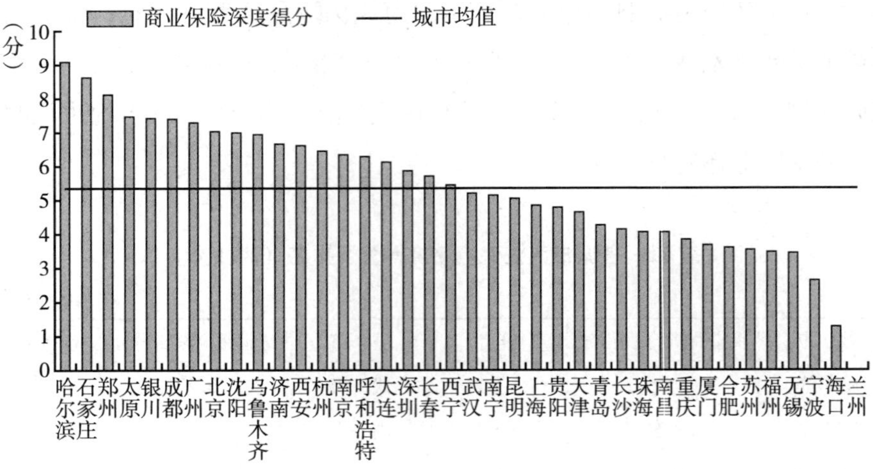

图 10　各城市商业保险深度得分及排名情况（2021 年）

11. 商业保险密度

商业保险密度是该地区保险费用收入总额与城市常住人口数的比值，一方面反映了该区域保险的普及程度，另一方面也说明了该区域金融市场的活跃程度。根据规律，商业保险密度越大，该地区保险业越发达，保险市场活跃度更高。从表 12 可以看出，排名前五的城市分别为深圳（9.09 分）、北京（8.44 分）、广州（8.11 分）、南京（7.78 分）、珠海（7.26 分），排名后五的城市分别为兰州（0.00 分）、海口（0.52 分）、西宁（1.58 分）、南宁（1.74 分）、重庆（1.79 分）。该指标的排名结果与各地区的经济发展水平基本匹配。

将该指标排名与指标 10 商业保险深度的排名进行对比，可以发现，深圳、广州、北京等经济发达城市在商业保险深度和密度指标上的排名均较为靠前，说明这些城市的金融市场更为成熟。哈尔滨、石家庄、郑州等城市在商业保险深度指标上排名靠前，但在商业保险密度指标上排名靠后，说明这些地区的生产总值还需进一步提高。

表 12　各城市商业保险密度得分及排名（2021 年）

单位：分

城　市	商业保险密度得分	排名	城　市	商业保险密度得分	排名
深　圳	9.09	1	青　岛	3.96	20
北　京	8.44	2	西　安	3.96	21
广　州	8.11	3	银　川	3.89	22
南　京	7.78	4	呼和浩特	3.65	23
珠　海	7.26	5	沈　阳	3.39	24
杭　州	6.98	6	福　州	3.25	25
郑　州	6.14	7	昆　明	3.17	26
上　海	5.90	8	合　肥	3.14	27
武　汉	5.66	9	南　昌	2.86	28
苏　州	5.43	10	天　津	2.80	29
无　锡	5.37	11	长　春	2.70	30
成　都	5.08	12	石家庄	2.68	31
宁　波	5.00	13	贵　阳	2.48	32
济　南	4.80	14	哈尔滨	2.34	33
长　沙	4.44	15	重　庆	1.79	34
乌鲁木齐	4.42	16	南　宁	1.74	35
太　原	4.38	17	西　宁	1.58	36
大　连	4.15	18	海　口	0.52	37
厦　门	4.12	19	兰　州	0.00	38

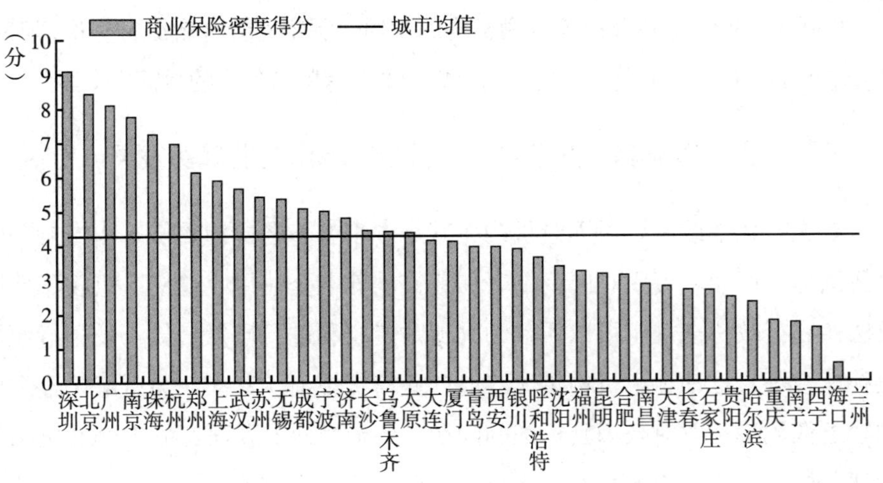

图 11　各城市商业保险密度得分及排名情况（2021 年）

四 政策建议或展望

（一）规范发展养老服务金融，保障老年人的财富安全

首先，面对我国三支柱养老金发展不平衡的现状，各城市要积极探索养老服务金融，出台政策鼓励金融机构开发多样化的养老金融产品，如基金、保险等，为老年人提供丰富的金融产品，帮助他们实现财富增值和财富的代际转移，降低老年贫困风险。其次，各城市要从全生命周期的角度出发，为目前还处于劳动年龄段的中青年人提供养老金储蓄计划及相应的金融服务，保障更多的人在退休后享受更高品质的生活，不断满足人民日益增长的美好生活需要和向往。再次，对于东部沿海地区经济发达的城市而言，一方面要继续提高金融市场的成熟度，吸引更多富裕的老年人将财富进行管理，扩大区域资本总量；另一方面，要丰富养老服务业态，为老年人提供更多适老化金融产品和服务，刺激银发市场经济发展。最后，中西部经济发展平稳的城市需增强各年龄段人群的养老金储备意识，营造良好的养老金融发展环境。各级政府要出台相应的规范文件，加强与银行、保险公司等金融机构的沟通，制定完善金融服务标准，对养老金融业的发展进行监管，严厉打击金融犯罪，保障老年人的财富安全。

（二）大力发展养老产业金融，扶持养老服务业健康发展

首先，各地政府要对养老机构尤其是中小型养老机构提供工作支持，解决我国养老产业融资困难的问题。如：推动养老企业用收益权、应收账款以及法律和行政法规规定可以质押的其他财产权利进行质押贷款，设立行业风险补偿金等，推动金融机构扩大养老产业信贷规模。其次，为了解决金融机构缺乏低风险贷款对象识别标准的问题，各地区政府要研究制定养老机构信用评分标准，建立养老企业白名单，从而为银行发放养老机构贷款提供信用评价参考。再次，鼓励和支持银行探索搭建服务老年群体的银发场景，与大型集团合作，参与养老板块的项目建设，与集团旗下的养老企业建立授信合

作关系，实现金融机构进军养老服务业的目的。最后，政府部门要研究设立养老产业投资引导基金，发挥对养老产业关键领域和重大项目的投资带动作用。通过政府、养老企业、金融机构等多方主体的密切合作，我国养老产业金融的发展速度将快速提高。

（三）推动经济高质量发展，稳步提升人民生活品质

对于我国中西部经济发展平稳的城市而言，发展养老金融的首要任务是提高经济发展水平。要探索适合的经济发展道路，积极进行经济转型升级。一方面要加强区域经济合作，制定区域经济发展战略，建立区域产业联盟，扩大合作领域。通过城市间优势互补和经济资源共享，提高区域生产总值。另一方面，要向经济发达的城市学习，优化本区域的营商环境，激发市场活力，为养老金融的成熟孕育沃土。经济发达的沿海城市则要注意在经济高速发展的同时，加大民生预算支出，补齐社会保障短板。同时，要合理控制人口规模，保障人均一般公共预算维持在稳定可持续的水平。各城市要建立城镇基础养老金动态调节机制，随着经济增长，适度提高老年人的养老金水平，增强老年人的消费能力，提升其生活品质，实现发展成果全民共享。

专题篇

Special Reports

B.7

中国年龄友好城市治理理念分析报告

张 铎 敬璐璐 姚高文*

摘 要： 年龄友好城市的本质就是不分年龄、人人共享、代际和谐、包容发展的城市形态。这一概念既源于老年友好城市，但其内涵又伴随人类社会的发展而不断丰富和拓展。随着党和国家对人口老龄化国情的认识加深，建设年龄友好城市成为建设“人民城市”的题中应有之义。本文从“年龄友好城市的内涵解析”“新时代老龄化中国年龄友好城市治理的国家政策演进”“积极应对人口老龄化国家战略视域下年龄友好城市治理的核心理念”这三方面梳理年龄友好城市治理理念的中国化历程及其表现，归纳我国建设年龄友好城市的核心理念与经验，以期为未来的城市治理提供理论指导。

关键词： 年龄友好城市 政策演进 积极老龄观 健康老龄化

---

* 张铎，西南交通大学党政办公室副主任，西南交通大学马克思主义学院 2017 级博士研究生，助理研究员，研究方向为人口老龄化治理；敬璐璐，西南交通大学公共管理学院 2020 级硕士研究生，研究方向为老龄事业与产业研究；姚高文，西南交通大学公共管理学院 2021 级硕士研究生，研究方向为社会保障。

人口老龄化是中国必须直面的客观国情，也是党和国家长期以来高度关注的重大战略问题。积极应对人口老龄化，作为及时、科学、综合应对人口老龄化挑战并主动把握其发展机遇的独特中国话语①，是立足中国实际、借鉴先发国家经验、发挥中国优势，以积极的态度、积极的政策和积极的行动解决老龄问题、适应老龄化社会发展需要、持续保持经济社会发展活力的重大战略抉择，也是建设社会主义现代化强国、实现中华民族伟大复兴的重大战略工程。在中国，老龄化与城镇化相互交织，且均呈现既快又高的发展趋势。2020 年末，我国常住人口城镇化率已超过 60%②；不论是人口迁移和流动的城镇化，还是农村就地城镇化，都是实现现代化的必由之路。然而，城镇化所带来的人口流动、人口迁徙以及人口规模增加、城市空间紧张等深刻影响，也令城市人口老龄化应对的局面更加复杂。党的十九届五中全会提出了“实施积极应对人口老龄化国家战略”和“推进以人为核心的新型城镇化”的全新战略部署③，如何在不断加剧的人口老龄化背景下，坚持以人民为中心，高质量推进新型城镇化，不断提升城市治理现代化水平，是国家治理现代化的重要议题。构建年龄友好城市，是实施积极应对人口老龄化国家战略的重要内容，也是推进城市治理体系和治理能力现代化的重要抓手，对于从全生命周期入手解决老龄社会问题、城市发展问题具有重要意义。

一　年龄友好城市的内涵解析

年龄友好城市，也称“全龄友好城市”（All-age Friendly City），是一个发展和包容的概念；国际社会通常所说的年龄友好城市最早指的就是老年友

① 张铎：《积极应对人口老龄化的“中国之制”》，《中国社会科学报》2020 年 7 月 22 日。

② 国家统计局：《中华人民共和国 2020 年国民经济和社会发展统计公报》，http://www.gov.cn/xinwen/2021 -02/28/content_ 5589283. htm，最后检索时间：2021 年 12 月 19 日。

③ 《中共中央关于制定国民经济和社会发展第十四个五年规划和二〇三五年远景目标的建议》，2020。

好城市。2005年，世界卫生组织（WHO）基于城市化、老龄化的发展趋势与互动关系，提出了“老年友好城市”（Age Friendly City）理念，意为“让老年人及其家人共同过上美好生活的城市”。人口老龄化是指人均寿命延长和生育率降低导致总人口中老年人口比例相应增长的人口结构变化动态[①]。从本质上看，老龄化涉及人的整个生命周期，而不仅仅是因老年人群体而引发的社会现象。老年友好城市也不是对年轻人不友好的城市，而是全生命周期友好、全龄友好的城市。为进一步推动老年友好城市建设，世界卫生组织在2007年公布了《全球老年友好城市建设指南》，尽管该指南以建设为主体，却涵盖了交通、住房、户外空间与建筑、社区支持与健康服务、交流与信息、社会参与、尊重与社会包容、公众参与与就业等软硬两个方面的八个主题[②]，不仅包括传统城市规划的内容，还涉及社会建设、文化建设、医疗建设等多个领域和多个方面。2010年，世界卫生组织在对全球33个城市研究提出支持积极和健康老龄化城市环境关键因素的基础上，开始实施“全球年龄友好型城市网络”项目化。美国纽约是第一个加入该网络的城市，并获得世卫组织颁发的首份“全球年龄友好型城市网络”会员证书[③]。中国台湾地区则呼应WHO倡议的“积极老龄化”及“年龄友好城市”理念，将WHO所提出的“年龄友好城市”8个面向阐释为“无碍、畅行、安居、亲老、敬老、不老、连通、康健”8个方面[④]。

年龄友好城市既源于老年友好城市，其内涵又伴随人类社会的发展而不断丰富和拓展。袁昕提出，年龄友好城市内涵应包含三大重心，即空间友好、政策友好、参与友好。[⑤] 郑玲等则认为：年龄友好型城市应是以提高老

---

① 郑功成：《实施积极应对人口老龄化的国家战略》，《人民论坛·学术前沿》2020年第22期。

② 《统筹推进，共建共享老年友好型社会》，https://www.sohu.com/a/480128786_121124403，最后检索时间：2021年12月19日。

③ 《全球年龄友好型城市网络启动》，《光明日报》2020年8月14日。

④ 谢楠：《台湾年龄友好城市建设经验及主要特色——以台湾嘉义市为例》，《老龄科学研究》2017年第10期。

⑤ 袁昕：《我国老年友好城市评估指标体系研究》，https://zhuanlan.zhihu.com/p/430834529，最后检索时间：2021年12月19日。

年人的生活质量为目标，为满足老年人身体、心理与社会需求而建设的，安全、方便、舒适、健康的城市环境；其受益群体不仅应包括不同类型的老人，更应包含全体年龄层；其范畴应涵盖住区、社区、城市等多个层次的硬环境与软环境。[①] 年龄友好城市从本质上看，就是不分年龄、人人共享、代际和谐、包容发展的城市形态，与1995年《社会发展问题世界首脑会议行动纲领》提出的“建设不分年龄人人共享的社会”一脉相承，在这样一个高度融合的社会中“每位享有权力和责任的成员，都能积极发挥作用”[②]。具体体现在，人人都能按照自身需求和能力，在可自由调整与自身有关的结构、行为、政策、计划的条件下，发挥应有潜能并为他人造福；也体现在人与人之间不分彼此、不分年龄地共同促进、共同发展并互惠互利、公平公正地共同分享一切发展成果、社会福祉。“建立不分年龄人人共享的社会”也是1999年国际老年人年的主题，标志着国际社会对老年群体地位的正式确认、一致认同，反映了人类社会在应对人口老龄化这个全球问题上的先进性共识，也为进入长寿时代的人类构建理想老龄社会提供了明确的发展方向。年龄友好城市建设实质上就是打造“不分年龄人人共享的社会”的具体表征和实践方案。在这样的社会样态中，人们生存生产生活的环境一定是年龄友好的；人人都能不分年龄、以不同形式公平地共享发展成果，老有所养、老有所依、老有所乐、老有所安也不只是老年人追求的梦想，更是全体公民可预期、可憧憬的美好老年生活图景。

应该说，现在我们所理解和倡导的年龄友好城市并不局限于某一个年龄段，既不像“儿童友好城市”[③] 侧重于儿童，也不像“老年友好城市”更偏重老人，而是面向全年龄人群的友好城市。从目标上看，年龄友好城市、儿童友好城市、老年友好城市有机统一又相互融合。伴随城市老龄化的发展

---

① 郑玲、郑华：《“老龄友好型城市”的理论内涵与构建框架——基于扎根理论的分析》，《社会科学战线》2021年第10期。

② 联合国老龄化议题：《不分年龄人人共享的社会》，https：//www. un. org/chinese/esa/ageing/society. htm，最后检索时间：2021年12月19日。

③ “儿童友好城市”（Child Friendly City）正式提出于1996年联合国第二届人居环境会议，广义定义是：一个可以听到儿童心声，实现儿童需求、优先权和权利的城市治理体系。

和演进，老年人和儿童基于生理体力相对状况以及社会角色特征的相似性，已经成为城市发展中必须给予充分关注的人群。[①] 在少子老龄化的发展语境中，不论是儿童友好城市，还是老年友好城市，都是衡量一个城市建设水平的重要指向，从其结果看，一个城市如果是适儿化、适老化的，它也就具有了面向所有年龄层的普遍友好性、广泛包容性。儿童友好城市、老年友好城市对于其他有特殊需求的人群以及健康成年人等群体通常也是友好的；“儿童友好”“老年友好”最终都将通向“年龄友好”。进一步说，在坚持以人民为中心、坚持人民至上的社会主义中国，无论是“儿童友好”“老年友好”城市，还是“年龄友好城市”，都是建设“人民城市”的重要内容和具体体现。

二　新时代老龄化中国年龄友好城市治理的国家政策演进

当前，我国正处于人口老龄化加速期、高龄化比例上升期。2020 年我国 60 岁及以上人口有 2.64 亿人、占总人口的 18.70%，65 岁及以上人口有 1.91 亿人，占总人口的 13.50%。[②] 今后 5 年和 15 年也是中国人口老龄化程度不断加深，对经济社会发展带来的挑战和压力日渐加剧的特殊时期；更长远地看，我国人口老龄化深度将在 2050 年前后达到峰值，并在整个 21 世纪后半叶处于高位停留状态，深度人口老龄化将贯穿实现第二个百年奋斗目标的全过程。在老龄化与城镇化叠加作用下，城市老龄化规模不断扩大、速度不断加快，老龄化问题和城镇化问题交汇趋势明显，并相互影响。一方面，与城市化快速发展不相适应的是，满足包含老年群体在内的所有城市居民日益增长的物质文化需求的速度滞后于城市发展的速度，交通问题、生态问题、健康问题等严重影响了城市居民的生活幸福指数；另一方面，老龄化进一步加剧导致了城市有限资源向老年人医养护等方面的

① 黄怡：《从“儿童友好城市”通往“全龄友好城市”》，《中国妇女报》2021 年 10 月 26 日。

② 国家统计局：《第七次全国人口普查主要数据情况》，http：//www.stats.gov.cn/tjsj/zxfb/202105/t20210510_1817176.html，最后检索时间：2021 年 12 月 19 日。

聚集性投入，反过来制约了城市经济的发展和其他城市问题的解决①。

习近平强调，全社会都有责任爱护老人、帮助老人，老龄工作更要转变思路，要从全生命周期角度加强人们的养老准备。积极应对人口老龄化要树立全人口、全生命周期的理念，明确和倡导每个公民的基本社会责任，每个公民也应公平享有积极应对人口老龄化所带来的各方面成果和成效。从理想老龄社会的形态构建来看，积极应对人口老龄化的目标就是要增强全年龄段人群的生命全程意识，要在全龄活动、全龄应对中构建老少共融、全民共建、人人共享的和谐老龄社会样态，形成公正伦理、代际和顺、家庭和睦、责任共担的良好社会风貌和社会关系网络。具体而言，就是要统筹解决好未成年人、成年人和老年人在不同社会生活场景中的责任、权利和资源分配关系，重点从家庭中、代际间、全社会的年龄友好互动关系构建入手，推动社会管理体制、社会软硬环境由年轻型向老年型的适应性转变。

进入新时代，中国开始加速探索年龄友好的城市治理之路，国家层面的积极应对人口老龄化相关政策制度也在不断引导、直接或间接推动年龄友好城市建设。2009 年，全国老龄办在全国确立了 13 个国家级老年宜居社区和老年友好型城市建设试点单位。2012 年，修订后的《中华人民共和国老年人权益保障法》明确强调要加快推进老年人宜居环境建设。2016 年，国家出台《关于推进老年宜居环境建设的指导意见》，提出了加强老年宜居环境建设、提高老年人生活质量的系统性指导意见。2017 年，《“十三五”国家老龄事业发展和养老体系建设规划》《“十三五”健康老龄化规划》都指出了营造老年友好环境的重点内容。2019 年，《健康中国行动（2019—2030年）》指出要从医疗、养老、居住、出行四个方面营造适老化宜居环境；《国家积极应对人口老龄化中长期规划》指出，要构建养老、孝老、敬老的社会环境。2020 年 10 月，《中共中央关于制定国民经济和社会发展第十四个五年规划和二〇三五年远景目标的建议》指出，要以“一老一小”为重

① 樊士帅、杨一帆、刘一存：《国际城市应对人口老龄化的行动经验及启示》，《西南交通大学学报》（社会科学版）2017 年第 2 期。

点完善人口服务体系，促进人口长期均衡发展，并在“一老一小”服务项目中将儿童友好城市建设作为具体推进内容。2020 年 12 月，国家卫生健康委与全国老龄办联合发布《关于开展示范性全国老年友好型社区创建工作的通知》，提出到 2025 年在全国建成 5000 个示范性城乡老年友好型社区，在 2035 年则要实现城乡全覆盖。在当下中国，年龄友好逐步从战略构想具体化为一致性的行动目标，也已成为实现老龄社会治理现代化、城市治理现代化必须贯穿始终的常态化建设任务，这一体现为对所有人友好、全龄友好的“人民城市”治理形态，将深刻影响中国城市发展的未来走向。

三　积极应对人口老龄化国家战略视域下年龄友好城市治理的核心理念

立足新发展阶段，以习近平同志为核心的党中央，深刻总结中国共产党积极应对人口老龄化的理论积累、历史经验和实践成果，科学把握从当下到建党 100 年、新中国成立 100 年中国人口老龄化发展态势及其与经济社会发展的互动关系，从国家意志、国家治理、国家战略的新高度、新维度，将积极应对人口老龄化作为事关国家发展全局、事关亿万百姓福祉、事关社会和谐稳定的治国理政战略议题，纳入“五位一体”总体布局和“四个全面”战略布局统筹考虑，并通过党的十八大以来关于老龄工作的重要论述、重要批示，党的十九大以及十九届二中、三中、四中、五中全会等会议上的重大决策部署，系统性、体系化、渐进式地完成了当前和未来一个时期中国积极应对人口老龄化全新战略思想的建构。这一系统化、科学化、中国化的战略思想，融会贯通、逻辑缜密，是习近平新时代中国特色社会主义思想的有机组成部分，是在持续不断理论探索与实践创新的演进发展中循序渐进而形成的，将中国共产党对人口发展规律与经济社会发展规律的认识推向了一个全新的高度，实现了中国共产党老龄工作理论的系统创新与跃迁发展，为当前和今后一个时期国家积极应对人口老龄化提供了根本遵循和理论支撑，更是全党全社会全国各族人民积极参与人口老龄化应对、共同建设中国特色理想老龄社会的行动指南。特别是，党的十九届五中全会基于人口老龄化背景下高质量新发展格局的构建、系列强国战略的实施、社会主义现代化强国新征程的开启，首次在党的文献中将以往积极应对人口老龄化的专项行动、战略任务上升为“国家战略”，这一重大转变使得积极应对人口老龄化正式跻身国家战略体系，重新标定了新时代中国积极应对人口老龄化的行动路向。

积极应对人口老龄化首先要确立正确的态度、认知与意识，这是形成一致性、共同性应对的必然要求。习近平提出：“要积极看待老龄社会，积极看待老年人和老年生活。”① 2021 年重阳节前夕，习近平强调，要贯彻落实积极应对人口老龄化国家战略，把积极老龄观、健康老龄化理念融入经济社会发展全过程，加快健全社会保障体系、养老服务体系、健康支撑体系，让老年人共享改革发展成果、安享幸福晚年。② 这一系列重要论断，整体上确立了新时代中国积极应对人口老龄化的观念先导，同时也形成了指导中国年龄友好城市治理的核心理念：积极老龄观和健康老龄化理念。为全面贯彻落实积极应对人口老龄化国家战略，在 2019 年印发《国家积极应对人口老龄化中长期规划》基础上，聚焦老龄工作和老年人“急难愁盼”问题，2021 年 11 月党中央、国务院印发了《关于加强新时代老龄工作的意见》。其中，专门提出要从加强老年人权益保障、打造老年宜居环境、强化社会敬老三个方面入手，着力构建老年友好型社会。这一战略部署也正是将积极老龄观和健康老龄化理念贯穿年龄友好城市治理全过程的具体落实。

（一）积极老龄观

1. 积极老龄社会观

习近平指出，要“积极看待老龄社会”③。这一论断以从挑战论向机遇

① 《习近平在中共中央政治局第三十二次集体学习时强调　党委领导政府主导社会参与全民行动　推动老龄事业全面协调可持续发展》，《人民日报》2016 年 5 月 29 日。

② 《习近平对老龄工作作出重要指示强调　贯彻落实积极应对人口老龄化国家战略　让老年人共享改革发展成果安享幸福晚年》，《人民日报》2021 年 10 月 14 日。

③ 《习近平在中共中央政治局第三十二次集体学习时强调　党委领导政府主导社会参与全民行动　推动老龄事业全面协调可持续发展》，《人民日报》2016 年 5 月 29 日。

论的转变，构建了全新的老龄社会观，包括两个方面的思想内容，一是要从本质上理解人口老龄化的成因及老龄化进程中正向的、普遍的社会意义，二是要在人口老龄化带来的一般和负面“挑战”中进一步发掘其必然的、正面的“机遇”。

积极看待老龄社会，就是要科学把握人口老龄化本质。从人类社会的历史演变过程与各国实际看，如何解决人口老龄化问题确实是国际社会面临的共同难题。自古以来，人类就认识到老年问题，但主要是从个体和家庭角度进行讨论，从伦理角度进行思考。在世界范围内，把人口老龄化看作社会问题始于20世纪50年代。此时，世界上出现了第一个进入老龄化的国家——法国，这个问题实际已经存在近百年。到20世纪80年代，发展中国家也陆续加入老龄化国家行列。人口年龄结构的老化，会增加全社会养老、医疗、照料等需求，也将导致消费结构、产业结构、劳动力结构、社会观念和社会利益格局的变化，从而对经济社会整体发展产生一系列复杂、连锁的影响，主要包括如劳动力供给不足、社会保障压力增加、代际矛盾日趋复杂等。可以说，人类社会应对人口老龄化所带来的种种挑战“一直在路上”，就应对的效果而言，不同国家和区域立足实际、积极应对，在某些方面和局部已经展现了重要的阶段性成果，但还不能说真正实现了有效应对、成功应对、根本应对，人口老龄化所产生的一系列问题在现实中仍然是存在的，这些问题也在一定程度上制约和牵制了经济社会的发展。但我们不能因为人口老龄化问题的复杂性、长期性，而否定和忽略了人口老龄化现象的客观性、进步性。以历史辩证法看待老龄化现象，老龄社会本质上是人类社会的福祉，但同时也会给人类社会带来如何适应老龄社会、如何解决老龄问题的全新挑战①。老龄化社会与老年人口所占总人口比例紧密相关，是经济社会发展、医疗卫生水平提升、民生改善的必然社会形态。从产生原因来看，人口老龄化是出生率和死亡率下降、人口平均预期寿命延长的结果。② 从发展进程

① 党俊武：《十九大报告关于老龄工作的十大看点》，《中国房地产》2017年第35期。

② 王胜今、舒莉：《积极应对我国人口老龄化的战略思考》，《吉林大学社会科学学报》2018年第6期。

看，人口老龄化是现代社会发展的自然过程，是人类文明进步的重要体现。这一新的社会现象是人口再生产模式从“传统型”向“现代型”转变的必然，可被看作社会现代化的重要标志之一。① 伴随现代化的深入发展，特别是科学技术、医疗卫生水平的不断提升和人类生育观念的改变，全球生育率下降，人类寿命普遍延长，人口老龄化趋势不可逆转。② 人口老龄化是客观存在的社会发展现象，是人类社会迈向更好阶段和发展形态的外在表现与重要表征，本身没有“好”“坏”之分，与年轻型社会一样，“老龄化社会”也是一种正常的社会形态。对中国而言，人口老龄化也是一种“新常态”。

积极看待老龄社会，就是要充分挖掘人口老龄化机遇。正确地提出问题、看待问题，就已经蕴含了解决问题的思路。全局性、持久性的人口老龄化问题是困扰人类社会的世纪难题，要解决好这一难题，就要进行必要的、主动的应对。人口老龄化不可避免，但人口老龄化所带来的负面效应并非不可避免。习近平科学判断当前人口老龄化的形势和挑战，提出有效应对人口老龄化的意义不仅在于提高老年人生活生命质量、保障其尊严和权利，还在于能够促进经济良性发展、增进社会和谐稳定。他还强调要从国家发展的全局出发努力挖掘人口老龄化的活力与机遇③。这一系列论述，以战略眼光和战略魄力，准确地阐释了人口老龄化既有正面又有反面、既引发问题又激发动力、既是挑战又是机遇的对立统一性，同时强调在新的发展阶段，要在运动和发展中审视以问题、挑战、压力来界定人口老龄化的传统思维，重视人口老龄化所蕴含的发展活力及所带来的重大机遇。人口老龄化对经济社会的发展既有“负面影响”也有“正面作用”，我们要因势利导地在挑战中发现机遇，充分挖掘和运用人口老龄化的积极因素，

① 彭希哲、胡湛：《公共政策视角下的中国人口老龄化》，《中国社会科学》2011 年第 3 期。

② 刘佳晨：《我国人口老龄化对寿险需求的影响研究》，首都经济贸易大学博士学位论文，2018，第 50 页。

③《习近平在中共中央政治局第三十二次集体学习时强调　党委领导政府主导社会参与全民行动　推动老龄事业全面协调可持续发展》，《人民日报》2016 年 5 月 29 日。

在危机转化中不断寻找老龄社会新的突破口、新的增长点和新的动力源，推动经济社会的可持续、高质量发展；同时，又可以在不断的发展中，消解、对冲人口老龄化的消极影响，有效解决人口老龄化问题。辩证地看，人口老龄化引发劳动力结构老化所产生的压力同时也是促进企业技术创新、发展知识技能密集型产业、推动产业转型升级的重要动力，不断满足日益增长的老年人医疗养老健康服务需求将成为拉动消费升级、完善内需体系、壮大老龄产业的重要抓手，持续增长的、具有独特经验技能的新时代中国老年人将成为打造新型人力资源、开发二次人口红利的重要力量，新型城镇化进程中农村老龄化加深的同时也会推动农业适度规模经营、农业技术革新以及乡村振兴新样态、新路径的加速形成。特别是，作为人口老龄化后发国家，中国有不同于任何一个国家的独特政治体制优势、传统文化优势、战略空间优势、劳动力潜能优势，具备了不同于任何一个国家“化危为机”的充分条件。积极应对人口老龄化，绝不是通过改变人口结构来延缓或逆转人口老龄化，也不是简单地解决老年群体问题，而是应致力于形成经济社会方方面面与人口老龄化必然趋势动态适应，人与社会协调发展、有序平衡的理想状态。人口老龄化的深刻影响成为仍在不断前进的人类社会不可回避的挑战与压力，同时也是人类社会主观能动选择、以应对人口老龄化推动经济社会发展不可或缺的机遇与动力；“人口老龄化将重塑 21 世纪的世界”①。人口老龄化背景下社会发展所蕴藏的发展动力正是这种源源不断“重塑”的力量。当然，要转换思维、调整路径、更新方法，不能停留在年轻社会，或者试图返回年轻社会，而是要立足于老龄社会来思考和解决社会活力与发展等问题。

2. 积极老年观

德国马普研究院人口研究所所长 James W. Vaupel 教授通过数据实证了人类预期寿命和死亡率的长期变化趋势，揭示了生命的有限性和长寿化的趋

---

① ［美］保尔·S. 黑威特：《全球老龄化的挑战：人口学如何重塑 21 世纪的世界》，李兵编译，《人口研究》2003 年第 2 期。

势。他认为，在基因、社会行为及其交互影响等方面的研究还不够深入，如果在这些方面能够取得突破和进展，健康老龄化将使人类可以活得更健康，更长寿，人类寿命还会继续延长。[①] 回顾历史上西方有关人口老龄化问题的研究，涉及老年人的主流观念以负面的居多，其主要原因是，历史上老年人身体健康状况普遍低下，人们一般认为老年人是纯粹的消费者而对社会无所贡献。随着老年医学特别是老年学的诞生，国际社会从正面积极看待老年人的观念逐渐兴起。这其中深层次的原因是，人类长寿时代的到来，使得老年群体普遍呈现精神矍铄的崭新面貌，而对老年人问题的研究自然也在新的时代语境中呈现出了更为积极、更加多元、更富权益色彩的发展动向。习近平强调，“要积极看待老年人和老年生活”“老年是仍然可以有作为、有进步、有快乐的重要人生阶段”。[②] 这一系列重要论述，彰显了客观、公正、全面评价老年人和老年生活的科学态度，是对老年人生观的再定义、再升华。

积极看待老年人和老年生活，就是要引导树立肯定和尊重老年群体历史价值与现实价值的共同观念，实现从社会负担论向社会财富论的思想转变。习近平在多个重要场合强调，尊老敬老是我们应坚守的传统美德，爱老敬老是我们应承担的社会责任。[③] 作为社会的人，从年轻到衰老的过程，本身就是一个广义价值不断积累和释放的过程，对于老年人的过往经历和社会贡献，个人、家庭和社会都要予以充分肯定，并将其人生精华作为宝贵财富加以传承，这是尊老敬老传统美德和伦理价值的现代化体现。此外，在新中国从站起来、富起来到强起来的各个重要历史阶段，当代老年人都是见证者、参与者、经历者，都以不同的方式为国家发展、社会进步、民族团结、科技创新、文化传承等做出了重要贡献。今天中国的发展成就离不开他们的奋斗

① 侯清华、韩娟：《人口老龄化现状、衰老研究进展及食物营养支撑作用》，《中国食物与营养》2021 年第 2 期。

② 《习近平在中共中央政治局第三十二次集体学习时强调　党委领导政府主导社会参与全民行动　推动老龄事业全面协调可持续发展》，《人民日报》2016 年 5 月 29 日。

③ 《习近平重视哪些“老干部”》，http：//politics. people. com. cn/n/2014/1127/c1024 – 26100888. html，最后检索时间：2021 年 8 月 3 日。

与付出，未来社会主义现代化强国建设的新征程也离不开他们年轻时代的畅想与积淀，需要他们以新的身份、新的形式继续参与和支持。习近平曾说，“爱护老干部就是爱护党的宝贵财富，学习老干部就是学习党的优良传统和作风，重视发挥老干部作用就是重视党的重要政治资源”。特别是要弘扬老干部、老战士、老专家、老教师、老模范等“五老”精神，尊重“五老”，爱护“五老”，学习“五老”，重视发挥“五老”作用。[①] 这也是党和国家对当代所有中国老年人在革命、建设、改革开放时期以及新时代为缔造、捍卫、建设和发展新中国所建立的伟大历史功绩高度认同的集中性表达、代表性表达。尊老为德、敬老为善、爱老为美、助老为乐，也正因为此，习近平指出：“让老年人老有所养、生活幸福、健康长寿是我们的共同愿望。党中央高度重视养老服务工作，要把政策落实到位，惠及更多老年人。”[②] 他还强调要积极营建尊敬老人、关爱老人、赡养老人的社会氛围，大力发展老龄事业，让所有老年人都能安享晚年。[③]

积极看待老年人和老年生活，就是要鼓励树立创造有价值、有尊严、有活力的老年生活、提升老年人自我价值认同和社会认同的共同观念，实现从老年人是被照顾和优待的客体式传统观念向老年人是积极、能动的社会主体观念转变。就个体而言，人人都会变老，这是不可逆转的人类规律；但衰老带来的生产能力的减弱，并不意味着社会地位的降低以及个人价值、社会价值的完全丧失，并不意味着老年人就必然是社会包袱、家庭累赘、国家负担。伴随人类长寿时代的到来，老年期的时间概念、人生里程被不断放大和延长，具备良好生理状态、生产能力、生命质量的老年人，仍然能够在老年生活中以不同形式、在不同领域为社会做出积极贡献，甚至是重要贡献。习近平概括道：“引导老年人保持老骥伏枥、老当益壮的健康心态和进取精

---

① 兵团关心下一代工作委员会：《用心用情托起明天的太阳——认真学习贯彻习近平总书记关心下一代重要指示精神》，《当代兵团》2021 年第 5 期。

② 《品味习近平尊老敬贤的故事》，http：//news. youth. cn/sz/201910/t20191008_ 12088488. htm，最后检索时间：2021 年 8 月 3 日。

③ 《习近平：在 2019 年春节团拜会上的讲话》，http：//www. xinhuanet. com/politics/leaders/2019 - 02/03/c_ 1124084002. htm，最后检索时间：2021 年 8 月 3 日。

神，发挥正能量，作出新贡献。”① 一方面，全社会要注重激发老年人潜能，依托老年人独特知识、智慧、技能和经验的延展效应、溢出效应，充分发挥老年人在经济社会发展中的“压舱石”“稳定器”“催化剂”作用，主动为老年人参与社会、融入社会、贡献社会创造机会、营造环境，充分保障老年人的生存权、发展权、参与权、自主权和决策权等基本权利②，让老年人有创造丰富多彩老年生活的基础和动力。另一方面，要鼓励和引导老年主体在老年期的自我建设、自我促进、自我发展，保持生理的健康、心理的和谐、精神的乐观、代际的融洽，践行独立、自主和自尊的积极老龄化理念，通过对社会关系中自身角色转变的“调节”“适应”“融合”，持续实现自我价值，经营好属于老年人自己的幸福美好老年生活。

（二）健康老龄化理念

“健康老龄化”是在 1987 年 5 月召开的世界卫生大会上被提出的，逐渐发展成为全球性应对人口老龄化的重要理念。其内涵是：“老年人能够保持身心和社会生活的完好状态，将患病或失能状态推迟到生命的最后。”③“健康老龄化”战略认为人口老龄化产生的不良后果是可以被干预的，运用有效的机制也能够使其负面影响降到最低。④ 从一定程度上说，这在当时的历史语境下不失为一种保持老年人健康及解决老龄化社会难题的良方，同时也建构起一种覆盖各年龄段的整体性健康观念。但在很长一个时期，这一理念多关注于老年人的健康缺陷，带有负担论倾向，学者们也往往将老龄化问题聚焦在个体生活方式上，偏向于对老年群体心理健康状况的测量和生活方

---

① 《习近平在中共中央政治局第三十二次集体学习时强调　党委领导政府主导社会参与全民行动　推动老龄事业全面协调可持续发展》，《人民日报》2016 年 5 月 29 日。

② 原新、金牛：《积极应对人口老龄化国家战略的时代背景与价值意蕴》，《老龄科学研究》2021 年第 1 期。

③ 全国老龄委办公室政策研究部：《把积极应对人口老龄化战略上升为基本国策》，《人民日报》2012 年 4 月 24 日。

④ 陆杰华、阮韵晨、张莉：《健康老龄化的中国方案探讨：内涵、主要障碍及其方略》，《国家行政学院学报》2017 年第 5 期。

式的描述。“健康老龄化”自提出以来，在国际社会产生了广泛的影响，特别是在适用性更强的、为大多数老年人解决了物质生活问题的发达国家。

2002年，联合国提出“积极老龄化”行动框架，将其作为世界各国应对人口老龄化的一项国际战略。积极老龄化适用于老年个体和所有人群，不仅着眼于老年人自身的全面自由发展，也要求重视不同年龄段人群生存发展权益的均衡与协调，其目的在于使各个年龄段的人都能尽可能延长健康预期寿命并提高生活质量，也是一个让老年人口尽可能获得健康、参与和保障最佳机会的动态发展过程与主动科学战略①。参与是积极老龄化的核心，健康是积极老龄化的前提，保障是积极老龄化的关键。积极老龄化强调老年人的参与、健康、保障的辩证关系和有机结合。同时，也关注经济、卫生与社会服务、个人、环境等其他决定因素。世界卫生组织在“积极老龄化”概念之下，聚焦参与、健康、保障三项支柱，提出了包括健康、社会服务、个人行为、个人身心、物理环境、社会、经济等六组核心指标在内的指标体系，为积极老龄化的具体测量和评价提供可参考的依据。② 积极老龄化最大的价值和意义在于：将老年人从社会问题制造者的负面角色中解放出来，转变成为与其他不同年龄阶段人群相互平等、共生共享的问题解决者；承认老年人贡献社会价值、创造社会财富、推动社会进步的重要作用，彻底扭转了对老年人社会形象、社会地位的不公平、不科学、不人道认知，从根本上赋予了老年人与所有年龄人群一致的尊严性。正是因为以参与、健康和保障充分激发了老年人活力，人口老龄化给经济社会发展带来的挑战和压力，才以更加彻底的方式转化为支撑可持续发展的不竭动力。③ 可以说，积极老龄化是一项应对人口老龄化和推动社会经济持续发展的重大战略，也是我们每个人都可能实现的基本目标。为此，不仅要靠国家和社会的力量，更要靠社会和每

---

① 邬沧萍、彭青云：《重新诠释“积极老龄化”的科学内涵》，《中国社会工作》2018年第17期。

② World Health Organization (2002), "Active Ageing: A Policy Framework", https://apps.who.int/iris/handle/10665/67215，最后检索时间：2021年12月19日。

③ 刘颂：《积极老龄化框架下老年社会参与的难点及对策》，《南京人口管理干部学院学报》2006年第4期。

个人对此积极响应，才能真正实现积极老龄化的远大战略构想。

积极老龄化中的“健康”强调确保精神健康和社会接触与促进身体健康具有同等重要性，是一个覆盖全生命里程、不断动态发展的概念。[①] 近年来，在“积极老龄化”的政策框架下，作为对“积极老龄化”的一项重要政策弥补，“健康老龄化”重新进入国际社会应对人口老龄化的理论和实践视野，并逐渐形成了一种新的全球性国际共识。在积极老龄化思想的指导下，西方各国通过扩大老年人养老保障覆盖面和提升老年人社会参与水平，积极应对人口老龄化，并取得了重要成效。但随着老龄化进程的加速特别是高龄老年人数量规模的不断扩大，健康问题的重要性和紧迫性愈加凸显，推动积极老龄化框架下新的健康战略，又一次成为包括发展中国家在内世界各国关注的焦点。西方学者通过大量长期的实证研究发现，健康与老年人社会参与、老年人生活质量、老年人精神状态等呈正相关关系，有品质的生活和持续有效的社会参与会对老年人健康产生积极的促进作用。健康老龄化并不仅仅是指老年人的躯体健康、生理健康，还要求老年人成为一种为社会所用的资源。[②] 健康老龄化是一项围绕老年人健康和医疗保健问题的重要战略，其核心目的在于缩短老年人带病生存的时间，延长其健康预期寿命，提高其生活品质。[③] 为了积极应对人口老龄化，稳步提高健康预期寿命，2015 年世界卫生组织发布《关于老龄化与健康的全球报告》，以全新视角更加系统和全面地解读了健康老龄化的概念内涵与政策导向，并在生理健康和心理健康的基础上，围绕行动能力和社会功能的健康，提出了“行动力”“建立维持人际关系”“满足基本需求”“学习、发展和决策”“贡献”五个维度的功能要素指标，形成了新的“健康老龄化”战略架构，以此作为积极老龄化的补充和深化。这一新的战略理念，相比于传统意义上的“健康老龄化”，

---

① 邬沧萍、彭青云:《重新诠释“积极老龄化”的科学内涵》,《中国社会工作》2018 年第 17 期。

② 1990 年世界卫生组织提出健康老龄化，以应对人口老龄化的问题，健康主要包括老年人个体健康、老年人口群体的整体健康和人文环境的健康，其核心理念是生理健康、心理健康、适应社会良好。

③ 陆杰华、阮韵晨、张莉:《健康老龄化的中国方案探讨：内涵、主要障碍及其方略》,《国家行政学院学报》2017 年第 5 期。

更加强调老年人的寿命长度和寿命质量，更加突出老年人个人行动和社会作用发挥的主体性地位，更加推崇对老年人健康的公共卫生投入是人力资本可持续发展的战略性投资地位，更加强调健康的差异性和多样化以及由此形成的活动能力和生活质量的多样性。

自联合国提出“积极老龄化”行动框架以来，作为全球应对人口老龄化的一项国际战略，积极老龄化所倡导的理念、政策和举措就逐渐成为我国应对人口老龄化的重要参考。“积极应对人口老龄化”这一中国特色的新概念、新范畴、新话语，最早见于2006年国家《关于全面加强人口和计划生育工作统筹解决人口问题的决定》文件之中，并明确了相应的政策框架。《中华人民共和国老年人权益保障法》自1996年通过后，于2009年、2012年、2015年、2018年先后4次修正或修订，2012年修订版的《中华人民共和国老年人权益保障法》中正式以法律形式提出“积极应对人口老龄化”，此后我国一直保留着这一中国化的表达。“积极老龄化”的国际表述与“积极应对人口老龄化”的中国表述既有联系又有区别。“积极应对人口老龄化”中的“积极”来源于“积极老龄化”，本身就涵盖了以健康为前提、以参与为核心、以保障为基础的基本理念，“积极”与“应对”组合的概念呈现，又进一步强化了动态化、发展性、适配型的“积极”维度，蕴含了国家治理、发展主导、社会建构、人民共享等和谐、发展、共享、安全等“积极”主题，更为直接地展现出统一领导、集中力量、着眼全局、循序渐进解决老年人问题和老龄社会问题的思维方式与路向，这既是处于社会主义初级阶段的中国、人口老龄化进程加速的新时代中国应对人口老龄化的必然要求，也是中国发挥社会主义制度优势，谋划从根本上、长时段、全方位高效破解人口老龄化难题的自我超越。中国语境下的积极应对人口老龄化，不仅是“积极老龄化”“健康老龄化”中国化的创新版和升级版，更是中国应对“未富先老”“未备先老”“未康先老”等老龄社会新国情多重挑战的战略选择[①]。“积极应对人口老龄化”

① 李志宏：《积极应对人口老龄化中国特色道路的基本内涵和总体布局》，《老龄科学研究》2020年第7期。

政策制度、方法举措的不断深化，标志着中国从实际出发，在反思借鉴、兼容并包、不断发展中独立自主探索中国特色应对人口老龄化方案的决心和智慧，体现了中国共产党善于吸收世界一切先进文化但又不照搬照抄，善于学习有用国际先进经验但又注重创造性转化与创新性发展的一贯科学品格。

健康对于任何人、任何家庭来讲都是最宝贵的财富，是满足人民美好生活需要、实现人的全面发展最重要的前提和保证。自古以来，人类就关注寿命、健康等“生的问题”，同时人类社会关于健康的概念又是动态发展的，健康是人类永远追求的理想目标，健康需求存在无限性特征。词典中对健康的释义是：“人的一切生理机能正常，没有疾病或缺陷。”时任国务院副总理刘延东曾撰文指出，健康并不仅指身体这一个维度，还涵盖了心理、精神、社会等多个维度，与医药卫生、社会服务、环境建设、宣传倡导等多个方面息息相关①。确保生活质量的基础是健康和功能维持在正常水平，没有健康就无法实现生活的高品质；伴随长寿时代的到来，以健康的状态活得更久是老年人最大的愿望。对于一个国家而言，国民健康还关系到国家人口安全、人口质量，是推动国家生产力发展的重要因素。习近平强调：“没有全民健康，就没有全面小康。”② 一个国家老年人口的整体健康，也是国家生活水平、国民健康水平的重要指针。长寿不等于健康，“活得久了”并不意味着“活得更好了”；从现实看，随着老年人口年龄的增长、机体的衰老其相关疾病特别是老年病的带病期往往也在延长。数据显示，我国人均预期寿命和健康寿命相差大约9岁，也就是说老年人平均有9年时间是带病生存。③ 老年健康问题，不但降低了老年人生命质量，更极大地增加了全社会医疗支出。伴随物质生活水平特别是现代医疗水平的不断提高，进入老年期之前的健康储备和进入老年期后的

① 刘延东：《深化卫生与健康事业改革发展　奋力开创健康中国建设新局面》，《求是》2017年第16期。

② 《习近平关于社会主义社会建设论述摘编》，中央文献出版社，2017。

③ 世界卫生组织：《2021 世界卫生统计报告》，https：//apps. who. int/iris/bitstream/handle/10665/342703/9789240027053 - eng. pdf，最后检索时间：2022年3月。

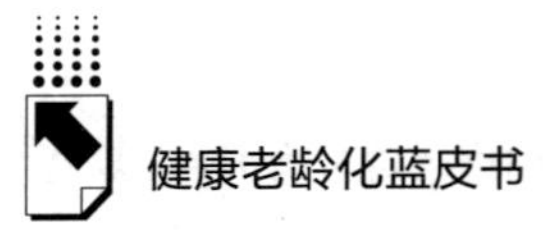

主动健康干预对于老年生活有着重要意义。

健康是积极应对人口老龄化的重要保证，人民健康是社会主义现代化强国的重要指标。积极应对人口老龄化最为关键、最为基础的一步，就是要解决好全体老龄群众的健康问题，老年人个体的健康状况直接影响老年人自身和家庭的生活质量，关系到老年人是否拥有适应社会、继续发挥社会价值和社会潜能的基本条件。促进广大老年群众的健康长寿并达到身心社会功能的健康状态，是满足老龄群众美好生活向往、不断提高老年人生活生命质量的重大民生工程，也是从根本上对冲人口老龄化挑战、缓解老龄社会结构性矛盾的必由之路，更是持续增强我国老龄化承受能力、促进经济社会健康稳定发展的重要措施。[①] 伴随老龄人口规模的扩大，中国老龄健康服务供求矛盾不断凸显；人口结构的深刻变化使得广大人民群众对健康需求的迫切性持续增强。以我国60岁及以上老龄群众两周患病例数、老龄群众慢性病病例数、残障老龄群众人数计算，预计从2010年到2050年，绝对值增加分别为1.7倍、1.7倍和2.5倍。数据显示，在2012年底时我国失能老人就已经接近4000万人，慢性病患病老人数量则接近1亿人大关。[②] 进入新时代，改变中国老龄群众“长寿不健康”的现实困境，实现“健康的长寿”，提升老龄群众健康水平和基本生活质量，已经成为积极应对人口老龄化迫在眉睫的战略任务。党的十八大以来，以习近平同志为核心的党中央面对人口老龄化的新形势、老龄社会的新问题以及人民群众对美好生活的新期待，立足于中国特殊国情和社会发展客观规律，坚持以人民为中心，将人民健康提升至前所未有的战略高度[③]，因地制宜、与时俱进，创造性地实现了健康老龄化理念的本土化转化，形成了以维护健康公平和全生命周期视角为核心的健康老龄化“中国方案”。2016年8月19日，在全国卫生与健康大会上习近平发表重要

① 《应把积极应对人口老龄化战略上升为基本国策》，http：//www.cssn.cn/ddzg/ddzg_ldjs/ddzg_sh/201310/t20131030_767291.shtml，最后检索时间：2021年10月7日。

② 吴玉韶主编《中国老龄事业发展报告（2013）》，社会科学文献出版社，2013。

③ 刘延东：《深化卫生与健康事业改革发展　奋力开创健康中国建设新局面》，《求是》2017年第16期。

讲话，他强调，“要将健康融入所有政策”“为人民群众提供全方位全周期健康服务”。[①] 他还提出，为加快推进健康中国建设，必须把人民健康置于优先发展的战略地位，抓好健康生活、健康服务、健康保障、健康环境、健康产业等重点工作[②]。这一系列重要论述深刻阐释了新时代“大健康观”的丰富内涵，即对人民群众衣食住行、生老病死等全方位、全周期进行健康呵护。健康是保障老年人独立自主、有品质生活和参与社会的重要基础，实现健康老龄化是建设健康中国的题中应有之义，也是积极应对人口老龄化的重要组成部分。在建设健康中国的总体设想下，针对老龄领域的健康问题，习近平还专门谈及家庭医生、基层全科医生等在老龄健康服务管理和医疗服务方面的独特作用，提出要加快推进医养结合、加快健全长期护理制度，并对治疗期、康复期、稳定期以及安宁疗养等不同时期的一体化健康养老服务做出了明确要求。[③] 2016 年出台的《“健康中国 2030” 规划纲要》提出了促进健康老龄化、推动老年卫生服务体系建设等多项举措[④]。党的十九大上，习近平正式提出“实施健康中国战略”[⑤]，并将积极应对人口老龄化与“实施健康中国战略”统筹。“健康中国”战略把人民健康摆在更加优先、更加重要、更加紧迫的关键地位、战略地位，加快推动从以治病为中心向以人民健康为中心转变，是对包括老龄群众在内全体人民新时代健康需求的殷切回应、科学设计，这一党的全新战略从满足老龄群众多元化、多层次的健康需求出发，将通过实施面向全年龄人群的健康促进行动，完善老年健康支持体系、加快发展老年保健事业、减少老年病发病率、实施终身健康管理等，不断夯实中国积极应对人口老龄化的全民健康基础。党的十九届五中全会首次提出“实施积极应对人口老龄化国家战略”，实现健康老龄化也成为“全面推进健康中国建设”和“积极应对人口老龄化”双国家战略的交叉型战略

① 《习近平关于社会主义社会建设论述摘编》，中央文献出版社，2017。

② 《习近平关于社会主义社会建设论述摘编》，中央文献出版社，2017。

③ 《习近平关于社会主义社会建设论述摘编》，中央文献出版社，2017。

④ 《“健康中国 2030” 规划纲要》，人民出版社，2016。

⑤ 《中国共产党第十九次全国代表大会文件汇编》，人民出版社，2017。

任务。

未来，推动积极老龄观和健康老龄化理念在年龄友好城市治理中的具体转化，不断开创中国年龄友好城市治理的新样貌、新格局，将是深入落实积极应对人口老龄化国家战略、加快提升老龄社会城市治理现代化水平的重要路径。彰显积极老龄观、健康老龄化理念的中国年龄友好城市，应是发展共享全覆盖、需求回应全方位、社会发展全参与的全面友好城市，即各个年龄段的人民群众都能公平正义地共享改革发展成果，人民群众特别是“一老一小”关于城市生活空间、城市社会保障和城市公共服务等各方面的需求都能得到有效满足，不同年龄、不同文化背景的人民群众都能在良好政策制度保障下有序参与到城市治理的各项公共事务之中。从具体呈现上看，将积极老龄观、健康老龄化理念贯穿于年龄友好治理的全过程，就是要以健康为导向，以满足老年人需求、发挥老年人作用、推动老龄社会可持续发展为目标，面向全年龄人群构建顺应老龄社会结构与运行机理，青银互动、代际和谐、安全健康、平等互助的城市政策体系、公共服务网络以及人居环境、文化环境、社会交往环境、技术应用环境。

总之，在中国特色年龄友好城市治理之路的探索中，要全面践行积极老龄观、健康老龄化理念，在城市管理、建设与发展的全领域、全行业推动适老化转型升级，加快形成“人民城市”建设的中国样板、中国模式，使包括老龄群众在内全体人民的获得感、幸福感、安全感更加充实、更有保障、更可持续。

B.8

中国年龄友好城市政策演进分析报告

张雪永　胡　松　李芷皓*

摘　要： 老年友好城市是2005年由世界卫生组织（WHO）根据全球城市化和老龄化的发展趋势，倡导并发动的一项旨在惠及老年群体的社会活动，也得到了中国政府的支持，并在中国积极推广和实践。本文从"构建老年友好型社会""加强老年宜居环境建设""支持老年人参与经济社会发展""做好老年人社会优待工作""切实维护老年人合法权益"这五方面梳理我国从中央到典型城市的政策文件和具体做法，总结探索我国在老年友好城市建设过程中的政策演进轨迹，为未来的发展和决策提供相应的参考。

关键词： 老年友好城市　积极老龄化　健康老龄化

一　老年友好城市建设的背景由来

在生育率走低和寿命延长的双重作用下，全球人口结构正迅速迈向老龄化，带来了一系列的负面影响，譬如"人口红利"消失、经济增长放缓、公共财政压力增大、医疗护理费用剧增、产生代际冲突等。在全球范围内，60岁及以上人口以每年3%的速度递增，2019年65岁及以上人群达到了7.3亿人。东欧和东南亚地区拥有最大数量的老年群体（2.61亿

* 张雪永，西南交通大学文科建设处处长，国际老龄科学研究院院长，教授；胡松，西南交通大学公共管理学院2020级硕士研究生，研究领域为社会保障与公共政策；李芷皓，西南交通大学公共管理学院2020级硕士研究生，研究领域为社会保障与公共政策。

人)，其次是欧洲和北美洲（2 亿人)，在今后的 30 年中，全世界的老年人人数预计将增加 1 倍以上，到 2050 年将超过 15 亿人。预计东亚和东南亚将出现最大的增幅（3.12 亿人)，从 2019 年的 2.61 亿人增长到 2050 年的 5.73 亿人。预计老年人人数增长速度最快的是北非和西亚，将从 2019 年的 2900 万人增加到 2050 年的 9600 万人。相比之下，预计增长幅度相对较小的是澳大利亚和新西兰以及欧洲和北美，当前这些地区的老年人口已经明显远超世界其他地区[①]。

从全生命周期的理念来看，人从出生到死亡的不同阶段都是以生理年龄为基本单位而产生的生命成长与老化过程，老化是每个人都无法避免的人生阶段。在随时间推移个体老化的过程中，人的生活状态与所处的生活环境、生活方式、生活经历等要素息息相关，最终影响老年后的生活质量。个体的社会经济地位、公平获得教育的机会、从事较好的职业、良好的社会氛围、充分的政策支持都有助于更好地发挥个体的主观能动性，赋予晚年能够进行社会参与的良好精神状态和体魄[②]。

不管是对于年老还是年轻群体，甚至对于残障人士，无障碍的建筑、出行环境和街道，安全的邻里，都能使整个年龄阶段的人群受益，因此老年友好城市并不只是对老年人友好，而是能够为所有居民提供舒适便捷的生活环境、完善相关政策措施、营造参与氛围，使得老年人能够有机会创造自身价值，获得自我实现，提高幸福感从而实现积极老龄化。

基于此背景，世界卫生组织（WHO）于 2005 年提出建设老年友好城市。这是根据全球两大发展趋势——城市化和老龄化，提出的一个使老年群体受益的城市发展理念。2007 年，世界卫生组织联合多国专家学者认真研究制定出台了《全球老年友好城市建设指南》——该指南成为老年友好城市领域的纲领性文件，并成立老龄友好城市和社区全球联盟，在全世界 40

① United Nations, Department of Economic and Social Affairs, Population Division (2020). World Population Ageing 2019 (ST/ESA/SER. A/444).

② 石智雷、吴志明：《早年不幸对健康不平等的长远影响：生命历程与双重累积劣势》，《社会学研究》2018 年第 3 期。

多个国家和上千座城市开展这项工作①。《全球老年友好城市建设指南》从城市的硬件环境和社会服务及公共政策方面将老年友好划分为交通、住房、户外空间与建筑、社区支持与健康服务、交流与信息、社会参与、尊重与社会包容、公众参与和就业8个主题，涵盖了日常生活中的衣食住行，也涉及建筑设计、城市规划、社会政策、医疗卫生等跨学科内容。

二　我国创建老年友好城市与积极健康老龄化

（一）积极应对人口老龄化挑战的重要举措

老龄化和城市化是人类社会发展的必然产物，也是重要挑战。面对我国数量众多的老年人口，加速的老龄化、空巢化趋势，大幅增加的高龄老人和失能老人这些现状，解决我国老年人所期所盼的养老问题，积极、主动、有作为地应对人口老龄化，发挥制度优势，集中力量办大事，能够体现出我国经济社会发展的综合国力和社会文明。

城市的发展与社会经济发展密切相关，我国城镇化建设持续快速发展，越来越多的老年人集中在城市，选择在城市中度过晚年，开展自己丰富多彩的退休生活，一个城市的生活方式和活动设施将对老年人产生巨大影响。这意味着亟须提高城市的养老功能，提升居民居住环境及改善公共服务设施等各方面条件，全方位提高城市的为老水平。积极应对人口老龄化挑战需要全新的工作观念，拓展全新的工作思路，不断适应形势变化；需要促进城市居民生活幸福和保持城市繁荣，进一步调动、整合城市的养老资源，不断改善老年人的生存环境，提高老年人的生命质量和生活质量。构建老年友好型城市，是应对我国老龄化和城镇化加速这种新形势的重大举措。

① 姜颖、关家印、董华：《英国老年友好城市建设经验》，《上海城市规划》2020年第6期。

（二）以人民为中心的重要体现

党的十九大报告对当前我国社会主要矛盾作出与时俱进的新表述，指出“中国特色社会主义进入新时代，我国社会主要矛盾已经转化为人民日益增长的美好生活需要和不平衡不充分的发展之间的矛盾”。那么，我国当前养老领域的主要矛盾就是“老年人对多样化养老服务的需要和不平衡不充分的供给之间的矛盾”。

民生之微，衣食住行；民生之大，家国天下。老年友好城市的创建理念从人口老龄化的基本国情出发，为保障老年人的根本利益。其目的和宗旨就是为老年人享有安全、舒适、和谐的暮年而创造生存环境和发展环境，是新时期老龄工作以人民为中心的具体体现。以人民为中心，是加快推进老年友好城市建设的出发点和落脚点。进一步来说，这一理念不仅关系到现在的老年人，更关系到社会的所有成员，老年友好城市的成果能够惠及亿万家庭，为广大人民谋发展、促发展，回应人民呼声，满足人民期待。

（三）经济和社会发展的重要推力

老年友好城市的创建工作，有助于带动老年产业上中下游发展，刺激消费拉动内需，拓宽就业渠道，增加就业岗位，借此，可以助推经济发展迈向全新阶段。在老年友好城市建设过程中，具有诸多的商业机会，蕴藏经济和社会发展的金矿。从参与城市建设的视角分析，在老年友好城市的不同创建阶段可以有不同类型的企业参与。在建设前期，主要有专业咨询、规划设计、创新研究、智慧系统规划设计机构等参与；在建设中期，主要有基础设施、适老建筑改造、环境景观施工、老年社区开发、社区诊所建设、智慧社区开发等行业企业参与；在建设后期，主要有养老运营、老年旅游、老年教育培训、养老社区物管、医疗健康诊所、老年公益组织等服务机构参与。此外，还有满足老年生活需要的各类产品，如老年设施产品、老年保健产品、老年日用产品等。

综观各国建设老年友好城市的经验，不难看出应对老龄社会的规划需要整个规划系统从上而下解决不同层面的老年问题，而非单一孤立。那么，大部分老年友好行动的理论出发点就是城市规划①。一个富有活力和创造力的城市，其影响力能辐射整个国家的人口，因为城市是孕育新思想、新产品、新服务、新科技的摇篮，是文化、经济和政治活动的中心。

三　老年友好城市的中国特色治理

人口老龄化是贯穿21世纪我国的基本国情，2020年开展的第七次全国人口普查主要数据显示，中国60岁及以上人口为2.64亿人，占全国总人口的18.70%②。2010～2020年，65岁及以上人口比重上升4.63个百分点。趋势表明，我国人口老龄化增速还将不断加快。“十四五”是应对人口老龄化的重要窗口期，我国将迈入中度老龄化社会，且我国人口老龄化的情况复杂、艰巨而又极具紧迫性，亟须从政治上及各方面加强全生命周期养老的自觉性和责任感，聚焦广大老年人在民生问题上的“急难愁盼”，满足老年人多层次、多样化需求。

人口老龄化既是重大社会问题，更是重要民生问题，关系当代，也直接影响后人。习近平总书记高度重视老龄工作，2016年2月就对加强老龄工作做出重要指示——“有效应对我国人口老龄化，事关国家发展全局，事关亿万百姓福祉”。党的十八大以来，以习近平同志为核心的党中央充分把握我国国情及人口老龄化的现状、趋势，规划部署了国家老龄事业发展和养老体系建设。韩正副总理出席2021年全国老龄工作会议时强调：要着力构建老年友好型社会，加强老年宜居环境建设，支持老年人参与经济社会发展，进一步做好老年人社会优待工作，切实维护老年人合法权益③。2021年

① 窦晓璐、〔美〕约翰·派努斯、冯长春：《城市与积极老龄化：老年友好城市建设的国际经验》，《国际城市规划》2015年第3期。

② 资料来源：第七次全国人口普查公报（第五号）。

③ 《实施积极应对人口老龄化国家战略　推动老龄事业和产业高质量发展》，《人民日报》2021年10月15日，第3版。

11月18日中共中央、国务院发布了《关于加强新时代老龄工作的意见》，从三个方面提出了着力构建老年友好型社会，包括加强老年人权益保障、打造老年宜居环境、强化社会敬老，为新时代的老年友好型社会创建工作提出了目标①。

本文将重点梳理党的十八大以来的政策文件及措施，围绕“老年友好型城市（社区）建设的总体情况”“老年宜居环境建设”“支持老年人参与经济社会发展”“老年人社会优待工作”“老年人权益保障”这五方面来叙述我国老年友好城市的治理实践，以中央政策文件为引领，探索各地城市政策的演进。

（一）老年友好型城市（社区）建设的总体情况

老年友好城市的推行，首先在全国范围内选取试点城市，总结试点较为成功的城市发展优点，为老年友好型城市在全国范围内的开展提供方向；其次在各省市进行大范围推进工作将试点城市所提供的经验与本地实际情况相结合，逐步探索出一条属于本地的老年友好型城市发展道路；最后向全国各地推广老年友好型城市建设经验，建设老年友好型社会。我国老年友好型社会的践行路径，以老年友好社区为基点，连点成线、连线成面，将部分城市率先建设成老年友好型城市，以部分城市的建设带动全社会的建设。

老年友好城市建设工作的开展，是在总结试点城市发展经验的基础上，由全国老龄办和国家卫健委制定适合国情的指导计划，全国各地区根据指导，结合本地实际来进行。从开展地区来看，建设工作从试点城市开始，如上海市在逐步探索的基础上，于全市范围内开展老年友好城市建设，并根据实际调整开展计划，为其他城市后期工作的开展提供可借鉴经验；工作开展初期，个别城市如杭州市，虽未入选试点城市，但也较早开展了老年友好城市（社区）建设工作，并设定指标以测量工作的完成情况，为全国的建设工作提供了参考。总体而言，老年友好城市建设已取得一系列成就，但目前

① 《中共中央国务院关于加强新时代老龄工作的意见》，2021年11月18日。

仍停留在大城市开展阶段，除个别城市如景宁畲族自治县已成立工作小组对全县的老年友好工作进行指导外，大部分中小城市因缺乏建设条件或不够重视，尚未开展老年友好型城市的建设。从开展时间来看，老年友好城市起步较晚，其主要有两次集中发展时期，一是早期试点期间，二是2021年国家卫生健康委与部分城市开展工作期间。试点初期，工作开展处于探索阶段，需要以部分城市的探索为后期的工作开展积累经验，经过十多年的发展，在取得一定成果的基础上，逐步在全国范围内开展工作。从开展内容来看，各开展城市合理划分本地老年友好城市建设阶段，从硬件设施与文化宣扬两方面进行改造，积极创建老年友好型城市，但大多数城市内容相对较为单一，仅仅设定了开展时间或者开展目标，并未在开展内容上做出具体说明，相比而言，上海市在开展内容的划分上更为细致，为各阶段开展工作做出了具体说明（见表1）。

表1　老年友好型城市（社区）建设政策梳理

文件名称	发布机构	发布时间	相关政策
关于开展老年宜居社区和老年友好城市（城区）试点工作的通知	全国老龄工作委员会[①]	2009年11月18日	选取6个老年友好城市的试点地区
上海市老年友好城市建设导则（试行）	上海市老龄工作委员会[②]	2013年8月27日	户外环境和设施、公共交通和出行、住房建设和安全、社会保障和援助、社会服务和健康、文化教育和体育、社会参与和奉献以及社会尊重和优待
关于开展“老年友好型城市”和“老年宜居社区”建设工作的通知	杭州市人民政府[③]	2012年9月19日	“十二五”期间创建至少4个老年友好型城市（城区）
景宁畲族自治县人民政府办公室关于成立创建“老年友好型城市”、“老年宜居社区”和“敬老文明号”工作领导小组的通知	景宁畲族自治县人民政府[④]	2013年6月9日	成立老年友好型城市工作领导小组，指导全县的老年友好工作
关于印发全国示范性老年友好型社区评分细则（试行）的通知	国家卫生健康委[⑤]	2021年6月2日	城镇地区和农村地区进行不同指标划分

续表

文件名称	发布机构	发布时间	相关政策
上海市老龄工作委员会办公室关于开展本市老年友好型社区创建工作的通知	上海市老年工作委员会⑥	2021 年 3 月 12 日	改善老年人的居住环境、方便老年人的日常出行、提升为老年人服务的质量、扩大老年人的社会参与、丰富老年人的精神文化生活、提高为老服务的科技化水平
石家庄市卫生健康委员会、石家庄市老龄工作委员会办公室关于开展老年友好型社区创建与推选“全国示范性老年友好型社区”工作的通知	石家庄市卫生健康委员会、石家庄市老龄工作委员会⑦	2021 年 3 月 10 日	2035 年实现石家庄市老年友好型社区城乡全覆盖
沈阳市卫生健康委员会、沈阳市老龄工作委员会办公室关于开展全国示范性老年友好型社区创建工作的通知	沈阳市卫生健康委员会、沈阳市老龄工作委员会⑧	2021 年 3 月 16 日	划分为示范创建阶段、总结深化阶段、全面评估阶段三阶段，2035 年实现全市老年友好型社区城乡社区全覆盖

资料来源：①《关于开展老年宜居社区和老年友好城市（城区）试点工作的通知》，https://m.pkula w.com/chl/66ad6eed36f5bc20bdfb.html，最后检索时间：2021 年 11 月 23 日。

②《上海市老年友好城市建设导则（试行）》，https://m.pkulaw.com/lar/50d96ffa592f38a3d62e3d3446a77f59bdfb.html，最后检索时间：2021 年 11 月 23 日。

③《关于开展“老年友好型城市”和“老年宜居社区”建设工作的通知》，https://m.pkulaw.com/lar/c8b2120bd78e746456e503926a1287bdbdfb.html，最后检索时间：2021 年 11 月 23 日。

④《景宁畲族自治县人民政府办公室关于成立创建“老年友好型城市”、“老年宜居社区”和“敬老文明号”工作领导小组的通知》，https://m.pkulaw.com/lar/ad9eb29d8fb55b5b73acdb1bc6068ffbbdfb.html，最后检索时间：2021 年 11 月 23 日。

⑤《关于印发全国示范性老年友好型社区评分细则（试行）的通知》，https://m.pkulaw.com/chl/55a4798578d8f67abdfb.html，最后检索时间：2021 年 11 月 23 日。

⑥《上海市老龄工作委员会办公室关于开展本市老年友好型社区创建工作的通知》，https://m.pkulaw.com/lar/ce37fdb5353b794c76e34d10aae4bb5fbdfb.html，最后检索时间：2021 年 11 月 23 日。

⑦《石家庄市卫生健康委员会、石家庄市老龄工作委员会办公室关于开展老年友好型社区创建与推选“全国示范性老年友好型社区”工作的通知》，https://m.pkulaw.com/lar/2bc38e6e6297f66ef641f35ad775c449bdf b.html，最后检索时间：2021 年 11 月 23 日。

⑧《沈阳市卫生健康委员会、沈阳市老龄工作委员会办公室关于开展全国示范性老年友好型社区创建工作的通知》，https://m.pkulaw.com/lar/d20fcaa50402ae0f1481aac02814c05cbdf b.html，最后检索时间：2021 年 11 月 23 日。

（二）老年宜居环境建设的政策与实践

通过前期试点工作，老年宜居环境建设在部分城市的部分地区小范围取得成效后，根据试点期间的反馈在全国范围内大中小城市全面开展，并在此过程中注意城乡发展差别，通过前期不断积累经验，为老年宜居环境建设后期的全面发展打下基础。

我国的老年宜居环境建设起步较晚、发展较慢，全国范围内老年宜居环境的建设，在中央层面统一指导下，各地根据本地实际情况开展。从开展地区来看：已开展工作的城市多为大型城市，如上海、北京和哈尔滨等，经济发展水平较高，用于老年宜居环境改造的经费充足；除个别城市如池州市提出从三个方面开展老年宜居环境建设外，多数中小城市尚未开展老年宜居环境建设，原因之一或是中小城市经济发展水平有限。从开展时间来看，各项措施出台时间集中于2017年前后，在前期试点城市的工作开展基础上，2016年全国老龄办、国家发展改革委、教育部等多部门为后续工作的开展提供了指导方向。从开展内容来看，主要包括硬件改造与老年文化宣扬两部分。总体而言，老年宜居环境建设目前仍处在探索阶段，除上海市开展时间较久，内容发展较为完善外，其他多数城市开展的工作较为零星，尚未形成规范的系统建设流程（见表2）。

表2　老年宜居环境建设政策梳理

文件名称	发布机构	发布时间	相关政策
全国老龄工作委员会办公室关于开展老年宜居社区和老年友好城市（城区）试点工作的通知	全国老龄工作委员会[①]	2009年11月18日	选取上海市黄浦区、南京市玄武区和齐齐哈尔市建华区三个地区作为老年宜居社区试点地区
上海市老龄工作委员会办公室、上海市民政局关于推进老年宜居社区建设试点的指导意见	上海市老龄工作委员会、上海市民政局[②]	2014年8月5日	围绕11个重点任务开展

续表

文件名称	发布机构	发布时间	相关政策
上海市民政局等关于细化2016年社区为老实事项目和老年宜居社区建设试点工作安排的通知	上海市民政局 上海市老龄、工作委员会[3]	2016年3月22日	对关于老年人日间服务中心建设、关于社区老年人助餐点建设、关于社区老年活动室建设、关于老年宜居社区建设扩大试点和社区综合为老服务中心建设与关于"老伙伴"计划和适老性改造项目五个方面做出细化指导
上海市民政局关于继续开展"老年宜居社区"市级配送项目试点工作的通知	上海市民政局[4]	2016年10月18日	对失能老人家庭照料者提供培训，从心理和技术多方面提高照护者的能力
上海市质量技术监督局关于发布《老年宜居社区建设细则》地方标准的通知	上海市质量技术监督局[5]	2016年12月28日	统一各区在老年宜居社区建设上的标准
上海市民政局、上海市老龄工作委员会办公室关于2017年社区为老服务实事项目和老年宜居社区建设试点安排的通知	上海市民政局、上海市老龄工作委员会[6]	2017年2月20日	涵盖社区老年人日间服务中心建设、社区老年人助餐点建设、社区老年活动室建设、社区综合为老服务中心建设、老年宜居社区建设扩大试点与"老伙伴"计划6个方面
上海市民政局、上海市老龄工作委员会办公室关于2018年社区为老服务实事项目和老年宜居社区建设试点有关工作安排的通知	上海市民政局、上海市老龄工作委员会[7]	2018年2月23日	涵盖社区老年人日间服务中心建设、社区老年人助餐点建设、社区老年活动室建设、社区综合为老服务中心建设、老年宜居社区建设扩大试点、"老伙伴"计划、"示范睦邻点"建设与"适老性"改造8个方面
全国老龄办、国家发展改革委、教育部等关于推进老年宜居环境建设的指导意见	全国老龄办、国家发展改革委、教育部等[8]	2016年10月9日	我国在老年宜居环境建设方面的五大重点任务为适老居住环境、适老出行环境、适老健康支持环境、适老生活服务环境与敬老社会文化环境的建设
老年人照料设施建筑设计标准	住房和城乡建设部[9]	2018年3月30日	为老年人照料设施建筑设计制定标准
哈尔滨市民政局关于哈尔滨市老年宜居社区建设的指导意见	哈尔滨市民政局[10]	2017年11月3日	从配套设施、楼体条件、服务功能、小区环境、社会氛围与社区自治6个方面集中建设老年宜居社区
海淀区2018年社区老年宜居环境建设试点工作实施方案	北京市海淀区人民政府[11]	2018年7月6日	基本贯彻全国老龄办等发布的5条内容

续表

文件名称	发布机构/城市	发布时间	相关政策
池州市人民政府办公室关于印发"十三五"池州市老龄事业发展和养老体系建设规划的通知	池州市人民政府[12]	2017年12月7日	基本覆盖全国老龄办等提出的重点任务,将宜居环境作为"十三五"期间池州市老龄事业发展和养老体系建设的主要指标之一,并设定了城市社区和农村社区比例

资料来源：①《全国老龄工作委员会办公室关于开展老年宜居社区和老年友好城市（城区）试点工作的通知》，https：//m. pkulaw. com/chl/66ad6eed36f5bc20bdfb. html，最后检索时间：2021 年 11 月24 日。

②《上海市老龄工作委员会办公室、上海市民政局关于推进老年宜居社区建设试点的指导意见》，https：//m. pkulaw. com/lar/44be370a2f680ac854cd4d5debcf99dfbdfb. html，最后检索时间：2021 年 11 月 24 日。

③《上海市民政局等关于细化 2016 年社区为老实事项目和老年宜居社区建设试点工作安排的通知》，https：//m. pkulaw. com/lar/1b0dc1078e91a7b2079d8701a50a3a52bdfb. html，最后检索时间：2021 年 11 月 24 日。

④《上海市民政局关于继续开展"老年宜居社区"市级配送项目试点工作的通知》，https：//m. pkulaw. com/lar/3d81fc8e865cd56a6aa66f388028e1ebbdfb. html.，最后检索时间：2021 年 11 月 24 日。

⑤《上海市质量技术监督局关于发布〈老年宜居社区建设细则〉地方标准的通知》，https：//m. pkulaw. com/lar/67610433400c438cf8a00e8e9894f677bdfb. html，最后检索时间：2021 年 11 月 24 日。

⑥《上海市民政局、上海市老龄工作委员会办公室关于 2017 年社区为老服务实事项目和老年宜居社区建设试点安排的通知》，https：//m. pkulaw. com/lar/89f4bc1ad16ca4ab8bbf325708518305bdfb. html，最后检索时间：2021 年 11 月 24 日。

⑦《上海市民政局、上海市老龄工作委员会办公室关于 2018 年社区为老服务实事项目和老年宜居社区建设试点有关工作安排的通知》，https：//m. pkulaw. com/lar/03f7ddd407c3562a889dc02744405d8abdfb. html，最后检索时间：2021 年 11 月 24 日。

⑧《全国老龄办、国家发展改革委、教育部等关于推进老年宜居环境建设的指导意见》，https：//m. pkulaw. com/lar/89f4bc1ad16ca4ab8bbf325708518305bdfb. html，最后检索时间：2021 年 11 月 24 日。

⑨《老年人照料设施建筑设计标准》，https：//m. pkulaw. com/chl/19e8b91e899dce13bdfb. html，最后检索时间：2021 年 11 月 24 日。

⑩《哈尔滨市民政局关于哈尔滨市老年宜居社区建设的指导意见》，https：//m. pkulaw. com/lar/15a8fe4f57527dbd06a81a2b54f4d5cbbdfb. html，最后检索时间：2021 年 11 月 24 日。

⑪《海淀区 2018 年社区老年宜居环境建设试点工作实施方案》，https：//m. pkulaw. com/lar/4e810028d804a0b540e1768a95cf2249bdfb. html，最后检索时间：2021 年 11 月 24 日。

⑫《池州市人民政府办公室关于印发"十三五"池州市老龄事业发展和养老体系建设规划的通知》，https：//m. pkulaw. com/lar/0368e19bf379123fc206b6923e6c3b17bdfb. html，最后检索时间：2021 年 11 月 24 日。

（三）支持老年人参与经济社会发展的政策与实践

随着我国人口老龄化程度的不断加深与老年人人均预期寿命的延长，支持老年人参与经济社会发展成为必然趋势。相对于其他发达国家，目前我国老年人的退休年龄较早，低龄老年人的人力资源浪费较大。我国支持老年人参与经济社会发展已有较长时间，尤其是党的十八大以来，对老年人参与经济社会发展的支持不仅限于大城市，在中小城市的支持也逐步增多，老年人参与经济社会发展的路径越来越宽。

我国支持老年人参与经济社会发展工作起步较晚但发展较快。从开展地区来看，开展范围较广，不仅限于大城市，各中小城市开展的工作也较为丰富，其中江苏、河南和江西三省的工作开展情况较好，出台相应政策文件的城市数量较多。从开展时间来看，各城市起步时间相差不大，2012 年前后全国各地相应的政策文件出台较多，此段时间工作开展较为迅速，同时近年来随着老年人口的迅速增加，为避免老年人力资本的浪费，老年人也要求增加能够发挥自身价值的渠道。从开展内容来看，各地开展工作多根据本地实际情况，拓宽老年人参与经济社会发展渠道，为老年人发挥老年价值提供便利，并采用激励手段支持老年人参与（见表 3）。

表 3　支持老年人参与经济社会发展政策梳理

文件名称	发布机构	发布时间	相关政策
中共无锡市委、无锡市人民政府关于加快我市老龄事业发展的实施意见	中共无锡市委、无锡市人民政府①	2009 年 10 月 16 日	从统一思想认识、完善老年人社会保障制度、加快养老服务体系建设、支持老年服务产业发展、重视老年人精神关爱工作与健全保障机制 6 个方面开展工作
中共南京市委、南京市人民政府关于加快全市老龄事业发展的意见	中共南京市委、南京市人民政府②	2010 年 6 月 3 日	从进一步提高对加快老龄事业发展重要性的认识、进一步完善社会养老保障体系、推动老年服务产业发展、进一步丰富老年人文化生活与全面推动全市老龄事业发展 5 个方面开展工作

续表

文件名称	发布机构	发布时间	相关政策
苏州市政府办公室印发关于贯彻落实苏州市居家养老服务条例实施意见的通知	苏州市人民政府③	2016年9月29日	从认真落实居家养老责任、加快居家养老服务设施建设、扩大居家养老服务供给、注重居家养老服务人才培养与加强居家养老服务监督管理5个方面开展工作
合肥市居家养老服务条例	合肥市人大（含常委会）④	2017年10月19日	从完善居家养老责任体系、加快居家养老服务用房和设施建设、扩大居家养老服务供给、加快居家养老服务人才培养与加强居家养老服务监督管理5个方面开展工作
南阳市人民政府办公室关于印发南阳市老龄事业发展"十二五"规划的通知	南阳市人民政府⑤	2012年6月18日	从老年知识传递、老年志愿服务活动、老年自助互助和老年人直接参与经济活动4个方面开展工作
洛阳高新区管委会关于印发老龄事业发展"十二五"规划的通知	洛阳高新技术产业开发区⑥	2012年11月21日	
漯河市人民政府办公室关于印发漯河市老龄事业发展"十二五"规划的通知	漯河市人民政府⑦	2013年1月5日	
宜春市人民政府办公室关于印发宜春市老龄事业发展"十二五"实施计划的通知	宜春市人民政府⑧	2012年2月23日	本地老龄事业发展"十二五"规划或计划中明确提出鼓励和支持老年人参与经济社会发展
九江市人民政府关于印发九江市老龄事业发展"十二五"规划的通知	九江市人民政府⑨	2012年10月16日	
萍乡市人民政府关于印发萍乡市老龄事业发展"十二五"实施计划的通知	萍乡市人民政府⑩	2012年11月23日	
嘉兴市人民政府关于印发嘉兴市老龄事业发展"十二五"规划的通知	嘉兴市人民政府⑪	2011年12月1日	老年人应加强对下一代的教育和直接参加经济创造活动
潍坊市人民政府办公室关于印发老龄事业发展"十二五"规划的通知	潍坊市人民政府⑫	2012年1月18日	
齐齐哈尔市人民政府印发齐齐哈尔市老龄事业发展"十二五"规划的通知	齐齐哈尔市人民政府⑬	2012年3月2日	

续表

文件名称	发布机构	发布时间	相关政策
常州市人民政府关于印发常州市“十二五”老龄事业发展规划的通知	常州市人民政府⑭	2012 年 5 月 31 日	老年人应加强对下一代的教育和直接参加经济创造活动
巢湖市人民政府关于进一步贯彻落实《合肥市居家养老服务条例》的实施意见	巢湖市人民政府⑮	2018 年 1 月 20 日	
株洲市老龄事业发展和养老体系建设规划(2018—2020年)	株洲市人民政府⑯	2018 年 4 月 12 日	创新老年人参与经济社会发展的激励手段,对做出经济贡献的老年人进行表彰
巴里坤哈萨克自治县人民政府办公室关于印发自治县老龄事业发展“十一五”规划纲要的通知	巴里坤哈萨克自治县人民政府⑰	2007 年 11 月 26 日	完善老年人才经济参与渠道

资料来源:①《中共无锡市委、无锡市人民政府关于加快我市老龄事业发展的实施意见》,https://m.pkulaw.com/lar/4582026912f52c4d926f9446e339fcf4bdfb.html,最后检索时间:2021 年 11 月 25 日。

②《中共南京市委、南京市人民政府关于加快全市老龄事业发展的意见》,https://m.pkulaw.com/lar/57b89166a9d6b48fc67e7b43c3524137bdfb.html,最后检索时间:2021 年 11 月 25 日。

③《苏州市政府办公室印发关于贯彻落实苏州市居家养老服务条例实施意见的通知》,https://m.pkulaw.com/lar/0d530310d96dfc0f33bf933dbb93a39abdfb.html,最后检索时间:2021 年 11 月 25 日。

④《合肥市居家养老服务条例》,https://m.pkulaw.com/lar/4bd09cb939cec1b32c0ca886e91c4f27bdf b.html,最后检索时间:2021 年 11 月 25 日。

⑤《南阳市人民政府办公室关于印发南阳市老龄事业发展“十二五”规划的通知》,https://m.pkulaw.com/lar/0f0c225d1270f9529f50e0d435636abbbdfb.html,最后检索时间:2021 年 11 月 25 日。

⑥《洛阳高新区管委会关于印发老龄事业发展“十二五”规划的通知》,https://m.pkulaw.com/lar/0768bf4d217605142b4d7b4c24bbe125bdfb.html,最后检索时间:2021 年 11 月 25 日。

⑦《漯河市人民政府办公室关于印发漯河市老龄事业发展“十二五”规划的通知》,https://m.pkulaw.com/lar/b3c37c37fd1f7ef0de0db56aa6c0b45bbdfb.html,最后检索时间:2021 年 11 月 25 日。

⑧《宜春市人民政府办公室关于印发宜春市老龄事业发展“十二五”实施计划的通知》,https://m.pkulaw.com/lar/89f64781a437e6237c732ea10d6f654dbdfb.html,最后检索时间:2021 年 11 月 25 日。

⑨《九江市人民政府关于印发九江市老龄事业发展“十二五”规划的通知》,https://m.pkulaw.com/lar/377572350283cd90b3c4a5544c31cd63bdfb.html,最后检索时间:2021 年 11 月 25 日。

⑩《萍乡市人民政府关于印发萍乡市老龄事业发展“十二五”实施计划的通知》,https://m.pkulaw.com/lar/c149ada241b89857e863272792f3f 039bdfb.html,最后检索时间:2021 年 11 月 25 日。

续表

⑪《嘉兴市人民政府关于印发嘉兴市老龄事业发展“十二五”规划的通知》，https：//m. pkulaw. com/lar/ac9e95f8bcc35c4c2419f65f8c11c681bdfb. html，最后检索时间：2021 年 11 月 25 日。

⑫《潍坊市人民政府办公室关于印发老龄事业发展“十二五”规划的通知》，https：//m. pkulaw. com/lar/64216ad16a0d41f0829477b320c83e3dbdfb. html，最后检索时间：2021 年 11 月 25 日。

⑬《齐齐哈尔市人民政府印发齐齐哈尔市老龄事业发展“十二五”规划的通知》，https：//m. pkulaw. com/lar/5d2fd11192dee133c4be219995e374f2bdfb. html，最后检索时间：2021 年 11 月 25 日。

⑭《常州市人民政府关于印发常州市“十二五”老龄事业发展规划的通知》，https：//m. pkulaw. com/lar/40585d696836d49c96b7615e9b56bf43bdfb. html，最后检索时间：2021 年 11 月 25 日。

⑮《巢湖市人民政府关于进一步贯彻落实〈合肥市居家养老服务条例〉的实施意见》，https：//m. pkulaw. com/lar/30e8f10ef159812909f4a9459d2e47f5bdfb. html，最后检索时间：2021 年 11 月 25 日。

⑯《株洲市老龄事业发展和养老体系建设规划（2018—2020 年）》，https：//m. pkulaw. com/lar/bbeff225f7602abe715df80f7c314b2cbdfb. html，最后检索时间：2021 年 11 月 25 日。

⑰《巴里坤哈萨克自治县人民政府办公室关于印发自治县老龄事业发展“十一五”规划纲要的通知》，https：//m. pkulaw. com/lar/362327e687e22a5b10cdbefe352067eebdfb. html，最后检索时间：2021 年 11 月 25 日。

（四）老年人社会优待工作的政策与实践

我国的老年人的社会优待工作起步早，发展快。从开展地区来看，其覆盖范围较广，已在全国范围内诸多大、中、小城市开展。从开展时间来看，天津市、厦门市、广州市和杭州市开展时间较早，进入 21 世纪后，各地相应的政策文件出台较多，在前 10 多年的老年人优待工作逐步开展的基础上，为新一轮的老年人优待工作的开展打下坚实的基础。从开展内容来看，诸多城市在逐步发展的过程中，分别从养老、医疗、交通、文体等方面加强优待，且各地对老年人的优待并非将 60 岁以上老年人笼统进行优待，而是分层次优待，在低龄老年人的基础上，为中、高龄老年人逐步增加与之相对应的优待内容，使老年人优待工作更具合理性，其中北京市和成都市对各年龄段老年人的划分尤为细致，将 90 岁和百岁老人增加优待内容（见表 4）。

表 4　老年人社会优待工作政策梳理

文件名称	发布机构	发布时间	相关政策
厦门市人民政府关于进一步做好离休老干部社会优待服务工作的意见	厦门市人民政府①	1988 年 6 月 21 日	为离休老干部提供社会优待服务
广州市老年人优待办法	广州市人民政府②	2001 年 6 月 13 日	为老年人提供休闲方面的优待服务
杭州市老年人优待办法	杭州市人民政府③	2002 年 10 月 11 日	
全国老龄委办公室、中宣部、国家发改委等关于加强老年人优待工作的意见	全国老龄委办公室等④	2005 年 12 月 26 日	从养老、医疗、生活服务、文体休闲、维权服务和社会环境等方面加强对老年人优待
重庆市政府关于进一步做好重庆老年人优待工作的意见	重庆市人民政府⑤	2006 年 10 月 10 日	放宽已实行的服务项目的优待年龄、提供养老优待、提供医疗保健优待、提供生活服务优待、提供文体休闲优待与提供维权服务优待
福州市人民政府关于进一步做好老年人优待工作的意见	福州市人民政府⑥	2006 年 12 月 14 日	加强宣传教育与加强组织领导
西宁市人民政府关于加强老年人优待工作的意见	西宁市人民政府⑦	2006 年 12 月 25 日	基本贯彻全国老龄办的意见，为 65 周岁以上的老年人提供优待
南京市人民政府办公厅关于进一步做好全市老年人社会优待工作的通知	南京市人民政府⑧	2009 年 11 月 24 日	完善“南京市老人优待证”和“敬老卡”的办理、“优待证”和“敬老卡”优待内容
全国老龄工作委员会办公室、最高人民法院、中共中央宣传部等关于进一步加强老年人优待工作的意见	全国老龄工作委员会等⑨	2013 年 12 月 30 日	就政务服务优待、卫生保健优待、交通出行优待、商业服务优待、文体休闲优待与维权服务优待等优待内容对老年人进行优待
常州市进一步加强老年人优待工作意见	常州市人民政府⑩	2014 年 7 月 1 日	对超过 60 周岁的老年人，逐步扩大优待范围，对常住老年人给予与本市老年人同等的优待条件
南昌市人民政府办公厅转发市老龄办等部门关于进一步加强我市老年人优待工作实施意见的通知	南昌市人民政府⑪	2015 年 4 月 1 日	贯彻落实全国老龄办等发布的意见
武汉市老年人优待证使用管理暂行办法	武汉市老龄工作委员会办公室⑫	2017 年 9 月 19 日	加强老年人优待证使用管理

续表

文件名称	发布机构	发布时间	相关政策
关于进一步做好老年人优待证办理工作的通知	开封市民政局⑬	2018 年 8 月 20 日	为超过 60 周岁的老年人提供优待服务
济南市卫生健康委员会、济南市发展和改革委员会、济南市财政局等关于进一步优化老年人优待政策的通知	济南市卫生健康委员会等⑭	2020 年 12 月 25 日	在交通、医疗和文体等方面进行优待
天津市人民政府办公厅转发市老龄委等部门《关于为高龄老人实行优待服务的意见》的通知	天津市人民政府⑮	1993 年 10 月 26 日	为 70 周岁以上的老年人提供优待服务
无锡市人民政府关于进一步做好老年人优待服务工作的意见	无锡市人民政府⑯	2005 年 9 月 19 日	为 60 周岁以上老年人提供优待，为超过 70 周岁老年人提供高龄优待
北京市人民政府办公厅转发市老龄工作委员会办公室关于加强老年人优待工作办法的通知	北京市人民政府⑰	2008 年 10 月 1 日	分别为超过 60 周岁、超过 65 周岁、超过 90 周岁，以及百岁以上老年人提供优待
成都市人民政府办公厅关于进一步做好老年人优待工作的通知	成都市人民政府⑱	2009 年 4 月 21 日	为老年人提供优待，并对超过 90 岁的老人提供每年一次的免费体检，提高百岁以上老人的高龄补贴标准
沈阳市老年人优待规定	沈阳市⑲	2009 年 6 月 1 日	在 60 周岁以上老人的优待基础上，增添超过 70 周岁老年人的优待内容
长沙市老龄委、长沙市公用事业局、长沙市园林局关于进一步加强老年人优待工作的通知	长沙市老龄工作委员会等⑳	2010 年 6 月 4 日	为超过 65 周岁的老年人提供优待服务
大连市人民政府关于印发《大连市老年人优待规定》的通知	大连市人民政府㉑	2011 年 5 月 12 日	分别对超过 60 周岁和 70 周岁的老年人提供优待
运城市人民政府办公厅关于进一步做好运城市老年人优待服务工作的通知	运城市人民政府㉒	2017 年 1 月 13 日	对超过 60 周岁的老年人进行优待，并在 60 周岁以上的优待内容基础上增加对超过 65 周岁老年人的优待内容

资料来源：①《厦门市人民政府关于进一步做好离休老干部社会优待服务工作的意见》，https：//m. pkulaw. com/lar/51e21b8271e7aa023954df46709c9246bdfb. html，最后检索时间：2021 年 11 月 26 日。

②《广州市老年人优待办法》，https：//m. pkulaw. com/lar/b65f4cc36db6431324dba26bdd535847bdfb. html，最后检索时间：2021 年 11 月 26 日。

③《杭州市老年人优待办法》，https：//m. pkulaw. com/lar/183cb5bfc36aa89938c7ba679571d514bdfb. html，最后检索时间：2021 年 11 月 26 日。

④《全国老龄委办公室、中宣部、国家发改委等关于加强老年人优待工作的意见》，https：//m. pkulaw. com/chl/73716897aacb06f9bdfb. html，最后检索时间：2021 年 11 月 26 日。

⑤《重庆市政府关于进一步做好重庆老年人优待工作的意见》，https：//m. pkulaw. com/lar/9f6e107bbcd2282a0518245d99df7b47bdfb. html，最后检索时间：2021 年 11 月 26 日。

⑥《福州市人民政府关于进一步做好老年人优待工作的意见》，https：//m. pkulaw. com/lar/53fa0048429e306b5976ac07399b0c26bdfb. html，最后检索时间：2021 年 11 月 26 日。

⑦《西宁市人民政府关于加强老年人优待工作的意见》，https：//m. pkulaw. com/chl/73716897aacb06f9bdfb. html，最后检索时间：2021 年 11 月 26 日。

⑧《南京市人民政府办公厅关于进一步做好全市老年人社会优待工作的通知》，https：//m. pkulaw. com/lar/15a193b997f19f477cf0e2359cfa413bbdfb. html，最后检索时间：2021 年 11 月 26 日。

⑨《全国老龄工作委员会办公室、最高人民法院、中共中央宣传部等关于进一步加强老年人优待工作的意见》，https：//m. pkulaw. com/chl/b03ae75b9f5a27cfbdfb. html，最后检索时间：2021 年 11 月 26 日。

⑩《常州市进一步加强老年人优待工作意见》，https：//m. pkulaw. com/lar/e74aed87eec0bfe2f374c526126f32a5bdfb. html，最后检索时间：2021 年 11 月 26 日。

⑪《南昌市人民政府办公厅转发市老龄办等部门关于进一步加强我市老年人优待工作实施意见的通知》，https：//m. pkulaw. com/lar/156940741e7f3727fe70db5b5e75e0febdfb. html，最后检索时间：2021 年 11 月 26 日。

⑫《武汉市老年人优待证使用管理暂行办法》，https：//m. pkulaw. com/lar/124e55015efb3a04b7b9da6f8e938b98bdfb. html，最后检索时间：2021 年 11 月 26 日。

⑬《关于进一步做好老年人优待证办理工作的通知》，https：//m. pkulaw. com/lar/589093bae36e94dbe03e19637fbc4622bdfb. html，最后检索时间：2021 年 11 月 26 日。

⑭《济南市卫生健康委员会、济南市发展和改革委员会、济南市财政局等关于进一步优化老年人优待政策的通知》，https：//m. pkulaw. com/lar/be4477e69e2a6099494440f718725757bdf b. html，最后检索时间：2021 年 11 月 26 日。

⑮《天津市人民政府办公厅转发市老龄委等部门〈关于为高龄老人实行优待服务的意见〉的通知》，https：//m. pkulaw. com/lar/e6b19bd1cac0f8f82387285930372bb4bdfb. html，最后检索时间：2021 年 11 月 26 日。

⑯《无锡市人民政府关于进一步做好老年人优待服务工作的意见》，https：//m. pkulaw. com/lar/ee222ae2532257d76395210f7a3bb193bdfb. html，最后检索时间：2021 年 11 月 26 日。

⑰《北京市人民政府办公厅转发市老龄工作委员会办公室关于加强老年人优待工作办法的通知》，https：//m. pkulaw. com/lar/e144734df1619ba065f1ba572595465abdfb. html，最后检索时间：2021 年 11 月 26 日。

⑱《成都市人民政府办公厅关于进一步做好老年人优待工作的通知》，https：//m. pkulaw. com/lar/d1fb6ee8bdf78e78de508daee46143b2bdfb. html，最后检索时间：2021 年 11 月 26 日。

续表

⑲《沈阳市老年人优待规定》，https：//m. pkulaw. com/lar/3164ef9824168e70eb2f4ef38dc83c69bdfb. html，最后检索时间：2021 年 11 月 26 日。

⑳《长沙市老龄委、长沙市公用事业局、长沙市园林局关于进一步加强老年人优待工作的通知》，https：//m. pkulaw. com/lar/e073000d66dcdfa8a5f6a3668a662986bdfb. html，最后检索时间：2021 年 11 月 26 日。

㉑《大连市人民政府关于印发〈大连市老年人优待规定〉的通知》，https：//m. pkulaw. com/lar/f98e5bb57ab82a84a8c05259cb2753bbbdfb. html，最后检索时间：2021 年 11 月 26 日。

㉒《运城市人民政府办公厅关于进一步做好运城市老年人优待服务工作的通知》，https：//m. pkulaw. com/lar/323683d6e9c6a4c21d445f4d3d773b9fbdfb. html，最后检索时间：2021 年 11 月 26 日。

（五）老年人权益保障的法律、政策及实践

老年人在社会发展中容易受到忽视，我国对老年人权益保障的时间开始较晚，但发展较快，与老年人相关的政策与法律也在不断更新与调整，对老年人权益保障的制度在不断加强与完善。

我国在老年人权益保障方面开展时间较早，关注部门较多，司法部、民政部和全国老龄办等部门先后多次发布通知对老年人权益进行保障。从开展地区来看，全国范围内都较为注重对老年人权益的保障，各大、中、小城市根据本地情况制定符合本地的老年人权益保障政策。从开展时间来看，天津市、大连市、昆明市、乌鲁木齐市、上海市和济南市等城市开展时间较早，整体而言，我国的老年人权益保障相关政策发布时期前后跨度较大，且随着人口老龄化程度的加深，近年来对老年人权益保障的措施出台较多。从开展内容来看，各政策文件、法律条例均对老年人权益做出保障，在强调社会层面保障的同时，要求加强老年人的家庭保障（见表5）。

（六）老年友好城市政策演进小结

老年友好城市的治理实践从上述五个方面开展。从开展地区来看，五个方面多以大城市为试点城市，其中以上海市和浙江省各市为代表，发布了一系列政策方案来推动建成老年友好城市。可以简单归因于大城市经济实力雄

表5　老年人权益保障政策梳理

文件名称	发布机构	发布时间	相关政策
中华人民共和国老年人权益保障法	全国人大常委会①	1996年	从家庭赡养与扶养、社会保障、参与社会发展、法律责任等方面保障老年人权益，开展社会服务社会优待和宜居环境工作
司法部、民政部关于保障老年人合法权益做好老年人法律援助工作的通知	司法部、民政部②	1996年	切实保障老年人的合法权益，做好法律援助工作
全国老龄工作委员会办公室关于认真做好老年人权益保障和执法监督工作的通知	全国老龄工作委员会③	2003年	加大贯彻老年法律法规和政策的力度
大连市老年人保护条例	大连市人大（含常委会）④	1988年9月27日	从老年人的经济保障、家庭对老年人的保护、社会对老年人的保护、老年人的自我保护、对集中供养的老年人的保护、奖励与惩罚等方面着力
昆明市保护老年人合法权益条例	昆明市人大（含常委会）⑤	1990年7月30日	明确对50周岁以上女性、60周岁以上男性老年人的权益保护
乌鲁木齐市保护老年人合法权益的规定	乌鲁木齐市人大（含常委会）⑥	1990年9月8日	从社会保障、家庭保障、自我保护、奖励和处罚等方面加强老年人权益保护
天津市保护老年人合法权益的若干规定	天津市人大（含常委会）⑦	1987年3月18日	加大老年人优待力度
上海市老年人权益保障条例	上海市人大（含常委会）⑧	1998年8月18日	加大老年人优待力度
济南市保障老年人合法权益若干规定	济南市人大（含常委会）⑨	1999年12月16日	加大老年人优待力度
民政部关于学习宣传贯彻《中华人民共和国老年人权益保障法》的通知	民政部⑩	2013年	健全工作机制、完善政策制度、完善服务提供模式、加大资金投入、加大扶持力度与加强基础能力建设
国务院关于研究处理老年人权益保障法执法检查报告及审议意见情况的反馈报告	国务院⑪	2016年	落实应对人口老龄化国家战略、完善养老服务体系建设、全面放开养老服务市场、推进农村养老服务发展、强化养老服务人才队伍建设与创新老年人参与社会发展机制

续表

文件名称	发布机构	发布时间	相关政策
石家庄市人民政府办公室关于贯彻落实新修改的《中华人民共和国老年人权益保障法》进一步优化养老服务业营商环境的通知	石家庄市人民政府[12]	2019 年 6 月 6 日	从养老角度加强对老年人权益的保障
汕头经济特区老年人权益保障条例	汕头市人大（含常委会）[13]	2013 年 10 月 29 日	从家庭赡养与扶养、社会保障、社会服务、社会优待、宜居环境、参与社会发展和法律责任等方面保障老年人合法权益
包头市老年人权益保障条例	包头市人大（含常委会）[14]	2014 年 5 月 30 日	
沈阳市老年人权益保障办法	沈阳市人民政府[15]	2016 年	
重庆市老年人权益保障条例	重庆市人大（含常委会）[16]	2017 年 11 月 30 日	
长春市老年人权益保障条例	长春市人大（含常委会）[17]	2018 年 9 月 21 日	
太原市老年人权益保障办法	太原市人大（含常委会）[18]	2018 年 12 月 5 日	
厦门经济特区老年人权益保障规定	厦门市人大（含常委会）[19]	2021 年 6 月 24 日	从家庭赡养与扶养、社会保障、社会服务、社会优待、宜居环境、参与社会发展和法律责任等方面保障老年人合法权益

资料来源：①《中华人民共和国老年人权益保障法》，https：//pkulaw. com/chl/865d4f9d80b80371bdfb. html，最后检索时间：2021 年 11 月 27 日。

②《司法部、民政部关于保障老年人合法权益做好老年人法律援助工作的通知》，https：//m. pkulaw. com/chl/110c8fe2a0e0a4c8bdfb. html，最后检索时间：2021 年 11 月 27 日。

③《全国老龄工作委员会办公室关于认真做好老年人权益保障和执法监督工作的通知》，https：//m. pkulaw. com/chl/20508121164f71c5bdfb. html，最后检索时间：2021 年 11 月 27 日。

④《大连市老年人保护条例》，https：//m. pkulaw. com/lar/186f5031dd780d95a7066622b3abaf5bbdfb. html，最后检索时间：2021 年 11 月 27 日。

⑤《昆明市保护老年人合法权益条例》，https：//m. pkulaw. com/lar/9f1af7fdad007205440597ced4c6bde5bdfb. html，最后检索时间：2021 年 11 月 27 日。

⑥《乌鲁木齐市保护老年人合法权益的规定》，https：//m. pkulaw. com/lar/29b7fe311393b3883834db3fca83925abdfb. html，最后检索时间：2021 年 11 月 27 日。

⑦《天津市保护老年人合法权益的若干规定》，https：//m. pkulaw. com/lar/7e6f860c7f0b7839bf8baacdd72e06ebbdfb. html，最后检索时间：2021 年 11 月 27 日。

⑧《上海市老年人权益保障条例》，https：//m. pkulaw. com/lar/17c78470b6e85325268870f57b0a2de3bdfb. html，最后检索时间：2021 年 11 月 27 日。

⑨《济南市保障老年人合法权益若干规定》，https：//m. pkulaw. com/lar/5b53338f6cb55c43a11a

续表

fbb2d9b1e6c0bdfb. html，最后检索时间：2021 年 11 月 27 日。

⑩《民政部关于学习宣传贯彻〈中华人民共和国老年人权益保障法〉的通知》，https：//m. pkulaw. com/chl/56b5610aa43373d0bdfb. html，最后检索时间：2021 年 11 月 27 日。

⑪《国务院关于研究处理老年人权益保障法执法检查报告及审议意见情况的反馈报告》，https：//m. pkulaw. com/chl/266b9fc60a8d4ca8bdfb. html，最后检索时间：2021 年 11 月 27 日。

⑫《石家庄市人民政府办公室关于贯彻落实新修改的〈中华人民共和国老年人权益保障法〉进一步优化养老服务业营商环境的通知》，https：//m. pkulaw. com/lar/d2a1a0f5d83ade75f8 e403f384c1ee2ebdfb. html，最后检索时间：2021 年 11 月 27 日。

⑬《汕头经济特区老年人权益保障条例》，https：//m. pkulaw. com/lar/567733422b6a231bdb8192c8128a19bdbdfb. html，最后检索时间：2021 年 11 月 27 日。

⑭《包头市老年人权益保障条例》，https：//m. pkulaw. com/lar/76f88a6a2edae975829b6de31754f4fabdfb. html，最后检索时间：2021 年 11 月 27 日。

⑮《沈阳市老年人权益保障办法》，https：//m. pkulaw. com/lar/8eed0da2cf79bbc91296e4949c3d4af4bdfb. html，最后检索时间：2021 年 11 月 27 日。

⑯《重庆市老年人权益保障条例》，https：//m. pkulaw. com/lar/82f722cbcb3a4438c43e6a90888182cabdfb. html，最后检索时间：2021 年 11 月 27 日。

⑰《长春市老年人权益保障条例》，https：//m. pkulaw. com/lar/df88ae8dca3e60e7ebf2a2e54fabd396bdfb. html，最后检索时间：2021 年 11 月 27 日。

⑱《太原市老年人权益保障办法》，https：//m. pkulaw. com/lar/73e54218427779cb68abf8f81121b712bdfb. html，最后检索时间：2021 年 11 月 27 日。

⑲《厦门经济特区老年人权益保障规定》，https：//m. pkulaw. com/lar/694d3c38b4342141f3db629ed32997b1bdfb. html，最后检索时间：2021 年 11 月 27 日。

厚、基础设施建设齐全，围绕着老年友好的五个方面，在各大城市试点工作的基础上，向各中小城市扩散。相对来说在东部经济发展水平较高的大城市老年友好城市建设工作开展较好，其中上海市比较富有特色和代表性，不仅体现在资金投入方面，还通过合理地利用现有资源，盘活场地空间，从老年友好城市的理念机制中发掘资源潜力。个别方面在中小城市由于政策扩散需要一定时间或本地经济水平限制尚未取得显著成效。

从开展时间来看，近年来随着国家对人口老龄化问题的重视，我国的老年友好政策逐步进入快速发展阶段。自 2017 年国务院发布《国务院关于印发“十三五”国家老龄事业发展和养老体系建设规划的通知》之后，有关老年友好五个方面率先在大城市开展，相关政策数量、密集程度增加，尤其是直辖市或省会城市，在开展工作上起到带头作用。

从开展内容来看，政策发布的单位级别不断上升内容愈加重要，大、中、小城市在中央的指导下，结合本地的实际情况开展工作，并在工作开展的过程中不断完善与调整工作内容与方向。但梳理相关政策不难发现，我国老年友好的相关政策文件仍处于起步阶段，且多为倡导性质，较为碎片化，制定出台后缺乏有效的执行力，而老年友好城市的建设不是单一部门就能解决的，需要全社会的多元主体发挥各自的资源优势。同时，各地的老年友好政策特色凸显不足，没能很好地结合当地的资源禀赋、相关服务的资源配置、老年人口状况，可操作性不强，缺乏与之配套的政策执行网络，存在一定的盲区和短板甚至做出有些脱离实际的老年好友社会政策规划。

四　回顾与展望

（一）回顾政策问题

多头共治，政策主体职责不清晰。经过20多年的努力，我国初步构建了完整的老龄政策体系。据不完全统计，改革开放以来我国出台的涉老文件多达1000余项，由民政部门、卫生系统、建设系统、老龄委等多头推动参与其中。通过一系列政策文件不难看出，我国在老年友好城市治理过程中更为注重加强养老服务体系及特定群体的保障体系建设，强调老年服务工作的管理。但从全国各地各有关职能部门工作开展的总体情况来看，我国老年友好城市治理缺乏有力的协调，中枢乏力，短板明显，各方协同机制不健全，顶层设计缺乏全面统筹。大老龄工作格局尚未形成，使得老年友好城市的建设工作总体上滞后于人口老龄化发展，需要加快构建积极的发展型公共政策体系，而不仅仅是老龄政策①。

① 杜鹏、王永梅：《改革开放40年我国老龄化的社会治理——成就、问题与现代化路径》，《北京行政学院学报》2018年第6期。

治理区域差异明显。我国老年友好城市创建试点工作开展以来，各地从实际出发，做了大量积极而富有成效的工作，进展有条不紊，有了良好的开端，为以后在全国全面铺开奠定基础、积累经验。我国进行老年友好城市创建试点工作，先期主要选取的是东部沿海和东北老工业基地的部分省份进行，内地试点的创建仍处于起步阶段，工作基础相对薄弱，各地发展不平衡。对于经济欠发达、财力相对较弱地区和城市的试点选取不足，试点的代表性和可信度较低。且部分试点工作主动性发挥不足，存在重形式轻内容、重过场轻实效的情况。

社会参与不足。对于具有社会性和个性的老年人来说，其尊重和自我实现的社会性和个性需求，在现阶段的老年友好城市建设中是缺失的。政府在推动老年城市建设中的重点在于追求公平性，所以只能满足老年人基本的生理、安全和社交需求，主要在提高基础设施、强化医疗健康、完善公共服务方面发挥作用。城市建设涉及很多方面，并不完全由政府全部包揽，下至企业、组织，小到家庭、个人，没有人能够置身事外。城市建设涉及多方面参与，通过共同倡议方式来规范老年友好城市治理十分有意义。城市居民亲身参与“全龄友好”城市规划和建设，有益于产生“共建共享”的结果且充分改善后的环境是广大市民最为需要的①。包容性设计能够推动将顶层策略与民众的现实需要相结合，让“老龄友好”的概念更易被大众接受，因此未来的老年友好城市治理需要多元主体参与，实现城市共享。

（二）实践探索未来

老年友好城市建设有多种实施的可能性，每个城市可以根据自身特点明确建设重点及推进方式，发展具有不同特点和地区特色的老年友好城市。但总体来说，“十四五”期间，除在社会保障、健康服务、养老服务等方面下足功夫外，还应从实践上进一步明确如何建设老年友好型城市。笔者认为以下五点是我国当下老年友好城市建设的共性方向和未来

① 姜颖、关家印、董华：《英国老年友好城市建设经验》，《上海城市规划》2020 年第 6 期。

的重要举措。

第一，在“环境宜老”方面，要围绕全国示范性老年友好型社区创建工作，推动老年宜居环境建设。建设适老化城市公共空间，构建“十五分钟生活圈”。建设便捷的城市交通服务设施，增设适老化城市公共交通出行线路，改造公共场所的电梯和自动扶梯，增加地铁站老年适用性设施。建设经济适用型老年住宅，提供经济适用性住房、房屋修筑贷款和完善居家安老保障措施。

第二，大力推进“智慧助老”将是我国老年友好城市建设的重要一环。未来，随着信息技术、物联网、人工智能等技术的进一步发展，老年友好城市的建设工作势必要与之相结合，为破解“未富先老”“未备先老”的养老困境提供全新的解决方案。聚焦老年人日常生活及文娱的高频事项和活动场景，深入开展“智慧助老”提升老年群体运用智能技术的能力，助力老年人跨越“数字鸿沟”。

第三，加强顶层设计，通过法律构建“依法护老”制度。完善老年人权益保障立法，健全保护老年人终身学习的相关法律制度。要不断完善相关政策法规体系，加强普法宣传和法律援助。通过立法来保障老年人社会参与机会，让他们继续为社会做有价值有意义的贡献。

第四，以“政策适老”为依托，推进完善适老化政策举措，积极为老有所为创造条件，有效促进老年人社会参与，充分发挥老年人的作用。让具有意愿且健康状况良好，又在相关领域经验丰富的老人充分发挥余热，探索开展以“时间银行”为代表的互助活动，激发老龄社会发展的内生动力。加强老年教育，鼓励具备条件的各类主体举办老年大学（学校），不断满足老年人老有所学的学习意愿。

第五，弘扬传统美德实现“文化敬老”。推动孝亲敬老纳入社会主义核心价值观宣传教育，建设富有民族特色、紧跟时代的爱老敬老文化。发挥家庭的代际教育作用，培育和践行孝亲敬老家风，教育引导居民自觉承担家庭责任，树立良好家风。发挥各类企事业单位、社会组织在孝亲敬老文化建设中应有的作用。

B.9
中国年龄友好城市治理体系框架报告

杨一帆　潘君豪　张晓丹*

摘　要： 人口结构转变是中国城镇化进程中面临的重要挑战，建设年龄友好城市是主动迎接老龄少子社会到来的关键举措。借鉴世界卫生组织（WHO）和联合国儿童基金会（UNICEF）关于构建老年和儿童友好型城市社区的政策框架，根据"价值导向－体系构建－治理结构－运行机制－治理绩效"的基本逻辑，初步凝练了年龄友好城市治理的价值理念，进而构建了具有中国特色的、具有可持续发展韧性的、共建共治共享的年龄友好城市治理模式及绩效评估体系，有望成为未来积极老龄化与地方治理、可持续发展交叉议题的重要研究方向。

关键词： 城市治理　老龄化　年龄友好城市

一　研究背景与问题提出

（一）研究背景

党的十八大以来，以习近平同志为核心的党中央高度重视积极应对人口

* 杨一帆，经济学博士，西南交通大学公共管理学院教授，国际老龄科学研究院副院长，四川省社会科学重点研究基地（老龄事业与产业发展研究中心）执行主任，研究领域为养老金融、健康老龄化、康养产业；潘君豪，西南交通大学公共管理学院2021级硕士研究生，国际老龄科学研究院科研助理，研究领域为社会保障与老龄科学；张晓丹，西南交通大学公共管理学院2019级本科生，研究方向为老龄事业管理。

老龄化和少年儿童的成长发展问题，将老龄事业和儿童事业发展纳入“五位一体”总体布局和“四个全面”战略布局，持续推动积极应对人口老龄化战略的理论、制度及实践创新，取得了一系列突破性的重大成就，走出了一条具有中国特色的人口发展战略的道路，为“未富先老”的发展中国家破解“先老难富”的世界性难题提供了中国方案。党的十九届五中全会正式将“实施积极应对人口老龄化”上升成为国家战略①，这在历次党的全会文献中是第一次。针对新发展阶段所面临的新发展形势，更需站位于新的战略高度，以党积极应对人口老龄化的战略思想为引领，持续开拓积极应对人口老龄化的新举措、新模式。

习近平总书记指出：“我国是世界上人口老龄化程度比较高的国家之一，老年人口数量最多，老龄化速度最快，应对人口老龄化任务最重。”② 2021 年 10 月 15 日，国家发改委等 23 个部委联合印发《关于推进儿童友好城市建设的指导意见》，力推在未来 5 年时间内建成 100 个儿童友好城市试点，推动高质量的儿童事业发展融入经济社会协同发展的全局之中③。应对人口老龄化和建设儿童友好社会环境是我国在实现中华民族伟大复兴的道路上不可回避的现实问题。第七次全国人口普查数据显示，截至 2020 年底，全国 60 岁及以上老年人口总数达到 2.64 亿人，占比为 18.7%④，与世界发达国家平均水平（22%）相近；至 2050 年，预计老年人口总数将翻一番。其中，我国高龄老年人口（80 岁及以上）数量已达 3200 万人；预计到 2030 年，仍然以每年 200 万人的速度增长；2050 年，我国高龄老年人口比重将会上升至 10.3%⑤。

---

① 《中国共产党第十九届中央委员会第五次全体会议公报》，http：//www.gov.cn/xinwen/2020-10/29/content_5555877.htm，最后检索时间：2021 年 10 月 16 日。

② 《专家：养老工作是实现全面小康的重要组成部分》，http：//country.cnr.cn/focus/20160530/t20160530_522272121.shtml，最后检索时间：2021 年 10 月 31 日。

③ 《关于推进儿童友好城市建设的指导意见》，https：//www.ndrc.gov.cn/xxgk/zcfb/tz/202110/t20211015_1299751_ext.html，最后检索时间：2021 年 11 月 1 日。

④ 《国家统计局：60 岁及以上人口比重达 18.7% 老龄化进程明显加快》，http：//finance.people.com.cn/n1/2021/0511/c1004-32100026.html，最后检索时间：2021 年 11 月 3 日。

⑤ 《最新养老大数据的统计》，https：//zhuanlan.zhihu.com/p/126027503，最新检索时间：2021 年 11 月 12 日。

目前，我国共计有1.5亿名老年人患有慢性病①，其中共有超过4000万人的完全失能和部分失能老年人口。基于相关老年人口现状，在未来一段时间内，我国社会抚养负担、社会保障压力都将远超预期。与此同时，相比较2010年第六次全国人口普查数据，全国0～14岁儿童人口比重上升了1.35个百分点，总数已经达到2.53亿人，占比约为17.95%，少年儿童比重略有回升，生育政策发挥了一定的作用②。

除此之外，吸纳"一老一小"人口超过一半的城市多以满足年轻人口、健康居民需要而建设和提供相关基础设施和服务，尚未前瞻性地考虑到老龄社会和儿童友好城市的特点和需求。近年来，伴随着城镇化进程的加快，中国城镇儿童占儿童总数比重稳步上升，已经由1982年的16.6%上升至2015年的49.1%③，但是仍然低于第七次全国人口普查数据中63.89%的全国人口城镇化率，反映出农村留守儿童面临的随迁困境④。第四次全国城乡老年人生活状况调查数据显示，58.7%的城乡老年人认为存在住房不适应老年人生存和发展的问题。有四成以上在城市生活的老年人（44.7%）表示社区活动不便捷，超过六成（65.4%）的老年人认为城市社区设施不齐全，其中，多数老年人（60.6%）认为不完善的社区服务给生活造成了极大的困扰⑤。与此同时，随着老年群体在民主、法治、公平、正义、安全、环境等方面的需求日益增长，其有序参与社会的意愿和诉求也亟待予以回应。

（二）问题提出

如何让城市对包括"一老一小"在内的全龄人群都具有包容性，是国

---

① 《全生命周期应对老龄化老人不是"包袱"是"财富"》，http：//health. people. com. cn/n1/2016/1114/c398004－28858554. html，最后检索时间：2021年11月3日。

② 《第七次全国人口普查主要数据情况》，http：//www. stats. gov. cn/tjsj/zxfb/202105/t20210510_ 1817176. html，最后检索时间：2021年11月3日。

③ 《2015年中国儿童人口状况：事实与数据》，http：//archive. unicef. cn/cn/index. php？m＝content&c＝index&a＝show&catid＝226&id＝4242，最后检索时间：2021年11月4日。

④ 苑立新主编《中国儿童发展报告（2020）》，社会科学文献出版社，2020。

⑤ 党俊武主编《老龄蓝皮书：中国城乡老年人生活状况调查报告（2018）》，社会科学文献出版社，2018。

家治理体系和治理能力现代化面临的重要挑战。近年来，党和国家以积极应对人口老龄化和建设儿童友好城市行动为依托，出台老年宜居环境建设行动方案和儿童友好城市建设指导意见，体现出党和国家对老龄工作和儿童成长问题的高度重视，但部分地方政府对于“一老一小”问题的认知却参差不齐，流于表面，甚至存在部分偏差，严重影响了“一老一小”的包容性发展。比如认为老龄问题就是为老年人提供硬件基础设施和基本照料服务，将其视作社会的“负担”和“包袱”，或是单纯以新建托幼所和幼儿园为途径实现儿童友好。我国城市治理同人口老龄化现象之间的不匹配不协调普遍存在，多表现为广场舞空间争夺现象、老龄工作机构乏力、新建商业小区排斥养老机构等问题。且占总人口比例将近40%的“一老一小”关于照料、参与和教育等多元利益诉求，难以通过现有治理框架和手段得到有效回应，城市治理面对高龄少子化社会挑战时显得韧性不足、创新乏力。

因此，借鉴世界卫生组织关于构建老年友好型和儿童友好型城市社区的政策框架，明晰其运作机制和约束条件，进而构建具有中国特色的、具有可持续发展韧性的、共建共治共享的年龄友好城市治理模式及绩效评估体系，应成为“一老一小”与地方治理、可持续发展交叉议题的重要研究方向。随着数字孪生、AI医疗、云端教育等社会管理方法和工具设备在社会层面的广泛应用，大量的人口行为数据和城市管理数据得以采集和储存，在大数据技术迅猛发展的时代，开展基于大数据的年龄友好城市治理研究已成为可能。

二　研究历程与动态

（一）积极应对人口老龄化的研究综述

从总体来看，国外学术界对人口老龄化发展态势，及其对经济社会全局带来的消极或积极影响已经有较为长期和比较成熟的认知，最近10年其主要关注点已经转向新一轮科技革命对重塑人口老龄化社会形态和

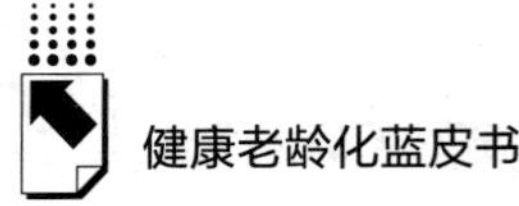

生产消费等宏观经济关键变量的各种影响。其中一些先老龄化的发达国家，如美国、日本、新加坡、韩国等已经初步形成了系统性的行动体系框架设计[①]，欧盟等区域组织已经颁布专项立法，建立区域科研协同组织，并启动了治理水平监测体系。总体来看，这些国家正在从福利导向的“被动应对”向支持和发展导向的“积极应对”“主动应对”转变。相对而言，长期以来，中国学术界与产业界普遍对人口老龄化持消极态度，多数认为“未富先老”的人口老龄化态势会冲击中国经济社会的总体发展。

但随着党和国家高层对应对人口老龄化总体战略的思考逐步成形，国内学界近年来关于加快完善基本公共服务[②]、构建老年友好环境[③]、发展银发经济产业等方面的研究水涨船高[④]，高龄少子化对经济增长方式转变、产业结构调整、人才引进和培育、新型产业集聚模式探索、企业和组织管理方式创新等方面也带来了重要契机，《人民日报》、《光明日报》和“新华社”等众多主流媒体也多次公开呼吁相关部门加快对公共资源配置机制进行改革、努力拓宽社会服务资源、构建数字化智慧社会等。可见，党的十八大以来，特别是在习近平总书记2016年“5·27”讲话和《国家积极人口老龄化中长期规划》发布后，国内学术界已经充分意识到了积极应对人口老龄化态势变化的重要意义，并且意识到中国亟须全面深化老龄化治理的体制机制改革。

从学术演进的阶段性特征来看，国内研究曾长期较多地停留在生育水平、生育行为、养老服务、养老金和社会保障、医养结合、老年健康等“生养照护”问题的争论之上，近年来甚至再度纠结于“计划生育应不应该”“是否过头”等问题，少数相关学者在这方面的批判和反思明显增强，

---

① 李小云：《国外老年友好社区研究进展述评》，《城市发展研究》2019年第7期。

② 田美玉、罗明、吴庆田：《人口老龄化、财政压力与基本公共服务支出偏向》，《西北人口》2021年第4期。

③ 孙中锋、朱霞林、单习章：《积极老龄化视野中的友好环境建设》，《科技导报》2021年第8期。

④ 杨燕绥：《银发经济发展战略三大指标和时间表》，《人民论坛》2014年第S2期。

但理论研究的视野和现有思路并没有显示出明显超前于国外人口学、老年学学术界的特征，研究方法也依然停留于传统意义上的小样本调查和人口调查的基本面分析等。近两年依托大数据、云计算等技术手段研究人口老龄化问题的国内学者开始增多，比如，杨一帆、潘君豪①，任远②，黄晨熹③等少数学者提出了不同代际、城乡之间存在的“老年数字贫困”“老年数字鸿沟”“数字乡村壁垒”等命题。下一步，国内学术界有望加强该领域的研究、迎头赶上甚至在某些问题上超越西方学术界。可以预见，在《关于切实解决老年人运用智能技术困难实施方案》出台后，中国学术界把最新的科技，特别是信息技术发展，融入积极应对人口老龄化国家战略的具体实施研究方面，即将展露强劲的中国势头。

当前在国内外学界，从国家治理体系与治理能力的视角出发，针对“人口老龄化治理”的理论研究尚未起步，国内学术界也只是在医疗、养老工作的研究中偶尔提及“老龄问题治理”这一议题，较为深入系统的阐述不多，对老年教育、终身学习、银发人力资源开发等“积极应对”的面向关注不多。同时，国内外学术界的相关研究成果多数属于中观层面的应用性研究，理论研究和以模型为工具的综合定量研究较少。从研究重点来看，就事论事地分析应对人口老龄化法律制度和政策存在的问题及成因占据主流，通常按照“提出问题→实证调查→剖析成因→梳理国际经验→提出政策建议”的研究路径。这在特定历史阶段具有重要的理论意义和现实意义，但随着人口老龄化形势的深刻变化，相应的治理体制机制已经面临着系统性重塑的历史使命，这就需要进一步围绕新时代的国家战略部署，从理论层面重构一套顺应时势、因应关切的中国人口老龄化治理话语体系，从战略层面重构一套更加开放积极有效的中国积极应对人口老龄化战略的城市管理体制机制，使中国大中型城市应对人口老龄化工作真正进入“新时代”，有机融入整个国家治理体系之中。

---

① 杨一帆、潘君豪：《老年群体的数字融入困境及应对路径》，《新闻与写作》2021 年第 3 期。

② 任远：《数字鸿沟和智慧老龄社会》，《金融博览》2021 年第 6 期。

③ 黄晨熹：《老年数字鸿沟的现状、挑战及对策》，《人民论坛》2020 年第 29 期。

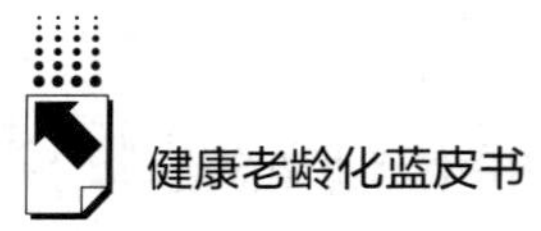

（二）老年友好型城市治理的相关研究

郑功成[①]、李志宏[②]、邬沧萍[③]、郭爱妹[④]等认为人口老龄化的实质是个体群众生命周期中面临的一个自然过程问题，具有不可逆转性。而人口老龄化问题的本质就是有关发展的结构性问题，即人口年龄结构与经济社会发展之间不协调、不匹配问题，必然要靠发展去解决。正如李军所说，中国人口老龄化来得“急”，缺少应对的时间，而且没有办法短期缓解[⑤]。政府和众多学者对于这一态势和特点都是有着清醒的共识性认识：未富先老、未备先老、少子化、高龄化、空巢化，即“两未三化”[⑥⑦⑧⑨⑩]。龚仁伟认为，积极开展应对人口老龄化行动，要善于运用法治思维和法治方式推动各个领域内的老龄法治建设[⑪]，如老年人权益保障政策[⑫]、老龄产业政策[⑬]、老年社会参与社会管理创新[⑭⑮]。

2002 年，世界卫生组织（WHO）首次明确阐述了“积极老龄化”概

① 郑功成：《中国养老保险制度：跨世纪的改革思考》，《中国软科学》2000 年第 3 期。

② 李志宏：《新常态：老龄工作深化改革需要树立“保民生、促发展”的正确导向》，《老龄科学研究》2015 年第 8 期。

③ 邬沧萍、王萍：《积极应对人口老龄化》，《求是》2009 年第 7 期。

④ 郭爱妹、石盈：《“积极老龄化”：一种社会建构论观点》，《江海学刊》2006 年第 5 期。

⑤ 李军：《积极应对人口老龄化的经济发展战略选择》，《群言》2013 年第 7 期。

⑥ 任季萍：《人口老龄化问题：挑战及其应对》，《理论探索》2009 年第 1 期。

⑦ 陈红：《人口老龄化与社会可持续发展》，《人口与经济》2001 年第 4 期。

⑧ 穆光宗：《关于我国建立人口优化发展大国策体系的思考》，《中国延安干部学院学报》2011 年第 2 期。

⑨ 原新：《我国人口老龄化面临的形势与问题》，《理论视野》2007 年第 9 期。

⑩ 姜春力：《我国人口老龄化现状分析与“十三五”时期应对战略与措施》，《全球化》2016 年第 8 期。

⑪ 龚仁伟：《从基本国策高度积极应对人口老龄化——基于宪法基本国策的视角》，《老龄科学研究》2016 年第 4 期。

⑫ 鲁晓明：《积极老龄化视角下之就业老年人权益保障》，《法学论坛》2021 年第 4 期。

⑬ 杨立雄：《北京市老龄产业发展研究》，《中国软科学》2017 年第 3 期。

⑭ 陈洁琼、何兰萍：《积极老龄化视角下的老年社会参与和社会管理创新》，载《新规划·新视野·新发展——天津市社会科学界第七届学术年会优秀论文集〈天津学术文库〉（中）》，2011。

⑮ 施祖美：《开放办学　创新管理》，《老年教育（老年大学）》2013 年第 9 期。

念，并在2007年正式提出“Age-friendly”城市和社区指南，倡议世界各国在户外空间与建筑、交通、住房、社会参与、尊重与社会包容、公众参与与就业、交流与信息、社区支持与卫生保健服务等8个领域开展建设[①]。2015年又进一步提出了国家层面的评估指南。国内学者基于中国老龄化现实情况，并围绕积极老龄化的“健康、参与、保障”3个层面进行了深入研究，逐渐成为中国21世纪积极应对人口老龄化理论、政策及战略的“元话语”[②③④]。邬沧萍则更进一步阐释了推进“积极老龄化”中国化的现实意义，强调“建立一个无关年龄人人共享的社会”[⑤]。Rémillard-Boilard Samuèle等采用多案例研究的方法，比较了11个国家11个城市的经验来解决全球年龄友好城市建设在实践上的差距，并提出了年龄友好城市建设行动的4个优先事项：改变对老年人的看法；让关键行为者参与年龄友好工作；应对老年人的（多样化）需求；改进年龄友好方案的规划和执行[⑥]。

Chiang Yichen等通过情景模拟法测度发现城市居民对城市人气、交通、发展、外观和竞争力的满意度与建设老年友好城市行动之间存在正向关系[⑦]。但是，过分强调城市和社区的为老服务属性反而会加深年龄歧视。Phillipson Chris、Grenier Amanda深入剖析了广泛存在于城市社会、经济、空

① 窦晓璐、〔美〕约翰·派努斯、冯长春：《城市与积极老龄化：老年友好城市建设的国际经验》，《国际城市规划》2015年第3期。

② 刘颂：《积极老龄化框架下老年社会参与的难点及对策》，《南京人口管理干部学院学报》2006年第4期。

③ 林卡、吕浩然：《四种老龄化理念及其政策蕴意》，《浙江大学学报》（人文社会科学版）2016年第4期。

④ 刘文、焦佩：《国际视野中的积极老龄化研究》，《中山大学学报》（社会科学版）2015年第1期。

⑤ 邬沧萍：《积极应对人口老龄化理论诠释》，《老龄科学研究》2013年第1期。

⑥ Rémillard-Boilard, S., Buffel, T., Phillipson, C.,“Developing Age-friendly Cities and Communities: Eleven Case Studies from around the World,” *Int J Environ Res Public Health* 18 (2020): p. 133.

⑦ Chiang Yichen, Gao Darui, Li Xian, Lee Chunyang, Sun Xinying, Chen Chingtsao, “Effect of Urban Transformation and the Age-friendly City Strategy on the Improvement of Residents' Subjective Well-being: Simulation based on the Scenario Method,” *Journal of Urban Planning and Development* 47 (2021).

间和环境中的四类“年龄歧视”及其之间的联系，并强调要在年龄友好城市建设中嵌入“反年龄主义”工作。因为各类关爱老人的项目都将老年人置于各种倡议的中心位置，但各种“年龄友好”的项目却隐含着“年龄歧视”，忽视了老年群体的充分多样性①，该认识对我国正在建设的5000个老年友好社区具有相当的启发意义②。

除了城市化与老龄化的同期发展外，数字化进程的叠加也让“年龄友好城市”具备了更加广阔的研究空间。Sonja Pedell、Ann Borda等基于世界卫生组织（WHO）老年友好型城市框架的三个领域（“沟通与信息”、“室外空间与建筑”和“社会参与”），构建了数字空间、物理空间和社会空间结合的问题分析范式，以期识别老年人城市生活和工作的最新障碍③。新冠肺炎疫情作为外部冲击变量，同样也给年龄友好城市建设带来了新的挑战与机遇。DeLange Martinez Pauline、Nakayama Cynthia等认为COVID－19大流行病冲击了老年友好城市建设的每一个领域，需要重新思考如何在这一新的现实背景下更好地促进老残妇幼等群体的安全健康与数字赋权④。

三　研究对象与重难点

（一）研究对象分类

——已经进入老龄阶段且老龄化速度较快的城市（这类城市正在经历

① Phillipson, C., Grenier, A., “Urbanization and Ageing: Ageism, Inequality, and the Future of ‘Age-friendly’ Cities,” *University of Toronto Quarterly* 90（2021）: pp. 225－241.

②《“十四五”末我国将建成5000个示范性城乡老年友好型社区》，http://www.gov.cn/xinwen/2020－12/14/content_5569384.htm，最后检索时间：2021年11月13日。

③ Pedell, S., Borda, A., Keirnan, A., Aimers, N., “Combining the Digital, Social and Physical Layer to Create Age-friendly Cities and Communities,” *Int J Environ Res Public Health* 18（2021）: p. 325.

④ DeLange Martinez, P., Nakayama, C., Young, H. M., “Age-friendly Cities during a Global Pandemic,” *Journal of Gerontological Nursing* 46（2020）: pp. 7－13.

严重的老龄化挑战，主要是如何盘活银发资源、鼓励老年人重新参与社会、吸引年轻人迁入、鼓励家庭提高生育水平、促进社会提供优质家庭服务以减轻生育压力等）；

——已经进入老龄阶段但老龄化速度较缓慢的城市（这类城市即将迎来老龄化峰值，主要是如何最优人口结构、促进代际交流、发展银发产业、提供终身教育、鼓励弹性退休等）；

——尚处于年轻阶段但老龄化速度较快的城市（这类城市目前还处于代际平衡的阶段，但需要立刻推出前瞻性政策应对即将到来的人口老龄化，化危为机，促进年轻人更好地理解老龄化、加强统计数据的年龄意识、改造城市基础设施和服务使之更具年龄友好特征）；

——尚处于年轻阶段且老龄化速度较慢的城市（这类城市虽然暂时没有人口老龄化压力，也就意味着可以更加从容地探索如何帮助老年群体自立自主地生活）。

（二）研究重难点

1. 研究重点

一是年龄友好城市治理的价值维度和伦理取向。当前城市治理多将老年人口视为社会经济发展的负担而非资源，甚至出现害怕和排斥老年人的倾向，缺乏以“积极老龄化”为导向进行系统的顶层设计和模式构建，亟待确立新的年龄友好城市的价值理念。

二是年龄友好城市治理的功能维度。针对老龄社会的稀缺资源分配、社会行为规范、代际矛盾解决、社会可持续发展等方面，从功能维度对年龄友好城市开展综合研究。

三是年龄友好城市治理的结构体系。从系统观点出发，解析年龄友好城市治理系统的结构构成，主要是城市治理的主体、客体、环境、各子系统及其相互关系，以及系统运行各环节的作用发挥问题。

2. 研究难点

一是年龄友好城市治理的协同机制。研究实现在党委统一领导、政府依法行政、部门密切配合、群团组织积极参与、上下左右协同联动的协同机制①。

二是年龄友好城市治理的绩效评估机制。研究在跨政策、跨区域、跨部门、跨行业多种指标体系有效整合的基础上，加入年龄意识后，再进行总水平和质量评价。

四　分析基本框架

根据“价值导向 - 体系构建 - 治理结构 - 运行机制 - 治理绩效”的基本逻辑，本文研究的适应人口结构变化的城市治理总体框架主要有以下几个方面（见图 1）。

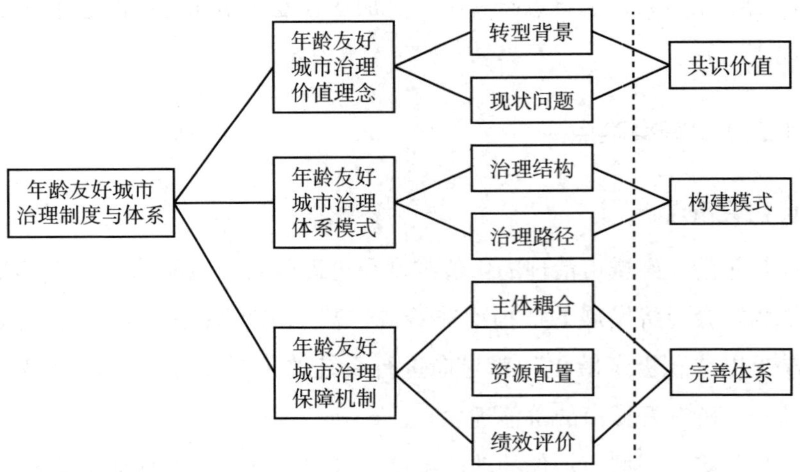

图 1　年龄友好城市治理体系框架

（一）共识价值：年龄友好城市治理价值理念

新时期我国人口老龄化发展进入新阶段，呈现新特征，年龄友好城市面

① 《发展老龄事业　共绘幸福晚景——学习习近平总书记在中央政治局第三十二次集体学习时的重要讲话》，《中国社会工作》2016 年第 14 期。

临着疫情常态化防控以及新科技革命浪潮等错综复杂的内外部环境。研究人口老龄化对经济社会可持续发展的影响过程，以及由此引发的多重叠加的结构性矛盾和冲突同治理体系改革创新的关系，进一步融合“以人民为中心”的发展理念，以党的十八大以来积极应对人口老龄化战略行动实践为标杆，坚持“健康、保障、支持、发展、共享”的价值导向，同联合国“2030 可持续发展议程”与可持续的包容性发展联系起来，构建以积极健康老龄化为年龄友好城市治理的核心价值导向，并凝练出以下年龄友好城市的四大共识价值理念。

第一，从老年负担论转向财富论，化挑战为机遇。老年群体在城市社会的生产生活中不该被视为社会保障制度体系下的“无用阶级”，其作为毕生知识、技能和经验的积累者有机会也有能力继续参与城市生活，要突破传统年轻社会的定式思维，辩证地看待老龄化对城市发展带来的长远影响，将老龄化短期内给经济社会带来的负担和压力转化为激发创新和倒逼改革的直接动力，真正将老年群体视为城市建设的宝贵力量和社会治理的关键主体。

第二，从被动应对转向主动拥抱，化问题为常态。人口老龄化之所以会被称为问题，一方面是由于这是人类历史上从未发生过的大转折事件，人类出于对人口老龄化现象的无知而畏惧，另一方面也是由于人们没有做好物质和心理上的准备主动迎接老龄化的自然到来，因此不断地采取片面的手段被动应对，甚至想要暂时“躲避”人口老龄化产生的负面影响。事实上，人口老龄化就是人类物质文明极大丰富并发展到一定程度后的自然阶段，只要做好前瞻性和系统性的个人财富管理和社会制度科学设计，人类就可以主动拥抱这一人口发展过程中的新常态现象。

第三，从老年群体转向老龄社会，化偏人为全人[①]。年龄友好城市研究的主体并不只是一部分的老年群体，而是老年人口占人口 1/4 甚至 1/3 的城市老龄社会。因此，在年龄友好城市治理的过程中就要注意区分“老年人

① 李志宏：《“十四五”时期积极应对人口老龄化的形势及国家战略对策》，《老龄科学研究》2020 年第 8 期。

问题”还是“老龄社会问题”，将人口结构变动同经济社会转型的结构变动进行系统考量，跳出就城市老年人问题谈老年人问题，更不能把老年人问题视为养老问题或养老服务上的问题，而是要站在城市社会经济的长远发展上全局谋划、系统统筹。

第四，从老年期转向全生命周期，重健康轻年龄。以 60 岁或者 65 岁作为社会学或人口学意义上的中年与老年期的区分标准本身并不客观，尤其是在当前物质财富日益丰富、医疗技术日新月异的 21 世纪。随着人类预期寿命的延长，年龄并不能继续成为划分不同年龄阶段人群的唯一标准，健康才是决定个体能否继续参与社会劳动和独立生活的重要标准。而要保持健康和活力就必须站在全生命周期的视角关注人的全面发展，将解决老龄化问题的关口前移至幼儿时期的教育以及后续的就业、健康管理和婚育等全周期全领域的干预和赋能上来，引导公民对自己的健康和退休养老生活负责。

（二）构建模式：年龄友好城市治理体系模式

年龄友好城市同时也应该是韧性城市。在寻找年龄友好城市治理路径的同时，研究现有老龄公共治理结构的转型、年龄友好韧性城市的“多元共治”构建。第一类主体是高效的政府，注重建立政府部门（含事业单位）年龄友好的“元治理”网络结构；第二类主体是活力的市场，建立市场年龄友好的“保障式治理”网络结构；第三类主体是有序的社会，建立社会年龄友好的“共享式治理”网络结构。基于此，年龄友好城市治理的路径可分为以下四个方面。

第一，重点促进城市养老和托育服务体系的高质量发展①。首先要定位人口结构新发展格局中的新特征、新问题和新需求。城市中“一老一小”人口占比正在不断快速增长，城市劳动力社会抚养比也将不断攀升，对社会再生产造成压力。对此，在摸清人口结构空间分布的基础上，建设基本养老

① 黄石松、伍小兰：《积极应对人口老龄化的着力点》，《北京日报》2020 年 12 月 21 日。

和托育服务设施，补齐发展过程中存在的不平衡和不充分的“历史性欠账”，科学配置、引导服务资源围着“人”转。发挥市场的基础性作用，引入社会资本发展高品质、多层次的养老和托育服务，提高政府与市场协作的资源配置效率。

第二，重点推进全民健康服务体系和服务能力的市域现代化。在疫情防控常态化下，要注重在市域经济社会发展的各个环节中融入健康政策，尤其是要将“一老一小”、残障人群与低收入群体的健康诉求纳入地方基本公共服务规划当中，利用数字科技等智慧技术优化优质健康资源的空间分布，推动优质医疗和养老资源下沉基层，夯实基层社区健康服务能力，增强社区卫生服务机构“康复中心”“健康管理中心”等综合功能，强化社区健康韧性，建立起系统科学的健康服务保障体系。

第三，重点探索城市社区基层年龄友好治理的新模式。找到影响年龄友好政策落地的梗阻所在，理顺优化老龄工作的体制机制，尊重并广泛推广基层创新为老服务的实践智慧，将解决“一老一小”等群体的痛点和难点作为社区基层治理的重要工作任务。鼓励老年群体和青少年积极参与社区自治活动，从被动的受助方转变为主动的贡献者；利用先进的物联网、云平台和人工智能等数字科技为社区老年人的居家安全、出行等方面提供技术保障；营建敬老、爱老和尊老的年龄友好社会氛围，通过政府购买服务等方式在社区嵌入多元化的社会服务，培育本土化的社区志愿力量，引领“一老一小”“青银共创”的和谐人居环境。

第四，重点构建年龄友好的科技创新生态体系。建立适应无障碍技术需求的科技制度，通过制度引领科技创新，大力推动大中小型科创企业推广无障碍通用技术的应用。建立政策链、资金链、服务链和人才链的协同机制，依托庞大的消费市场加快完善年龄友好科技的上下游产业链，打造年龄友好科技产业集群。推动年龄友好科技成果数据资源开发利用，构建区域统一的适老技术成果信息集成系统。强化科技政策、产业政策和社会政策的协同性，将老龄社会通用的共性关键科技产品和服务纳入政策报销范畴内，以社区为基本单位发展完善科技服务事业。

（三）完善体系：年龄友好城市治理保障机制

1. 治理主体耦合机制

以年龄友好为核心的城市治理实践必须要协调好安全与发展、政府与市场、国际与国内的三大主要关系，有效实现经济建设、政治建设、文化建设、社会建设和生态文明建设五位一体的年龄友好社会建设。

处理好安全与发展的关系，就要分清“有所先为”、“有所急为”和“有所长为”。年龄友好城市建设既要解决好眼前的养老困难，更要谋划好未来老龄社会的整体发展，真正做到短期确保老年人“两不愁三保障”，长期发展让所有人都大有所望。要求我们在积极应对人口老龄化的实践中，必须把短期救急救贫困和培育长期可持续增长动能相结合，把改善社会敬老环境和推进数字化革命相结合，消除老年数字鸿沟。聚焦短期目标，要把老龄工作重心和着力点放在确保老年人“两不愁三保障”及巩固现有成果上。在动态管理中囊括兜底老人，确保兜底工作兜得准、兜得实、兜得牢。憧憬长期愿景，要激活公民在全生命周期的内生动力，不断建设和完善终身教育和弹性工作的社会环境。

处理好政府与市场的关系，就要明确政府在年龄友好城市建设中的“为”与“不为”。在充分发挥市场配置资源高效性优势的同时，城市政府要积极作为，兜底保障困难弱势群体的基本生活所需，提高基本公共服务质量，优化城市营商环境，放松养老托育机构的审批程序和管制力度，强化环境安全和服务质量监管，为有效市场功能的发挥奠定制度基础。同时，还要厘清政府的权责边界，建立健全由城市政府、社区和个体共同参与的“城市更新”“社区环境适老化改造”等城建工程的成本分担机制，培育和发展一批行业引领性强和社会经济效益俱佳的年龄友好产业集群。

处理好国内和国际关系，要求充分统筹国内外资源转化为城市建设年龄友好行动的制度效能。城市现阶段的发展模式和时代特征集中表现为以内循环为主、外循环赋能、双循环畅通。促进两种循环更高水平、更加协调、更可持续，加强同国际友好城市在老龄政策和实践上的对话，基于老年人经济、医疗、服务保障体系，以及老年人参与社会的法治环境和产业结构等多个方面，达成新理念、新战略和新举措的行动共识；开展年龄友好基础设施建设公私合作行动，引导各方科技创新资源开展老龄化科技应对，在人工智能、大数据、信息技术、机械制造等领域开展老龄科技产品研发及智慧养老等合作；共同建立有力的老年人国际支柱性环境，加强老年人权益保障的法律建设合作，共同提升老年人生活自主权，保护老年人的权利、自由、权益和尊严，反对年龄歧视，共建年龄友好城市网络，促进代际团结。

2. 数据驱动的年龄友好城市资源配置机制

基于数字技术高效的资源配置能力、服务供需匹配能力、一体化服务和共享能力等，我国城市将有望建成老年友好的高质量经济增长和社会发展模式。为此，年龄友好城市资源配置机制的核心问题在于：依托、发现和挖掘数字科技的赋能作用，着力发挥数字科技促进、提升和建构城市年龄友好服务中多元行动主体的新动能和创新的主动性，构建“体系完备、动态协同、开放共享、运行高效”的新型智慧化城市年龄友好服务体系、模式和发展方式，促使年龄友好服务实现数字化、标准化、规模化、精准化和集约化的高质量长足发展，以此摆脱养老机构、托育机构中心化所带来的资源短缺和配置不均衡问题，满足绝大多数城乡居民城市养老、托育等美好生活需要，逐步形成居家社区机构相协同、医养年龄友好相结合的知识密集型、技术密集型的高质量智慧化社会服务体系。

（1）数字赋能资源高效配置的三大体系

建设数字化转型驱动的城市年龄友好服务供给结构体系。当前要务就是注重解决现有城市年龄友好服务总量供给不足及存在的结构性矛盾，而造成这一问题的根本原因是现有的城乡年龄友好服务主体具有不同层面、不同背景、不同目的的“多元性”以及数字科技“马太效应”和“假赋能”加剧形成的城市年龄友好服务供给“碎片化”格局，我国年龄友好城市服务体系尚未实现数字驱动的服务整合与资源下沉。因此，从科学的研究角度，深度剖析年龄友好服务数字化转型过程中面临的体制机制梗阻、生态环境匮乏、关键共性技术缺失和创新技术应用落后等现实问题，搜寻分析框架以解决问题，是当前亟须解决的首要关键性问题。

建设面向国家战略的智慧年龄友好服务中层协同生态体系。依托数字中国、“新型城镇化”等国家战略行动，重塑数字年龄友好服务中多主体的协同关系，在政府（治理策略和政策安排）、企业、市场和科研机构体系内部形成共同语言、共同行为模式和相互包容的文化，能够显著降低主体之间的交易成本。首先，政策设计必须完全贯彻顶层设计的总体思路，为战略构想的落地实施提供保障，从而对城市年龄友好服务治理政策体系的系统性、开放性、稳定性与灵活性描绘未来发展方向。其次，要解决市场投资和运营主体的营利性问题，确定数字驱动年龄友好服务的运行规则，提高各方参与的积极性。因此，需要整合政府主体的政策力量和财政能力、市场主体参与的盈利能力以及科研机构科技创新成果转化能力等资源，建立多主体、多资源的协同创新生态体系。

（2）数字赋能资源配置机制的实现路径

理顺智慧城市年龄友好服务高质量发展的体制、机制。第一，详尽梳理我国智慧年龄友好服务政策背景演进过程，通过政策文本定性和定量分析等手段，从主体行政系统、辅佐行政系统和民间协助系统三个方面揭示我国智慧年龄友好服务政策发展的逻辑和现实困境。第二，探讨解决年龄友好服务工作条块分割，属地管理和部门管理“各管一段”的问题，通过对于“放管服”改革的研究，探索社会力量开展智慧年龄友好服务体系的新型实践。与此同时，政府有关部门需加强事中事后监管，切实提升年龄友好服务质量。第三，在治理策略和政策安排上提供克服年龄友好服务政策碎片化的若干方案，匹配“数字中国”和“健康中国”等顶层战略协调年龄友好政策和健康政策，有效衔接民政补贴政策与医保、长护险政策。协调新型基础设施建设与老旧小区改造和户内适老化改造、智能化改造等软硬件系统的适配问题。第四，研究年龄友好服务资源高效整合的促进机制，培育社区年龄友好服务活力，着重解决居家上门服务乏力，养老机构社区服务辐射不足，互助养老服务过于散点化，智慧养老服务空心化、无实质内容、各自为政的现实问题[①]。第五，针对年龄友好服务供需结构性错位，探索数字驱动的去中心化年龄友好服务整合方案适配全生命周期需求，协调机构、社区、居家养老三种模式，高效整合线上、线下年龄友好服务供给。

深化年龄友好服务供给侧结构性改革。智慧年龄友好服务的重点在基层，而基层医养服务力量仍然较为薄弱。如何在基层搭建精准、高效的院外智慧年龄友好服务解决方案已然成为各方关注的焦点，也是长期以来未解决的痛点。确定政府主体、市场主体、社会组织及老年服务对象之间权、责、利的主体协调关系，明确城市年龄友好服务体系中由谁提供服务、怎么提供服务、达到怎样的服务目标、如何测量和评判、在怎样的环境及条件中开展、提供哪些具体服务等基本内容，为多资源协同发展奠定框架基础。依据适应环境约束、保持内部协调、增强系统调适性的要求，保持动态调整，不断优化年龄友好服务资源结构，提高城市年龄友好服务的可及性和满意度，最终构建数字赋能的年龄友好服务多主体、多资源耦合的协同生态体系。

探索智慧年龄友好服务共同体构建的资源整合方式与关键共性技术。考虑年龄友好服务资源分散性、差异性与可替代性的特点，基于大数据共享融合、智慧化养老服务管理机制的创新，围绕需求分类、医养结合、信息管理、人才和资金保障等年龄友好服务资源，不断有效整合供给侧与需求侧的各要素。以应用为导向，对社区进行细致的现状评估，根据不同社区的具体情景制定对应的规划方案和行动计划，并进行跟踪监测。在全面评估分析已有信息平台在目标、架构、内容和方法技术等方面优劣势的基础上，有机融合互联网、可穿戴、大数据、云计算等新一代信息技术，力求打通个体、家庭、社区、体检机构和医院的物理空间分隔和数据阻塞，通过实验比较，检验理论的正确性，得到准确的实验数据和结论，进而发展理论、完善模型，赋能现代智慧社区治理创新。

---

① 黄石松：《打通基层“最后一公里”破解老龄化痛点、难点、堵点》，http：//nads. ruc. edu. cn/xzgd/c49341751582412a8c955608c0b98592. htm，最后检索时间：2021 年 12 月 3 日。

提供数字赋能的社区年龄友好服务业务整体规划与设计方案（结合循证医学、智能工具、患者服务三大能力）。由于社区年龄友好服务中心在医疗和公共卫生服务方面的业务模式存在趋同现象，可以在专网专线的支持下，实现统一的信息基础设施资源、统一的业务应用系统、统一的云端运维管理。在服务运行管理逻辑上，以社区普通居民为中心，基于居民疾病数据、健康状态数据、生活方式、行为习惯等捕捉居民真实需求，从居民生理和心理需求出发，建立以循证医学为基础的“主动式”健康服务体系。结合年龄友好服务典型案例和大数据分析，借助本体库公理、规则和约束条件的支持能力，规范实体类型、服务对象之间的联系，分析年龄友好服务的本质维度，并从理论上研究年龄友好服务的模式、结构动力学特征、相关属性多元对应关系等，构建数字驱动年龄友好服务业务化模式的运行机制（包括信息分析、决策响应和运行管理三个层次），为数字驱动高质量年龄友好服务仿真和实证研究提供参考。

3. 年龄友好城市治理保障机制的绩效评价

基于“人文、人境、人业、人才、人气”的“全人”视角，围绕“尊严与包容”“才智与创新”“活力与参与”等关键维度，从公平性、发展性、参与度、透明度、精准度、法治、责任、效能等多个方面反映年龄友好城市治理的绩效评价体系。

（1）“尊严与包容”维度

关于人文，自古以来我国典籍中对“人文”一词就有不同的解释，最早出现在《周易》中的“文明以止，人文也”，可译为人类改造之美。《易经》中的“人文”是与天文、地文相对的概念，与人道相通。“人文”在《汉典》则是“人类社会生活中文化现象”的总和。结合上述典籍，本文中的“人文”指的是人类文化中的先进和核心部分。

公共文化：持续建设城市各级各类基层文化基础设施，符合环境无障碍和信息无障碍标准，让图书馆等文化设施成为弥合数字弱势群体信息鸿沟的主要阵地。

历史文化传承保护：传承并繁荣城市历史文脉，保留并保护承载城市记忆的老建筑和手工技艺等。

城市文化特色度：推动繁荣发展的根本力量之一，是多元民族长期融合的产物，也是受到独特的地理和气候环境以及经济社会发展等因素影响，形成的区别于其他城市的文化。

文化多样性：用以表达、弘扬和传播文化的多种文化表现形式，也表现为文化生产创造、传播、销售和消费的各种方式①。

性别平等：在城市人力资源保障、教育、民政和文化、广电、旅游、体育以及卫生健康部门中建立消除性别歧视的议事协调机制，基于尊重生理差异保障两性享有公平的机会和权利②。

人境，即指广泛意义上人所居住的地方，既包括自然生态环境，也包括政治、经济以及社会发展等意识形态层面有形和无形的环境。

生态环境：聚焦公园城市等新发展理念，深入打好城市污染防治攻坚战，在结合人口承载量的情况下，综合考察市域绿化、湖泊、湿地与空气质量等方面的生态环境水平。

无障碍环境：城市在规划、新建、改造和管理过程中须严格落实无障碍设施建设的相关标准，提高无障碍环境建设服务水平，增强全民无障碍意识，广泛动员社会各界和残疾群体参与无障碍环境的督导工作③。

“一老一小”友好环境：依据2007年世界卫生组织和2018年联合国儿童基金会分别发布的《全球老年友好城市建设指南》《儿童友好型城市规划手册》等文件，建设以适老适幼为重点的全龄友好环境，使之成为衡量城市宜居宜业的重要标准。

社区治理：以党建为引领的社区治理绩效指标构建。

---

① 《保护和促进文化表现形式多样性公约》，https：//www. un. org/zh/documents/treaty/files/ppdce. shtml，最后检索时间：2021年12月6日。

② 《深圳经济特区性别平等促进条例》，http：//www. sz. gov. cn/zfgb/2019/gb1103_ 3/content/post_ 4978779. html，最后检索时间：2021年12月5日。

③ 《省政府办公厅关于印发江苏省“十四五”残疾人事业发展规划的通知》，http：//www. jiangsu. gov. cn/art/2021/10/15/art_ 46144_ 10075133. html，最后检索时间：2021年12月5日。

（2）“才智与创新”维度

人业，主要指城市人口所从事的行业与职业。

绿色 GDP：在城市现有 GDP 核算体系中扣除资源消耗和环境降级的额外成本，真实体现城市国民经济的净增长。

产业活力：产业活力是城市生长力的关键，从城市产业的整体发展水平、产业结构的分布和产业创新能力等方面测度城市的产业活力。

就业质量：用以衡量城市中的从业者与生产资料结合并获得报酬收入情况的优劣程度，包括劳动者的工作收入、工作环境以及用人单位、家庭和社会的满意度等。

社会保障：城市的社会保障体系建设事关人民群众最关心、最直接和最现实的利益问题，是提高和改善民生水平，打造温情社会的关键制度设计。

人才，即人口向人力资源、人力资本的转变。

高等教育：城市政府对高等教育的财政支持力度和导向。

职业教育：衡量职业教育满足个人及社会发展需求程度、判断职业教育结构和运行状况是否科学的参量系统是职业教育质量标准的具体量度表达，在保障职业教育活动有效性中发挥着重要的控制和引导作用。

终身教育：以促进就业为实现目标，强调注重改进高职学生评价目标、内容和方法，建立以人才类型为前提的高职学生评价标准，促使单一学业评价向综合能力评价的转变。

创新创业活力：促进人才平台建设，激发创新创业主体活力，以创新驱动作为发展的核心战略，发挥政府制度创新对于技术创新的引领作用。

（3）“活力与参与”维度

人气：形容城市在一定时期内的受欢迎程度①。

人口流入情况：判断城市吸引力的重要量化指标之一，主要指在户口所

① 邹小华：《城市新区难聚人气原因探析——以南昌市为例》，《城市问题》2008 年第 11 期。

在乡镇以外的地区居住满 6 个月的人口，一般包括务工人员及其携带家属。

公共服务供给：投入的人力和物力经由公共服务部门转化为公共服务绩效的过程。高质量的公共服务能够保障城市居民享有稳定的安全感、获得感和幸福感。

社区商业：不同业态的微小商业设施组成不同于城市商业中心的社区商业，以日常生活必需品作为主要供给，服务半径小于 2 公里，服务人口一般在 5 万人以下。其中，社区商业的发达程度标志着城市的文明程度和居民的生活便利程度。

居民消费：度量具有代表性的一揽子消费商品及服务的价格水平随时间而变动的相对数，这是城市生活“烟火气”的重要表现之一，其主要反映的是居民家庭购买消费商品及服务的价格水平变动情况。

旅游：旅游业是餐饮、住宿、交通和购物等要素集成的综合性产业，能对城市其他产业产生直接和间接的拉动作用。主要的量化指标有每年接待人数、旅游业从业人员数量、国际旅游外汇收入、城市旅游收入、旅游业收入占 GDP 比重。

五　总结与展望

城市是人类文明的标志和空间载体，寄托着人民对幸福美好生活的向往。党的十八大以来，为响应以习近平同志为核心的党中央关于积极应对人口老龄化和儿童事业发展的最新指示精神，全国各大城市都在积极开展“老年友好型社区”、“儿童友好城市”和“全龄友好社会”的创建工作，年龄友好的城市环境意识已然深入人心。基于此，本文对国内外关于年龄友好城市治理的研究进行了“中国场域”的思考，将城市“一老一小”问题纳入治理的角度进行思考，初步凝练了年龄友好城市治理价值理念，进而构建了具有中国特色的、具有可持续发展韧性的、共建共治共享的年龄友好城市治理模式及绩效评估体系，其有望成为未来积极老龄化与地方治理、可持续发展交叉议题的重要研究方向。

借 鉴 篇

Reference Reports

B.10
构建年龄友好城市的国际借鉴和国内实践报告

范文婷　彭春花*

摘　要： 本文将年龄友好城市的内涵扩展为老年友好城市与儿童友好城市，在明确两者概念界定的基础之上，梳理了年龄友好城市的历史发展阶段与当前发展现状，为宏观把握其历史发展脉络提供了基础。随后，本文借助 CiteSpace 软件对所选文献涉及的国家进行抓取，选出研究频次较高的国家，再通过对文献进行归纳总结，从高频次国家中选取了5个具有代表性的城市作为案例分析来源：美国波特兰市、英国曼彻斯特市、澳大利亚堪培拉市、日本秋田县、中国台湾嘉义市。最后，本文总结了国内外构建年龄友好城市的经验，分析了中国构建发展年龄友好城市的现有基础，为中国未来构建发展年龄友好城市提出路径

* 范文婷，西南交通大学公共管理学院讲师，研究方向为人口社会学；彭春花，西南交通大学公共管理学院2020级硕士研究生，国际老龄科学研究院科研助理，研究方向为社会保障与老龄科学。

建议。

关键词： 老年友好城市　儿童友好城市　年龄友好城市　特色案例

进入21世纪，老龄化已经从发达国家延伸至发展中国家，成为全球大多数国家面临的发展问题。科学技术发展带来的生活条件改善和医疗水平提升，使得人类逐渐进入长寿时代，但与此同时也出现了人口结构失衡等问题。2020年，在世界人口的年龄分布结构中，60岁及以上老年人口占比达到14%（见图1），已经超过1956年联合国提出的进入老龄化社会的标准（10%）。根据联合国的人口预测模型，2050年世界上65岁及以上老年人口占比将达到16%[①]，如此规模庞大的群体，将会产生大量的养老服务需求，老年友好行动势在必行。另外，老龄化严重的国家或地区往往伴随着较低的生育率和生育意愿，为了促进这些国家或地区的人口均衡发展，不仅仅需要老年友好行动，儿童友好行动更是迫在眉睫。

城市化是国家或地区社会经济发展的结果。在工业化发展时代，资源和劳动力的聚集加速了城市化的发展进程。城市化的发展促进了社会经济的发展，但人口大量聚集也导致了城市资源短缺、环境破坏等问题。根据联合国的数据，1950年世界上只有29%的人口生活在城市，但到2050年时生活在城市的人口将达到68%[②]。老龄化、少子化以及城市化趋向的同步发展，以“一老一小”为代表的两类群体将成为城市建设过程中的重点关怀对象。构建年龄友好城市既为现实所迫，亦符合时代发展的潮流。

---

① https：//www. chyxx. com/industry/201910/799000. html.

② 窦晓璐、〔美〕约翰·派努斯、冯长春：《城市与积极老龄化：老年友好城市建设的国际经验》，《国际城市规划》2015年第3期。

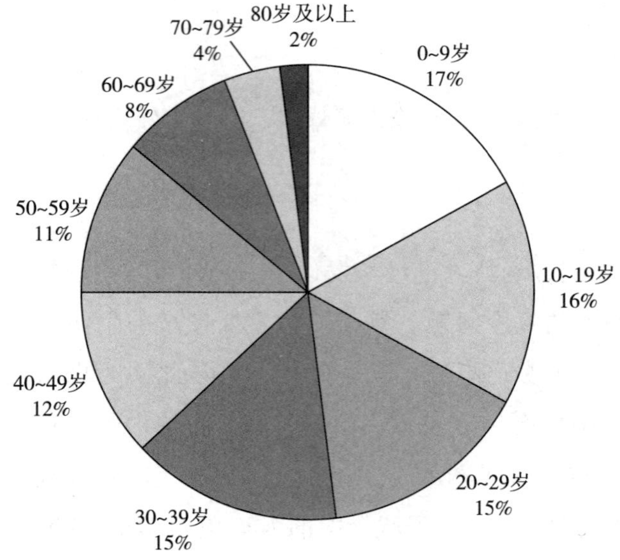

图1　2020年世界人口年龄分布*

* 资料来源：联合国网站、《世界人口状况》。

一　年龄友好城市的发展历程

（一）概念介绍

1. 老年友好城市

2005年，世界卫生组织在巴西里约热内卢召开的第十八届老年病学和老年医学IAGG世界开放会议上首次提出“老年友好城市”概念①。随着老龄化和城市化进程加快，为了应对新的城市发展问题，世界卫生组织开展了推动建设“老年友好城市”的相关工作，旨在使全世界重视并消除老龄化加深对城市发展的不利影响。

2006年，世界卫生组织在全世界范围内开展实地调研，选择了在加拿

① “Global Age-friendly Cities：A Guide”，UN：Word Health Organization，2007.

大正式开展老年友好城市项目。2007 年，世界卫生组织发布了《全球老年友好型城市建设指南》（Global Age-friendly Cities：A Guide）。该指南中明确提出了“老年友好城市”这一概念。简单来说，“老年友好城市”是指具备对老年人友好的城市服务、设施和环境建设，具有包容性和可达性两个特点，能够为老年人提供更优质、便捷服务的城市。围绕积极老龄化的城市发展理念，城市可以开展以下 8 个方面的建设内容：户外空间和建筑、交通、住房、社会参与、尊重与社会包容、公众参与和就业、交流与信息、社区支持与卫生保健（见图 2）。

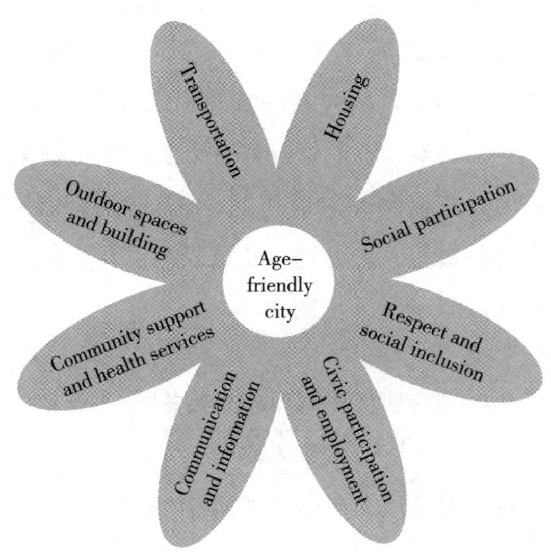

图 2　老年友好城市建设的八大主题

资料来源：世界卫生组织《全球老年友好城市建设指南》，2007。

2010 年，世界卫生组织开始启动“全球关爱老年人城市和社区网络”行动，加入该行动的各个成员积极从物质服务和社会环境等方面开展“老年友好城市”建设。该网络为世界各个国家和地区的城市提供了构建老年友好城市的信息和经验交流平台，使得老年友好城市的建设在全世界范围内得到了重视和推广。

2. 儿童友好城市

1996 年，在联合国第二届人居环境会议上首次出现了“儿童友好城市”（Child Friendly City，简称 CFC）概念。2002 年，联合国儿童特别会议提出要致力于发展建设对儿童友好的居住环境。[①] 随后，联合国儿童基金会和联合国人居署共同制定了“儿童友好城市方案”（Child Friendly City Initiative，简称 CFCI），旨在保护儿童发展权利。根据国际上给出的定义，儿童友好城市的建设是指通过在城市建设中维护儿童享有的权利，建设适宜儿童居住的生活城市和社区。

从 1990 年联合国世界儿童问题首脑峰会首次提出要关注环境对儿童生存与发展的影响开始，到 2004 年儿童友好城市建设框架的确立，城市在发展建设过程中逐渐关注到儿童的权利和特殊需求（见表 1）。儿童友好城市构建框架提出从儿童公共参与、儿童友好城市法律支持框架、全市范围的儿童权利政策、每一项儿童权利和对应机制、儿童评估和评价、儿童财政预算、定期全市儿童情况报告、大力宣传儿童权利以及为儿童开辟独立的宣传板块 9 个方面加强城市的建设（见图 3）。

表 1　联合国儿童友好城市的相关提议与行动

年份	提议、行动	会议、发起方	核心内容
1990	儿童生存、保护和发展世界宣言及行动计划	联合国世界儿童问题首脑峰会	强调友好的生活环境对儿童发展的重要意义
1992	21 世纪议程	联合国环境与发展大会	提出儿童在环境决策中的主体作用，强调了儿童对城市发展的重要作用
1996	儿童权利和居住	儿童环境研究组织、联合国人居署、联合国儿童基金会	提出建设儿童友好城市的构想

① UNICEF，“A World Fit for Children”，New York，NY：UNICEF，2008.

续表

年份	提议、行动	会议、发起方	核心内容
1996	儿童友好城市方案	联合国第二次人居大会、联合国儿童基金会、联合国人居署	城市的建设融入《儿童权利公约》的内容，响应儿童在城市居住方面的需求
1996	在城市中成长	联合国教科文组织	强调了儿童的公共参与性
2002	适合儿童成长的世界	联合国儿童问题特别会议，联合国、联合国儿童基金会	明确了建设适合儿童成长的世界的10项原则与目标
2004	建立儿童友好城市——行动框架	联合国儿童基金会	为儿童友好城市的界定与发展提供框架，确立儿童应有的12项权利，明确实现儿童友好的9个板块

资料来源：根据相关资料整理。

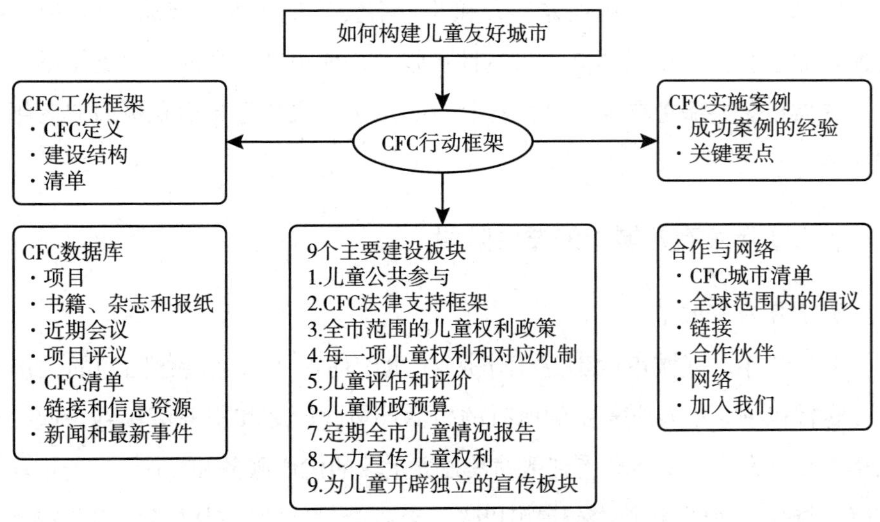

图3　如何构建儿童友好城市

资料来源：联合国儿童基金会和联合国人居署：《创建儿童友好城市》，1996。

3. 年龄友好城市

目前，对于友好城市建设的讨论主要分老年人和儿童两个群体来考量，但城市的发展不可能完全将这两类人群完全分开，统筹考虑“一老一小”两类人群更符合城市发展的实情。因此，年龄友好城市的发展更符合城市发展的实际需求和时代潮流。结合“老年友好城市”和“儿童友好城市”的内涵，“年龄友好型城市”在民主进程以及规划设计中考虑到了不同年龄层的需求与利益，其特征如下。

在公民权利方面，老年人和儿童拥有和年轻人同等的发言权。

在城市安全方面，关注面向老年人和儿童的物理、经济和心理的城市安全。

在城市归属感方面，强调老年人和儿童在公共空间以及身临这些空间之中时的归属感与被尊重和被欢迎的感受。

在城市步行方面，增强老年人和儿童在公共生活中的流动性与参与性，使他们的步行体验质量更高、可达性更强，建成更低成本的交通支持系统。

在城市公共服务方面，鼓励在教育、卫生、文化等方面积极面向老年人和儿童。

（二）年龄友好城市的发展阶段

1. 老年友好城市

开展老年友好城市的创建工作是 21 世纪应对人口老龄化问题的关键举措。它旨在将老年人所需要的所有的生活环境、设施和服务汇集到一起，让老年人在自家附近就能享受到帮助其独立生活的优质服务和设施。“老年友好城市”概念自 2005 年首次被提出以来，经过十几年的发展已经形成了较为完善的网络体系。全球老年友好城市的发展进程大致可以分为以下三个阶段。

第一阶段：2005 ~ 2006 年，意识萌芽阶段。2005 年，“老年友好城市”的概念首次被提出，标志着人们逐渐认识到在老龄化程度不断加深的背景下，创建老年友好城市对于全球发展的重要意义。

第二阶段：2007 ~ 2009 年，起步发展阶段。这一阶段以 2007 年世界卫生组织颁发《全球老年友好城市建设指南》为起点，作为开展老年友好城市创建工作的指引性文件，它从城市设施和社会环境建设方面列出了建设老年友好城市所需要的一系列清单。《全球老年友好城市建设指南》的出台标志着全球老年友好城市建设进入规范化发展阶段。

第三阶段：2010 年至今，全球推广阶段。2010 年，世界卫生组织启动了一项全球性的老年友好城市网络行动（WHO Global Network）。这个网络行动直接面向全球城市，通过建立"老年友好城市"的信息交流平台，为各个城市建设老年友好城市提供了经验交流的机会。2015 年，该网络已经在全球范围内涵盖了 22 个国家和地区的 145 个城市，中国上海也在其中。[①] 到 2020 年，该网络的会员城市已经达到 1000 个，覆盖了 41 个国家和地区。

2009 年，我国开始讨论"老年友好城市"和"老年友好社区"的试点工作，决定在东部沿海地区和东北地区开展试点工作。自此，我国"老年友好城市"的创建工作拉开序幕。2011 年，《中国老龄事业发展"十二五"规划》明确提出"推进老年友好城市建设"。2021 年发布的《中华人民共和国国民经济和社会发展第十四个五年规划和 2035 年远景目标纲要》中也提出要建设"老年友好城市"和"老年友好社区"，将城市建设规划与国民经济规划并轨。"十四五"期间我国将在全国范围内创建 5000 个示范性老年友好社区以及一批老年友好城市。

表 2　我国"老年友好城市"试点城市/城区名单

时间	试点城市/城区
2009 年	黑龙江省齐齐哈尔市建华区、辽宁省营口市鲅鱼圈区、山东省青岛市、江苏省南京市玄武区、上海市黄浦区、上海市杨浦区、上海市长宁区、浙江省湖州市
2010 年	上海市浦东新区、南京市鼓楼区、苏州市金阊区
2011 年	山东省新泰市
2013 年	云南省玉溪市
2021 年	覆盖 334 个城市(民族地区)的 992 个社区

资料来源：根据相关资料整理。

① 窦晓璐、〔美〕约翰·派努斯、冯长春：《城市与积极老龄化：老年友好城市建设的国际经验》，《国际城市规划》2015 年第 3 期。

2. 儿童友好城市

儿童发展关乎着国家和民族的未来。相对于“老年友好”的概念，关于保护儿童生存发展环境的思想萌生得更早。儿童事业的健康发展是城市文明的重要内容之一。“儿童友好城市”的建设目标是在城市规划建设的过程中，为儿童提供适宜的生活环境和服务设施，最大限度地保障儿童的合法权益。根据每一时期的发展特色，以关键事件作为分段节点，将儿童友好城市的发展分为以下三个阶段。

第一阶段：1990～1995 年，萌芽阶段。1990 年，联合国世界儿童问题首脑峰会提出儿童生存、保护和发展世界宣言及行动计划，强调生活环境对儿童生存发展的重要性。

第二阶段：1996～2003 年，启动阶段。1996 年，“儿童友好城市”概念首次被提出。此后，儿童友好城市创建工作得到展开。在这期间，儿童环境研究组织、联合国人居署、联合国儿童基金会联合提出儿童的权利和居住行动，提出儿童友好城市的构想。

第三阶段：2004 年至今，快速发展阶段。2004 年儿童友好城市行动框架建立，界定了儿童友好城市的发展框架，确定了儿童应有的 12 项权利，明确了实现儿童友好的 9 个板块。截至 2019 年，全球范围内联合国认证的儿童友好城市数量达 870 个，但中国还没有一个城市入围。

（三）年龄友好城市的发展趋势

老人和儿童是城市发展中相对弱势的群体，对这两类群体的关怀既是城市温度的体现，也更彰显了城市的文明水平。人类社会为了实现从农业社会向工业社会的转变，一度以牺牲资源和环境为代价，也忽视了社会发展中相对弱势的群体。随着社会的发展，以“经济效率”作为唯一追求的城市发展出现了各种“城市疾病”，人们逐渐开始关注“公平”，关注城市中相对弱势的群体。从儿童、老年人再到全年龄段的人群，年龄友好城市面向的不再是单一的群体，体现了城市发展理念的转变，也在城市建设和发展的过程中对包容性提出了更高的要求。

1. 关注内容从单一视角向多维度转变

早期时，无论是“老年友好城市”的创建工作还是“儿童友好城市”的创建工作，都更侧重于关注城市的硬件环境、基础设施和资源环境的规划建设，主要从建筑环境、交通环境和服务设施等方面进行规范，更强调建筑设计和技术方面的内容。随着硬件环境的逐渐完善，社会空间在年龄友好城市建设过程中也逐步得到重视。老年人和儿童不仅需要友好的建筑环境、交通出行和基础设施，更需要友好的社会融合、社会交往以及社会地位等提升老年人和儿童生活品质的内容。人们逐渐认识到友好城市的创建工作不仅需要关注物质空间的改善，更需要加强社会空间的营造，使友好的物质空间和社会空间两者相辅相成。①

“年龄友好城市”并不是“老年友好城市”和“儿童友好城市”的机械合并，而是对“一老一小”统筹考虑，不仅仅关注城市基础设施建设和建筑环境改善，还包括社会支持、社会交流、社会参与、尊重和包容、社会公平和公共服务等多方面的内容，强调多维度综合构建。根据人与环境理论，外界的物质环境一定程度上会影响人们的生活品质，但通过社会环境的营造，可以减少不同人群之间由于物质环境不同所带来的生活品质差异。

2. 老年人和儿童的主体意识得到重视

年龄友好城市的形成是一个不断治理的过程，老年人和儿童不仅是城市治理的受益者，也是构建城市发展的主人翁，在年龄友好城市建设的过程中扮演着重要的角色。老年人在年轻时期积累的知识、经历和技能对于城市建设发展而言也是一种非常重要的资源。老年人在以不同方式参与城市发展建设的过程中，为城市的服务供给提供了重要的支撑。

年龄友好城市的建设需要包括政府、社会组织、企业和个人等多方主体的参与。老年人作为曾经的贡献者理应享受城市发展的成果，而儿童作为城市的未来，对他们的培养和呵护不可忽视。老年人和儿童作为年龄友好城市

① Steels, Stephanie, “Key Characteristics of Age-friendly Cities and Communities: A Review,” *Cities*, 2015.

发展建设中的利益相关主体，也是地方政府在城市建设发展的过程中需要领导和协调的对象。在年龄友好城市相关政策的制定中，必须充分考虑到老年人和儿童的利益诉求，才能构建多元主体的合作治理模式。

3. 良性的代际互动成为年龄友好城市未来的发展目标

不同年龄群体的需求存在一定的差异，年龄友好城市建设面临着如何满足老年人和儿童不同需求的问题。世界卫生组织提出的“老年友好城市”没有考虑到城市生活中不同年龄段群体的交叉需求，也没有与“儿童友好城市”的内容进行很好的衔接。现代生活方式使得社会成员之间的距离越来越远，为了提高城市发展的凝聚力，老年人和年轻一代应和谐互动，建立更有弹性、多世代共存的友好城市，这对于城市的发展更加重要。年龄友好城市应该更多关注老年人和儿童的代际关系，使用跨代的方法来应对老龄化，让城市变得更适合各个年龄层的人居住，构建面向所有年龄群体、代际良性互动的年龄友好社区。

二　国内外构建年龄友好城市的特色案例

“老年友好城市”和“儿童友好城市”概念自提出以来便引起了政府和学术界的高度关注。为了选取更具有代表性的国家和城市，本研究团队选择 Web of Science 中关于“老年友好城市”和“儿童友好城市”的相关文献作为数据的来源，借助 CiteSpace 软件对所选文献的国家进行抓取，选出研究频次出现较高的国家，再通过对文献的深度阅读，选取高频次国家中具有代表性的城市作为案例来源。

为了保障文献的质量，我们将文献限定在 Web of Science 核心集数据库中，以“age friendly”和“age-friendly city”为主题进行文献检索，由于“老年友好城市”的概念是在 2005 年首次被提出，因此将文献的时间限定为 2005 年至今，最后得出关于“老年友好城市”相关文献 4122 篇（见表 3）。“儿童友好城市”的文献也进行同样的处理，以“child friendly”和“child-friendly city”为主题检索，将时间限定为 1996 年至今，最终得到文献三千多篇（见表 4）。

表 3 “老年友好城市”高频次研究国家

出现次数(次)	中心性	初现年	国　家
1056	0.22	2005	美国
565	0.03	2005	中国
377	0.11	2005	英国
292	0.14	2005	澳大利亚
235	0.07	2006	德国
226	0.06	2006	加拿大
218	0.09	2005	意大利
174	0.13	2005	西班牙
172	0.07	2005	荷兰
152	0.05	2008	印度
141	0.2	2005	法国
119	0.08	2005	瑞士
108	0.04	2007	瑞典
107	0.11	2005	日本

资料来源：根据 Citespace 软件结果整理。

表 4 “儿童友好城市”高频次研究国家

出现次数(次)	中心性	初现年	国　家
1217	0.22	1996	美国
419	0.11	1997	英国
282	0.12	2000	澳大利亚
255	0.13	2000	加拿大
175	0.04	1998	德国
153	0	2008	中国
145	0.07	2002	荷兰
122	0.08	2004	意大利
116	0.18	2004	南非
109	0.05	2006	印度
107	0.09	2001	瑞典
101	0.07	2010	西班牙
94	0.09	2006	瑞士
92	0.01	2007	巴西
72	0.1	2005	比利时
69	0	2015	印度尼西亚
65	0.04	1998	日本

资料来源：根据 Citespace 软件结果整理。

根据 CiteSpace 对高频研究国家的抓取结果，将目标国家确定为：美国、英国、澳大利亚、日本和中国。通过对具体文献资料的阅读，选取美国波特兰市、英国曼彻斯特市、澳大利亚堪培拉市、日本秋田县和中国台湾嘉义市作为典型案例来介绍。其中，只有美国波特兰市符合本文定义的年龄友好城市特性，它在老年友好城市和儿童友好城市创建方面均有良好成绩，其他城市主要是在老年友好城市建设中表现优异。考虑到城市的建设中不可能将儿童和老年人进行完全的区分以及老年人和儿童需求的重叠性，因此其他 4 个城市案例主要介绍“老年友好城市”建设，但这些典型案例城市在“老年友好城市”建设过程中也体现了“全年龄”的概念，在以老年人为重点的同时也兼顾了儿童以及其他年龄段群体的需求。

（一）美国波特兰市

1. 城市概况

1851 年，波特兰市（Portland）正式建立，该市是美国西部的一座城市。该城市临近威拉米特河汇入哥伦比亚河的河口，是俄勒冈州人口最多的城市。近些年，波特兰市的产业结构开始调整，经济的增长由原来依靠第一、第二产业逐渐转型为第三产业。波特兰是一个具有独特地理、社会和经济特征的社区城市，波特兰的土地使用规划政策是现今城市规划界的典范。波特兰市凭借适宜的居住环境多次被评为美国最适合居住的城市。

2. 老年友好城市建设

2019 年，美国波特兰市 60 岁以上人口占比达 23.1%，65 岁以上老年人占比达到 18%，已经进入深度老龄化社会。近些年，面对老龄化程度持续加深的问题，波特兰在提高城市的宜居性方面做出了很大的努力，逐渐让波特兰成为对老年人更加友好的城市。

2010 年 6 月，波特兰成为第一批加入世卫组织关爱老年人城市和社区全球网络的城市之一。当时波特兰准备修订和更新该市的 25 年综合战略计划，该计划的目的是使波特兰成为对所有居民来说更繁荣和更可持续发展的城市。波特兰呼吁制定有利于老年人的行动计划以及相关具体行动。2013

年10月16日，《对老年人友好的波特兰行动计划》提交市议会，并获得一致通过。该计划的初步重点是方便老年人的社会参与、经济参与、出行以及居住（见表5）。

表5　波特兰老年友好城市建设计划重点与世界卫生组织《指南》的要求建设内容比对

行动项目	世界卫生组织《指南》的要求建设内容
1. 维护老年信息交流中心 2. 改善网络资源，为老年友好型媒体创造标准 3. 改进现有组织传播信息的方式 4. 开展一项关爱老年人的教育运动	通信与信息
1. 促进老年人有意义地参与城市建设进程 2. 优化老年人的技能和老年人力资源再利用 3. 创建一个迎合老年人需要的波特兰 4. 创建一个老年友好型活动目录 5. 记录波特兰老年人的生活和经历 6. 努力促进以社区为基础为老年人提供支持	社会参与
1. 减少老年人的社会孤立 2. 改进与老龄化和老年人相关的语言 3. 促进老年人的民权、公平和社会可持续性	尊重与社会包容
1. 向消费者、规划人员和开发商提供教育改进 2. 鼓励为老年人提供住房的创新方法 3. 促进老龄化社区的机会	住房
1. 改进应急准备系统，确保老年人和有特殊需要的人的安全 2. 改善社区中心的老年友好性 3. 改善老年人健康和预防保健 4. 改善卫生、住房和社会服务设施之间的协调关系和提供保健服务 5. 将积极的老龄化作为一个基本方面纳入关爱老人教育运动	社区支持与卫生服务
1. 改进系统规划和投资 2. 促进所有年龄和能力的积极流动 3. 以社区为目标的解决方案 4. 实施教育计划	交通运输

续表

行动项目	世界卫生组织《指南》的要求建设内容
1. 改善现有的自然景观和绿化空间 2. 培育园艺和当地粮食生产 3. 创建可访问的社会空间 4. 设立更多老年友好型业务/机构 5. 协助波特兰的可访问性过渡计划	室外空间与建筑
1. 改善获得就业机会和减少年龄歧视 2. 优化老年人的技能和老年人力资源再利用	就业

资料来源：根据相关资料整理。

3. 老年友好城市创建经验做法

结合城市发展特征，我们总结了波特兰在建设老年友好城市的行动计划中的政策亮点以及值得学习和借鉴的部分。

（1）建立完善的社区网络

波特兰由95个独特的社区组成。波特兰计划将邻里“完整性”定义为居住在杂货店、学校、公园和公共交通区域的人口比例。“健康互联社区”是波特兰计划的一个基本组成部分。一个健康、互联、完整的社区网络将增加波特兰对所有年龄人的友好。社区的物质环境特点包括多样性住房、社区学校、社区绿化、交通道路等自然和社会设施。

在社区服务供给上，尽可能便捷地满足老年人所需要的社区服务。在社区安全服务方面，波特兰通过加强与其他区域机构的协调机制，改进现有的应急准备系统，确保为老年人提供特殊需要的安全服务。政府加大对服务设施相对缺乏的社区的支持力度，以实现社区间的均衡发展。在城市宣传中，强调支持当地企业的重要性，鼓励企业参与服务的供给，形成多主体参与服务供给的局面。

（2）优化绿色环境和公共空间

为了避免在城市发展过程中因建筑设施增加而导致绿色环境和公共空间减少，波特兰拆除了一些城市交通设施和停车设施来发展绿化，并建设公园等公共空间。除此之外，波特兰政府出资买下众多具有生态价值的区域，为了增强生态区域的实用价值，将其设计成为运动场所和儿童游乐场所，并配置相应的基础设施，旨在吸引所有居民享受更多的户外空间。

波特兰政府除了开辟新的绿色公共空间之外，还对已有的建筑进行绿化改造，推出“绿色屋顶”和“绿色街道”计划。“绿色屋顶”是指在各种类型的建筑的屋顶上种植绿植，既充分利用了建筑屋顶的空间，还能美化环境，提高居民的生活质量。“绿色街道”是指利用大自然水循环的原理，将城市街道的雨水管理和园林景观的设计结合起来，充分利用自然雨水资源灌溉街道绿色植被。

（3）均衡的交通系统

交通对老年人的流动性、生活质量和独立性至关重要。它有多种形式，包括私人汽车、公共交通和辅助服务、社区交通选择、自行车、步行和其他新兴模式。一个均衡的交通系统能够使老年人安全、方便地获取他们需要的东西。交通系统与卫生健康之间有着密切的关系。对汽车的严重依赖会对健康产生直接影响，包括碰撞、死亡和空气污染，但汽车仍然是波特兰人主要的出行模式，波特兰因而积极倡导步行。

在交通安全方面，为了保障老年人和儿童的出行安全，波特兰城市街道将行驶速度从每小时 25 英里降低为每小时 20 英里。通过对街道交通速度的限制来改善行人环境，使街道交叉口更安全。营造更安全的交通出行环境，鼓励更多居民选择步行。机动车速度的降低减少了交通事故的发生或者缓解了交通事故的破坏程度，一定程度上保障了所有居民的交通出行安全。

（4）建造适应性强的住宅

美国城市老龄化发展过程中面临的越来越大的挑战是如何支持更多的老年人居家养老或者在社区养老。根据对波特兰老年人的调查情况，很多老年人仍然更倾向在家中或者熟悉的环境中度过老年生活。因此，城市中亟须建造适合老年人居住的住房。波特兰市积极推进老年友好社区的建设，由于社区没有足够的住房供社区中不同年龄的人选择，推出共同住房或代际社区生活。

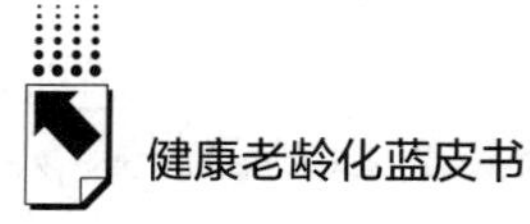

在住房价格方面，居民对房价的承受能力成为重要的考虑因素。通过调查发现，许多人反映的波特兰建成老年友好城市的最大的挑战之一就是缺乏可用的出租房屋，从而导致居民的住房成本上升，尤其是对于老年人来说，住房成本的增加必然会缩减其他方面的开支，从而影响老年人城市生活的品质。为了解决住房成本问题，波特兰政府制定政策，提供激励和实施计划。在城市的综合规划中加强关爱老人的政策和计划，鼓励示范项目、设计竞赛、共享住宅的创新方法，允许跨代住宅和构建涵盖所有年龄的社区。同时，确保计划和建造的各种住房选择方便、可负担得起、健康、安全、靠近便利设施和服务，并能够促进社会互动。

（5）营造更包容的社会氛围

在美国社会中，中年人和老年人经常被孤立和忽视，波特兰也不例外。在尊重与社会包容方面，波特兰努力减少老年人的社会孤立，增进老年人的语言交流，从而促进老年人的社会参与、社会公平和社会可持续性。为了实现健康、繁荣的城市目标，波特兰市积极倡导公民参与社会志愿活动，鼓励老年人和年轻人共同努力，以改善城市的健康和可持续性。在社会参与方面，波特兰创建了一个老年友好型活动目录，发布文化活动（例如博物馆、剧院）、与健康相关的项目（例如食物目录、健身）、终身学习机会（例如免费课程、演讲）以及宗教组织和宗教场所的信息。在老年就业方面，波特兰政府努力增加老年人的就业机会，并减少在就业时对老年人的年龄歧视。

在代际互动方面，波特兰市推出了以代际机会为根基的老年友好城市发展的方法。波特兰政府在城市中许多公共活动场所提供无障碍座位或辅助设施，帮助行动不便的老年人参与社会活动，从而更好地促进代际交流。在文化多样性的包容方面，波特兰城市文化娱乐发展面向的群体呈现多样化趋势，无论是种族还是年龄，使老年人超越了黄金法则，走向了白金法则，确保了对多样化群体文化习惯的尊重和包容。

4. 儿童友好城市建设

20 世纪中后期，随着大量人口的涌入，美国波特兰城市内儿童的数量逐渐增加。城市发展中儿童友好基础设施建设的滞后以及儿童友好服务的不足，导致波特兰儿童的权益得不到很好的满足。为了破解城市发展中的困境，波特兰开始进行儿童友好城市建设的探索，经过半个世纪的努力，在儿童友好城市建设方面取得重大进展，尤其是在城市环境营造和儿童友好制度建设方面给其他城市提供了宝贵经验。

表 6　儿童友好城市建设要素

序号	儿童友好城市建设要素
1	所有的儿童都能便捷地获得切实的、高质量的、健康的社会基础设施，干净的生活用水，充分的公共卫生设施和清洁安全的活动空间
2	地方政府应该确保在所有地方政策制定、资源分配、日常事务管理中，始终坚持儿童利益优先原则
3	为所有年龄段的儿童创造安全的环境和空间条件，在这些环境中他们能够自由获得休闲、学习、社会交往、心理发展和文化表达的机会
4	在公平的社会和经济条件下创造可持续发展的未来，保护儿童免于自然和社会灾害的危害
5	儿童有权参与关乎他们生活的政策制定，有权获得表达意见的机会
6	给予弱势儿童群体更多的关爱
7	消除因为性别、信仰、社会和经济差异造成的歧视

资料来源：UNICEF，2001。

波特兰根据联合国儿童基金会发布的儿童友好城市建设要素，开展了符合城市发展实际的儿童友好城市建设的探索。

（1）儿童友好空间营造

A. 儿童友好公园建设

友好空间的营造对于儿童的成长发育具有重要的意义。社区广场公园是居民重要的活动场所，波特兰通过丰富的植被设计以及基础设施的建设来激活这类场所周边区域的活力，营造适合儿童玩耍的友好空间。

波特兰将公园打造成儿童的自然户外教室。在学校的课程中设置自然学习课程，由任课教师带领学生去公园学习，对常见的动植物进行了解，对于高年级的学生则安排更系统的生态学学习。学生在玩耍的过程中发现新问题，探索自然界的奥秘。学校开设了城市自然探险家课程，该课程所有的课时均在户外公园或者自然生态区完成，培养学生的动手实践能力以及探索知识的能力。

B. 安全出行设计

波特兰鼓励多样化的出行方式，减少小汽车的使用，保障儿童在道路上的安全以及减少空气污染。波特兰交通局、学校、社区、社区组织和机构等共同合作，制定“Safe Routes to School”（简称“SRTS 计划”），确保儿童在上学路上的安全，减少汽车或者其他障碍物在儿童上学路段的阻碍，给儿童安全、愉悦出行提供保障。

除此之外，波特兰其他街道设施以及界面的设计都遵循儿童友好的原则，儿童玩耍并不是只能去专门的儿童娱乐场所，街头的大树下、绿地等公共活动的空间都是儿童玩耍聚集的地方，在某些街道还会形成“街道眼”，为儿童提供安全保护。

（2）儿童友好政策制定

波特兰将儿童友好的理念融入住房政策、儿童基础设施建设和交通策略等各个方面。在住房政策方面，住宅的户型设计需要充分考虑有儿童家庭的需求，有儿童家庭的住宅项目的规划需要与公共基础设施服务范围相呼应，确保有儿童的家庭能够享受到城市的服务。

为了让儿童有更好的成长环境、享受更优质的服务，波特兰不断完善城市中儿童服务基础设施，发展中小学、托儿所、社区活动中心、公园和其他商业型儿童服务设施来满足儿童成长最基本的需求。

为了顺利推动这些儿童友好政策、计划的开展，波特兰政府从项目资金来源、时间安排、实施主体等多方面来推进各项内容的实施。在资金方面，除了政府的税收之外，吸引第三方组织的参与，拓宽资金的来源，保障资金的稳定性。在时间安排方面，分阶段推进各项内容的实施，主要分为 5 年之内和 6～20 年两个阶段，逐步从初级阶段向最终的阶段推进。在实施主体方面，除了波特兰政府部门的参与之外，城市开发商、学校、社区等也是政策实施的重要主体。

（二）英国曼彻斯特市

1. 城市概况

曼彻斯特市是英国西北部的一座城市，在第一次工业革命时期成为英国的棉纺织业中心，是英国重要的交通枢纽城市，并逐渐成为全国的商业、文化中心。得益于棉纺织业的发展，曼彻斯特成为世界上第一座进入工业化社会的城市。工业化的发展，促进了曼彻斯特的经济发展，但同时也带来了众多的城市发展问题。城市资源的短缺、环境的破坏、空气的污染等问题的出现，迫使城市发展做出新的改变。

2. 年龄友好城市建设

曼彻斯特的老年人友好型城市建设（AFM）是在2003年启动的老年人价值评估计划（VOP）和2009年发布的十年曼彻斯特老龄化战略的基础上发展起来的。曼彻斯特的目标是提高城市老年人的生活质量，使城市成为一个更好的地方。曼彻斯特老年友好城市的工作围绕四个主题开展：关爱老人的社区、知识和创新、关爱老人服务、参与和沟通。曼彻斯特以市议会为基础，与老年人、老年人组织、志愿和公社部门、私营部门、中央政府和大学合作，协调了英国老年人友好城市网络。

曼彻斯特发布了旨在改善城市老年人生活的计划（见表7），该计划最主要的内容就是建立曼彻斯特的人口健康团队。英国国民健康保险制度和曼彻斯特市议会的合作项目中心成为人口健康团队总部。2010年，该计划的工作获得了世界卫生组织（WHO）的认可，曼彻斯特成为第一个加入全球老年友好城市网络的英国城市。

表7　曼彻斯特老年友好城市建设计划重点与世界卫生组织《指南》的要求建设内容比对

计划重点	世界卫生组织《指南》的要求建设内容
文化与学习 老年人参与 健康	通信与信息 社会参与 社区支持与卫生服务

续表

计划重点	世界卫生组织《指南》的要求建设内容
减少歧视,促进平等 解决孤独和社会孤立,加强代际关系 安全	尊重与社会包容
住房	住房
护理	社区支持与卫生服务
交通	交通运输 室外空间与建筑
收入与就业	就业

资料来源：根据相关资料整理。

3. 经验做法

（1）减少年龄歧视，促进平等

和其他地区一样，曼彻斯特的老年人也经历了与年龄、贫穷、性别、健康和种族有关的不平等。根据2007年的生活质量调查，在曼彻斯特65岁以上的人群中，19%的人说他们在前一年经历过年龄歧视。不平等对两性的影响也不同。女性寿命更长，她们在老年人口中所占的比例也更大。由于工资较低，工作模式和照顾责任不同，她们的老年生活有可能出现更窘迫的局面。黑人和少数民族老年人在获得健康服务和社会关怀方面面临着障碍。

为了缓解这种不平等现象，曼彻斯特政府提出，到2020年，要创造一个更公平的城市环境，让老年人更好地享受与特定文化需求相适应的服务。随着老年人需求的多样化，与老年相关的政策、设施和服务（包括私营部门提供的服务）将常态化。为此，曼彻斯特政府出台了一系列政策。

其一，出台个人保健计划和预算保障黑人和少数族裔老年人得到所需要的服务，减少其享受支持和服务的壁垒。

其二，鼓励黑人和少数族裔老年人参与锻炼、加强健康饮食和营养以及获得文化和学习机会。

其三，出台支持性住房政策。

其四，根据政府即将出台的法律制定政策，禁止在提供商品和服务时出现年龄歧视。

其五，将年龄友好包含在公司规划和平等标准中。

其六，支持制定和实施与老年人沟通的标准。

其七，通过新的宣传活动和出版物，树立对老龄工作的积极印象，努力消除对老年人的刻板印象。

其八，在公共卫生工作的基础上，与全国性别健康论坛一起讨论影响性别健康的各种问题。

其九，根据年龄、性别等因素对预防保健的摄取情况进行监测。

其十，在社区的设计中，包括不同宗教和信仰体系的礼拜场所。

其十一，调查机会发展信息、建议和关联服务，包括宣传、指导和帮助计划。

其十二，研究性别限制，鼓励地方为不同性别提供平等的服务和机会。

（2）解决孤独和社会孤立，加强代际关系

孤立是一种客观状态，它是通过与他人的接触和互动的数量来衡量的。被孤立的人不一定感到孤独。孤独是指人们对社会关系的程度和质量产生的负面情绪。即使是有很多社交关系的人也会感到孤独。代际关系是不同年龄段的人之间的关系，比如20岁的年轻人和70多岁的人。研究证实，住在曼彻斯特的老年人比其他地区的人更容易感到孤独，这表明城市不同地区的孤独感也有所不同。原因包括社区的物理设计、社会设施的使用、该地区人口的流失率以及附近其他老年人的数量。丧亲、退休和长期疾病等事件也可能造成孤独感。

曼彻斯特政府提出，到2020年，使各个年龄层居住在社区的居民都能享受高质量的生活。这些街区将会培养良好的人际关系，不仅仅是在中老年人群中，还会培养老年人和年轻一代之间的代际互动（见表8）。

表 8　曼彻斯特市增强代际互动的政策措施

增强代际互动的政策措施
撰写关于解决孤独和社会隔离的指南
促进跨代项目的发展，通过几代人共同规划，创建全市范围的学习网络和一系列在线资源
与学术机构合作，评估重点项目并衡量其影响
通过本地的 VOP 网络扩展机会，并开展一系列支持服务
探索城市间代际空间的潜力
促进以邻里为基础的支持，支持特定的民族和信仰，以减少服务供给方面的差距
继续支持发展自助小组、辅导小组，如丧亲课程和认知治疗小组
增加了参加会议、社交俱乐部、学习、文化和健康老龄化活动、信仰/精神支持和补充疗法的机会
提供老年人心理健康信息和意识会话
研究新技术，减少孤独和孤立

资料来源：根据相关资料整理。

（3）促进老年人参与

曼彻斯特在老年人参与方面已经取得了很大的进展，让老年人参与集体决策、服务设计和项目交付。通过让老年人参与和授权老年人，确保城市的发展体现“老年优先”的理念。VOP 在与曼彻斯特的老年公民接触中发挥了主导作用。该组织为老年人提供了各种各样的机会，包括老年人的 VOP 董事会、全市范围的论坛、本地网络和任务小组。此外，该组织还组织了一些与老年人有关的活动，并通过季度通讯和定期更新的服务指南，改善了他们与公共部门之间的沟通。曼彻斯特政府出台了以下政策措施来支持老年人的参与。

其一，扩大基于邻里的 VOP 网络和任务组的范围，并提供资源支持。

其二，通过与服务提供商合作，寻找创新的方式让老年人参与决策和服务设计，从而提高老年人影响政策的机会。

其三，为老年居民提供更好的志愿服务机会。

其四，组织更多的参与活动，深入社区的中心。

其五，通过小额赠款计划扩大对地方团体的支持，并寻求新的融资机会。

其六，通过回顾现有机制和更好地利用技术，改进 VOP 的沟通方式。

其七，提高老年人使用互联网和信息技术的能力，更好地利用技术提供信息。

（4）住房方面

近年来，随着住房支持服务、住房改善服务和保障性住房计划的扩大，曼彻斯特为改善老年人住房做了很多工作。强有力的参与项目也使得老年人的住房条件得到改善，这些项目使老年人在与他们的家庭和社区有关的问题上拥有发言权。然而，仍有一些老年人生活在不合适的住房中，这些住房低于体面的住房标准，需要进行改善。住房不仅仅是房子，老年人需要住在他们认为是家的地方。另一个需要解决的问题是，对于希望留在特定社区的老年居民来说，他们缺乏住房选择。这项工作正通过“老年人住房战略”得到推进（见表 9）。

表 9　曼彻斯特住房友好政策措施

住房友好政策措施
实行“老年人住房战略”，这将增加房屋的供应，实现住房协会和住房委员会的所有权共享
继续通过有针对性的宣传活动解决节能和燃料缺乏
开展“温暖家园”项目和“冬季温暖活动”
为有需要搬家、搬迁或者经历重大地域变化的老年人提供帮助
确保老年人退休后能在社区享受日常服务和设施

（5）加强城市其他方面的建设

在交通方面，自 2008 年 4 月以来，曼彻斯特的公共汽车、火车和电车在国家免费旅游通行证计划下已经实现 60 岁以上免费乘坐。曼彻斯特的交通运输机构现在正在共同努力，为老年人解决其他关键问题，以实现交通的可达性、灵活性和安全性。为保障老年人的出行安全，2009 年曼彻斯特对 118 个道路安全隐患点进行改进。

就当地环境而言，优先事项包括继续提供和改善绿地，改善设施及其场地的使用权，改善公共场所的安全性和其他可感知的安全性。其他环境问题包括改善空气质量、重新开发受污染的和以前开发的土地、鼓励野生动物和增加生物多样性。跨代项目特别有利于提高人们对气候变化的认识，并了解可持续的生活方式。

在收入和就业方面，曼彻斯特的收入和就业率都很低，尤其是老年人。经济衰退给老年人带来了更多的失业、更多的就业竞争以及更低的储蓄回报，这些进一步加大了他们的压力。为了保障老年人退休后的收入和生活质量，曼彻斯特也出台了相关政策。

表 10　曼彻斯特有关老年人的收入和就业政策措施

有关老年人的收入和就业政策措施
确保为老年人提供信息和养老金，管理财政和福利津贴
提供咨询服务，以满足老年人不断上升的债务咨询需要
开展利益权使用活动，游说政府使老年人更容易获得权利
确保老年人有足够的钱买燃料
给老员工办理退休，考虑个人的支持、信息环境和愿望
促进增加养老金改革的意识
建议居民管理收入，为退休后的老年生活做准备
支持健康退休低龄老人返回岗位工作
支持更多的老年男性和老年女性参与志愿工作和有报酬、奖励的工作
使残疾人和那些有语言、读写能力和学习需要的人能够走上工作岗位

资料来源：根据相关资料整理。

（三）澳大利亚堪培拉市

1. 城市概况

堪培拉是澳大利亚的首都，是澳大利亚东南部的一座城市。1927 年澳大利亚联邦政府从墨尔本迁至此，堪培拉从此成为全国政治中心，经济发展主要依靠金融、旅游和餐饮等产业。堪培拉交通发达，与其他城市形成健全的交通网络。堪培拉内有澳大利亚国立大学、堪培拉大学和国立图书馆，西南建有宇宙航天追踪站，增强了城市的文化底蕴。全年气候温和，四季分明，雨热同期，四季阳光普照。

2. 年龄友好城市行动计划

澳大利亚首都特区（ACT）“积极老龄化战略计划”为ACT政府和社区采取协调一致的方式倡导积极老龄化以及建设一个“尊重、重视和支持老年人积极参与社区活动”的老年友好城市提供了蓝图。2009年，在经过广泛的社区咨询后，ACT政府社区服务理事会下属的ACT老龄问题办公室与ACT老龄问题部长级咨询委员会合作制定了该项战略计划。该计划由老龄化问题部长级咨询委员会监督，并由堪培拉老年友好城市网络指导，其中共包含7个战略重点，与世卫组织老年友好的城市主题密切相关（见表11）。

表11　澳大利亚堪培拉老年友好城市建设战略重点与世界卫生组织《指南》的要求建设内容比对

堪培拉的战略重点	世界卫生组织《指南》要求的建设内容
信息与沟通	通信与信息
健康与幸福	社会参与 社区支持与卫生服务
尊重、重视和安全	尊重与社会包容
住房与住宿	住房
支持服务	社区支持与卫生服务
运输与物流	交通运输 室外空间与建筑
工作与退休	公民参与与就业

资料来源：根据相关资料整理。

最初的行动计划后来被2010～2014年的行动计划所取代。战略计划中的每个战略重点都有明确的目的和具体的行动。政府与社区和商业部门协商，与每个已确定的主要代理机构联系，制定、实施并反馈其行动进程和绩效指标。

（1）信息与沟通

帮助老年人易于获得关于健康生活、退休计划、支持的服务和产品、权利、社区团体和俱乐部的信息。第一，堪培拉老年人可以获得信息和通信技术（ICT）培训和服务。第二，老年人获取信息可以通过访问各种媒体。促进信息和通信技术（ICT）服务和老年人培训活动的开展，通过印刷媒体、电台、电话、书信、面对面和网上服务等形式分发有关政府服务及老年人相关事宜的资料。

绩效指标如下：

·60 岁以上老年人学习 ICT 课程的人数

·公共图书馆的网络安全提升及互联网计划数目

·参与公共图书馆 ICT 及社会媒体训练课程的老年人人数

·每年有多少老年人信息以印刷品、广播和网络形式发布

·2014 年 6 月推出的老年人文化意识和翻译框架

·2012 年启动 ACT 语言政策

（2）健康与幸福

人们在一生中都需要维持健康和幸福，积极地变老，并在变老的过程中能够积极地参与社区活动。要实现这一目标，首先应加强医疗保健服务，其次应不断发展并推广老年人活动，鼓励老年人积极参与其中。堪培拉政府为了促进老年人的健康与幸福积极开展了以下四方面的行动。

第一，改善照护社区患有精神疾病的老年人的护工服务，宣传电子健康倡议，并将老年人出院程序与一系列医疗和支持服务相联系。第二，向老年人提供关于临终选择、提前的护理计划以及遗嘱和持久授权书的信息。第三，每年为 55 岁以上的人提供各类活动，包括通过老年人赞助计划和 ACT 政府资助的艺术组织提供面向全体老年人的艺术活动。第四，将预防“社会隔离”列为老年人赞助计划优先考虑的事项。

绩效指标如下：

·提供的照顾精神病患者的护工数目

·由老年消费者和护工代表组成的心理健康 ACT 委员会的百分比

·电子药物管理在 ACT 中的发展情况

·持续与英联邦国家合作实施用户管理个人电子健康记录（PCEHR）

系统

· 持续与英联邦国家合作开发国家电子健康消费者门户网站

· 在尊重病人选择计划的前提下，实施预先护理计划或采用持久授权书的病人人数

· 研讨会和公众演讲的数量

· 每年提供关于遗嘱和持久授权书信息的会议次数

· 增加堪培拉四个主要的老年俱乐部的成员

· 由老年人赞助项目产生的积极的媒体故事数量

· 城市的幸福指数

· 包括预防跌倒项目的老年人健康宣传活动的数量和质量

· 为老年人提供有偿的身体健康计划

· 通过由体育和娱乐服务管理的资助计划促进体育和娱乐部门的参与

· 向领取退休金老年人提供优惠公共活动的数量

· 公共图书馆数量和活动项目数量

· 提供给适合老年人参加艺术课程的数量

· “老年人赞助计划”活动参与人数

（3）尊重、重视和安全

堪培拉老年友好计划中内容之一就是让老年人感到尊重和重视，增强老年人在城市的归属感。这个计划的主要实施目的包括：首先，促进对老年人更好地尊重和代际了解；其次，提高老年人对年龄歧视、财务和法律问题的认识；最后，在公共场所创造一个安全的环境。

第一，2012 年，堪培拉设立了一年一度的祖父母节，堪培拉百年庆典增加了纪念百岁老人的活动。第二，建立旨在解决工作场所年龄歧视问题的 ACT 公共服务尊重、公平和多样性（RED）框架，促进人权委员会在调查有关年龄歧视的投诉方面的作用，提高对预防虐待老人计划的认识。第三，确保老年人经常出入的所有公共空间都有足够的安全措施，同时开展系列活动以提高老年人对安全问题的认识，并且为老年人提供老年友好型私人住宅的审核。

绩效指标如下：

· “生命倒影”摄影比赛参赛作品数目

· 有老年项目的图书馆数量和老年志愿者数量

· 堪培拉金奖颁发的数量

· 已解决的有关年龄歧视的投诉数目

· 有关年龄歧视的教育课程数目

· 为老年人举办的提高对财务和法律问题的认识的信息会议的次数

· 电话、教育课程的次数

· 在停车场、购物中心及汽车站设置闭路电视、照明、保安设施的数量

· 55 岁以上的人参加公共安全委员会的比例

· 为老年人举办的社区安全研讨会数目

· 对 55 岁以上人士进行的家居安全计划家访次数

· 分发给个人的家庭安全工具包的数量

· 根据堪培拉老年友好城市调查，人们对家庭和社区安全的看法得到了保持或改善

（4）住房与住宿

在住房方面，堪培拉政府主要是帮助老年人获得适当的、负担得起的住房。首先，为老年人提供创新的住宿模式。其次，支持老龄公屋租户迁往更合适的居所。再次，加强对退休者居住村落的管理。最后，支持有无家可归危险的老年人。针对住房的问题，堪培拉政府主要开展了以下四个方面的行动：第一，促进住宅的宜居设计，发展灵活的房屋选择，以满足老年人的需要；第二，根据公屋老年住户安全改善计划预算，解决老年公屋住户的安全问题；第三，与行业和居民讨论关于退休村法案的相关规定；第四，为无家可归的老年人提供危急住宿或优先获得住房的机会。

绩效指标如下：

· 采取符合安全标准的安全措施

· 通过帮助老龄租户计划提供持续性支持

· 老年租户的数量减少到可以更好地满足他们的需要或搬迁到老年人

单位

· 住宅适老化改造的数目

· 退休公务员优惠税率计划

· 退休村法案实施

· 55 岁以上获得危急住宿或优先获得住房的人的百分比

（5）运输与物流

更加便捷的交通出行也是老年友好城市建设的内容之一。首先，改善公共交通服务，以更好地满足堪培拉老年人的需求。其次，帮助堪培拉老年人从驾驶向别的出行方式过渡。堪培拉实施了“无障碍交通计划”，继续改善老年人及其他交通不便人士乘坐公共交通巴士的交通情况。开发整个堪培拉的公园，增加骑行选择，以减少驾驶时间和消除在拥挤的主干道上开车的需要。

（四）日本秋田

1. 城市概况

秋田是日本东北部的一座城市，是日本本州岛东北地区五大城市之一，具有较为发达的教育和卫生事业。秋田重视城市绿化，绿化率达 64%，有“花园城市”之誉，是日本知名的旅游胜地。市政建设比较先进，环境污染少，景色优美，交通方便，文化体育设施完备，可举行全国性的大型比赛或演出活动。

2. 年龄友好城市建设

秋田于 2011 年加入了世卫组织的全球关爱老年人城市和社区网络。2013 年，秋田制定了《秋田善待老年人城市行动计划（2013—2016 年）》[First Akita Age-friendly City Action Plan（2013—2016）]。在该行动计划中，秋田在当地社区协会的帮助下，促进了老年人的社会参与，提升了对关爱老年人城市的激励和公众意识。这个城市建立了一个系统来促进全社会对老年人友好的城市。在第二个善待老年人城市行动计划（2017～2021 年）中，秋田指出将根据第一个行动计划（2013～2016 年）所取得的成就进一步发展和修改，将与城市行政当局、公民、私营公司及组织合作，努力解决各种区域问题（见表12）。

表12　日本秋田老年友好城市建设的政策重点与世界卫生组织《指南》的要求建设内容比对

秋田的政策重点	世界卫生组织《指南》的要求建设内容
为老人提供良好的信息交换环境	通信与信息
鼓励老人的社会参与	社会参与
建设一个各代之间互相尊重的地区和社会	尊重与社会包容
规划适合老人的生活空间	住房
提升健康事业、社会福利以及医疗设施，以规划出社区支援系统	社区支持与卫生服务
提升交通设施的便捷程度	交通运输
规划安全的室外空间、建筑、设施	室外空间与建筑
为老人和所有居民提供更多就业机会	就业

资料来源：根据相关资料整理。

3. 经验做法

我们结合城市特征，总结了秋田在建设老年友好城市的行动计划中的政策亮点以及值得学习和借鉴的部分。

（1）促进代际友好互动

秋田致力于促进公民活动，扩大世代之间的友谊，彼此激励和帮助，以便在熟悉的秋田过上长寿而愉快的生活。秋田政府、东京大学老年研究机构以及 Studio L. 设计了创造与支持老年人社区，着力于创造一个居民们互相帮助的社区。社区中的市民互相帮助，对老年人的日常照料与预防性看护增多，其中包括市民组织、非营利性组织以及私人企业提供的服务与活动（举行地区沙龙活动，看护、确认老人的安全，协助外出；协助家务）。政府支持居民为当地老年人创建聚会场所，目的是消除老年人的隔离，建立相互帮助的当地社区关系。

在市民与政府合作部分，强调增强老年人的社会参与，鼓励老年人通过职业进行社会参与，希望老年人在感兴趣的领域进行新的挑战，具体包括社区活动、再就业、创业，围绕兴趣与健康情况参与志愿者活动。在促进就业方面，秋田施行了一个为开拓新领域的老年企业家或退休后继续开拓人生的人们准备的“第二人生”手册，以及另一个叫作“生活实验室”的项目，主要设计反映老龄化需求的产品及服务。同时，政府鼓励私营公司和组织开展有利于老年人的活动与行为。在社会态度上，为提高社会对老龄化问题的重视，向公民提供“善待老年人的城市学院”，使公民有机会了解老龄化正在成为社会问题，推动互助社区以及各个主体开展应对老龄化的相关活动。

（2）安全、便捷的交通出行

为提高老年人出行的便捷和安全程度，秋田在物理设施前台附有语音助手系统，标志设计更便于辨别，行走的路线也更易分辨，地图上标出了每一层楼的卫生间，残障人士的停泊位置和公车的升降设备涵盖所有区域，有可供租借的轮椅和手推车，同时轮椅道可以加热以应对冰雪天气，全市 60 余条道路可以自行加热以融化冰雪。

在具体行动上，秋田制定了“一个硬币”公车计划，这是一个通过在固定线路上只收取单程费用的活动，旨在让老年人增加社会参与。这项活动开始于 2001 年，主要以 70 岁及以上老人为目标。当年龄下调至 68 岁时，使用者的比例升至 11.4%。此后项目在 2017 年 10 月将年龄下调至 65 岁，以期望达到更大的增长。这项“一个硬币”计划完美地契合了老年友好伙伴计划——商店和澡堂为出示“一个硬币”券的客人提供折扣和免费饮料。该计划推动了老人走出家门，进行社会参与，丰富生活。

（3）政府和市民共同努力的老年友好城市建设

秋田老年友好城市行动计划主要由两大支柱组成：一项是面向政府的行动计划，包括政府的基本对策；另一项是面向居民的行动计划，自始至终由居民提出。政府和居民有共同的“老年友好城市”期望，并且将在改进计划行动方面保持密切合作。其基本准则是建设即使是老人也可以主导自己生活、在社会上保持活跃、持续做出贡献的社区。秋田的老年友好城市建设计划主要以政府和市民为特征。“积极老龄化”的居民在商店和工厂中推广老年友好，包括应对老年孤独感、进行消除老龄化消极印象的宣传活动等方面。即使是确定秋田的老年友好标志物也动员了上至80岁下至13岁的居民。

秋田的努力主要基于不可逆转的趋势：总人口中接近30%为65岁及以上的老年人，而在秋田周围这个情况更为严峻。年轻人很难在脱离大城市的乡村地区找到工作，所以他们去了更远的城市，这样一来又加剧了当地的老龄化。但是秋田以一种有信心的承诺来应对这项趋势。除了物理设施之外，秋田的老年友好工作更多是以一种“软”的方式进行着——基于社区的建设和加强城市的社会联系。老年友好城市小组的四人组之一表示，尽管地方自治体的大部分工作是法律法规确定的，但是工作人员仍然可以去做一些不同的任务，以寻找到正确地应对友好城市挑战的方法。

（五）中国台湾嘉义市

1. 城市概况

近些年，中国台湾人口老龄化程度在不断加深，高龄人口数量的增加对台湾地区的发展带来了巨大的挑战。2010年，台湾积极响应WHO倡议的“积极老龄化”及“老年友好城市”发展理念，开始着手推动“年龄友好城市”建设规划。嘉义市位于台湾中南部地区，在“年龄友好城市”建设过程中形成了既富有当地特色又具有推广价值的“嘉义经验”。

2. 年龄友好城市建设

嘉义市在老年友好城市建设的过程中，参考了WHO以及台湾地区制定的“年龄友好城市指标与计划”，结合嘉义市自身的实际发展情况，制定了符合当地实情的评估指标体系，并将责任落实到不同政府部门（见表13）。

表13　嘉义市“年龄友好城市”建设指标体系

台湾定义	嘉义市指标体系	责任部门
无碍	1. 人行道设置;2. 高低差处理;3. 行人专用标志;4. 大型干道设置安全岛;5. 防滑设计;6. 紧急服务铃;7. 扶手;8. 照明;9. 垂直移动设施;10. 具有座位的休息区;11. 标示系统清晰程度;12. 户外;13. 生活技能场所与医疗结构;14. 维护管理良好的公园绿地;15. 维护管理良好的人行道;16. 自然植栽;17. 连接住宅与户外开放空间的人行道;18. 无障碍厕所	交通处
畅行	1. 交通运输系统的维护保养;2. 交通运输系统的友善设计;3. 候车站设计和维护;4. 驾驶员服务品质训练;5. 乘车信息清晰程度和更新效率;6. 车辆密集程度;7. 转乘便利程度;8. 准点率;9. 服务路线覆盖率;10. 出入口设施;11. 高龄者就医交通便利性	交通处
安居	1. 求救设备;2. 独居高龄者设置“住宅火灾报警器”;3. 适老化生活用具和设施;4. 容易获得的血压、血糖测量仪器;5. 临近生活购物环境;6. 临近户外环境休憩空间	消防局/卫生局
亲老	1. 专业急救人员;2. 紧急疏导措施;3. 社会参与资源提供;4. 活动费可负担;5. 进修服务;6. 养生保健团体活动;7. 休闲娱乐团体活动;8. 老龄人支援服务	社会处文化局

资料来源：谢楠《台湾年龄友好城市建设经验及主要特色——以台湾嘉义市为例》，《老龄科学研究》2017年第10期。

3. 经验做法

（1）以不同居民需求为核心的规划建设

嘉义市在建设年龄友好城市的过程中，强调城市建设的核心精神是关注老年人的需求，实现老年人自下而上地参与城市发展过程。嘉义市在实施规划之前会组织召开各种年龄层、地区、身份等不同群体的代表参与规划建设的讨论，通过多次召开社区座谈会、采取焦点小组访谈、问卷调查等方式了解辖区内不同群体的需求，将这些需求纳入行动计划的考虑因素中。

（2）构建“年龄友好城市”的长期机制

针对官员替换制度，不同的领导在位时的施政理念存在差异，可能导致不同的领导对于年龄友好城市建设的思路存在不同，从而导致整个城市的建设缺乏长期实施的机制。为了缓解这种局面，嘉义市政府采取一系列措施建立长期的工作机制。第一，从指标的部分进行整合，将嘉义市的地方建设指标纳入台湾整个地区的指标体系中，保证建设的可持续性。第二，嘉义市高度重视对政府人员的教育培训，通过培训将这种“年龄友好”的观念进行宣传，组织相关人员进行学习，解决政党轮换和人员流动导致的难以传承的问题。

（3）建立辐射带动机制

嘉义市将自身的建设经验总结为一套完整的模式，并将其推广到其他城市。首先，嘉义市组建跨地区委员会，成立检查小组对现有城市的环境进行检查。其次，通过召集座谈会、发问卷、访谈等形式掌握不同群体的建设需求。根据现有需求，与当地的企业、社团组织等进行交流合作，呼吁社会各界共同参与。最后，制定符合当地实际情况的建设年龄友好城市的指标体系，并制定具体的行动计划。2013 年时，在嘉义市的推广带动下，台湾地区其他的县市先后加入老年友好城市创建的行动计划中，台湾成为世界范围内年龄友好城市覆盖率最高的地区。①

三　构建年龄友好城市的启示与路径

（一）国内外构建年龄友好城市的经验总结

1. 系统完善的顶层设计

在多地的案例中，我们发现在建设年龄友好城市之初地方政府便非常重视宏观统筹，将其列入城市战略和城市发展规划。波特兰的老年友好城市建设是为该市 25 年综合战略计划做准备的；澳大利亚首都特区的老年友好城市计划是在其城市的“积极老龄化战略计划”基础上发展起来的；中国台湾嘉义市政府采取一系列措施建立了有效的工作机制，从制度上保障了“年龄友好城市”的长期建设，并系统总结了建设的成功经验，推广带动了其他城市加入了“年龄友好城市”的建设行列，促成台湾地区成为全世界

① 谢楠：《台湾年龄友好城市建设经验及主要特色——以台湾嘉义市为例》，《老龄科学研究》2017 年第 10 期。

年龄友好城市覆盖率最高的地区。

宏观层次上系统完善的顶层设计为年龄友好城市的规划发展提供了制度性的保障，为城市构建提供了高层次的平台，有利于协调调动所需的资源，促进具体项目的实施落地，从而有利于年龄友好城市的长期可持续发展。

2. 有效合作的管理机制

年龄友好城市的建设主体涉及多个行业，拥有统筹管理、协调合作的机构与办事人员极大地提升了构建效率。例如，澳大利亚首都特区政府社区服务理事会下属的 ACT 老龄问题办公室与 ACT 老龄问题部长级咨询委员会合作，在这个跨部门委员会的指导下，制定了老年友好城市战略计划，由老龄化问题部长级咨询委员会监督、堪培拉老年友好城市网络指导。后期政府与社区和商业部门协商，与每个已确定的主要代理机构联系，制定、实施并反馈其行动进程和绩效指标。

年龄友好城市的构建需要多方主体参与，包括政府、协会、社区、科研单位、利益相关方，建立有效的统筹管理机制才有利于项目的落地。日本秋田在第二个善待老年人城市行动计划（2017～2021 年）中指出，将与城市行政当局、公民和私营公司及组织合作，努力解决各种区域问题。中国台湾嘉义市将地方建设指标纳入台湾整个地区的指标体系中，高度重视对政府人员的教育培训以培养可持续服务的人才，形成了具有可持续性的人才培养制度和考核体系，保障了年龄友好城市的长期建设，形成了非常有效的管理机制。

3. 尊重多元化的群体需求

这一点是所有案例城市的共同经验，每一个案例城市在制定年龄友好城市计划时都将群众多元化的需求放在了第一位，因地制宜制定政策和行动方案。波特兰在城市的宜居性上聚焦了老年人的需求。曼彻斯特政府随着老年人需求的多样化，常态化地优化了与老年人相关的政策、设施和各类服务。堪培拉老年友好计划中内容之一就是让老年人感到尊重和重视，增强老年人在城市的归属感。秋田老年友好城市行动计划的一大支柱是面向居民的行动计划，自始至终由居民提出。嘉义市将关注老年人的需求作为城市建设的核心精神，实现老年人自下而上地参与城市发展过程，在实施规划之前通过多种调研方式了解辖区内不同群体的需求，并将这些需求纳入行动计划的考虑中。

4. 着重空间和人文环境建设

基于城市自身的发展基础和突出需求，各年龄友好城市的建设内容侧重点并不一样，但是总体来看也有一致性，均着重聚焦环境建设，包括空间和人文环境。空间环境主要包括交通运输和居住环境，空间的硬件改造往往是建设年龄友好城市的第一步。人文环境的建设重在对老年人提供各方面的精神支持，优化社会环境，促进老年人的积极老龄化和社会融入。

（二）中国构建发展年龄友好城市的基础

1. 良好的政策支持背景

中国现有的政策背景为年龄友好城市的建设提供了制度性的支持，引发了广泛的社会关注。2009 年起，全国老龄办在全国开展了“老年宜居社区”和“老年友好型城市”建设试点工作。2016 年，全国老龄办、国家发改委等 25 部门联合印发了《关于推进老年宜居环境建设的指导意见》，谋划了适老居住环境、适老出行环境、适老健康支持环境、适老生活服务环境、敬老社会文化环境等五大老年宜居环境建设板块。2017 年，《国务院关于印发“十三五”国家老龄事业发展和养老体系建设规划的通知》（国发〔2017〕13 号）发布，其中提出开展老年宜居环境建设示范行动，完善老年宜居环境建设评价标准体系，开展“老年友好型城市”和“老年宜居社区”建设示范行动。2019 年，中共中央、国务院印发了《国家积极应对人口老龄化中长期规划》，明确要求创造宜居友好的环境，建设老年友好型社会。2020 年，国家卫生健康委和全国老龄办印发《关于开展示范性全国老年友好型社区创建工作的通知》，提出了探索建立老年友好型社区创建工作模式和长效机制，切实增强老年人的获得感、幸福感、安全感，并设立了到 2025 年，在全国建成 5000 个示范性城乡老年友好型社区，到 2035 年，全国城乡实现老年友好型社区全覆盖的工作目标。2021 年 11 月 25 日，《中共中央 国务院关于加强新时代老龄工作的意见》发布，明确指出从加强老年人权益保障、打造老年宜居环境、强化社会敬老三方面着力构建老年友好型社会。十多年来，从试点到全面推进，各级政府部门为老年友好城市构建提供的政策制度保障逐步系统化和精细化。

党的十八大以来，中央及各地方在推进儿童事业发展领域做了大量工作，不断完善儿童权益保障体系。国家“十四五”规划纲要明确将儿童友好城市建设列入重大工程。建设儿童友好城市，为儿童成长发展创造更好的条件和环境，并以此推动儿童友好成为全社会的共同理念、行动、责任和事业，培养造就担当民族复兴大任的时代新人，是各级政府和全社会的责任所在、使命所系。2021 年 10 月 15 日，国家发改委等部门联合印发《关于推进儿童友好城市建设的指导意见》（以下简称《指导意见》），目的就是为了促进广大儿童健康茁壮成长，共享美好未来。《指导意见》的颁布，是对中央相关文件精神的进一步贯彻落实。《指导意见》从社会政策、公共服务、权利保障、成长空间、发展环境五个方面推进儿童友好城市建设，坚持儿童优先发展，从儿童视角出发，以儿童需求为导向，以儿童更好成长为目标，切实保障儿童的生存权、发展权、受保护权和参与权。同时《指导意见》提出，到 2025 年，通过在全国范围内开展 100 个儿童友好城市建设试点，推动儿童友好理念深入人心。

2. 优秀的年龄友好城市试点基础

2009 年以来，全国老龄办在上海、山东青岛市、浙江湖州市、黑龙江省齐齐哈尔市、辽宁省营口市等城市陆续开展了创建老年友好城市和社区的试点工作。各地因地制宜，围绕着社区的居住环境、城市公共交通系统、公共设施、社会保障、养老事业与产业、助老政策、精神文化生活等方面进行积极探索，开展了一些建设活动①。值得一提的是，在 2020 年国家卫生健康委和全国老龄办印发《关于开展示范性全国老年友好型社区创建工作的

① 张佳安：《社区能力建设视角下老年友好社区建设的路径》，《西北师大学报》（社会科学版）2021 年第 6 期。

通知》之后，更多城市主动参与到老年友好型城市社区的创建中来。

2016 年，深圳市将儿童友好型城市建设纳入“十三五”规划，成为全国第一个提出全面建设儿童友好型城市的城市。2018 年 2 月，由深圳市妇儿工委印发了《深圳市建设儿童友好型城市战略规划（2018～2035 年）》和《深圳市建设儿童友好型城市行动计划（2018～2020 年）》，全面启动儿童友好城市建设工作。此外，长沙、上海、北京等城市也陆续加入儿童友好型城市的建设队伍中来，并取得了一些效果①。

多年来，国内已经总结了一些有效的“老年友好型城市”和“儿童友好型城市”建设经验，发现了构建过程中存在的问题，为后续年龄友好城市的全面开展提供了扎实的经验基础。

（三）未来构建发展年龄友好城市的路径建议

1. 完善优化顶层设计

无论是老年友好城市还是儿童友好城市，它的发展都离不开系统完善的顶层设计：将老年友好社会建设和儿童友好城市建设纳入城市发展规划，为年龄友好城市的规划发展提供制度性的保障，统筹年龄友好城市构建与城市长期发展，充分链接协调构建所需资源，使得年龄友好城市构建具有前瞻性、可操作性以及可持续性。

2. 建立统筹管理工作机制

充分借鉴国内外典型案例的管理机制，政府组建年龄友好城市构建的统筹部门，组织号召多方主体参与，包括协会、政府、社区、科研单位、利益相关方，建立有效的统筹管理机制和合作工作机制，出台专项行动计划，统筹管理多方力量，努力解决各种实际问题。在儿童友好城市的创建中，美国波特兰市政府部门、城市开发商、学校和社区等均积极参与。中国台湾嘉义市的经验也可供参考，将年龄友好城市建设指标纳入地方政府考核体系，注

---

① 谭鹏、史钰、魏勇刚：《我国儿童友好城市建设的现状与展望——基于四个城市的经验分析》，《陕西学前师范学院学报》2021 年第 1 期。

重培养一支可持续发展的人才队伍，以避免人员流动造成的项目中断，并通过各类社会媒体评比活动创造舆论压力，从而建立一支稳定发展、积极主动的管理人才队伍。

3. 以人为本，多途径把握群众需求

年龄友好城市的建设，必须以人为本，应尽可能使多群体参与其中，主体是儿童和老年人，但其他年龄段人群的意见也须摸排。通过问卷调查、个人访谈等多种调研方式了解群众需求，基于他们的最核心需求开展项目，并保障群体在项目开展的过程中有更多的影响力和话语权，充分反映民意。

4. 因地制宜开展城市建设

各城市应基于自身的发展基础和突出需求确定内容侧重点，空间和人文环境的建设可同时或分步骤进行。值得一提的是，统筹解决“一老一小”问题，同时开展老年友好城市和儿童友好城市建设，是一种具有创新性的、有效配置资源的工作思路。美国波特兰市在老年友好城市和儿童友好城市的创建中都侧重于公共环境与出行设计，但这是分开进行的，不免有些资源浪费，如果同时兼顾两类群体，强调两类群体在公共空间和政策上互动，将非常有利于年龄友好城市建设的效率最大化。打造适老适小的公共空间，加强代际的互动支持，一方面促进老年人的社会参与，另一方面提供儿童的照料资源，催化代际交往新反应，从而带动老年友好城市和儿童友好城市的同步发展。

参考文献

Hal Kending, Anne-Marie Elias, Peter Matwijiw, Kaarin Anstey, “Developing Age-friendly Cities and Communities in Australia,” *Journal of Aging and Health*26 (2014): pp. 1390 – 1414.

Anthony A. Sterns , Harvey L. Sterns, Ann Walter, “Prioritizing Age-friendly Domains for Transforming a Mid-Sized American City,” *Public Health International Journal of Environmental Research and Public Health* 17 (2020): 9103.

Rémillard-Boilard, S. , Buffel, T. , Phillipson, C. , “Developing Age-friendly Cities and Communities: Eleven Case Studies from around the World,” *Int. J. Environ. Res. Public Health*

18 (2021): p. 133.

Chung, S., Kim, M., Auh, E. Y., Park, N. S., "WHO's Global Age-friendly Cities Guide: Its Implications of a Discussion on Social Exclusion among Older Adults," *Int. J. Environ. Res. Public Health* 18 (2021): p. 8027.

The Global Network for Age-friendly Cities and Communities: Looking back over the Last Decade, Looking forward to the Next. Geneva, Switzerland: World Health Organization; 2018 (WHO/FWC/ALC/18.4).

韩雪原、陈可石:《儿童友好型城市研究——以美国波特兰珍珠区为例》,《城市发展研究》2016 年第 6 期。

李小云:《国外老年友好社区研究进展述评》,《城市发展研究》2019 年第 7 期。

郭佩:《建设老年友好城市，日本都做了什么?》,《中国社会保障》2021 年第 8 期。

于一凡、王沁沁:《健康导向下的老年宜居环境建设——国际研究进展及其启示》,《城市建筑》2018 年第 7 期。

魏德辉、谌丽、杨翌朝:《美国波特兰的宜居城市建设经验及启示》,《国际城市规划》2016 年第 5 期。

郭佩:《日本推进积极老龄化城市治理的经验与启示》,《日本问题研究》2020 年第 2 期。

姜颖、关家印、董华:《英国老年友好城市建设经验》,《上海城市规划》2020 年第 6 期。

胡晓婧、黄建中:《老年友好的健康社区营造：国际经验与启示》,《上海城市规划》2021 年第 1 期。

汪劲柏、常海兴:《全龄友好社区的“场景化”设计策略研究——以中部某市老旧小区连片改造设计为例》,《上海城市规划》2021 年第 1 期。

徐梦一、[英] 蒂姆·吉尔、毛盼、田婷:《“儿童友好城市（社区)”的国际认证机制与欧美相关实践及理论发展》,《国际城市规划》2021 年第 1 期。

沈瑶、刘晓艳、云华杰、刘梦寒:《走向儿童友好的住区空间——中国城市化语境下儿童友好社区空间设计理论解析》,《城市建筑》2018 年第 34 期。

何威:《纽约与上海“老年友好城市”建设比较》,《人才资源开发》2015 年第 20 期。

宋利、徐梦婷:《社会工作参与“儿童友好型城市”建设的角色和路径探析》,《中国社会工作》2019 年第 16 期。

高亚琼、王慧芳:《长沙建设儿童友好型城市的规划策略与实施路径探索》,《北京规划建设》2020 年第 3 期。

白玮:《中国特色儿童友好型城市建设经验与启示——以深圳市为例》,《社会福利（理论版)》2020 年第 8 期。

于晓萍、夏海山:《老年友好城市建设中城市交通设施改善的国际经验借鉴》,《城市建筑》2018 年第 12 期。

孟雪、李玲玲、付本臣:《国外儿童友好城市规划实践经验及启示》,《城市问题》2020 年第 3 期。

B.11

老龄科学研究跨学科十大议题

杨一帆　潘君豪　王卉*

摘　要： 推动从老年学到老龄科学的研究转向是我国实施积极应对人口老龄化国家战略的重要理论命题，为此，需要紧扣老年学国际前沿热点与趋势。本文利用科学计量工具 CiteSpace 对 1989 年来被 Web of Science 核心集收录的以“Gerontology”（老年学）为主题的 3121 篇学术论文进行可视化分析。针对发文量、学科分布与学科突变词的分析发现：老年健康相关学科始终是老龄科学研究的重点领域，但是跨学科的社会科学与环境科学已然成为老龄科学领域的前沿和热点。基于此，结合中国特色老龄化社会发展的现实关切，初步勾勒了未来老龄科学研究的十大议题图景以供商榷，包括老龄社会运行宏观层面的人居环境、经济规律与社会规律三大议题，中观层面的知识教育体系、健康支撑体系、劳动生产体系与科技创新体系四大议题，以及微观层面的人体脑科学、生物细胞学与基因学三大议题。

关键词： 老年学　老龄科学　研究特征　知识图谱

---

* 杨一帆，经济学博士，西南交通大学公共管理学院教授，国际老龄科学研究院副院长，四川省社会科学重点研究基地（老龄事业与产业发展研究中心）执行主任，研究领域为养老金融、健康老龄化、康养产业；潘君豪，西南交通大学公共管理学院 2021 级硕士研究生，国际老龄科学研究院科研助理，研究领域为社会保障与老龄科学；王卉，西南交通大学公共管理学院 2019 级本科生，国际老龄科学研究院科研助理，研究领域为公共事业管理、老龄事业管理。

21 世纪将是人口老龄化的世纪，人类已然进入长寿少子时代。过去 100 年内人类平均寿命增加了 30 岁①，而全球 2020 年的总和生育率（2.4）却只有 70 年前的一半，未来的 100 年间中老年人将成为全球人口的主要组成部分，世界主要国家将共同面临由年轻社会向老龄社会转变的历史性转折②，其中尤以中国最为典型。根据第七次全国人口普查数据，60 岁及以上人口占比已达 18.7%，比重在 10 年间增长了 5.44 个百分点。《中国统计年鉴 2021》显示，2020 年中国人口出生率仅为 8.7‰，首次跌破 1%，创 1978 年以来新低，并且已经低于日本同期生育率水平，未来人口老龄化的高位态势无法避免③。

人口老龄化带来的深远现实影响正在推动着学术界加快推动老年学的创新研究。习近平总书记在关于老龄事业的系列指示中明确指出，“要着力完善老龄政策制度，要加强老龄科学研究”④，从战略高度对我国老龄科学研究学科群的建设完善提出了更高要求。面对人类千年未遇的老龄社会，以“老年人”和“老年阶段”为研究主体的传统老年学研究范式亟待转变，在自然环境、社会环境与虚拟环境中重新建构起同老龄社会相适应的跨学科矩阵。在研究对象、研究方法与研究视野等方面学习和对标国际前沿的同时，还要立足于中国老龄化进程的突出特点，发展中国特色的老龄科学理论体系和话语体系⑤。

一　背景与文献综述

人类对老龄化的认知大致经历了三次演变，从个体老龄化研究、群体老龄

① 世界卫生组织：《2021 世界卫生统计报告》，http：//apps.who.int/iris/bitstream/handle/10665/342703/9789240027053－eng.pdf，最后检索时间：2022 年 3 月 25 日。

② 易鹏、梁春晓主编《老龄社会研究报告（2019）——大转折：从年轻社会到老龄社会》，社会科学文献出版社，2019。

③ 国家统计局：《中国统计年鉴 2021》，http：//www.stats.gov.cn/tjsj/ndsj/2021/indexch.htm，最后检索时间：2021 年 11 月 29 日。

④《习近平：推动老龄事业全面协调可持续发展》，http：//www.xinhuanet.com/politics/2016－05/28/c_ 1118948763.htm，最后检索时间：2021 年 11 月 21 日。

⑤ 党俊武：《老龄问题研究的转向：从老年学到老龄科学》，《老龄科学研究》2014 年第 2 期。

化研究到老龄社会研究。东方自有文字记载以来，较早涉及与“老龄化”相关的典籍是《黄帝内经》，其《素问·六微旨大论》篇中提到的“生长壮老已”与“生长化收藏”，揭示了人类个体老化（aging）的朴素自然规律[①]。自文艺复兴和启蒙运动冲破宗教神权束缚后，西方对个体老化的生理学和病理学研究逐渐发展成为科学的学科体系，但直到20世纪，已有研究仍局限于对个体老龄化的认知，并未关注到群体老龄化。随着工业革命在全球主要资本主义国家扩散，人与机器第一次协同产生了新的劳动关系，同时物质生活和医学水平的极大提升，使得工业国家的人均寿命得到了显著增长，老年人问题逐渐从个体、家庭的问题升格成为群体性问题。美国于1935年通过的《社会保障法案》规定了65岁为正常退休年龄，这标志着老年群体正式成为社会研究分层的客观对象。1956年联合国发布的《人口老龄化及其社会经济后果》和联合国国际人口学会编撰的《人口学词典》依据60岁以上和65岁以上老年人口占比将社会划分为轻度、中度和深度老龄化社会，关于老龄社会的社会科学研究开始广泛兴起。

人类对自身老化现象的研究经历了从老年医学（geriatrics）、老年学（gerontology）到老龄科学的发展历程。培根（R. Bocon）在13世纪发表的《延年益寿与保持青春》科学地梳理了老年疾病的种类，纳歇尔（Nascher）在1909年提出了对生命晚年疾病原理的系列分析论证[②]，这一时期对应的是个体老龄化的老年医学研究。美国学者寇得利（Cordley）1939年发表的《老龄问题研究》明确了“老龄化”是“老年学”特有的区别于其他学科的研究对象，邬沧萍、姜向群主编的《老年学概论》也将“老年学”研究的客观规律总结为个体老龄化和群体老龄化的规律，并对老龄化研究的生物性和社会性进行了外延和拓展[③]。杜鹏、邬沧萍在2001年提出21世纪老年学研究发展的必然方向是自然科学、社会科学与哲学等领域的多学科交叉[④]。王深远指出我国的老龄科研工作

① 李爱勇：《黄帝内经》，民主与建设出版社，2021。

② 邬沧萍、姜向群主编《老年学概论》第3版，中国人民大学出版社，2015。

③ 邬沧萍、姜向群主编《老年学概论》第3版，中国人民大学出版社，2015。

④ 杜鹏、邬沧萍：《跨学科交叉研究与21世纪老年学的发展》，《中国人民大学学报》2001年第3期。

也要紧跟时代潮流，在加强理论提炼的基础上加快老龄科学学科体系建设。[①] 党俊武呼吁新时代需要及时拓升“老年学”理论，通过建立老龄科学研究共同体等关键举措来形成中国特色的老龄科学学派，有效纠正当前社会关于老龄社会认识和研究上的偏差[②]。

老龄科学跨学科相关研究近年来不断涌现。勃兰登（Brandenburg）从科学哲学的理论背景出发，认为老龄科学的研究工作不应该强调跨学科的性质，而要关注实现跨学科要求的具体路径[③]。曾毅都对国内外老龄健康领域的跨学科研究进行了定性梳理分析，前者重点探讨了老年健康影响因素中的基因遗传和社会环境的交互作用[④]，后者则系统绘制出了老年健康问题研究与社会科学之间的学科关联图[⑤]。马尔科姆（Malcolm）对地理老年学领域的经典文献进行了综述，并从城市规划和农村空间资源整合等视角讨论了地理学与老年学结合的理论贡献与发展空间[⑥]。哈克（Haq）和古特曼（Gutman）研究认为要降低全球气候变化对老年群体的负面影响，就要引导“气候老年学”的最新研究，支持老年群体有效应对极端天气事件的独特挑战。[⑦] 张秋霞、罗萌将“老龄心理学”（Ageing Psychology）界定为自然衰老状态下的生物心理变化规律和国民对于老龄社会的心理结构和变迁，并提出了构建老龄心理学学科系统的框架，即理论基础、研究层次、研究领域和研究方法四个层次[⑧]。

---

① 王深远：《在新的更高起点上全力抓好老龄科学研究》，《老龄科学研究》2018 年第 1 期。

② 党俊武：《老年学的拓升与老龄科学中国学派的建构》，《老龄科学研究》2019 年第 5 期。

③ Brandenburg, H. , “Interdisciplinarity in Gerontology: Theoretical Problems and Practical Challenges,” *Zeitschrift Fur Gerontologie Und Geriatrie* 48 (2015): pp. 220 – 224.

④ 曾毅等：《老龄健康影响因素的跨学科研究国际动态》，《科学通报》2011 年第 35 期。

⑤ 王俊、陈莹、王晓敏：《老龄健康的跨学科研究：从自然科学到社会科学》，《中国卫生政策研究》2012 年第 12 期。

⑥ Malcolm P. Cutchin, Ph. D. , “Geographical Gerontology: New Contributions and Spaces for Development,” *The Gerontologist* 49 (2009): pp. 440 – 444.

⑦ Haq, G. , Gutman, G. , “Climate Gerontology Meeting the Challenge of Population Ageing and Climate Change,” *Zeitschrift fur Gerontologie und Geriatrie* 47 (2014): p. 462.

⑧ 张秋霞、罗萌：《对我国老龄心理学学科体系建设的几点认识》，《老龄科学研究》2014 年第 7 期。

结合已有文献的研究成果可知，老龄科学实际上并不是严谨的学名[①]，而是在已有的老年学学科以及跨学科研究基础上进行优化重组的学科群[②]。老龄科学研究包含了微观层面对神经退行性疾病和细胞衰老等方面的医学研究，中观层面对老年群体社会结构和特征的关注以及宏观层面对老龄社会整体运行规律的系统把握与分析。

二　资料来源与研究方法

（一）资料来源

本研究的文献资料来源于美国科学网（Web of Science）的核心数据集。国内研究中，通过查阅 CNKI 等国内数据库，发现中文文献中以“老年学”为主题的期刊文献总量较少，且多为梳理回顾类，学者和研究机构前沿的研究多发表于 SCI、SSCI 等国外数据库。因此本研究选取收录于 WOS 核心数据集的相关文献，具体检索策略为：以“gerontology”为主题进行字面搜索，共计检索得到 4384 条各类文献。研究通过文献筛选过程，去除了会议论文（proceedings paper）、综述（review）和会议摘要（meeting abstract）等文献，仅选择论文（article）作为文献数据类型，再通过软件和人工阅读去除重复记录、文献信息不完整和内容相关性低的文献[③]，重复精炼搜索，共计获得文献 3112 篇，检索日期截至 2021 年 11 月 21 日，以此来保障文献数据的有效性。

（二）研究方法

目前国内应用比较广泛的知识图谱绘制软件为 CiteSpace、Ucinet、SPSS

① 邬沧萍、姜向群主编《老年学概论》第 3 版，中国人民大学出版社，2015。

② 《西南交大国际老龄科学研究院：跨学科探索健康老龄化之路》，http：//www. cssn. cn/zx/zx_ gx/news/202102/t20210204_ 5310089. shtml，最后检索时间：2021 年 10 月 22 日。

③ Chen，C.，Song，M.，“Visualizing a Field of Research：A Methodology of Systematic Scientometric Reviews，” *PLoS One* 14（2019）：pp. 1 –10.

和 Bibexcel 等，杨思洛、韩瑞珍和胡泽文、孙建军等图情专家对各类知识图谱绘制工具的功能和优缺点进行对比后认为，美国德雷塞尔（Drexel）大学陈超美教授及其团队开发的 CiteSpace 在文献聚类、共现和中心度的可视化上具有明显优势[①②]。截至 2021 年 11 月 4 日，以 CiteSpace 作为研究方法发表在中文核心期刊（CSSCI、PKU、CSCD）上的文献已经超过 1900 篇。因此本研究采用 CiteSpace5. 8 R3 版本对相关文献进行分层次研究梳理，设定时间切片（time slicing）参数为 1，寻径网络（path finder）和修剪合并网络（pruning the merged network）的最高优先级为网络裁剪选取[③]，随后绘制出相关知识图谱，深入剖析全球脑科学领域的研究特征和前沿热点。

三　全球老龄科学研究现状分析

（一）发文量

发文量能够直观衡量全球老龄科学领域近十年来的发展态势，折线的峰谷拐点能反映出该领域研究热度的变化，对分析、预测老龄科学领域的发展趋势具有重要意义[④]。本研究首先使用 Excel 工具对样本文献进行统计，1989 年 1 月 1 日至 2021 年 11 月，发文总量伴随着全球范围内老龄化程度的不断加深而保持增长态势。2000 年前后，中国 65 岁及以上的老年人口比重几乎与世界同步迈入 7% 大关，中国和世界共同进入老龄化社会。联合国经济和社会事务部（UNDESA）发布的《世界人口老龄化要点 2020》显示，全球 2020 年 65 岁及以上老年人口占比约为 9. 3% ,[⑤] 而中国同期第七次全国人口普查数据显示 65 岁及以上老年人口已经达到 13. 5% ，中

---

① 杨思洛、韩瑞珍：《国外知识图谱绘制的方法与工具分析》，《图书情报知识》2012 年第 6 期。

② 胡泽文、孙建军、武夷山：《国内知识图谱应用研究综述》，《图书情报工作》2013 年第 3 期。

③ 李杰、陈超美：《CiteSpace：科技文本挖掘及可视化》，首都经济贸易大学出版社，2016。

④ 邱均平、沈恝谌、宋艳辉：《近十年国内外计量经济学研究进展与趋势——基于 CiteSpace 的可视化对比研究》，《现代情报》2019 年第 2 期。

⑤ UNDESA. World Population Ageing 2020 Highlights. New York，NY：UNDESA，2020.

国的老龄化发展速率远超世界同期水平，这也表明中国对老龄科学研究的需求更加迫切。此外，由图1可知，全球老龄化进程先于并引领着老龄科学领域的研究。自2000年全球进入老龄化社会后，学界关于老龄科学的研究在2005年开始进入快速发展阶段，这反映出老龄化现象对社会各方面的影响正在不断发酵。

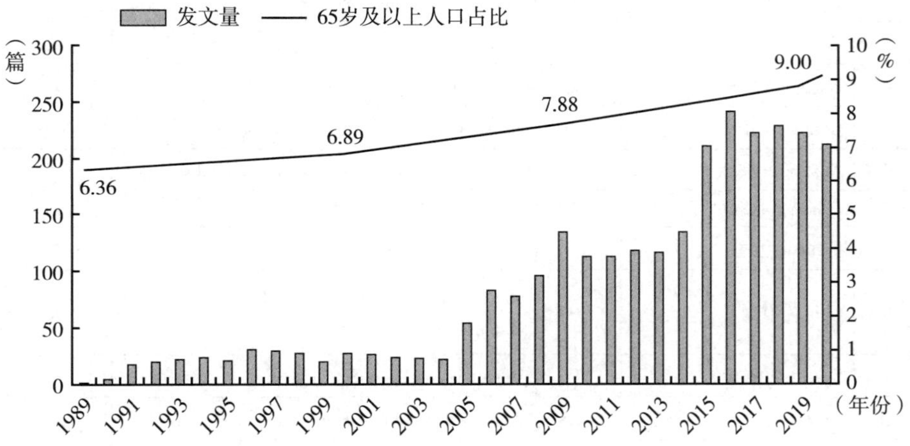

图1　全球老龄科学领域的年度发文量和老龄化进程

资料来源：Web of Science 核心数据集，联合国《2021年世界人口情况报告》。

（二）重要国家与机构分布

通过分析全球主要国家和机构在老龄科学领域的发文量能够快速了解该领域的重要力量分布[①]。由表1可知，在老龄科学研究领域，全球发文量排名前五的国家分别是美国（1070篇）、日本（280篇）、加拿大（246篇）、英国（229篇）和德国（186篇），美国在老龄科学领域牢牢掌控着第一梯度的关键位置，发文量远超其余国家。中国台湾地区（117篇）在老龄科学研究领域发文量排名第7，中国大陆以99篇的发文数量排名第9，两岸在共同应对人口老龄化的科学研究工作上具有广阔的合作和发展空间。

① 许振宇、吴金萍、霍玉蓉：《区块链国内外研究热点及趋势分析》，《图书馆》2019年第4期。

表1　全球老龄科学领域重要国家和机构分布

单位：篇

排名	高产国家		高产机构	
	国家	发文量	机构	发文量
1	USA(美)	1070	National Center for Geriatrics and Gerontology(日)	94
2	Japan(日)	280	University of California(美)	85
3	Canada(加拿大)	246	Mackay Memorial Hospital(中国台湾)	52
4	England(英国)	229	University of North Carolina(美)	47
5	Germany(德国)	186	State University System of Florida(美)	46
6	Australia(澳大利亚)	159	Tokyo Metropolitan Institute of Gerontology(日)	45
7	(China)Taiwan(中国台湾)	117	University of Toronto(加拿大)	42
8	France(法国)	114	University of London(英)	40
9	China(中国)	99	Mackay Junior College of Medicine Nursing Management(中国台湾)	38
10	Spain(西班牙)	96	University of Texas System(美)	37
11	Brazil(巴西)	88	Assistance Publique Hopitaux Paris Aphp(法)	36
12	Sweden(瑞典)	71	University System of Maryland(美)	34
13	Russia(俄罗斯)	66	Mcmaster University(加拿大)	30
14	Italy(意大利)	62	University of Auckland(新西兰)	30
15	Netherlands(荷兰)	60	University of Michigan(美)	30

在发文总量排名前十五的重要机构中，排名前五的科研机构分别是日本的国家老年病学和老年学中心（National Center for Geriatrics and Gerontology，国立長寿医療研究センター）、美国的加州大学（University of California）、中国台湾的马楷纪念医院、美国的北卡罗来纳大学（University of North Carolina）和佛罗里达州立大学（State University System of Florida）。发文量排名前五的三所美国机构都是高校性质，而排名第一的日本和中国台湾机构都是研究中心和医院性质的科研机构。由此可见，日本和中国台湾在老龄科学研究上，尤其是在临床实践方面实力强劲。而美国的高校在理论研究和科技成果转化上具备更加明显的优势。

（三）学科分布

对 Web of Science 上的文献学科类别进行统计计算，抽取出其中较为重要的占比排名前十三的学科类别，分别是老年学（902 篇，占比为28.86%）、老年病学（888 篇，占比为28.42%）、护理学（330 篇，占比为10.56%）、教育学（284 篇，占比为 9.09%）、公共卫生（198 篇，占比为 6.34%）、内科（107 篇，占比为 3.42%）、心理学（88 篇，占比为 2.82%）、精神病学（85 篇，占比为2.72%）、社会工作（72 篇，占比为 2.3%）、社会学（70 篇，占比为 2.24%）、神经科学（37 篇，占比为 1.18%）、地理学（34 篇，占比为 1.09%）、环境科学（30 篇，占比为 0.96%）。

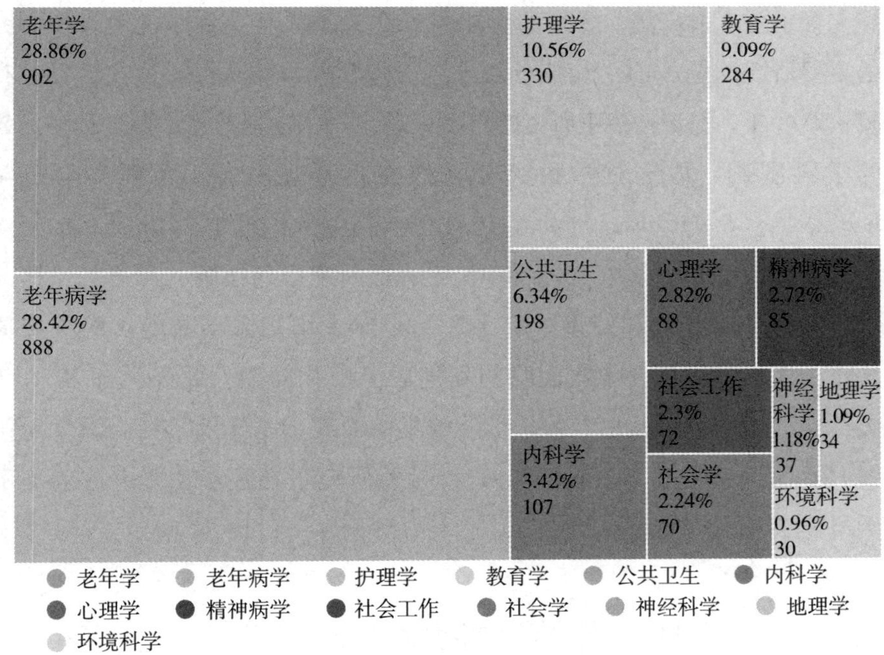

图 2　老龄科学跨学科占比矩阵式树状结构图（单位：篇）

资料来源：Web of Science 核心数据集。

由对图 2 的分析可知，国际现有老龄科学研究的学科力量分散。尽管“老年学”占比最高，为 28.86%，但也并未形成绝对比例，说明老龄科学在全球学界的发展过程中已经渐趋形成“百花齐放”和“百家争鸣”的局面，成长壮大于各个学科大类的各级学科当中。但是，老龄科学研究重视实践，却未形成完整的学科体系。老龄科学最早脱胎于老年医学，为进一步满足老龄化社会和人类身体机能老化的健康需求而发展，因此，相较临床实践，其学科属性发展较弱。老龄科学作为一门横跨自然科学和社会科学的重要独立学科，亟待整合现有的学科力量，争取建设老龄科学一级学科，强化学科交叉发展①。

（四）学科突变词分析

从图3的学科突变词强度来看，“环境科学”（Environmental Science）是突变词中强度最高的，爆发的周期在2019～2022年，属于老龄科学研究中的重要研究问题和前沿应用领域。“护理学”（Nursing）次之，发生在2006～2008年，是老年健康研究的重要课题之一，也是老年长期护理临床领域的学科基础。基于对学科突变词爆发的周期分析，药理学与药学（Pharmacology & Pharmacy）和生物化学与分子生物学（Biochemistry & Molecular Biology）分别以16年和15年的长周期排列在第一和第二，这一定程度上揭示了药物和新型诊疗手段是全球人均寿命不断增长的主要原因，也折射出世界各国普遍面临的不健康老龄化问题。此外，自2018年起，社会科学研究开始在老龄科学领域集中涌现，尤其是“社会科学跨学科”（Social Science，Interdisciplinary）相关研究正在逐步增加，成为当下老龄科学领域研究的前沿和热门。

四　老龄科学跨学科十大议题

对标当前国际研究的前沿和热潮，紧扣中国特色老龄化社会发展的现实

① 郑建明、郭怡：《公共文化的学科属性与学科建设》，《图书馆建设》2021年第5期。

Subject Categories	Year	Strength	Begin	End	1989~2022年
普通内科	1989				
药理学与药学	1989	8.95	1990	2000	
神经科学与神经病学	1989	5.18	1990	2006	
生物化学和分子生物学	1989	4.84	1991	2003	
老年病学	1989	6.67	1992	2007	
细胞生物学	1989	8.69	1993	1995	
生物学	1989	7.18	1995	2004	
生命科学与生物医学	1989	3.65	2000	2002	
护理学	1989	3.65	2000	2002	
教育学	1989	10.56	2006	2008	
地理学	1989	4.72	2006	2007	
社会科学	1989	6.15	2012	2016	
社会科学跨学科	1989	4.95	2018	2019	
环境科学	1989	4.65	2018	2020	
	1989	12.77	2019	2022	

图 3　全球老龄科学领域研究学科突变图谱（1989～2022 年）

资料来源：Web of Science 核心数据集和 CiteSpace。

问题与实际需求，围绕新科技、新国情下的新现象与新问题，根据中共中央、国务院发布的《国家积极应对人口老龄化中长期规划》《加强新时代老龄工作的意见》等一系列战略性文件的指示精神，初步勾勒了老龄科学研究“3 +4 +3”的十大议题图景以供商榷，包括老龄社会运行宏观层面的人居环境、经济规律与社会规律三大议题，中观层面的知识教育体系、健康支撑体系、劳动生产体系与科技创新体系四大议题，以及微观层面的人体脑科学、生物细胞学与基因学三大议题。

（一）议题1：人居新生态——“人类老龄世”的环境问题与治理

诺贝尔化学奖得主保罗·克鲁岑（Paul Crutzen）于21 世纪初在《全球气候变化通讯》（*Global Change Newsletter*）上发表文章，首次提出“人类世”（Anthropocene）的概念，研究认为人类对地球地质的改造强度（地质营力）已经超过自然界[①]。自然生态系统与人类的生产生活方式和观念制度等要素构成的社会生态系统相互作用，共同塑造形成了 21 世纪人居环境的新生态。21 世纪初期，全球进入了联合国标准下的老龄化社会，“人类的老龄世”已经成为塑造人居环境新生态的决定性力量之一。该议题下，重点研究方向可归纳为老龄社会与人居环境新生态的双向互动关系。一方面，关于人口整体的老龄化［对碳中和（carbon neutral）、臭氧污染、生物安全与绿色复苏等人居环境产生的系统性影响］等话题，学界已经进行了初步研究[②③④]，但仍缺乏从整体视角考察自然要素与社会要素之间的联动关系。另一方面，热浪、极寒、风暴等全球极端天气与环境污染对老龄化社会个体生理与心理上

① Vito De Lucia, “The Future of Nature: Documents of Global Change,” *Review of European, Comparative & International Environmental Law* 25 (2016): pp. 270 – 272.

② 刘健强、马晓钰：《人口老龄化、产业结构升级与碳排放——基于 STIRPAT 模型的空间计量分析》，《金融与经济》2021 年第 7 期。

③ 童玉芬、周文：《家庭人口老化对碳排放的影响——基于家庭微观视角的实证研究》，《人口学刊》2020 年第 3 期。

④ 蓝庆新、姜峰：《人口老龄化能否推动低碳竞争力发展？——基于省级面板数据的实证研究》，《经济社会体制比较》2018 年第 4 期。

的扰动与危害已有大量实证研究①②，但还需要从全球视角来共同研究各类非线性、突发性和难以预测性的人居生态环境问题及其演变和发生规律③。

（二）议题2：经济新常态——长寿社会的一般经济运行规律研究

人口与经济发展的关系始终是人类社会生存发展的核心命题。早期的人口决定论关注人口规模，二战以后的经济学家更加聚焦于人口结构（人口红利）对于经济体发展的影响④。中国进入人口老龄化社会的 20 多年来，有关老龄化与经济发展之间关系的各类研究层出不穷，主要从宏观经济增长、消费结构与消费倾向和要素资源禀赋等角度充分探讨了老龄化社会中的经济运行规律⑤⑥。除此之外，本议题认为，还需要加强关注“银发经济”“她经济”“二/三孩经济”等“一老一小”与妇女儿童相关的边缘领域，从跨学科的视角补充发展一般经济运行的规律。就“银发经济”研究而言，要重视三次人口红利的挖掘，将老年人从固有的“银发消费者”形象转变为“银发生产者”，将全龄无差别劳动融入现代经济研究体系当中；在“她经济”的研究中，要着眼于老龄化社会的宏观时代背景，研究如何解放和发展女性的生产力和消费力⑦，针对高龄群体中女性的占比高过男性的特点，在养老事业和产业的生产和消费环节充分考虑性别差异的影响和对策；“二/三孩经济”领域可以关注短期消费需求与抚养比变动对经济的刺激作用，以及中长期范围内的代际更替水平与劳动力供给量测算。

---

① Urban Ales，Kysely Jan，Plavcova Eva，Hanzlikova Hana，Stepanek Petr，“Temporal Changes in Years of Life Lost Associated with Heat Waves in the Czech Republic,” *Science of the Total Environment* 716（2020）.

② 杜鹏、张文静、张翼、陈晨、方建龙、李湉湉、施小明：《大气臭氧长期暴露与中老年人群抑郁的关联》，《中华疾病控制杂志》2021 年第 10 期。

③ 孙凯：《“人类世”时代的全球环境问题及其治理》，《学术前沿》2020 年第 11 期。

④ 陈东升：《长寿时代：从长寿健康财富的角度透视人类未来》，中信出版社，2021。

⑤ 刘家强：《我国人口老龄化与经济新常态的传导机制》，《探索与争鸣》2015 年第 12 期。

⑥ 杨柠聪、李尚泽：《人口供给侧改革的经济学与生物学解释》，《重庆社会科学》2017 年第 1 期。

⑦ 吕君、张士强、王妍曦：《“互联网 + 她经济” 商业模式创新研究》，《商业经济研究》2018 年第 24 期。

（三）议题3：社会新发展——高龄少子社会何以可持续延续发展

日本管理学家大前研一用“低欲望社会”一词来描述日本社会在经历了长时间的经济不景气和快速的高龄少子化进程后，年轻一代没钱花、老年人有钱不敢花，社会阶层近似凝固的一种状态①。未来中国也可能面临类似的困境，当前青年的“躺平学”“佛系文化”“丧文化”以及不婚主义等思潮正在社会各方面快速扩散，这也是国家出台“双减”政策和成立“反垄断”局等举措的现实背景。因此，青年群体在物质和精神上的低欲望现象以及更深层次的社会建构将是本议题谈论的重点。

（四）议题4：教育新变革——现有的教育体系如何转向终身学习

数字学习时代，一切信息资源都与学习关系联结起来，数字技术以愈加积极的姿态参与系统化、高关联、深度学习与可实现的学习系统构建②。教育主体的多样性、学习场景的开放性与知识呈现形态的灵活性使得经典教育模式充满了变革的未知与不确定性，传统的“教育者”权威正在逐步走向瓦解，“后喻文化”现象愈加普遍。数字社会发展要求传统教育体系向终身学习的深刻转型，期待“教育者”与“被教育者”提高数字素养，以适应数字学习特征并做出积极回应。人工智能、5G 等信息技术支撑下的资源获取更加普惠可及，而数据更新也更加频繁急剧。执教与受教双方选择获取、吸收贯通、转化应用的全学习过程需要更加适应这一特点。一方面，数字学习时代，在促进数字学习信息开源开放，数字学习价值导向开发开拓的基础上，能够赋予学习者学习主动权。另一方面，学习者个人应当树立终身学习的自觉意识，主动寻找资源、主动鉴别资源、主动匹配资源，更好地适应数字社会。

---

① 〔日〕大前研一：《低欲望社会》，姜建强译，上海译文出版社，2018。

② 吴刚：《从工具性思维到人工智能思维——教育技术的危机与教育技术学的转型》，《开放教育研究》2018 年第 2 期。

（五）议题5：健康新支撑——全民健康管理体系的关键共性技术

主动健康和科技赋能智慧健康养老服务是必由之路和必行之策。只有抓住“十四五”时期仅剩的窗口期，突出“积极引领、关口前移”，直接指向健康风险因素控制、老龄健康服务等关键环节，重点研究面向健康和体能评价、疾病预测预警、生活方式干预、心理和行为调控、慢病管控、个性化营养平衡方案等健康大数据应用新服务，推动基于数据科学驱动的疾病早期智能发现与预防、健康精准管理等应用落地，研发、储备并应用关键技术，提前介入居民主动健康管理，延缓居民疾病谱不健康状态的转移进程，才能奠定积极老龄化社会的健康基石。

（六）议题6：劳动新关系——新科技革命下的劳动者权利新机遇

问题的起点在于，确认并更新数字时代劳动的基本价值以及衍生的劳动者基本权利。过去的数十年间，席卷全世界的信息化浪潮改变了人们习以为常的技术、经济和工作形态。基于数字技术的广泛应用，市场竞争中传统的职业岗位不断解体。在共享的大环境下，依托平台经济的优势，劳动者就业选择的途径进一步细分，可供选择的不再是单一的职业岗位，更多的是多元化的工作任务，工作计量单位在不断缩小，劳动者获得劳动报酬的来源、途径和计算方式也将发生质变。岗位的任务化随之将进一步解构为“雇主＋雇员”的双边雇佣关系①，工作要素根据工作任务的不同随时随地发生变化，劳动投入、劳动过程变得无法确定，工作的自由度与独立主权在信息的快速反应和流通过程中大幅提升，劳动者自由决定工作的时间、地点与休假，更为自由的个体投入与产出形态将影响着供应链的持续性和稳定性。

（七）议题7：科技新创新——老龄社会科技创新的主体与动力

1994 年，克林顿政府发布关于国家科学政策的《科学与国家利益》总

① 杨伟国：《从工业化就业到数字化工作：新工作范式转型与政策框架》，《行政管理改革》2021 年第 4 期。

统报告，报告明确指出“如今的科学技术事业更像是生态系统，而不是生产线”，技术的进步将日益依赖超越市场的合作关系①。本议题认为老龄社会的科技创新生态体系研究应从创新体制、创新主体、创新要素与创新动力四个方面展开研究。在创新体制上，重点从职务科技成果产权制度、科技创新资源配置方式等角度开展深入探讨；在创新主体上，要充分尊重老年主体意识及考虑老年实际诉求在技术开发过程的融入，推动老年人从被动接受技术创新的边缘地位向主动参与技术变革的关键群体转变；在创新要素上，研究技术（T）、教育（E）、资源（R）、政府（G）各要素协同促进老龄社会科技创新的发展进步②；在创新动力上，知识驱动创新是科技创新的第一生产要素，技术创新实质上是知识创造与应用过程，知识的积累和突破为创新提供基本要素。

（八）议题8：大脑新战略——神经科学与人工智能的颠覆式创新

我国脑科学计划两条腿走路的发展模式将对破解老龄化社会的资源困境起到至关重要的支撑作用。在节流层面，人工智能与脑神经科学的交叉融合将在生命健康领域涌现出颠覆性成果，从智能穿戴设备跃升至植入式芯片的脑机接口，有望治疗各类神经性脑疾病，缓解周身慢性疼痛，进而增强人体感知觉、理解、记忆和逻辑能力等方面的大脑机能，实现由健康监测管理向主动健康干预的进一步发展，从而有效降低各类重症疾病的社会经济负担。在开源层面，类脑人工智能的研发将突破传统经济学领域劳动力和资本要素对生产函数的强约束。高龄少子化社会的劳动力短缺、创新乏力、社会保障负担沉重等工业经济范式下的难题将在实质性类脑人工智能阶段得到新的解法。拥有类人感知的人工智能将成为人类工作的“合作伙伴”，人机协作、人机融合将变革大部分现代传统职业形态。虚拟现实“元宇宙”沉浸式应

① 〔美〕威廉·J. 克林顿、〔美〕小阿伯特·戈尔：《科学与国家利益》，曾国屏等译，科学技术文献出版社，1999。

② Choi, H. S., *Bases for Science and Technology Promotion in Developing Countries* (Tokyo: Asian Productivity Organization, 1983).

用场景进一步扩大，数字劳动和虚拟生产将成为与现实空间物质生产并行组成未来世界经济体系。人体各类仿生器官与大脑适配性更强，由于衰老导致的身体机能逐渐下降问题将会得到极大缓解。“老年”这一社会建构概念可能将成为历史，与年龄、劳动关系等现实相挂钩的一系列政策和制度设计也将面临脑科学时代的冲击与重构。

（九）议题9：细胞新抗衰——攀登人类永生阶梯万里之行第一步

世界卫生组织（WTO）对“衰老”（aging）的定义是通过身体细胞数量和细胞活性程度来界定的①。按照人类正常身体发育水平，人体在26岁左右细胞数量和活性达到最佳状态并在此后逐渐进入下降阶段，35岁时细胞活性急剧下降，人体各种器官衰老症状显现。近年来，随着衰老细胞相关领域的知识积累与技术进步，各界已经意识到不仅可以研究衰老，也可以对衰老细胞进行干预，由此迈出了延长健康寿命的第一步。2012年的诺贝尔生理学或医学奖颁给了日本科学家山中伸弥，以表彰其对发现细胞重编程和诱导能干细胞的重大贡献。细胞重编程通过在原有细胞中添加蛋白质，使其恢复到近似于干细胞的状态，从而实现衰老细胞的年轻化②。浙江大学与河南大学的研究团队通过清除衰老细胞的手段来延缓衰老相关疾病的发生时间③。

（十）议题10：基因新干预——破译人类老而不衰的健康初始密码

国际相关研究认为人类个体寿命差距中有25%～30%受到遗传基因的控制，其余则会受到个人行为和环境与遗传基因的交互影响④。对此，本议题认为在人类衰老基因干预研究上，要充分利用自然科学与社会科学的跨学

---

① 陈孟毅、孟爱民：《细胞衰老与老龄化疾病》，《生命科学》2017年第5期。

② 张笑、梅进：《2012年诺贝尔生理学或医学奖揭晓》，https：//news. sciencenet. cn/htmlnews/2012/10/270176. shtm，最后检索时间：2021年11月30日。

③ 陈祥宁、刘洋、纪俊峰：《清除衰老细胞在衰老与老龄化相关疾病中的研究进展》，《生物化学与生物物理进展》2019年第12期。

④ 曾毅：《老龄健康影响因素的跨学科研究国际动态》，《科学通报》2011年第35期。

科优势[①]。例如，基因学、生物化学与医学等学科主要讨论了身体机能的变化，而宗教学、教育学和心理学等学科则研究了如何保持心理健康的方式和理想中要达到的状态，政治学、法学、伦理学和社会学等学科则探讨了国家和社会该如何对待并服务于老年群体，使其保持健康老化的身心状态[②]。

五　总结与展望

老龄科学研究正处于人口结构变动引起社会变革的新时期，理论创新和科技突破是推动老龄社会可持续发展、积极应对人口老龄化国家战略实施的关键。各级各类科研机构是理论创新的主体，老龄科学跨学科理论体系的构建和完善是每个老龄研究者的责任和使命。本研究对标当前国际研究的前沿和热潮，紧扣中国特色老龄化社会发展的现实问题和实际需求，初步提出了老龄科学跨学科的十大学术议题，坚持理论与实践相结合的辩证关系，将理论创新作为指导老龄社会科技突破与工作实践的原始动力和最终归宿。通过打破学科研究和科研组织形式的封闭藩篱，推动复杂性系统中多元学科自组织的涌现，重视大数据、人工智能等前沿科技对老龄社会组织形态的颠覆式创新作用，探索构建未来老龄科学跨学科的理论研究体系。

---

① 王俊、陈莹、王晓敏：《老龄健康的跨学科研究：从自然科学到社会科学》，《中国卫生政策研究》2012 年第 12 期。

② 曾毅：《老龄健康影响因素的跨学科研究国际动态》，《科学通报》2011 年第 35 期。

B.12

老年友好交通：研究进展与创新实践

杨林川　王培彦　毕森科*

摘　要： 老龄化的全球发展趋势已成为影响世界经济、社会、文化、生态建设的重要因素。成功老龄化、健康老龄化、积极老龄化是对于解决老龄化问题的不断探索。老年友好城市是老龄化背景下城市的发展目标，交通是其重要的维度。本文梳理老年友好交通研究进展和创新实践，总结其概念定义，结合我国自身情况概括其五个特征：老年人的移动性、公交的可达性、交通的可支付性、交通的无障碍性以及交通的城乡差异性，并对其理论研究内容分为宏观政策和具体措施两部分进行介绍。在此基础上，研究三个国际实践案例，总结建设经验。最后分析我国发展老年友好交通中存在的问题，并从政策、文化、空间、技术四个维度提出建设策略，为未来研究与发展提供重要参考。

关键词： 老龄化　老年友好交通　移动性　公共交通

一　研究背景

（一）背景与形势

在当今全球化背景下，老龄化已成为影响国家发展、社会和谐稳定、

* 杨林川，西南交通大学建筑学院研究员、博士生导师，研究方向为交通与土地利用、适老化出行环境；王培彦，西南交通大学建筑学院硕士研究生，研究方向为适老化出行环境；毕森科，西南交通大学建筑学院硕士研究生，研究方向为交通与土地利用。

居民幸福安居的一个重要议题。根据第七次全国人口普查数据，60 岁及以上的老年人口为 2.64 亿人，占总人口的 18.7%；65 岁及以上的老年人口为 1.91 亿人，占总人口的 13.5%。我国即将进入一个老龄化迅速推进的阶段，主要呈现为老年人口规模大、增速快、城乡差异明显的特点。

随着世界老龄化程度的日渐加深，现有研究逐渐转向“积极老龄化”领域。2002 年，世界卫生组织（WHO）发布的《积极老龄化：从论证到行动》，明确了积极老龄化的内涵和框架，将“积极老龄化”的内涵定义为“为了提高生活质量，优化健康、参与和保障机会的过程”。2005 年，WHO 的《全球老年友好城市指南》（以下简称《指南》），首次明确提出“老年友好城市”概念，在城乡建设与发展层面指导老年友好社会的构建。城乡物质空间建设作为社会政策理念的空间载体，是落实积极老龄化战略空间层面的直接体现。规划与建设部门通过对各空间要素的调配，架构适老化的空间网络，为适老化政策落地提供重要基础。在当前世界全球化大背景下，建筑与规划学科也从传统“理性”思维向“人本”思维逐渐转变，从单一物质空间设计向兼收并蓄的综合学科考量转变，人本视角的规划设计将更加包容，从居民生活的实际需求出发，更广泛地考虑到不同使用群体（如老年人、儿童、残障人士、社会边缘群体）的特殊性，建设出更加舒适的人居环境。

在《指南》中，WHO 提出了建设老年友好城市的八个议题。第二议题即是“交通”，其中包括了可使用性、可支付性、老年友好车辆、特殊服务、无障碍交通设施等多个方面。老年人出行、移动性的特异性决定了老年友好交通研究的必要性。老年人在生理、心理方面能力的减弱决定了其在出行范围、出行方式、出行距离与出行意愿等方面与普通人群呈现较大差异。通过对老年友好交通的研究，明确老年人在交通方面的特殊性与普遍特征，以此来指导交通系统及设施的建设，引导老年人更好地出行。自古以来，我国的宗族、家庭观念具有高度的东方文化特征，与西方差异较大，这也决定了我国老年群体在养老、出行方面的独特性。因此，在老年友好交通的设计上，不可照搬西方发达国家的建设经验，应在老年友好城市大框架下构建适合本国的适老化交通体系，同时也说明了我国进行老年友好交通研究的必要性。

本文旨在通过梳理国内外关于老年友好交通的理论及实践经验，结合自身文化特征与现状，发现当前制约我国老年友好交通发展的问题，并提出未来发展的设计要点与策略。

（二）研究进展简述

1. 国外研究进展

随着 2005 年 WHO 撰写的《指南》的推出，各国学者围绕老年友好城市开始进行研究与探讨。范围方面，老年友好城市的外延不断延伸。广度上，从城市范围扩展到城市与乡村的一体化；深度上，从城市层面下潜到社区层面，使得老年友好城市的范围概念在广义上得到了扩充。内容方面，《指南》中所提出的八个领域（户外空间与建筑、交通、住房、社会参与、尊重与社会包容、公民参与和就业、沟通与信息、社区支持及健康服务）成为研究的重点。研究热度上，主要呈现出由发达国家带动发展中国家研究、由老龄化程度较高国家向老龄化程度较低国家递减的特点。荷兰、英国、德国、意大利、葡萄牙、芬兰等欧洲国家，老龄化程度较高，人口生育率较低。有些国家已经人口负增长，老龄化现象严重，年龄结构失衡。一方面，人口老化已逐渐成为这些国家当下亟待解决的难题，因此对于老年友好城市的研究已刻不容缓；另一方面，这些国家经济水平较高，可为开展老年友好城市的研究与建设提供较强的经济支撑，可以在不断的建设实践中总结经验。

关于老年友好交通的研究，经历了由被包含到独立的过程。起初交通作为老年友好城市中的重要一项，被包含在关于城市与社区的研究之中。研究者在一则报告中按照《指南》中八项领域分别对加拿大曼尼托巴省 Portage la Prairie 市进行了全方位评估，指出该市在交通领域方面的优势是出行方式多样化、交通可支付性和小尺度，而障碍则是某些交通方式的灵活性较低、搭车区设计不佳和残疾人停车位被侵占。他们根据这些特点，提出建议，如继续提供多元交通方式、提高灵活性、降低某些交通方式的夜晚票价①。除此之外，还有一些交通领域专家对老龄化背景下的交通进行研究。Rosenbloom 针对美国独特的郊区化现象及老年人机动车驾驶背景，通过对美国传统交通模式、政策、设施进行分析，根据老年人各种不同出行模式提出关于公共交通和私人交通等方面的改善建议，总结出将公共交通与安全化的私人交通相结合并将改善措施深入社区层面是未来老年友好城市的可行之选。② 随着老年友好城市研究的不断深入，出现了专门针对老年友好交通的研究。其主要分为两个方面。第一，政策及交通体系的研究（宏观）。如 Mercado 等从国家宏观策略层面出发，将多个国家的老年友好交通政策进行对比，从五个方面展开讨论，最后为加拿大老年友好交通策略及交通体系的制定提出建议。③ 第二，具体措施的研究（微观）。包括老年人步行环境、公共交通、无障碍交通、创新性交通设施、建成环境等几个方面。

总体来说，国外的老年友好交通的研究开展较早，起初针对性较低，逐渐发展出深入的研究分支。针对性研究主要集中在老年人出行设施方向，且并无关于专门的老年友好交通的综述整理。

2. 国内研究进展

虽然我国的老龄化问题日渐突出，但当前国内对于老年友好城市研究正处于起步阶段，针对老年友好交通的专项探讨较少。根据笔者对国内与老年友好交通相关论文的整理，发现目前研究主要分为两类。第一，经验借鉴。总结国外老年友好城市理论研究及建设特点，而交通则作为

① Menec, V. H., Button, C. M., Blandford, A. A., Morris-Oswald, T., Age-friendly Cities Project: Portage la Prairie, Manitoba, Canada. A Report Prepared for the City of Portage La Prairie. Winnipeg: Centre on Aging, 2007, p. 1 – 13.

② Rosenbloom, S., "Meeting Transportation Needs in an Aging-friendly Community," *Generations* 2009, 33 (2): pp. 33 – 43.

③ Mercado, R., Páez, A., Scott, D. M., et al., "Transport Policy in Aging Societies: an International Comparison and Implications for Canada," *The Open Transportation Journal*, 2007, 1, 1 – 13.

其中一个层面进行讨论，如黄玲在对美国退休人员协会（AARP）提出的“宜居社区”（Livable Communities）建设实践的讨论中，分析了其应用的交通策略。[①] 第二，老年出行行为偏好的微观研究。结合老龄化背景，对老年人出行进行城市交通研究，比如适老化道路设计的探讨[②]、老年人出行特征研究、面向老年人的公共交通改善[③]等。如 Szeto 等分析了中国香港老年人的出行特征[④]。Wong 等分析中国香港老年人对公共交通的感知，认为优先座位、公交站点情况、司机服务态度是目前亟须改善的几个方面[⑤]。

总体来说，以国外经验借鉴类研究以及老年人出行行为偏好研究为主是当前国内研究的主要特点。因此可以看出，目前我国还处于研究初期，需要更多学者对老年友好交通问题进行更深入的挖掘。

二　理论研究

（一）概念及特征

WHO 在《指南》中提出，老年友好城市是为应对全球老龄化和城市化的机遇和挑战，创造更具包容性的宜居环境而建立的一个框架。其中在交通层面中指出：“由于在城市中活动的可能性决定了城市及社区层面的

① 黄玲：《美国面向积极老龄化的社区规划策略与启示——基于 AARP 宜居社区的经验》，载《2021 中国城市规划年会论文集（19 住房与社区规划）》，2021，第 12 页。

② 汪益纯、陈川：《基于老龄化社会发展的道路交通设计问题探讨》，《道路交通与安全》2010 年第 4 期。

③ 黄建中、吴萌：《特大城市老年人出行特征及相关因素分析——以上海市中心城为例》，《城市规划学刊》2015 年第 2 期。

④ Szeto, W. Y., Yang, L., Wong, R. C. P., Li, Y. C., & Wong, S. C. (2017). “Spatio-temporal Travel Characteristics of the Elderly in an Ageing Society,” *Travel Behaviour and Society*, 9, 10 – 20.

⑤ Wong, R. C. P., Szeto, W. Y., Yang, L., Li, Y. C., & Wong, S. C. (2017). “Elderly Users’ Level of Satisfaction with Public Transport Services in a High-density and Transit-oriented City,” *Journal of Transport & Health*, 7, 209 – 217.

公众参与及健康照护，因此，包括具有可达性和可支付性在内的公共交通成为积极老龄化下的重要决定因素。”由此可以看出，虽然老年友好交通目前并无明确的概念界定，但其含义即是在积极老龄化框架下，支撑老年人进行日常活动的交通建设，包括交通政策、交通体系规划、交通设施等。

老年友好交通自身涵盖多个领域（如老年学、交通学、建筑及城市规划学、环境学、地理学等）的内容，故其具有复杂性和特异性。本文总结国内外老龄化的共同性和差异性后，针对国内社会及文化环境特点，提出以下五点老年友好交通特征。

1. 老年人的移动性

移动性是老年人的基本生活需要。许多研究证明，老年人在退休后的出行活动可以在生理和心理方面对其健康产生影响。更多的出行活动有助于保持或提高身体健康水平，并且防止社会隔离现象的发生。不应该单纯地将老年人的出行看作一种交通行为，它还是老年人进行的一种体力活动或社会交往活动，是衡量老年人幸福感的一种指标。① 更深层次来说，应将其视为老年人平等自由地追求幸福的生活权利②。Evangelia Pantelaki 等对世界范围内老年移动性相关文献进行了综述整理，综合医学、交通、环境建设、社会学等方面进行分析，提出研究老年人移动性的必要性③。

我国老年人的出行模式和移动性特征与其他国家有所差异。20 世纪 60 年代是我国高生育率的时代，当时出生的群体即将迈入老龄，其与父母、兄

① Siren, A., Hjorthol, R., Levin, L., “Different Types of Out-of-home Activities and Well-being amongst Urban Residing Old Persons with Mobility Impediments,” *Journal of Transport & Health*, 2015, 2 (1): 14 - 21.

② Mollenkopf, H., Hieber, A., Wahl, H. W., “Continuity and Change in Older Adults' Perceptions of Out-of-home Mobility Over Ten Years: a Qualitative - quantitative Approach,” *Ageing & Society*, 2011, 31 (5): 782 - 802.

③ Pantelaki, E., Maggi, E., Crotti, D., “Mobility Impact and Well-being in Later Life: A Multidisciplinary Systematic Review,” *Research in Transportation Economics*, 2021, 86: 100975.

弟姐妹一起生活、“单位大院”的工作模式、公共交通普及的社会特征与欧美国家有所不同。在未来应开展关于老年人移动性方面的研究，包括老年出行范围、出行距离、出行特征等。比如，有学者分析中国香港老年人时空出行特征，总结出他们的出行时间、出行时长、出行方式、出行距离等的规律，在此基础上为适老化交通系统发展提出针对性的建议①。

2. 交通的可支付性

对于老年群体而言，交通费用是一笔不少的支出。并不是所有的老年人对交通出行有足够的负担能力。对于某些老年人来说，无法负担的交通阻碍了他们的出行意愿②。而对于退休的老年人来说，私人车辆的支出费用需要占用他们可支配费用的大部分，所以出行可能逐渐转至公共交通，这是多数国家未来适老化交通建设可能面对的挑战。而在老年人需要支付的交通费用方面，优惠政策、车票补贴等需求成为关注的重点。

国内的情况是“未富先老”“未备先老”——社会在还没进入富裕阶段，还没准备好，就已经进入老龄化。随着老年居民日益增长的出行需求，飞机、高铁、出租车等交通工具较高的费用成为他们出行的阻碍。处理好老年人交通的福利政策，如公共交通免票、优惠票等，才能从经济层面解决限制出行的问题。

3. 公交的可达性

公交的可达性是指公共交通设施是否可以满足老年人出行需要的能力。它受到众多隐私的影响，如公交站点布设位置、距社区距离、站点停留时间、地铁站出入口的可识别程度及进入难度、标志标识的引导等。并且，公交的可达性具有全程性：涵盖了从公交站点至老年人家中的全过程。其需要考虑的不仅是公共交通设施，同时还包括老年人出行路线上的全部要素，包括交通方式、通行体验、出行便捷性等。当前，在家和交通站点之间的问题

① Szeto, W. Y., Yang, L., Wong, R. C. P., et al., “Spatio-temporal Travel Characteristics of the Elderly in an Ageing Society,” *Travel Behaviour and Society*, 2017, 9: 10 – 20.

② Shrestha, B. P., Millonig, A., Hounsell, N. B., et al., “Review of Public Transport Needs of Older People in European Context,” *Journal of Population Ageing*, 2017, 10 (4): 343 – 361.

已经有相应的研究及建设实践，如响应式交通、电动车、滑行架等，甚至有些国家已有为促进居民进行购物活动，活跃在商场和社区间的通勤车。

4. 交通的无障碍性

交通的无障碍性指老年人或残障群体在出行时不受到建成环境要素的阻碍。其主要分为私人交通、公共交通、慢行交通三方面。第一，欧美国家"小汽车导向"的城市特征决定了私人车辆的必要性，公共交通系统无法完全取代私人汽车的使用。老年人生理机能上的减弱使得正常的机动车驾驶及道路设计需要根据其特点进行重新思考与设计，以降低私人车辆驾驶时发生危险的可能性①。第二，公共交通的无障碍设计决定了部分行动不便的老年群体出行的便利性。通过对公共交通设施（如高差、标识、座椅等）进行研究，提高公交设施的安全性和舒适性。第三，慢行交通，包括步行及自行车等非机动交通工具在内的出行方式。步行是老年群体短距离出行的首要选择，通过步行促进体力活动、增进社会交往是适老化社区的建设重点。其内容包括了老旧小区电梯改造、防滑步道、坡道、铺装、步行路线设计及景观设计等。

5. 交通的城乡差异性

交通的城乡差异性是我国在特定时期特定背景下出现的。随着老年友好城市内涵不断延展，"老年友好"的概念不再只停留在城市层面，提升乡村交通服务水平也是未来实现老年友好社会的必要举措。我国城市和乡村特点不同。较多年轻人进入城市，导致农村老龄化程度远高于城市，因此，解决农村老年人的交通问题十分必要。由于城乡资源分配差异，乡村交通设施落后。鲜有学者对农村适老化交通问题进行探讨与研究。如何填补城乡间的差距，是未来需要解决的一道难题。

（二）内容内涵

1. 交通法规及政策研究

当前，老龄化现象已受到全球重视，而老年人移动性作为影响老年人交通

① Meuleners, L. B., Harding, A., Lee, A. H., et al., "Fragility and Crash Over-representation among Older Drivers in Western Australia," *Accident Analysis & Prevention*, 2006, 38 (5): 1006-1010.

设计重要基础特征已经得到了广泛的研究。在了解老年人移动性特征、掌握基本出行规律后，如何指导交通建设与改造，就需要关于老年人交通的宏观政策研究及制度设计。但因各国政治制度、机构体系及经济状态都有较大差异，相关的适老化政策制定对改善交通产生的实质作用并未得到充分证明。基于此，Mercado 等选择老龄化程度较高的五个发达国家（英国、美国、荷兰、澳大利亚、日本）对其政策从机构组成、政策动机与目标及具体解决方案几个方面进行分析（见表 1），由此为加拿大适老化交通政策制定提出建议①。

表 1　六国交通政策分析

单位：%

国家	老龄化率	政策目标	解决方案
英国	21.2	未来交通白皮书“交通新政－益于每个人”	制定更完善的交通规划；更完善的公共交通设施建设；安全性与包容性社会的建设
美国	16.6	2003～2008 年战略规划“更安全、更简单、更智能的交通方案”	增进全球联系；加强环境管理；安全性与包容性社会的建设
荷兰	19.3	国家交通及运输规划（2004～2020 年）	积极的国际经济竞争；提高生活与环境质量；满足流动需求并保证安全性
澳大利亚	17.8	2004 年白皮书“建设国家交通的未来”	支持经济发展；应对社会及环境资源浪费；保证交通效率与安全
日本	26.4	土地白皮书，日本的基础设施和交通计划	吸引国际旅游；建设老年友好交通环境；提高交通安全性
加拿大	17.8	可持续性的交通战略“向前迈进：加拿大交通的愿景”	更加完善的交通运输系统建设；保护环境；安全性及包容性的社区建设

资料来源：根据 Transport Policy in Aging Societies：An International Comparison and Implications for Canada 整理。

在政策目标方面，英国、日本更注重政策的适老化导向，重视老年人享受交通资源的公平性，而美国、澳大利亚等国家，更重视交通的创新性发展

① Mercado, R., Paez, A., Scott, D. M., Newbold, K. B., Kanaroglou, P. “Transport policy in aging societies: an international comparison and implications for Canada,” The Open Transportation Journal, 2007, 1: pp. 1－13.

与研究，提高交通的运输能力。在解决方案中，所有国家基本都强调了老年交通的安全性问题，提倡建设具有包容性与安全性的交通设施，并且注意建成环境及自然环境的适老化，提高老年人生活质量与幸福感。

另外，关于政策研究还可以从老年友好交通的特征出发，通过研究针对老年友好交通的可支付性、可达性、无障碍性、安全性等特点制定实施相关宏观政策，厘清政策的发生机制及实施过程中的障碍，为自身政策设计提供经验与建议（见表2）。

表2　交通相关政策分析

特征	实行国家/地区	相关政策	政策目的
住房与交通	加拿大	老年人公寓（SCA，senior citizen apartments）——为老年人提供靠近市中心、交通设施的住房	提高老年人生活的便利性
交通的可达性与实用性	美国	驾照持有政策	支持老年人驾车出行
	中国香港	无障碍设施建设政策	提高社会包容性；老年及残障人士出行
	日本、英国、美国等	灵活交通系统（FTS，flexible transport system）	提高老年出行公共交通的适老性
	英国	社区交通计划	解决住宅与公共交通之间的出行问题
交通的可支付性	英国	优惠出行补贴（CTP，concessionary travel pass）	鼓励老年出行；提高老年人生活质量
	日本	票价优惠政策	
	中国香港	全民交通政策	
交通的安全性	荷兰、德国等	法律法规规定：若老年人或儿童在步行或骑行时发生交通事故属机动车全责	鼓励老年人步行或骑自行车出行；提高安全性和幸福感
	澳大利亚	道路法规定：老年人使用机动车需要报告健康状况	保护老年人驾驶安全
	欧盟中21个国家	驾驶员筛选政策：老年人在使用机动车时需要经过严格健康检查	

资料来源：根据 Transport and Mobility Needs for an Ageing Society from a Policy Perspective：Review and Implications 整理。Lin，D.，Cui，J.，"Transport and Mobility Needs for an Ageing Society from a Policy Perspective：Review and Implications，" *International Environmental Research and Public Health*，2021，18（22）：11802.

从表 2 中可以看出，同一特征在不同国家的具体表现和现实含义有所不同，因此制定了不同的交通政策与之对应。例如英国与中国香港在交通的可支付性政策方面即有所不同。英国的 CTP 政策优惠额度高，符合标准的老年人即可免费在当地范围乘坐公交汽车，其车费由政府补贴给运营部门。中国香港的公交票价优惠政策覆盖范围广。年满 65 岁的老年人只需花费 2 港元即可乘坐地铁、巴士、轮船等公共交通。根据老年出行的交通特征制定具有针对性的交通政策。欧洲、日本等发达国家和地区已经展开了较丰富的研究与实践，而发展中国家对此研究较少。

2. 具体交通解决方案研究

除了以上关于制度设计的研究外，具体交通解决方案的研究也是重要的一方面。本文根据交通方式，将相关研究分为四部分：私人交通研究、主动交通研究、公共交通研究、创新型交通研究。

（1）私人交通

随着社会健康水平和医疗水平的不断发展与进步，长寿化将是未来的发展趋势。目前包括公共交通系统在内的社会基础设施建设在全球范围内都难以满足老龄化的需求。很多研究发现，有驾驶执照的人群在进入老年后，仍然希望并认为自己可以开车出行，因为它比乘坐公共交通工具更加便捷、灵活、舒适①。而持有这种态度的老年人多出现在以美国、加拿大、澳大利亚、新西兰为代表的发达国家。主要原因有两个：其一，这些发达国家郊区化现象严重，老年人不愿从环境条件较好的区域搬入市中心，因此出行距离长客观上决定了汽车的必要性；其二，这些发达国家具有“小汽车导向”的特点，老年人驾驶证持有率极高，多数认为自己仍然可以自驾出行。但老年人对自身健康状况的主观认知仍然与客观评定有差异。许多国家都出台了相应的法规作为老年人驾驶资格的衡量标准。比如，澳大利亚在老年司机上有完整的审查机制，会检测老年人包括视力、反应能力、机动性等各项机能

① Adorno, G., Fields, N., Cronley, C., et al., "Ageing in a Low-density Urban City: Transportation Mobility as a Social Equity Issue," *Ageing & Society*, 2018, 38 (2): 296 - 320.

是否符合标准。同时，澳大利亚对老年人驾车出行有较广泛的讨论，如通过提高老年人检查标准还是通过改善公路设施，哪个更益于提高安全性，以实现老年友好社会的建设。

由此可以看出，私人交通的讨论主要集中在安全性方面，其优点是舒适性、灵活性与便捷性，并可以提升老年人的自我价值认同。因此，限制老年人驾车出行并不是唯一的方式。应考虑如何降低驾驶风险，保障驾驶自由。并且应充分结合我国城市老年人集中于中心、城乡老年人交通条件有差异的国情，制定合理的私人交通出行政策与道路设计方案。

（2）主动交通

主动交通（active transport）指步行、骑行等非机动交通出行方式。它可以作为一种老年人驾驶汽车的重要替代方式，有益于积极老龄化的建设（见表3）。

表3　老年人主动交通行为分类

交通工具	活动类型	相关建成环境要素
步行 自行车 轮椅 ……	购物类 社交类 体育锻炼类 餐饮类 事务类（就医、银行等） 工作类（志愿服务、兼职） 其他	道路宽度 道路坡度 适宜步行或骑行的分隔车道 无障碍坡道 盲道 指导标志 座椅 夜间照明 绿化及景观 ……

资料来源：笔者自制。

虽然发达国家的老年人对私人汽车出行具有较强的依赖性，但证据证明在小规模范围活动中，越来越多的老年人选择步行或自行车出行，并且更多的步行或自行车出行证明是有益于身体健康的。随着年龄的增长，老年人的社区活动越来越容易受到建成环境的影响①。

① Yen, I. H., Anderson, L. A., "Built Environment and Mobility of Older Adults: Important Policy and Practice Efforts," *The American Geriatrics Society*, 2012, 60 (5): 951－956.

不同年龄段的老年群体使用的交通工具是不同的。如低龄、中龄老年人可以选择步行及自行车出行，而高龄老年人则多数使用步行。并且，老年人的活动类型较成年人来说相对单一，可将不同活动类型的使用频率、交通方式比例、出行时间等作为指导社区交通设计的重要参考；而在设计当中，主要的建成环境要素包括了道路的适宜性、宽度与坡度、无障碍设施、标识标牌、座椅及照明系统，同时还要考虑在出行路线上心理感受的舒适性，即需要对绿化及景观进行设计。一个具有主动交通友好的社区环境，将提高老年人步行或自行车出行比例，有助于老年人身体及心理健康，从而在“原居养老”的模式下提升居民的幸福感[①]。

（3）公共交通

老年人身体机能的退化是不可否认的事实。近年来，越来越多的学者注意到公共交通在老龄化社会扮演着日益重要的角色。在“小汽车导向”的发达国家（如美国、加拿大和澳大利亚），老年人较多地使用私家车出行[②]，研究方向主要是将公共交通作为私人交通的替代品。而与之相对的“公交依赖”国家或地区，如日本、韩国、新加坡、中国香港等，公共交通是重要的交通方式，吸引了大量的研究。

广义的公共交通包括了轨道交通、巴士、公交、轮渡、出租车等在内的由政府或运营商承包运营，供市民使用的交通工具。与私人交通相比，这些交通方式具有低廉的价格优势。大多数老年人在退休后可支配收入受限，而可支配时间大大增长，因此更愿意选择这种经济花费低而时间耗费长的出行方式。在老年人对公交的可负担性方面，他们更注重的是票价优惠，公交票卡的易用性、可转让性，以及简单易懂的票价结构。针对这种需求，许多国家都出台了相应的票价优惠政策，如英国“优惠出行补贴”政策，支持城

① Winters, M., Voss, C., Ashe, M. C., et al., “Where do They Go and How do They Get There? Older Adults' Travel Behaviour in a Highly Walkable Environment,” *Social Science & Medicine*, 2015, 133: 304 -312.

② Ritter, A. S., Straight, A., Evans, E., “Understanding Senior Transportation: Report and Analysis of a Survey of Consumers Age 50 +,” 2002.

市中符合规定的老年人在大多数时段免费乘坐公交出行。

除了降低出行成本外，公共交通的可达性、实用性等需求也在近年逐渐受到研究者重视。公交站点位置设置、站点距家及目的地的距离、车辆适老座位数与把手设置，以及信息的传达（便于寻路）甚至厕所的设置都影响着老年人是否选择公共交通出行以及其使用感受。任何一个环节出现问题都可能导致老年人不选择或有较差的出行体验。而针对不同的交通工具，老年人的需求也不同。比如适老座位数在乘坐公交车出行时起到的影响比乘坐轨道交通大，原因可能是公交车相对地铁等轨道交通更加不稳定①。另外，公共交通的服务也是影响老年人选择公共交通的重要因素。较多研究指出，公交司机或服务人员的态度是老年人较为看重的因素：态度恶劣的乘务人员可能直接导致老年人对公共交通的抗拒②。

我国作为一个公共交通占出行较大比例的国家，公共交通未来必定承担大量的老龄化人口的出行需求。公共交通的研究应围绕经济、设施及社会服务三方面同时展开，涵盖多种交通方式，以此建设全面系统化的老年友好公共交通网络。另外，针对老年人的行动特征，“上门服务”的交通模式应该被着重研究与讨论③。

（4）创新型交通

不同学科对创新的内涵有着丰富且不同的定义，David O’sullivan 和 Lawrence Dooley 将其解释为“创新是对产品、流程和服务进行大大小小的、激进和渐进式变革的过程，从而为组织引入新事物，为客户增加价值并为组织的知识储备做出贡献。”④ 而交通方面的创新主要在交通产品和交通服务

---

① Wong, R. C. P., Szeto, W. Y., Yang, L., et al., “Public Transport Policy Measures for Improving Elderly Mobility,” *Transport Policy*, 2018, 63: 73–79.

② Broome, K., Nalder, E., Worrall, L., et al., “Age-friendly Buses? A Comparison of Reported Barriers and Facilitators to Bus Use for Younger and Older Adults,” *Australasian Journal on Ageing*, 2010, 29 (1): 33–38.

③ Luiu, C., Tight, M., Burrow, M., “A Conceptual Framework to Assess the Unmet Travel Needs in Later Life,” *Journal of Transport & Health*, 2018, 9: 321–331.

④ O’sullivan, D., Dooley, L., *Applying Innovation*, Sage Publications, 2008.

两方面。即考虑老龄化现象，基于老年人的机体特征利用新技术、新模式进行创新，以适应老年移动性特征和出行需求。可将创新分为技术性创新和非技术性创新两种[①]。

技术性创新，即利用工业技术、信息及通信技术、移动技术等新型技术手段对交通进行改进。主要包括车辆和交通基础设施建设两部分。在大多数情况下，制造业在产品和流程（例如新车、新型基础设施解决方案和提供服务的新方式）方面刺激了交通创新，交通系统随后在交通工具、基础设施等方面做出应对改变。欧盟曾对车辆的改造提出要求以适应老年人驾驶，提高安全性。如对座椅、方向盘、门框窗户尺寸距离的调整，对自适应系统的应用，等等[②]。包括无人驾驶汽车的开发及其适老化的考虑，都可以提高老年人驾驶安全性。对于基础设施，道路标志、交叉口数量、行道宽度、交通灯颜色与大小都会影响老年人出行，可利用传感系统及通信技术对这些方面进行分析，如通过移动手机配置相应传感器来感知路灯信号与时间。

非技术性创新，即对组织模式、运营策略进行调整与创新，以此来适应老龄化社会的发展。在选择交通工具出行方面，作为替代老年人汽车出行的选择，在欧洲一些发达国家陆续出现了灵活交通系统（FTS）、需求响应式交通系统（DRTS）、机动代步车（MMS）、电动轮椅等[③]。在组织运营方面，可以通过成立相关的非营利组织或自愿组织来作为私人及公共交通模式的补充[④]。即老年人通过手机即可完成叫车，在社区尺度解决“上门交通”的问题。

---

① Cirella, G. T., Bąk, M., Kozlak, A. et al., “Transport Innovations for Elderly People,” *Research in Transportation Business & Management*, 2019, 30: 100381.

② OECD (2001), Ageing and Transport: Mobility Needs and Safety Issues. Paris, France.

③ Wasfi, R., Levinson, D., & El-Geneidy, A., “Measuring the Transportation Needs of Seniors,” *Transport Literature*, 2014, 6 (2), 08 - 32.

④ Department for Transport (2012), Transport Solutions for Older People Information Resource. London, UK.

三　案例分析

本文选取了西班牙巴塞罗那市、美国纽约市、澳大利亚墨尔本市三个老年友好交通建设案例，了解老年友好交通国际发展状况，以期为我国以后的发展奠定基础。

（一）西班牙巴塞罗那市

进入21世纪后，欧洲许多发达国家（如德国、荷兰、西班牙）陆续步入老龄化。在WHO的老年友好城市指南推出后，这些国家的一些城市也率先进入老年友好城市的探索与实践中，其中西班牙巴塞罗那就是一个典型的案例。

巴塞罗那市是西班牙的第二大城市，是加泰罗尼亚自治区的首府，由10个区共73个社区组成。2020年，拥有166万名常住居民；城市人口密度高；65岁及以上老年人约为35万人，占比为21.1%①，老龄化现象较为严重。在老龄化问题已刻不容缓，全球积极老龄化的背景下，以建立安全舒适、年龄友好、实现老年人共享城市的平等权利为目的，巴塞罗那市议会于2019年在老年人咨询委员会的提议下，开始了老年友好城市的建设。

巴塞罗那老年友好城市是在全球老年友好城市框架下建立的，以WHO在《指南》中提出的八个层面为工作重点展开，其中第二项是关于交通的建设。巴塞罗那主要从以下三方面进行探索：第一，市议会与老年人咨询委员会密切合作，通过老年人咨询委员会关于老年友好城市建设提案；第二，区域作为整体，市政府与地方政府共同努力，地方政府及各社区以积极的态度参与工作，组织合作商、市民及政府共同征询意见制定方案；第三，科研机构的参与，巴塞罗那大学及研究院参与前期准备工作，建立模型进行数据

① https：//ajuntament.barcelona.cat/estadistica/castella/Estadistiques_ per_ temes/Poblacio_ i_ demografia/Documents_ relacionats/lecpadro/a2020/t21.htm，最后检索时间：2021年12月3日。

采集与分析，得出科学结果为最后方案决策提出建议。在有序的工作框架下，其应对积极老龄化的策略可通过两方面展示：其一，政府权力机构的调整和相关政策，如“儿童、青年、老年人部”的建立以确保权利与服务的下达；其二，保护老年人权利的具体措施，如“粉色交通卡”发放对老年人乘坐公共交通的优惠（见表4）。

1. 相关政策

表4　巴塞罗那老年友好城市建设相关政策

政策	机构	目的	交通
《老年人市政规划（2006～2010）》	巴塞罗那市政厅	建设不分年龄人人共享的城市;保护老年人的城市权;包容性城市的建立	交通的可达性、无障碍性、可接受性
《市政行动规划（2008～2011）》	巴塞罗那市政厅	加强老年人的公众参与;通过区际交流及城市交流增加国际性	无障碍设施建设
《市政行动规划（2016～2019）》	巴塞罗那市政厅	增加城市的公平与包容;保证老年人的城市权	在社区及邻里交通增加无障碍设施;优化周末及假期邻里交通的开放时间;公交站点可达性改造;划分三个不同的时速区保护步行安全;改善和拓宽自行车道;公共交通的价格优惠
“巴塞罗那市老年人之声”大会（每四年举办一次）	巴塞罗那市政厅、地方区议会、老年咨询委员会	增强老年人公众参与、了解其实际需求	了解老年人对于票价、可达性、公共交通时间的相关需求;绿色交通的支持
《人口变化和老龄化战略：适合所有时代的城市（2018～2030）》	巴塞罗那市政厅	保证老年人的城市权、实现代际共存;关注弱势群体;加强公众参与	开展通用设计实践;老年友好路径的建设;上门交通服务(door to door service)的提升;促进按需交通服务(on-demand transport service)提升;促进老年人公共交通的使用;无年龄差异的自行车骑行(By Bike without Age);从老龄化角度对交通问题进行反应

资料来源：作者整理。

在巴塞罗那进行老年友好城市建设的众多政策当中，比较重要的以下几个：《老年人市政规划（2006～2010）》、《市政行动规划（2008～2011）》、《市政行动规划（2016～2019）》、“巴塞罗那市老年人之声”大会、《人口变化和老龄化战略：适合所有时代的城市（2018～2030）》。

《老年人市政规划（2006～2010）》是在《指南》老年友好城市建设模型下确立的关于巴塞罗那老年友好城市建设框架，旨在建设涵盖由出生到衰老不同过程的城市应对体系，以实现包容性城市的建立。《市政行动规划（2008～2011）》结合巴塞罗那人口密度高等特点，调整城市建设框架，确定具有自身特色的城市建设方案。《市政行动规划（2016～2019）》更加强调老年人在城市中享有权利的公平性，保护老年人出行的安全性，对步行、自行车、公共交通进行出行改造。步行交通方面，通过划分三个不同的时速区来保障行人安全，包括时速30km/h、20km/h、10km/h。其中10km/h，以行人安全优先，保障老年人步行基本权利。同时，改建自行车道路状况，对自行车道进行平整和拓宽，并与行车道进行区分，以确保骑行安全。公共交通方面，对社区及邻里交通站点进行无障碍设施的建设，并根据老年人需求对公交车开放时间进行调整，增加周末或假期的班次。“巴塞罗那市老年人之声”大会是由老年咨询委员会组织、政府相关机构人员、专业人士如研究人员及老年人共同参与的一次会议，每四年举办一次，其中多方可互换意见，增强老年人的公众参与。《人口变化和老龄化战略：适合所有时代的城市（2018～2030）》是最新的关于老年友好城市建设的规划研究，其更强调老年人的城市权，强调建立全龄友好的城市，实现代际共存，并将公众参与融入具体建设当中，如建议组织老年人反映出行交通问题的专门会议。交通建设方面，以步行的无障碍化、上门服务交通及按需交通这类小范围社区交通作为研究与建设重点，完善其运作与使用体系，并对其加强监管。

总体来说，政策的制定与发展更加精细化与人性化，重视老年人的生活权利以及城市的“代际共存”问题，其包括市政厅、区议会、大学与研究所、老年咨询委员会（CAGG）、市社会福利活动委员会、市政交通（TMB）、市残疾人研究所（IMPD）在内的相关机构部门形成了意见收集、数据分析、政策指定、意见反馈的良性互动关系。

2. 具体措施

巴塞罗那市老年友好城市中交通建设措施主要可以分为三类：慢行交通，公共交通，私人交通。巴塞罗那人口密度大，步行、自行车与公共交通是老年人出行的主要方式，因此步行与公共交通是巴塞罗那发展的重点。

（1）慢行交通

主要包括了步行和自行车两种出行方式，其他还包括滑板车等在内。其主要出行困难源于几种类型：障碍型，即人行道被车辆或自行车干扰、道路湿滑或不平整有障碍等；干扰型，汽车对自行车与步行的干扰，以及自行车对步行老年人的干扰；身体机能下降型，在设置时没有考虑到老年人步行缓慢，视力、听力等能力与正常人有差距，如没有足够的过马路时间、看不清路标等。针对这三类情况，巴塞罗那市进行的主要改造措施是：设置护柱禁止汽车占用人行道；注意坡道的防滑性；规划专用自行车道，并用反光护柱和标志标示出危险区域，并且将自行车道对行人的干扰降到最低（如自行车道避免穿过公交车与车站之间）；提高行人过交叉路口的安全性时，增加红绿灯倒计时显示牌并在地面贴上显示交通方向的标志，使行人在过马路前知道要注意哪个方向的车辆；有易于看到的街道及建筑物标志，以利于老年人确定自己的位置；有明显的街道地图和有指向街道或景点的标牌，方便为老年人指路。

（2）公共交通

公共交通主要包括了公交车、火车、地铁、出租车四种出行方式。

其中公交车是最主要的公共交通方式。出行困难主要源于价格的可支付性、公交可达性、公交的无障碍性以及乘坐公交的舒适性（包括座位以及服务等）。而其主要解决方式包括：给大于 60 岁的老年人分发“粉卡”（pink card），可用来较低折扣地乘坐公共交通；公交站点的无障碍改造及座位雨棚的增设；增加社区巴士；对公交时间进行调整，覆盖周末及假期；对公交系统人员增加接待老人培训及站点的智能化改造。

火车和地铁的困难相似，都是来自其可达性不够、厕所设置不合理以及拥挤给老人带来的不适。巴塞罗那在规划中通过精细化的无障碍设计和对老年人专用厕所与座位的设置来解决。

出租车作为弥补公交可达性、舒适性的一种重要出行方式不可被忽略。其将主要应用于“上门交通服务”与“按需交通服务”当中，通过对出租车进行适老化改造，增加上车坡道、扩大车门等，以更好地服务于老年人，并设置电话专线以呼叫专用出租车（见表5）。

表5　巴塞罗那老年友好交通

交通方式		问题	解决措施
步行交通		障碍型:汽车和自行车占用人行道增加老年人步行危险	设置护柱禁止汽车占用人行道; 重视行人坡道的建设并注意其防滑性(下雨天坡道容易滑倒)
		身体机能下降型:包括过马路时间不足,看不清路标、反应能力差	在地面贴上显示交通方向的标志,使行人在过马路前知道要注意哪个方向的车辆; 增加红绿灯倒计时显示牌;有易于看到的街道及建筑物标志; 有明星的街道地图和有指向街道或景点的标牌
		干扰型:对自行车不合理的使用:缺少自行车专用车道并且缺少骑行会对老年人造成影响的意识	规划专用自行车道;将自行车道对人行道的干扰降到最低
公共交通	公交车	价格的可支付性:价格对于部分老年人来说太高	“粉卡”(pink card)在公共交通使用中获得优惠
		可达性:目前的公交网络可达性并不能满足所有老年人的需求,特别是对于行动不便和需要医护照顾的老年人而言	社区小巴服务,可达性强; 有针对性地增加公交车数量(如夜间或夏天到海边的公交)
		无障碍性:在公交站等待无等候座位及明显的公交提示信息;上下车困难	优化公交站:增加座位和雨棚;增加提示等候时间的提示牌;从人行道伸出的站台方便上车; 公交车安装上下车的坡道
		舒适性:公交车没有足够的座位	公交播放给老人让座位的广播; 公交车站提供纸质版的线路信息,并用大字体印刷; 在公交车上可提供线路和车站信息,如GPS功能的触摸屏
		在夜晚或者周末的不安全感	增加安保力量,安保人员覆盖晚上及周末

续表

<table>
<tr><th colspan="2">交通方式</th><th>问题</th><th>解决措施</th></tr>
<tr><td rowspan="6">公共交通</td><td rowspan="2">火车</td><td>站台的台阶问题会导致老年人不再使用火车，特别是行动不便的老年人</td><td>站台安装自动电梯</td></tr>
<tr><td>大小便是许多老年人普遍面临的问题，需要被重视</td><td>在通勤火车和车站设置公共厕所</td></tr>
<tr><td rowspan="2">地铁</td><td>对于高峰时期的人流量来说站台太过狭隘，且高峰时期车厢内太过拥挤，给老年人带来不适</td><td>适老化设施在地铁站点的普及</td></tr>
<tr><td>有些站点还没有进行适老化的改造（如无自动扶梯）
车厢门与站台的衔接不好</td><td>车厢门与站台间的缝隙被减小</td></tr>
<tr><td rowspan="2">出租车</td><td>多数出租车后车门狭窄，不利于老年人上下车；部分司机态度差</td><td>对出租车进行适老化改造，利于上下车；增加适合老年人用车的电话专线</td></tr>
<tr><td>有些特殊天气在出租车站打车需要等候，如雨天</td><td>建议出租车站安装长椅和雨棚</td></tr>
</table>

资料来源：作者整理。

巴塞罗那通过十余年的探索与实践，根据自身老龄化及交通特点，逐步构建了一个包括机构、运作机制、实践与反馈在内的机制，从意见收集、数据研究、政策制定、建设实践、后期监管逐渐形成完整的生态链，并不断为其增添新的内容。其多方机构的协作、小范围社区交通的建设以及老年人意见的接收与反馈都为其他在进行中的老年友好交通建设的国家提供了范例。

（二）美国纽约市

美国纽约市是美国经济高度发达、基础设施建设较为完善的城市代表，而其逐年增长的老龄化人口也在全国较为显著。根据美国“老年友好纽约计划”（Aging Friendly NYC）的预测，2020 年纽约市 65 岁及以上老年人口约为 164 万人，占纽约总人口的 19.2%，至 2040 年老龄人口比例预计增至 20.6%。而作为四个全球城市之一的纽约，其全球性的示范作用也不可忽视。纽约市在应对老龄化问题上率先进行尝试与探索，旨在为本市老年人提供更舒适、更公平的城市环境，逐步走向全龄城市。

纽约市是美国第一大城市，居住面积为789km^2，包括5个区。其老年友好城市的建设基本与WHO的《指南》颁布同步开始。2007年10月，WHO颁布《指南》，同年在纽约市长办公室、纽约市议会及纽约医学院的合作下发布"老年友好纽约计划"，2008年，在老年友好纽约计划项目下对纽约老龄人口及老龄化现象进行采访与评估，住房、公共空间及交通是纽约市老年人特别关注的三个方面。2009年《关爱老人的纽约市：提高纽约市老年人的宜居性》正式发布，象征着纽约老年友好城市建设实践的开始。其中，老年友好交通建设作为八个方面之一被提出，参与的主要机构见表6。

表6　纽约老年友好城市相关政策

政策规划	性质	参与机构	目的	措施
《关爱老人的纽约市：提高纽约市老年人的宜居性》(2009年)	战略性	市长办公室、纽约医学院、老年友好纽约计划	在《指南》倡议下建立纽约市的老年友好城市建设框架；提高老年人在城市的宜居性	建立具有可支付性和可达性的交通方式；手机提示系统设计；改善公交状况；保护步行空间；创新型交通
《老年人的安全街道》(2008年)	战略性	市政厅、纽约交通部	保护老年人使用街道的安全性；降低街道死亡率	红绿灯倒计时；行人安全岛；限制交通车道、时速；扩展人行道；无障碍行人信号；完善行人坡道；公交站品质提升；车辆左转缓冲
《可持续街道》(2009年)	战略性	纽约交通部	增强街道的可持续性；保证安全出行；提升街道品质；增加出行率	限制车速；改善自行车专用车道；缩短交叉口距离
《移动管理资源指南》(2015年第一版)(2021年第二版)	实施性	纽约交通部	提升残疾人、老年人、低收入者和其他弱势人群的出行便利性	介绍了目前出台的相关交通措施，包括慢行交通、公共交通、基础设施建设等部分
《关爱老人的纽约市：关于全龄化城市的新协议》(2017年)	战略性	市长办公室、纽约医学院、老年友好纽约计划	建设全龄社区；增强代际共存；加强城市包容性与公平性	包容性设计导则；行人坡道建设；增加公共交通选择

续表

政策规划	性质	参与机构	目的	措施
《老年友好布鲁克林规划》(2018 年)	战略性	布鲁克林区区长办公室、纽约医学院	提高老年人生活质量;提高老年人出行品质;增强公众参与,减少社会隔离	红绿灯倒计时;步行道改善计划

资料来源：作者整理。

纽约市关于老年友好交通建设主要通过对老年人出行现状进行调查研究，市长办公室、区市政厅制定策略规划，再由职能部门如纽约交通部（NYCDOT）、大都市运输署（MTA）制定行动规划来实现。宏观上在市区层面有相应的规划要求，微观上由各区制定相应的规划，如布鲁克林区在2018 年由区长办公室和纽约医学院共同制定了《老年友好布鲁克林规划》。

根据纽约市对当前老年人出行现状的调查，主要问题总结为以下几个方面。交通的可达性和无障碍性，包括步行道上阻碍老年人行进的障碍，不准时的公交车，交通站点的缺少电梯、坡道。交通的可支付性，乘坐公共交通时票价仍然让部分老年人觉得花费较高，特别是在乘坐出租车时。交通的舒适性，包括公交站点缺少雨棚和休息座椅、公交车司机态度恶劣、缺少老年人专用座位等。

为应对目前阻碍老年人出行的各项问题，各部门陆续出台了相应的行动计划以改造现有的交通状况，使城市更易于老年人出行（见表 7）。

表 7　纽约老年友好交通具体举措

交通类型	主管部门	行动计划	具体措施
步行交通	NYCDOT	无障碍行人信号(Accessible Pedestrian Signals，APS)	在交叉路口安装无障碍行人信号设施,可提醒视力或听力障碍的老年人或残障人士交通信号,以安全地通过路口
		行人坡道改造计划(Pedestrian Ramp Program)(2017)	对街角、隔离带、有高差地面进行坡道改造,对坡道设置提出具体要求和规定,使老年人或轮椅使用者更便捷地使用

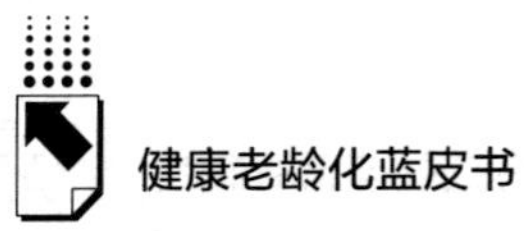

续表

交通类型	主管部门	行动计划	具体措施
步行交通	NYCDOT	WalkNYC 寻路计划（WalkNYC Wayfinding Program）（2013）	在整个纽约市安装 WalkNYC 寻路标志；安装地图和带有实时信息的标志在地铁、公共汽车站、地铁内、十字路口、自行车共享亭等地方
步行交通	NYCDOT	步行道改造计划（Pedestrian Unit）	对交叉路口距离、转弯半径、信号灯时间等重新进行设计，以保证老年人安全步行
公共交通 公交汽车	NYCDOT	Bus Stops Under the El（2007）	延长路缘以减少与公交车之间的距离；完善公交车与站台之间的坡道
公共交通 公交汽车	NYCDOT	交通便利设施（Transit Amenities）	重新确定公交站位置；改建并新增公交候车站共计3500个，每个公交站均包含雨棚和座位；在步行沿路建设维护超过2100个长椅以供老年人休息
公共交通 公交汽车	NYCDOT	“更好的公交车”行动计划（Better Buses Action Plan）（2019）	添加新的和改进现有的专用公交车道；使用交通信号技术减少公交车乘客必须在十字路口等待的时间；改善公交站周边情况以方便老年人及残障人士上车（包括延长路缘及提供与公交车上车处相同的水平面）
公共交通 公交汽车	MTA	纽约市公共交通（New York City Transit）	公共汽车100%可供轮椅通行，配备升降机或坡道、固定装置、跪下装置和为残疾乘客指定优先座位的标志；所有新公交车都配备了数字信息屏幕（DIS）系统，该系统提供文本和音频的通知
公共交通 公交汽车	MTA	公交无障碍咨询委员会（Advisory Committee on Transit Accessibility，ACTA）	了解弱势群体使用公交的需求和关注点；在整个纽约市地区提供外延服务，包括讲习班、研讨会、乘坐公共汽车和地铁、参观车站以及信息展
公共交通 公交汽车	Transdev 与政府合营	Nassau 县辅助公交服务（The Nassau Inter-County Express，NICE）	为在部分或全部行程中使用固定路线公交的残障乘客和老人提供特殊线路的服务； Able-Ride：于2014年3月1日开始强制要求提供上门服务，司机协助乘客上下车，乘客可以在外门等待，等待司机帮助他们上车

续表

交通类型		主管部门	行动计划	具体措施
公共交通	轨道交通（铁路、地铁等）	MTA	MTA 承运的铁路服务（MTA Commuter Railroads, Long Island Rail Road and Metro-North Railroad）	老年优先座位：MTA 通勤火车车厢都为老年人和残障人士指定了座位 票价优惠政策：65 岁及以上的人和符合条件的残障人士享受半价优惠
			纽约市公共交通（New York City Transit）	车站改造：建设无障碍车站网络，重点是帮助老年人上下车及换乘，包含改造项目：电梯及坡道、大印刷字体及颜色鲜明的标志、声音和图像信息系统、可靠近的购票窗口、缩短列车和站台间的距离、安装厕所等
	出租车	MTA	残障人士交通系统（Access-A-Ride）	提供上门交通服务：符合条件的老年人可通过 App 获得 7 天 24 小时的全时叫车服务； 提高无障碍出租车"绿色出租车"和"黄色出租车"在出租车中的比例（达到 25%），以使使用轮椅的人更便捷地出行
		TLC（Taxi & Limousine Commission）	全市无障碍调度计划（Citywide Accessible Dispatch Program）	TLC（Taxi & Limousine Commission）为使用轮椅的人提供 24/7 的全时出租车派遣服务至家门口但不收取额外费用（通过电话、短信、网页）

资料来源：作者整理。

对纽约大都市区的年长 AARP（美国退休人员协会）成员进行的一项调查发现，52% 的城市居民受访者经常步行到达他们想去的地方，52% 经常使用公共交通工具。① 较高的出行比例显示出纽约老年人出行的行为特征，并显示了公共交通及步行环境建设的重要性。因此纽约老年友好交通建设主要集中在步行与公共交通中。主管部门主要是政府的职能部门，如纽约

① Stowell-Ritter, Anita, Katherine Bridges and Regina Sims, "Good to Go: Assessing the Transit Needs of New York Metro Aarp Members."（2006）.

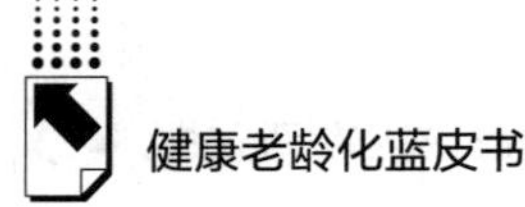

交通部（NYCDOT）、纽约大都市运输署（MTA）、出租车及豪华车委员会（TLC）以及各区及地方政府等。可以看出：NYCDOT 的建设主要在城市交通基础设施当中，包括道路情况、交通信号、公交站点设施、无障碍改造之类；MTA 建设项目主要集中在其承运交通工具及站点当中，如票价优惠政策、车辆改造、服务培训等。值得注意的是，纽约市还积极进行老年友好交通的创新研究，包括无障碍出租车模型、信息技术与交通信号的联系等。纽约市建设项目的主要目的都是解决老年交通出行中与可达性、可使用性、无障碍性三方面有关的问题，提高老年人的出行品质，以促进老年人出行，使其享有同等的城市权，解决社会隔离，建设“全龄友好的纽约城市”。

（三）澳大利亚墨尔本市

据估计，到2060 年，1/4 的澳大利亚人将超过65 岁。到2100 年，人口中“受抚养人”的总数预计将从每 100 名劳动年龄人口中的 49 人增加到每 100 名劳动年龄人口中的 79.5 人。[①] 衰老总是不可避免地造成行动不便。随着澳大利亚人口老龄化进程加快，老年人残疾患病率将进一步增加。[②] 针对上述问题，澳大利亚政府致力于建设友好包容的出行环境，为老年人、残疾人等弱势群体提供参与社会事务的机会。交通作为城市建设的一个重要方面，对老人、残疾人增强移动性，摆脱社会孤立和排斥有着重要作用。发展全龄友好包容的交通，增加老年人、残疾人等活动能力，以提升生活福祉。

其行动和措施如下。

1. 无障碍公共交通行动计划

澳大利亚维多利亚州推出“无障碍公共交通行动计划”[③]，致力打造一

---

① https：//www. transport. wa. gov. au/aboutus/universal-access. asp ，最后检索时间：2021 年 12 月 3 日。

② Tammy Bui，“Older Adults on the Move：Global Age-friendly Transportation Innovations，” Samuel Centre for Social Connectedness，2021.

③ Department of Transport， “Accessible Public Transport in Victoria Action Plan 2020 - 2024”， Victoria State Government，2020.

个包容的社区，使得占有州人口数量20%的残疾人和老年人群体能够更好地融入城市发展和建设。行动计划的目标是进一步提高可达性，使得整个社区的居民生活方便。相关措施包括——

建设完善的公共交通网络，使得公交线路遍及全州。

提供多种公共交通方式的选择，公共汽车、火车、有轨电车、拼车以及一些新兴交通工具的选择。

为残疾人和老年人提高获取出行信息的能力，包括出行时获取规划旅程和在旅行时获取信息的能力，此外还包括让他们能够实际获得连接更好的交通服务。

在公共交通系统故障时有灵活的解决方案。例如采取无障碍商用乘用车提供起始一英里和最后一英里的接驳，减少到达公交站点的障碍。

弱势群体有公平、体面的机会获得客户服务，并进行互动和参与，以确定服务的持续改进。

2. 维多利亚城市老年人2020行动计划

2019年，维多利亚州成立了老年人工作小组负责制定老年人行动计划①，围绕“户外空间和建筑、交通运输、住房、社会包容、社会参与、通信与信息、公民参与及就业、社区支持和医疗卫生服务”八大问题征集全社会的智慧探讨维多利亚州如何促进积极老龄化。其中交通方面为了保障老年人可以方便、安全地前往他们想去的地方，提出了以下的措施。

人行道建设：维修和保养人行步道来减少老人被绊倒的危险，并清除路上移动障碍，包括人行道上延伸出来的绿化、废弃物品，以及平滑路面；确保人行道宽度为最小可通行宽度；在人行道上建造视觉辅助设施，例如有纹理的表面，以协助残疾人士。

过街人行横道建设：增加穿越人行横道的时间，增加人行横道宽度，改善人行横道的能见度；在道路中间加设中线，在适当的地方提供安全岛。

---

① “City of Victoria Seniors’ Action Plan 2020: Roadmap for an Age-friendly Community,” *City of Victoria*, 2020.

交通运输建设：为服务老年人的交通制定一个宣传计划，例如推广公交卡、出租车代金券等；增加便利公交车的运行资金，以满足老龄化进程对公交的需求；重新审查低收入老年人过境通行证，降低老年人资格要求；乘车方面，向公交运输公司倡议，改善公交车爱心座椅的腰椎支撑，增加轮椅无障碍空间；候车方面，增加候车亭和太阳能照明灯数量，增加公交车站的座位；教育培训方面，对公共交通从业人员进行培训以提供更好的服务。

其他方面：提倡商店向老年人销售电动自行车、摩托车和其他电动辅助交通工具以提高老年人出行能力，但要以提供安全和交通规则教育为前提。

四 启示与策略

（一）当前问题

根据对国外国内研究的梳理与分析，针对我国自身情况，提出以下几点老年友好交通发展中的问题。

第一，老年友好交通体系不完善。包含四个层面：首先，目前我国有关交通的七部法律包括公路法、港口法、海商法、海上交通安全法、民用航空法、邮政法和铁路法，以及《中华人民共和国道路交通管理条例》中均未涉及老年人交通出行的问题，[①] 缺乏对老年人交通特殊性的考虑，因此缺乏了法律法规的保护；其次，关于支持老年人出行打造老年友好交通的政策较为单一，其中以老年人乘坐公共交通工具、参观景点公园等票价免减优惠为主，缺乏对适老环境的政策引导；再次，与交通有关的技术标准如《城市轨道交通技术规范（GB 50490－2009）》《城市道路交通规划设计规范（GB 50220－95）》等中较少涉及对老年人使用的考虑，多以无障碍设计为主；

① Liu, X., Lu, X., Gao, C., et al., "The Challenges and Policy Recommendation of Developing an Age-friendly Transport System in China," CICTP 2020. 2020: 2362－2369.

最后，综合交通设施网络建设不完善，缺乏多种交通设施的配合，如未充分考虑到老年人“家门”到“交通站点”部分的出行问题。

第二，老年人机动车驾驶问题考虑不足。2020 年 11 月 20 日，公安部发布的 12 项公安交管优化营商环境新措施实施，其中将小型汽车驾驶证考取年龄放宽至 70 岁，在考试中增加记忆力、判断力等测试，并规定老年人每年需接受体检。将考取驾照年龄放宽至 70 岁是支持积极老龄化的一项重要举措，承认了老年人的能动性，但其中缺乏对其安全性等各方面的考虑。如欧洲等地实行的对老年驾驶者的车辆进行改造，或通过专用车道、标志标牌等建成环境改造以适应老年人驾车出行。

第三，慢行系统建设滞后。目前我国关于老年友好城市的建设研究正处于初级阶段，虽然研究的关注点聚焦于老年人的步行与建成环境上，但相关的建设实践还未开始。2021 年 8 月 31 日国家卫生健康委、全国老龄办正式批准了全国示范性老年友好社区名单，这象征着我国在社区尺度老年友好探索的开始。在社区尺度，老年人步行、骑自行车的出行方式将成为交通方面考虑的重点。

第四，设施设备的无障碍化建设覆盖面有限。我国在老龄化问题上较早迈出实践行动的重要方面即是无障碍设施的建设，也出台了包括《无障碍设计规范（GB 50763－2012）》等在内的技术标准来指导无障碍设施设计。但随着研究深入，众多学者发现包括建筑内环境、居民楼雨棚等都需要无障碍化建设的引入。

第五，相关人员服务水平及专业能力不高。由前文可知，交通行业相关服务人员如司机、售票员、咨询员等的态度及专业水平是影响老年人决定使用交通工具的重要因素。但目前我国几乎没有针对交通行业内部有关人员的“适老化”培训，因此相关人员在服务技巧和方法上较为欠缺，影响老年人的出行体验，限制了老年人出行的出行频率与方式。

第六，交通设施的城乡差距大。我国农村中老龄化现象严重，但相对国外来说汽车持有量低，并且包括交通设施在内的基础设施较为匮乏。农村中的老年人交通工具极为有限，短途基本为步行而长途多依赖大巴车、公交车。交通的匮乏极大地限制了乡村老年人平等享受城市中医疗等社会资源。

（二）设计要点及策略

1. 设计要点

对于老年友好交通设计，应把握以下三个重点：全过程性，针对性，包容性与公平性。

（1）全过程性

其内涵主要包括三个层面：社会层面——政策措施，空间层面——设施、物质空间，时间层面——全老龄段。首先，社会层面，应完善从顶层到基层的垂直化制度设计，从国家层面到地方政府再到社区及各类非营利组织及自愿组织，形成自上而下指导、自下而上反馈的制度运作机制；其次，空间层面，基础设施建设内容应将“老年友好”概念从宏观贯穿至微观，即大型交通方式如飞机、铁路、轮渡，中等规模交通方式如地铁、巴士、公交等，小型交通方式如出租车、私人汽车、共享单车等，以此构建丰富多样的交通网络，为老年人提供更多出行选择，同时应重点考虑老年路线的全过程，从室内至出行目的地；最后，时间层面，应根据不同年龄段的老年人身体及心理特征进行不同的设计，应包含“低龄”“中龄”“高龄”老年人的考虑，让老年人平稳过渡。

（2）针对性

国外较多文献将老年友好交通需求特征总结为：交通可达性、可使用性、可支付性、可接受性。在设计及制定策略时应针对这些特点进行思考，减少中间环节，解决老年人在出行中的实际困难。

（3）包容性与公平性

社会的包容性与公平性影响老年人群体在社会中的幸福感，老年人在退休后生活发生的巨大变化将对心理带来较大落差，而社会对老年人的包容可以在心理上填补由工作中社交关系的缺失而产生的空白。其具体表现在交通设计中应体现设施及交通空间的“全龄化”，对交通空间进行适老化改造。而公平性主要体现在城乡交通差异中，应在未来的发展中为乡村提供便捷舒适的交通设施，以促进乡村居民享有与城市居民均等的出行权及公共资源。

2. 应对策略

介绍了国外案例和总结了我国当前存在的问题，发现老年友好交通建设的核心是从满足老年群体的生理、心理、社会需求出发，满足老年人出行需求，并引导全社会形成尊老敬老的良好风尚，以促进社会和谐可持续发展。具体应从顶层设计（政策）、基础设施建设（物质空间）、营造社会意识（文化）、交通创新（技术）这四个方面实现。针对老年友好的政策是发展老年友好交通的保障；加强交通领域基础设施建设是老年友好交通的实施载体；营造良好的社会意识是老年友好交通发展的基础；推动交通领域适老化创新是老年友好交通发展的推动力。

（1）完善顶层设计——政策维度

建立健全保障老年人、残疾人等弱势群体出行的法律法规，增加政策支持，是建设老年友好交通的政策保障。

①建立健全老年友好交通相关法律法规

推动新法新规的制定，确定老年人作为交通主体之一的定位，努力从立法层面推进对老年人出行权的保护。要站在交通运输高质量发展的战略高度，建设交通强国，进一步发展和完善老年人友好出行的顶层体系设计。如美国和日本等发达国家高度重视出行权利的保障，包括老年人、残疾人相关的无障碍和老年交通立法，所涉及的内容在深度和广度上不断发展，并根据社会发展所带来的变化进行修订，这就形成了一套完整的法律法规，并明确了具体的奖惩规定。同时，司法、监督等过程可以保证法律法规的有效实施。

②增加老年友好交通政策支持

政府要加大资金投入力度，加强财政的引导，吸引社会资本共同融入老年友好交通建设中来。要深入落实老年乘客优惠政策，支持城市公共交通为老年人提供优惠便利的服务，因地制宜研究老年人优惠出行政策。积极对广大农村地区交通条件进行改善，推出农村老年人享受与城镇居民同等的出行

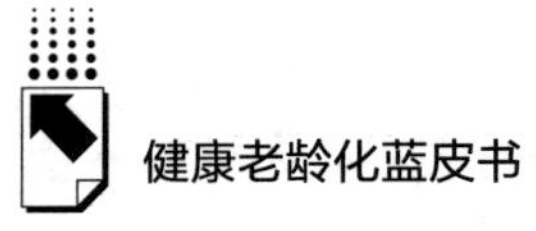

优惠，进一步推进城乡交通一体化。

（2）基础设施建设——空间维度

加强基础设施建设，考虑老年人需求，打造良好的出行和生活空间，是老年友好交通建设的实施载体。与老年人日常生活紧密关联的生活空间一般包括室内生活空间和户外出行空间，这两种空间中的设施对老年人日常生活和出行有着重大影响。完善老年友好交通空间载体，为老年人提供舒适生活环境。

①打造老年友好的户外出行空间

老年人日常出行方式一般包括步行、乘坐公共交通工具、骑行、自驾等[①]。加强老年友好交通设施建设和改造，加快完善城市慢行交通系统，平整城市路面，采用分隔带，对路面进行人车分离，设置人行道安全岛，加强交叉口信号精细化管理[②]。完善公交线路网密度，增加公共交通可达性，考虑老年人特征进行公交适老化改造，打造友好乘车空间和便捷候车环境以及缩短公交换乘距离。推动城市无障碍设施例如电梯、传送带等建设，加大对运营企业无障碍车辆更新的资金支持，加强信息无障碍通用产品和技术的推广应用。通过打造老年友好公交－慢行系统－无障碍设施体系，构建舒适的老年友好户外出行空间。

②建设老年友好的室内生活空间

老人室内生活空间包括居住空间、活动空间和交通空间[③]。各类家具应把握适宜的空间尺寸，门把手、座椅等无棱角处理，厕所墙壁和房间四周配置扶手，方便老人使用。室内装饰应尽量简洁，打造舒适的居住空间。老人活动空间尽量半开敞，并配备多样化休闲设备，建设多样的活动空间。通过屋内屋外地板防滑处理，屋内布置围栏等设备，以及两层以上楼房安装电梯等措施设计安全的交通空间。

---

① 黄建中、吴萌：《特大城市老年人出行特征及相关因素分析——以上海市中心城为例》，《城市规划学刊》2015 年第 2 期。

② 王艳艳：《老年友好城市下宁波公共交通适老化设施发展对策研究》，《设计》2018 年第 17 期。

③ 汪笑乐：《关于老年公寓室内空间适老化设计的思考》，《中国建筑装饰装修》2021 年第 6 期。

（3）社会意识营造——文化维度

建设老年友好交通，营造良好的社会意识是基础。通过弘扬社会风尚以及加强专业人员的培训等措施来打造良好的老年友好文化基底。

①弘扬敬老爱老的社会风尚

通过多媒体方式滚动宣传老年友好交通相关建设，弘扬中华民族尊老爱幼传统美德，减少年龄歧视，使人们真正理解、尊重和帮助老年人出行。采取老年人优先购票、安检绿色通道、站台建立专门候车休息区、行李递送、个性化服务等措施，为老年人提供便捷服务，并潜移默化形成社会共识。在良好的尊老爱老基础上可形成非营利性老年人服务或志愿服务组织，通过民众自发、政府合作方式等创造多种模式共存的老年友好社会组织，营造和谐共生的人本生活环境。

②加强专业人员培训

针对各类交通类型特别是公共交通的司机、乘务员、售票员等从业人员进行培训，提升和改善从业人员对待老年人的服务水平和服务态度，使适老化服务常态化，贯穿于老人出行全过程。另外还要加强驾驶证管理和老年人驾驶培训。通过严格进行资格审查，鼓励老人乘坐交通工具等措施来降低老年人驾驶风险，以保证老年人出行安全。

（4）交通创新发展——技术维度

结合未来交通科技发展方向，重视新技术对老年人的友好性和适用性。交通工具上，通过高端制造业的科创发展推动交通系统的提升，如应用自动驾驶系统等新技术新产品，以增加老年人驾驶安全性，保证老年人正常驾驶出行的权利；交通设施上，将智慧信息技术应用于交通系统，将交通状况的实时情况与用户端相连接，以指导包括老年人在内的各年龄段群体出行，降低发生交通拥堵或交通事故的概率，提供更加便捷的出行体验。还可以运用智能公交系统为老年群体提供上下车电子播报，候车站台提供电子大屏公告和实时车况服务。对于步行出行的老年人，将传感器技术与手机或可穿戴设备结合，规避道路障碍风险，防止发生意外。交通服务上，通过开发如“一键打车”“公交预约”等手机软件为老年人提供使用便捷的交通服务。

B.13

老年友好介护服务：日本多类型设施体系

罗 鹏　陈蕾蕾　雷凤琴　杨一帆*

摘　要：　本文通过对日本人口老龄化的形势和日本社会养老需求背景的介绍，根据当前日本的政策以及发展的实情，从日本的“介护保险制度”，养老设施运营的分类、特点以及现状等方面，分析并梳理了日本多类型设施的构架与体系，并对典型案例“学研集团”进行介绍与分析，总结其发展经验。同时，在日本养老设施的人性化服务方面针对“临终关怀”进行了着重分析，总结出日本关于“临终关怀”的服务体系，为中国搭建“临终服务”养老平台提供参考。“智慧养老”也是社会发展的必然趋势之一，结合日本养老产业发展现状，通过分析与参考日本智慧养老的先进之处，引导中国应在“智慧养老”方面发力的方向。在上述基础之上，结合日本多类型设施的现状与优势，参照当前中国养老产业发展实情，从“法律政策体系”“基于人性化的标准化水准”“多元发展方向”“实现智慧养老”四个方面提出建设策略，为我国应对人口老龄化，发展与研究未来养老产业提供有效参考。

关键词：　日本养老设施　老龄化　介护保险　多类型设施体系　智慧养老

---

* 罗鹏，西南交通大学外国语学院讲师，研究方向为日汉互译、中日老龄化社会比较研究；陈蕾蕾，启扬创想教育科技研究院，研究方向为日汉互译；雷凤琴，四川外国语大学日语学院研究生，研究方向为日汉互译；杨一帆，经济学博士，西南交通大学公共管理学院教授，国际老龄科学研究院副院长，四川省社会科学重点研究基地（老龄事业与产业发展研究中心）执行主任，研究方向为养老金融、健康老龄化、康养产业。

一　日本当前老龄化现状与特征

（一）日本老龄化的现状

全球人口正在步入老龄化阶段，世界上几乎每个国家老龄人口数量都在不断增加，人口老龄化成为21世纪最重要的社会趋势之一。截至2022年全球人口数量约为75亿人，到2050年，世界上将有100亿人，其中许多人的寿命将更长，意味着每100个工作者中的高龄者数量也将大幅增加。

在全球老龄化现状当中，日本是最为严重的国家，65岁及以上老龄人口占比高。这无疑影响了日本经济发展的活力，也让日本公共福利压力增大。

1. 日本的老龄化现状

根据日本内阁府在令和2年（2020年）发表的白皮书数据，日本的总人口到令和元年（2019年）10月1日为止，有1亿2617万人。其中，65岁及以上的人口为3589万人，占总人口的比例也达到了28.4%，也就是说，日本的老龄化率已达28.4%。从男女分别来看，在65岁及以上的人口中，男性人口的数量是1560万人，女性人口的数量是2029万人，性别比（每100位女性所对比的男性数量）是76.9，男女比例约为3∶4。[①]

从表1[②]可以看出，在65岁及以上人口中："65~74岁"的人口约为1740万人（男性831万人、女性908万人），占总人口的13.8%；"75岁及以上"的人口为1849万人（男性729万人，女性1120万人），占总人口的14.7%，超过了65~74岁人口。这说明已经不能单单从老龄化率来对日本进行分析了。75岁及以上人口的比例高，能够说明日本已经进入了一个超老龄化的社会。

---

① 「日本内閣府令和2年版高齢社会白書（网页版）」（2020），https：//www8.cao.go.jp/kourei/whitepaper/w-2021/html/zenbun/index.html，最后检索时间：2021年11月16日。

② 「日本内閣府令和2年版高齢社会白書（网页版）」（2020），https：//www8.cao.go.jp/kourei/whitepaper/w-2021/html/zenbun/index.html，最后检索时间：2021年11月16日。

表 1　日本的人口数量与结构

年龄类别		令和元年(2019 年)10 月 1 日(确定值)		
		总数	男	女
人口（万人）	总人口	12617	6141 (性别比)94.8	6476
	65 岁及以上人口	3589	1560 (性别比)76.9	2029
	65～74 岁人口	1740	831 (性别比)91.5	908
	75 岁及以上人口	1849	729 (性别比)65.1	1120
	15～64 岁人口	7507	3802 (性别比)102.6	3705
	未满 15 岁人口	1521	779 (性别比)105.0	742
构成比（%）	总人口	100	100	100
	65 岁及以上人口	28.4	25.4	31.3
	65～74 岁人口	13.8	13.5	14.0
	75 岁及以上人口	14.7	11.9	17.3
	15～64 岁人口	59.5	61.9	57.2
	未满 15 岁人口	12.1	12.7	11.5

注：性别比指每 100 位女性所对比的男性数量。

资料来源：日本内阁府。

值得一提的是，根据日本内阁府的数据，65 岁及以上人口在昭和 25 年(1950 年)占比不到总人口的 5%，但在昭和 45 年（1970 年）超过了 7%，更在平成 6 年（1994 年）超过了 14%。此后，老龄化率也呈持续上升的趋势，截至令和元年（2019 年）10 月 1 日，已达到 28.4%。另外，15～64 岁人口在平成 7 年（1995 年）达到峰值 8716 万人，此后开始减少，到令和元年（2019 年）为 7507 万人，仅占总人口的 59.5%。

2. 日本未来人口数量推算

本节将根据日本内阁府发表的白皮书，对平成 29 年（2017 年）4 月国立社会保障·人口问题研究所公布的《日本未来推算人口》中出生中位数、死亡中位数的推算结果进行概述。远期人口推算是指对全国未来的出生、死亡和国际人口流动进行假设，并在此基础上对日本未来人口规模、年龄结构等人口结构变化趋势进行推算。截止到令和 47 年（2065 年），日本人口数量预计将出现以下特征。

（1）总人口低于 9000 万人

从图 1① 可以看出，日本未来的总人口进入一个长期减少的过程，预计在令和 11 年（2029 年）人口将低于 1.2 亿人，并且呈持续减少状态。预计到令和 37 年（2055 年）将少于 1 亿人（9744 万人）。根据推算，到令和 47 年（2065 年），日本的总人口将减少到 8808 万人。

（2）每 2.6 人中有 1 人 65 岁及以上，每 3.9 人中有 1 人 75 岁及以上

根据内阁府白皮书的发表内容，在 65 岁及以上的人口中，平成 27 年（2015 年），“团块世代”中 65 岁及以上的人已经达到 387 万人。在令和 7 年（2025 年），“团块世代”中 75 岁及以上的人预计将达到 677 万人。预计在此之后 65 岁及以上人口将持续增加。据推算，到令和 24 年（2042 年）将迎来 3935 万人的高峰，之后将逐渐开始减少。

在总人口减少的情况下，由于 65 岁及以上的人口增加，老龄化率持续上升，在令和 17 年（2035 年）预计将达到 33.8%，这说明每 3 个人中就会有 1 名老年人。根据此次的推算，在令和 24 年（2042 年）以后，65 岁及以上人口转为减少，但老龄化率仍将持续上升，预计到令和 47 年（2065 年）将达到 38.4%，也就是说，大约每 2.6 人中就有 1 人 65 岁及以上。并且，到令和 47 年（2065 年）时，75 岁及以上人口占总人口的比例预计将达到 25.5%，也就是说大约每 3.9 人中就有 1 人是 75 岁及以上的老人。

65 岁及以上的人口中，在“团块世代”进入高龄期后，65～74 岁的人口在平成 28 年（2016 年）迎来了 1768 万人的高峰。此后，预计到令和 10 年（2028 年）为止，人口将会呈减少趋势，但会再次恢复增加趋势，预计到令和 23 年（2041 年）达到 1715 万人之后，又将开始减少。另外，预计

① 「日本内閣府令和 2 年版高齢社会白書」（网页版）（2020），https：//www8.cao.go.jp/kourei/whitepaper/w－2021/html/zenbun/index.html，最后检索时间：2021 年 11 月 16 日。

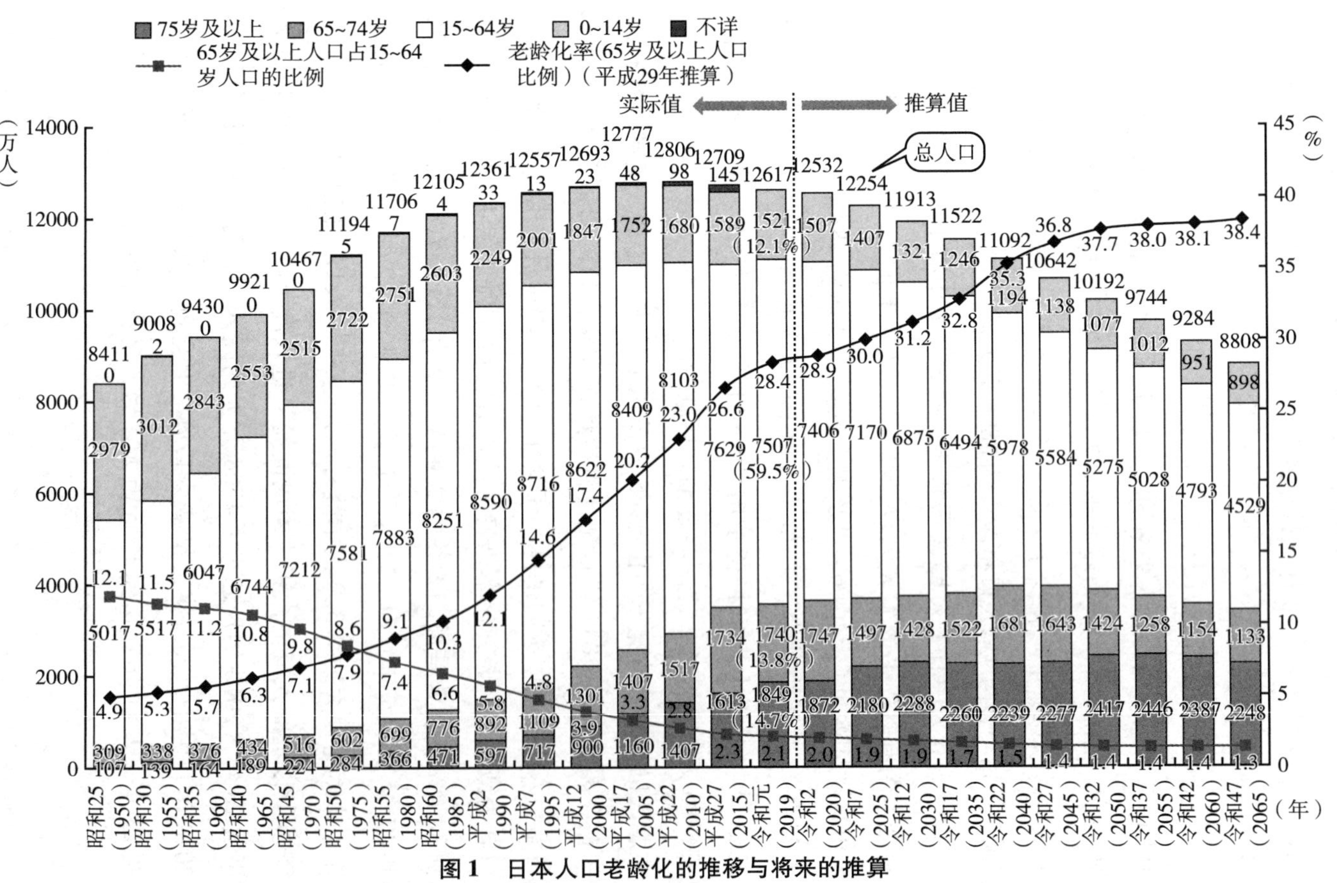

图1 日本人口老龄化的推移与将来的推算

资料来源：日本内阁府。

75 岁及以上的人口在令和 36 年（2054 年）之前将持续增加。

（3）时代变迁：现役世代与高龄者人口比为 1.3∶1

从 65 岁及以上人口和 15～64 岁人口的比率来看，在昭和 25 年（1950）年，65 岁及以上的人口与现役世代（15～64 岁）人口比例为 1∶12.1，而在平成 27 年（2015），65 岁及以上的人口与现役世代人口比例则变为了 1∶2.3。可以看出，今后的老龄化率将持续上升，现役世代的比例也将持续下降，预计在令和 47（2065）年，65 岁及以上的人口与现役世代人口比例为 1.3∶1。这意味着，现役世代要承担的压力将会越来越大。

（4）年轻人口与出生数都将为现在的一半左右，劳动年龄人口为 4529 万人

从图 2① 可以看出，日本的出生人口数在持续减少。根据图 2 中的推算，在令和 47 年（2065 年）出生数仅有 55.7 万人。儿童和青少年人口（0～14 岁）在令和 38 年（2056 年）预计将少于 1000 万人，在令和 47 年（2065 年）将减少到 898 万人，预计是现在的一半左右。另外，出生数减少的同时也影响到了劳动年龄人口的数量。根据推算，令和 11 年（2029 年）劳动年龄人口的数量将少于 7000 万人，在令和 47 年（2065 年）将减少到 4529 万人。另外，因为 65 岁及以上人口的死亡数增加，死亡率（每 1000 人的死亡数）持续上升。据推算，在令和 47 年（2065）将达到 17.7‰。

（5）2065 年男性的平均寿命为 84.95 岁，女性的平均寿命为 91.35 岁

从图 3② 可以看出，平成 30 年（2018 年）日本的平均寿命为男性 81.25 岁，女性 87.32 岁。与 2016 年相比男性增加了 0.16 岁，女性增加了 0.05 岁。今后，男女平均寿命都会延长，预计在令和 47 年（2065 年），男性平均寿命将达到 84.95 岁，女性平均寿命预计将超过 90 岁，达到 91.35 岁。

---

① 「日本内閣府令和 2 年版高齢社会白書」（网页版）（2020），https：//www8.cao.go.jp/kourei/whitepaper/w-2021/html/zenbun/index.html，最后检索时间：2021 年 11 月 16 日。

② 「日本内閣府令和 2 年版高齢社会白書」（网页版）（2020），https：//www8.cao.go.jp/kourei/whitepaper/w-2021/html/zenbun/index.html，最后检索时间：2021 年 11 月 16 日。

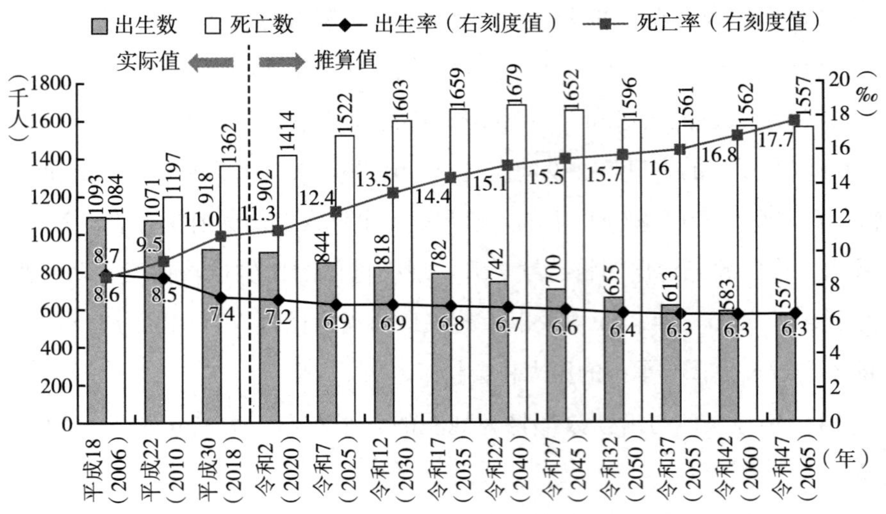

图 2　日本人口出生数以及死亡数的推算

资料来源：日本内阁府。

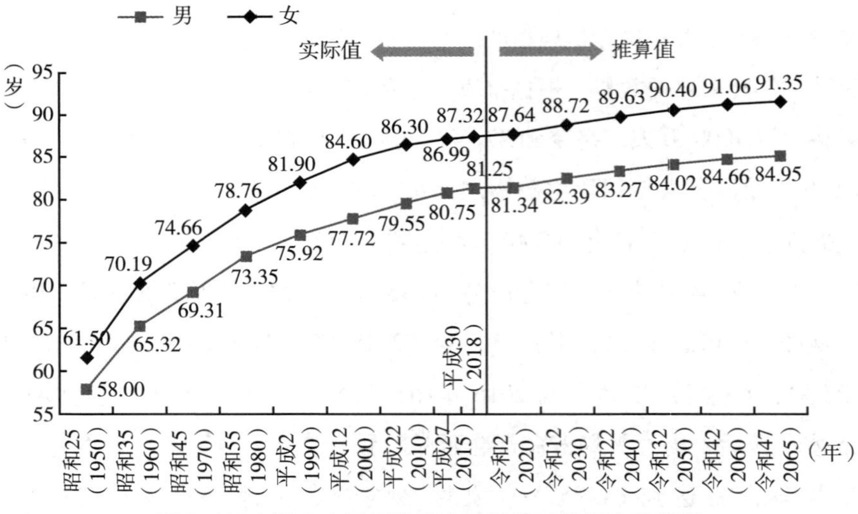

图 3　日本男女人口平均寿命的推移以及将来的推算

资料来源：日本内阁府。

（二）日本社会养老需求的特征

2021 年 4 月 1 日起，日本正式宣布实施《改定高龄者雇佣安定法》，新退休年龄出炉，将企业员工退休年龄从 65 岁延迟至 70 岁。现状已经说明，日本的老龄化问题已经非常严重。而日本应对老龄化问题的解决也采取了非常多的措施。其中，高龄者的社会福祉是一个不可或缺的方面。

日本高龄者的生活动向——高龄者介护，介绍如下。

日本老龄化的加剧将会带来养老设施方面更多的需求。随着老龄化的深入发展，越来越多的高龄者开始有介护的需求。高龄者的介护方面主要呈现以下几个特征。

1. 65岁及以上需要介护者的人数在增加，尤其是75岁及以上的高龄者比例更高

要介护者是指在日本介护保险制度中被认定为需要介护或需要援助的人（本文第二部分将会提到介护认定）。从图 4① 可以看出，要介护者在平成 29 年（2017 年）度末达到了 628. 2 万人，比平成 20 年（2008 年）度末（452. 4 万人）增加了 175. 8 万人。另外，要介护者占第 1 号被保险者的 18. 0% 。

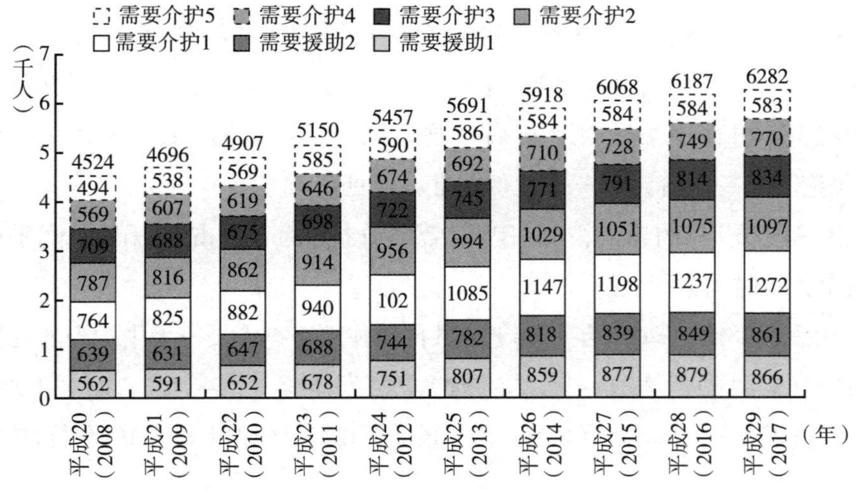

图 4　日本人口第 1 号被保险者（65 岁及以上）介护认定人数的变化

资料来源：日本内阁府。

① 「日本内閣府令和 2 年版高齢社会白書」（网页版）（2020），https：//www8. cao. go. jp/kourei/whitepaper/w－2021/html/zenbun/index. html，最后检索时间：2021 年 11 月 16 日。

在表2[①]中，对于65～74岁和75岁及以上的被保险者，分别从需要援助和需要介护认定的人的比例来看，65～74岁的被认定需要援助的人占1.3%，被认定需要介护的人占2.9%，而75岁及以上的被认定需要援助的人占8.6%，被认定为需要介护的人占23.3%。75岁及以上的人在介护认定方面的比例远高于其他。

表2　日本人口介护认定的状况

单位：千人

65～74岁		75岁及以上	
需要援助	需要介护	需要援助	需要介护
233 （1.3%）	505 （2.9%）	1493 （8.6%）	4052 （23.3%）

注：括号内是被保险者所占比例。
资料来源：日本内阁府。

关于要介护者这一方面，从需要介护的主要原因来看，“痴呆症”占18.7%，占最大比例，其次是“脑血管疾病（脑中风）”占15.1%，“年老衰弱”占13.8%，“骨折/摔倒”占12.5%。另外，从性别来看，男女各有不同特点，男性中“脑血管疾病（脑中风）”这一项占23.0%，女性中“痴呆症”这一项占20.5%，比例非常高（见图5）。[②]

2.需要介护4的老人占45.3%，需要介护5的老人占54.6%，几乎要花费全天的时间进行介护

从平成28年（2016年）和老人共同居住的介护人员一天中护理所花费的时间（见图6）[③]来看，“必要时帮忙的程度”最多，占44.5%，而“几乎全天”的占22.1%。从介护度来看：需要援助1和需要介护1是“必要时帮忙的

① 「日本内閣府令和2年版高齡社会白書」（网页版）（2020），https：//www8.cao.go.jp/kourei/whitepaper/w-2021/html/zenbun/index.html，最后检索时间：2021年11月16日。

② 「日本内閣府令和2年版高齡社会白書」（网页版）（2020），https：//www8.cao.go.jp/kourei/whitepaper/w-2021/html/zenbun/index.html，最后检索时间：2021年11月16日。

③ 「日本内閣府令和2年版高齡社会白書」（网页版）（2020），https：//www8.cao.go.jp/kourei/whitepaper/w-2021/html/zenbun/index.html，最后检索时间：2021年11月16日。

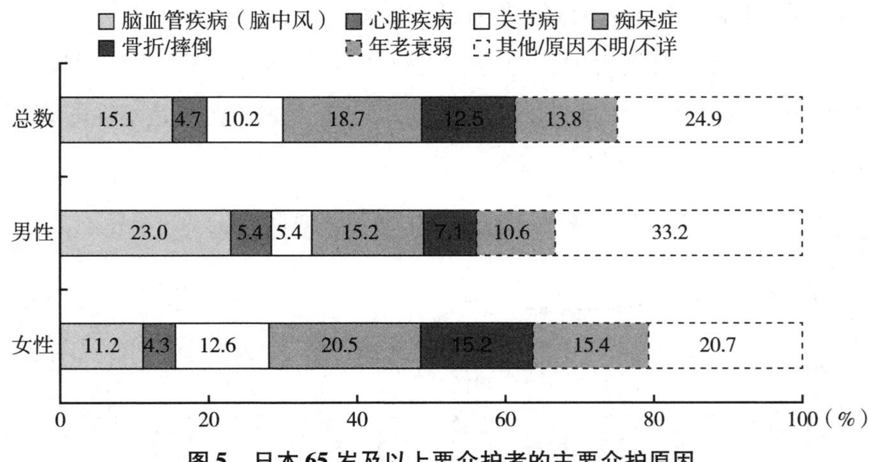

图 5　日本 65 岁及以上要介护者的主要介护原因

资料来源：日本内阁府。

程度”最多；但需要介护 3 及以上，“几乎全天”最多，需要介护 4 和需要介护 5 分别占 45.3% 和 54.6%。与平成 25 年（2013 年）相比，平成 28（2016）年“几乎全天”的比例下降了 3.1 个百分点，从时间上看负担有所改善。

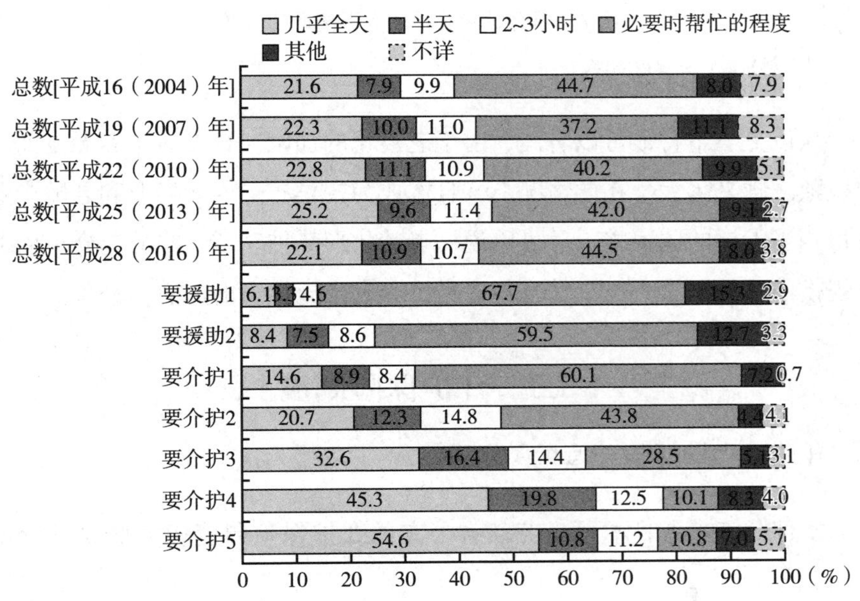

图 6　共同居住介护者的介护时长

资料来源：日本内阁府。

3. 因介护和看护家人而离职的女性数量多

以介护和看护家人为理由的离职人数从平成 28 年（2016 年）10 月到平成 29 年（2017 年）9 月为止的 1 年间为 9. 91 万人。尤其是女性的离职人数为 7. 51 万人，占全体的 75. 8%（图 7）①。

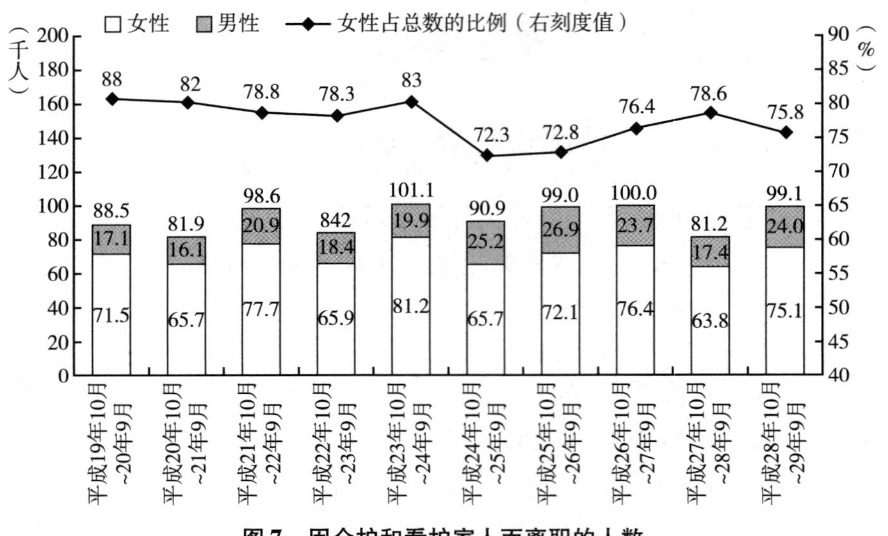

图 7　因介护和看护家人而离职的人数

资料来源：日本内阁府。

从以上三个特征可以看出，由于老龄化的加剧，日本对于养老方面的需求也随之越来越大。在此情况下，日本成为较早布局养老事业和老龄产业并获得相当发展的国家之一。可以说，老龄化形势推动了日本养老介护服务市场规模的日益扩大，也推动日本多类型养老设施体系的成熟与完善。

二　介护保险制度

（一）介护保险制度相关概要

本部分将参考日本厚生劳动省公布的介护保险制度相关概要进行说明

---

① 「日本内閣府令和 2 年版高齢社会白書」（网页版）（2020），https：//www8. cao. go. jp/kourei/whitepaper/w－2021/html/zenbun/index. html，最后检索时间：2021 年 11 月 16 日。

介绍。

日本介护保险实施自 2000 年，是一种为需要照顾护理的人提供费用的保险。其目的是帮助他们自立，减轻家庭负担。在日本，年满 40 岁就有加入介护保险的义务，并且要缴纳保险费。介护保险也与其他保险一样，使用保险时，需要完成各种判定程序，通过筛选来判定是否符合使用条件。要想作为被保险人接受服务，必须到各市町村政府和专门机构办理一定的手续，认定介护度。被认定后，自己只需要支付 1 成到 3 成的费用就可以接受介护服务（根据养老金收入等上一年度收入的不同，负担比例也不同）。

（二）介护保险制度构成

1. 介护保险服务的对象

介护保险制度的被保险人有两类。一类是第 1 号被保险人（65 岁及以上），另一类是第 2 号被保险人（40 ~ 64 岁）。[①]

这两类人都有义务缴纳保险费，但原则上只有第 1 号被保险人才有资格享受其服务。第 2 号被保险人，只能在因老龄化罹患 16 种指定疾病，并获得证明的情况下，才有资格接受介护服务。

16 种指定疾病如下——

- 晚期癌症
- 风湿性关节炎
- 肌萎缩性侧索硬化症
- 后纵韧带骨化症
- 伴有骨折的骨质疏松症
- 初老期老年性痴呆
- 进行性核上性麻痹、大脑皮层基底核变性症及帕金森氏综合征

① 厚生労働省，「介護保険制度の概要」，https：//www. mhlw. go. jp/content/000801559. pdf，最后检索时间：2021 年 11 月 21 日。

- 脊髓小脑变性症
- 锥管狭窄症
- 早老症
- 多系统萎缩症
- 糖尿病性神经病变、糖尿病性肾病以及糖尿病性视网膜症
- 脑血管疾患
- 慢性闭塞性动脉硬化症
- 慢性闭塞性肺部疾患
- 双侧膝关节或股关节显著变形并伴有变形性关节炎

2. 介护保险费用

在日本，年满 40 岁就有义务加入介护保险，并开始缴纳保险费。如果是有工作单位，公司每个月会自动扣除介护保险的费用。40～64 岁的被保险人需要与健康保险一起缴纳保险费。另外，公司也会承担员工 50% 的保险费。如果加入了国民保险，介护保险的费用会根据当地财政的情况而变化，会有多种收取保险费的方式，具体情况也要根据当地的政策而定。例如，会出现均等征收、平等征收、个人所得征收等情况。

另外，还有 65 岁及以上的参保者，这些高龄者的保费收取方式是政府从发放的养老金中用代扣的方式征收保险费。并且由于各地区介护设施的条件有所不同，需要介护的人数也有所不同，所以各地征收的金额也不一致。为了避免保险费过高，或者对低收入人群的负担过大，各地政府还会不断调整保险费。

（三）介护保险制度享受的服务

高龄者如果通过介护认定，并且被认定为“需要援助”或“需要介护”，就可以通过介护保险享受指定的服务。可以享受的服务有以下 5 种。

1. 居家介护支援

该项服务旨在提供生活帮助，为需要的老人代办各种介护服务手续。主要内容：制定介护计划、联络与协调、回访观察等。

2. 为居家的老人提供上门访问服务

【上门访问型服务】

主要内容：访问介护、日常生活协助、身体介护（洗澡、排泄等）、上门护理（健康检查、医疗服务等）、上门沐浴介护、上门康复（在家接受康复训练的指导）、上门医疗管理和指导、定期巡视和根据需要提供上门介护服务。

【日间服务】

主要内容：日托服务（吃饭、洗澡、康复、娱乐活动）、日托护理（指导康复训练，帮助实现自理）、痴呆症患者的日托介护服务。

【短期住宿服务】

主要内容：提供饮食、洗澡等帮助，以维持和改善身体和精神功能。

3. 入住设施的服务

主要内容：特殊养老院（特养）、老年保健设施（老健）、介护养老型医疗设施。

4. 与福利设备有关的服务

主要内容：租赁护理设备（床、轮椅等）、改造沐浴及厕所等相关设备的费用补贴（每年最高补助上限为10万日元，其中费用的10%～30%由客户自行负担）。

5. 家庭装修补贴

主要内容：补贴住宅安装扶手、改造无障碍通道、蹲式厕所改成坐式马桶等装修的费用。其支付的最高额度为20万日元。利用者自行承担10%～30%的费用。

（四）介护认定

养老介护的概念不同于生病，在日本，老人们获得相应的经济和服务的帮助是有相应标准的。在前文中，多次提及了“介护认定”、“需要介护”和“需要援助”几个关键词。在入住设施前，政府会评定老人的状态是否达到了相应标准，从而安排与之相对应适合的设施入住，而这个标准就是日本养老体系中的“介护认定”。而“需要介护”和“需要援助”则是介护认定的具体体现。本节将参考厚生劳动省公布的介护认定相关制度概要进行说明和介绍。①

1. 介护认定相关制度概要

（1）介护认定是什么

在介护保险制度中，如果因为卧床不起或老年痴呆症等需要经常介护，或是家务和穿衣等日常生活需要援助的情况下，特别是当护理预防服务处于有效状态（需要援助状态）时，可以享受介护服务。

是否处于该需要介护状态或需要援助状态，要进行介护程度的认定（也包括援助认定）。该认定由作为保险人的市町村政府设置的介护认定审查会进行判定。介护认定与介护服务是挂钩的，因此日本在全国统一客观地制定了介护认定的标准。

（2）介护认定的流程

首先，根据市町村的认定调查员（可以委托指定居家看护支援事业者等）进行身心状况调查（认定调查）以及根据主治医生意见书进行计算机判定（第一次判定）。

其次，由保健、医疗、福利领域的学者团队组成的介护认定审查会，根据第一次判定结果以及主治医生意见书等进行审查判定（第二次判定）（见图 8）。②

2. 第一次判定

（1）第一次判定结果

根据认定调查结果计算出的介护状态区分与介护认定基准时间的关系如表 3③ 所示。

---

① 厚生劳働省，「要介護認定の概要」，https：//www. mhlw. go. jp/stf/seisakunitsuite/bunya/hukushi_ kaigo/kaigo_ koureisha/nintei/index. html，最后检索时间：2021 年 11 月 19 日。

② 厚生劳働省，「要介護認定の概要」，https：//www. mhlw. go. jp/stf/seisakunitsuite/bunya/hukushi_ kaigo/kaigo_ koureisha/nintei/index. html，最后检索时间：2021 年 11 月 19 日。

③ 厚生劳働省，「要介護認定の概要」，https：//www. mhlw. go. jp/stf/seisakunitsuite/bunya/hukushi_ kaigo/kaigo_ koureisha/nintei/index. html，最后检索时间：2021 年 11 月 19 日。

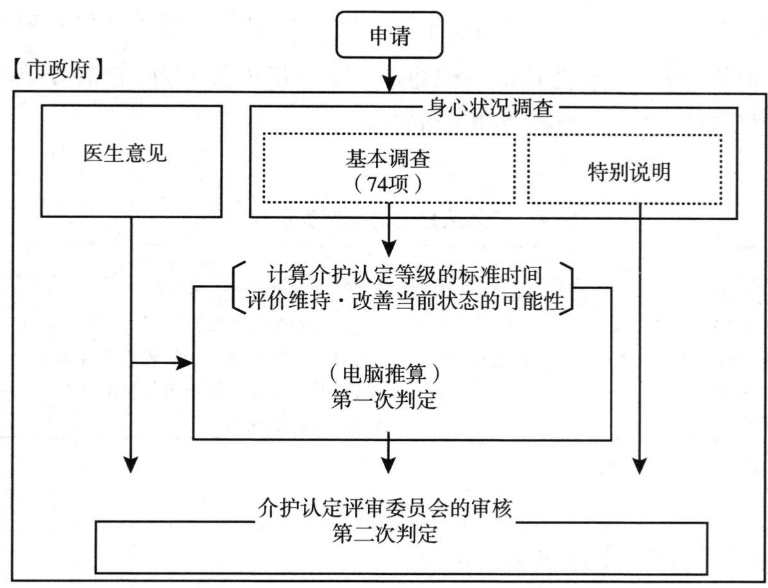

图8　日本介护认定的流程

资料来源：日本厚生劳动省，下同。

（2）第一次判定的标准

介护认定是根据“介护时间”的多寡来判定级别的。介护认定基准时间是根据一个人的“能力”“介护方法”等统计数据推算出的介护所需时间，

表3　介护状态区分与介护认定基准时间的关系

介护认定等级(介护状态区分)	介护认定基准时间
需要援助 1	介护认定基准时间 25～32 分钟以及与此相当的状态
需要援助 2 或需要介护 1	介护认定基准时间 32～50 分钟以及与此相当的状态
需要介护 2	介护认定基准时间 50～70 分钟以及与此相当的状态
需要介护 3	介护认定基准时间 70～90 分钟以及与此相当的状态
需要介护 4	介护认定基准时间 90～110 分钟以及与此相当的状态
需要介护 5	介护认定基准时间 110 分钟及以上以及与此相当的状态

以“分钟”为单位表示。根据这个时间来决定需要介护的程度。这些时间虽然不是表示实际的护理时间，但表示了每个行为的介护时间相对要花费多少。

介护认定基准时间是指日常生活中的 8 个生活场景行为［“吃饭”“排

泄”“移动”“保持清洁”“间接生活帮助”“BPSD（痴呆症伴发精神行为障碍）相关行为”“机能训练相关行为”“医疗相关行为”〕的分类时间与“痴呆症加算”的时间之和（见表4）。①

表4　行为区分各时间所表示的行为

类别	具体行为
直接生活帮助	入浴、排泄、饮食等的介护
间接生活帮助	洗衣、打扫等家务援助
BPSD(痴呆症伴发精神行为障碍)相关行为	徘徊探索、对不洁行为的善后处理等
机能训练相关行为	步行训练、日常生活训练等机能训练
医疗相关行为	输液管理、辅助治疗等

资料来源：日本厚生劳动省。

（3）第一次判定的调查项目

第一次判定的调查项目分别通过五个方面来进行开展，详细调查项目如表5所示。②

表5　第一次判定的调查项目

调查项目	具体内容
身体机能与起居动作	有无麻痹、有无拘挛、翻身、起床、保持坐位、双脚保持站立、步行、起身、单脚站立、洗澡、剪指甲、视力、听力
生活机能	移乘、移动、下咽、饮食摄取、排尿、排便、口腔清洁、洗脸、梳发、上衣的穿脱、裤子的穿脱、外出频率
认知机能	想法的传达、理解每天的工作、说出生年月日和年龄、短期记忆、说出自己的名字、理解现在的季节、对地点场所的理解、徘徊、逗留、一出门就回不来
精神和行动障碍	边哭边笑、情绪不稳定、昼夜颠倒、一个劲儿地说同样的话、大声喊叫、抵抗介护、说“回家”之类的话、无法冷静、想一个人出去、不能离开视线、收集各种各样的东西或者擅自拿来、弄坏东西、撕破衣服、严重的健忘、毫无意义地自言自语或独自欢笑、擅自行动、谈话没有结果、无法进行对话
社会生活的适应	药的内服、金钱管理、日常的意志想法决定、对集体的不适应、购物、简单烹饪

资料来源：日本厚生劳动省。

① 厚生労働省，「要介護認定の概要」，https：//www. mhlw. go. jp/stf/seisakunitsuite/bunya/hukushi_ kaigo/kaigo_ koureisha/nintei/index. html，最后检索时间：2021年11月19日。

② 厚生労働省，「認定調査員テキスト2009改訂版（令和3年4月改訂）」，2021. 3. 4，https：//www. mhlw. go. jp/content/000819416. pdf，最后检索时间：2021年11月19日。

（五）介护保险的使用额

介护保险根据介护程度的不同，能够享受到的最高支付金额也不同，并且享受的金额也有上限。在利用范围内，由专业的介护人员制定介护计划。

需要介护的程度越高，其使用的额度就越大。如果在该基础上还想享受更多的服务，那就必须支付全额费用，只要付钱，便能使用介护计划以外的服务。

每月可使用的上限金额如表 6 所示。①

表 6　日本介护保险的使用额

介护等级	补助上限	个人负担(10%)	个人负担(20%)	个人负担(30%)
需要援助 1	50320 日元	5032 日元	10064 日元	15096 日元
需要援助 2	105310 日元	10531 日元	21062 日元	31593 日元
需要介护 1	167650 日元	16765 日元	33530 日元	50295 日元
需要介护 2	197050 日元	19705 日元	39410 日元	59115 日元
需要介护 3	270480 日元	27048 日元	54096 日元	81144 日元
需要介护 4	309380 日元	30938 日元	61876 日元	92814 日元
需要介护 5	362170 日元	36217 日元	72434 日元	108651 日元

资料来源：日本厚生劳动省。

如表 6 所示，介护的等级越高，需要介护的方面就越多，费用也就越高。对于很多家庭来说，每个月从养老金中支付这么多费用其实是很困难的。对于收入和资产较少的家庭，在使用介护保险设施时，针对每月伙食费与住房费用有一种减免的制度。根据每个市区町村的不同，其认定方法及缴纳的金额也不同，所以一切都以申请人所居住的地区政策为准。

（六）介护保险制度的评价

首先，就现状来说，全世界的大多数国家都拥有了属于自己的养老保险

① 厚生労働省，「介護保険制度の概要」，https：//www. mhlw. go. jp/content/000801559. pdf，最后检索时间：2021 年 11 月 21 日。

制度或者是医疗保险制度。这些制度能在经济上、医疗上缓解老年人一定程度的压力，但是老龄化的加剧使得当下的养老保险制度或者是医疗保险制度已经不能很好地为老年人解决更多其他生活方面的烦恼了。其实，从日本介护保险发展的历程来看，老龄化社会的到来也推动了日本介护保险的完善与发展，使得介护保险的发展成为一种独立的、能为老年人生活提供保障的社会全民保险。同时，介护保险制度也在一定程度上解决了许多问题，例如医疗费用的激增、养老财政上的危机等。虽然现实还有许多不尽如人意之处，但近年来日本政府针对介护保险制度的多次改革也体现出日本介护保险还在不断地完善过程当中。

其次，介护保险制度和医疗保险制度也有本质上的区别。医疗保险制度更多地在医疗方面提供帮助，对象不仅仅针对老年人。而介护保险制度针对老年人在介护服务方面提供所需要的帮助。起初，在日本，介护保险还未成为独立险种时，介护服务属于社会福利事业领域，还只是医疗服务的一部分。但这样的结果是财政困难增加，介护服务滥用的现象也非常多。所以，此后政府引入了市场机制，放宽了准入制度，由一开始的政府机构提供服务变为政府与民间共同参与，鼓励民间资本参与介护事业。这样做一定程度上丰富了介护服务的内容与类型，并且缓解了日本政府一定的财政方面的压力，可谓是一举两得。

最后，在人口老龄化加速发展的背景下，从保险费月费的增长中能看出一些问题。因为老龄化态势的严重加剧，随之而来的就是介护保险费用的增加、负担主体的缴纳比例不平衡等问题的显现。例如预计日本 2025 年介护保险费月费将达到每月 8165 日元。虽然介护保险制度在非常多的方面起到了积极作用，但是上述问题也不容小觑。对此，日本政府也在多方面进行尝试，以此来保证介护保险制度的可持续性发展。例如重新认定给付对象、提高个人负担额、提高消费税等。①

---

① 杨慧：《日本介护保险制度及对我国的启示》，《赤峰学院学报》（哲学社会科学版）2019 年第 7 期，第 65 ~68 页。

三　日本养老设施运营的分类及特点

日本是世界上人口老龄化程度最高的国家，也是应对机制最为完善的国家之一。日本的养老设施行业起步早，在老龄化社会应对方面已建立起一套体系化的政策机制，对养老服务设施管理运营和服务质量提升起到良好推动作用，在设施设计和建设、设备配置、介护服务、管理以及法规等方面都比较成熟，而且自我完善和创新非常快，一直被诸多国家作为样本学习与借鉴。以下将具体介绍日本养老设施的分类。

（一）日本养老设施分类

根据运营主体的不同，日本的养老设施大致可以分为两类。

其一，国家、地方自治团体、社会福利法人经营的“公办设施”。

其二，民间企业运营的“民营设施”。

关于“公办设施”与“民营设施”还有更加详细的分类，以下将从各个方面来具体说明和介绍日本养老院中的“公办设施”和“民营设施”。

1. 公办设施

公办设施主要由国家和地方自治团体等公共团体运营，也被称为“介护保险设施”，从社会福利的角度出发，重点对护理程度较高的人与低收入者进行保护和帮助。

因为公办设施是在接受国家补助金的情况下设立的，所以比民营设施的费用要低。相对的，因为公办设施很受欢迎，所以没有空余的房间，等待入住时间也很长，这也是缺点之一。另外，与民营设施相比，娱乐活动也相对较少。

表 7 是日本公办养老设施的种类及特征。[1]

---

① 「老人ホーム11 種類の特徴や違い・費用・選び方」，https：//www. unimat - rc. co. jp/media/types - of - nursing - homes，最后检索时间：2021 年 11 月 14 日。

表7　日本公办养老设施的种类与特征

种　类	特　征
特别养护养老院	这是为需要护理的高龄者提供的公共护理设施，也被称为“特护”。入住对象原则上为65岁及以上的人。无自理能力、痴呆症等介护度高的人可以入住，并且可以终身使用。提供日常生活护理、疗养、健康管理、机能训练等护理。因为费用便宜，想要入住的人很多，所以等待入住的时间很长
养护养老院	这里是接收因身体、精神、环境、经济等原因无法在家中生活的老人，以让他们回归社会为目标的入住设施。并且，这里也是接收经济困难老人的场所，并不是一般意义上的介护设施。因此，虽然可以为老人提供饮食、健康管理等服务，但基本上都无法提供介护服务。另外，养护养老院的定义是帮助入住者能够独立生活，也就是促进其“回归社会”。因此，无法长期使用。在养护养老院，援助人员会提供财政方面的建议，以及开展与地区加深联系的娱乐活动等
介护老人保健设施	这是以让老年人回归家庭为目标、以医疗护理和康复训练为中心的公立护理机构，也被称为“老健”。运营主体是地方公共团体与社会福利法人等。出院后，如果无法回到家中，可以在这个设施接受医疗护理与康复治疗。提供沐浴、饮食帮助、日常生活援助、娱乐等的护理服务。入住对象原则上为65岁及以上的人。该设施不能终身使用，可以使用的时间是3个月到1年
介护疗养院	该设施是为病情处于稳定期，可以接受疗养上的管理、护理、医学管理下的看护与机能训练及其他必要医疗的人而设立的设施，医生与护士常驻，可以长期入住和终身使用。另外，这也是让每个人都能根据自己的能力独立经营日常生活的设施。通常情况下是合住一间。虽然该设施的医疗体制很完善，但是无法提供生活援助服务和娱乐服务等。入住对象原则上为65岁及以上的人
照护之屋	有“一般型”和“护理型”两种类型。一方面，难以得到家人帮助的60岁及以上的老人可以入住“一般型”。原则上介护度和医疗依赖度高的人不能入住。另一方面，由于“护理型”提供了专业人员的护理服务，所以入住后即使护理度变高也不会被要求搬出

资料来源：日本Unimat股份有限公司。

2. 民营设施

民营设施主要由民间企业运营，其重点在于满足老年人的需求。因为是民间企业在经营，所以服务比公办设施更完善，可以根据老年人的身体状况进行更广泛的应对，入住者也可以享受更加舒适的生活，这一点可以说是最大的优点。并且，由于各种类的设施各有特色，所以也提供了多种多样的娱乐活动。

因为服务完善，所以老人们也可以过上高质量的生活，但是缺点就是费用会比公办设施高。

表 8 为日本民营养老设施的种类与特征。①

表 8　日本民营养老设施的种类与特征

种　　类	特　　征
带介护收费养老院	该设施一般以需要护理的 65 岁及以上的人士为对象，但也有不需要护理的自立人士可以使用的混合型设施。入住条件也很宽泛，等待时间也短，由于定额的原因也容易设定标准。提供护理服务与其他日常生活上的照顾，另外还提供身体机能训练、健康管理以及疗养上的照顾。有些设施还会定期举行娱乐和活动等。另外，其中也有 24 小时进行医疗护理的设施。可以得到无微不至的护理
住宅型收费养老院	该设施一般是为 60 岁及以上的老年人提供饮食等日常生活援助服务的民间设施。可以享受饮食、打扫、洗衣服等生活援助服务。在需要护理服务的情况下，可以在住宅内生活的同时享受社区上门护理等另行签约的护理服务。此外还有其他的服务，可以与医疗机构合作，24 小时配备服务人员，解决对医疗依赖程度高的老人的需求。根据各个设施的不同，有些也会举行娱乐活动等
健康型收费养老院	该设施一般是为 60 岁及以上不需要护理的能独立生活老人而设立的养老院。在需要护理的情况下，原则上是要搬离的，但有的养老院会与带介护收费养老院合作，可以搬到能够接受上门的居室。除了餐饮服务之外，还可以根据需要得到打扫、洗衣等生活援助，除此之外用于娱乐活动和社团活动的娱乐设备也一应俱全
带服务高龄者住宅	这是 60 岁及以上人士可以入住的无障碍租赁住宅。提供安全确认与生活咨询的服务，所以可以在有一定的安心感的同时自由地生活。如果需要护理服务，可以利用外部服务，但需要护理的程度越高，继续住下去就越困难。该设施适合比较自立、比较健康的老年人
集体之家 （痴呆症应对型生活介护）	这是一个面向老年痴呆症患者而设立的设施，可以在像家庭一样的环境中共同生活。因为是区域密集型的服务，只有在有设施的市区町村有居民票的人才能入住。在专业人员的支持下，在可能的范围内完成任务并独立生活。所以如果介护度变高，需要日常的医疗护理的话，可能会被要求搬离。该设施为少数患有痴呆症的老年人提供了一个能够安稳生活的环境
高龄者专用分售住宅	这是面向高龄者的商品房，不是常规类型的设施，而是具备无障碍设施的商品房。以老年人为对象，只要购买就能获得所有权，所以出售、转让、租赁、继承等都是自由的。另外，除了可以享受家政服务之外，还有温泉与游泳池等，很多房屋的设施都非常齐全。在需要护理服务的时候，可以自由地利用外部的服务，其优点是自由度非常高。在这类设施中，也有很多面向富裕阶层的设备完善的房屋提供

资料来源：日本 Unimat 股份有限公司。

① 「老人ホーム11 種類の特徴や違い・費用・選び方」，https：//www. unimat - rc. co. jp/media/types - of - nursing - homes，最后检索时间：2021 年 11 月 14 日。

（二）日本各种类养老院的费用标准和入住条件

说到这些设施的入住条件，首先要提的就是年龄限制。介护保险法原则上以65岁及以上的老年人为对象，因此介护保险设施的使用对象也规定为65岁及以上的老年人。但是，即使不满足年龄，如果是2号被保险人（厚生年金和共济加入者）并得到了特定疾病认定（癌症等国家规定的疾病认定），也是可以入住的。另外，有些民营收费养老院的年龄限制只是“原则上的”，是可以通过协商来解决的。

其次，如表9所示，从各个方面介绍了日本各种类养老院的费用标准和入住条件。①

表9　日本各种类养老院的费用标准和入住条件

运营主体	种　类	费用		入住条件				临终关怀服务
		初期费用（日元）（入住一次性费用）	月费（日元）	自立	需要援助	需要介护	痴呆症	
公办设施	特别养护养老院	0	5万~22万	×	×	○	△	△
	养护养老院	0	0~14万	○	×	×	×	×
	介护老人保健设施	0	8万~20万	×	×	○	○	△
	介护疗养院	0	8万~20万	×	×	○	○	○
	照护之屋（一般型）	0~30万	6万~20万	○	○	△	×	×
	照护之屋（护理型）	10万~1000万	6万~20万	×	×	○	△	△
民营设施	带介护收费养老院	0~数千万	15万~35万	△	○	○	○	△
	住宅型收费养老院	0~数千万	15万~35万	○	○	△	△	△
	健康型收费养老院	数百万~数千万	15万~50万	○	×	×	×	×
	带服务高龄者住宅	0~数十万	10万~30万	△	○	○	△	×
	集体之家	0~数十万	10万~30万	×	△	○	○	△
	高龄者专用分售住宅	数千万~数亿	10万~30万	○	○	△	△	△

注：○=可接受；×=不可接受；△=需商谈。费用根据设施的选址、设备而异。另外，不包含各种加算费用。

① 「老人ホーム11種類の特徴や違い・費用・選び方」，https：//www.unimat-rc.co.jp/media/types-of-nursing-homes，最后检索时间：2021年11月14日。

从表 9 可以看出，在费用方面，公办设施大多没有“入住一次性费用”等初期费用，每个月必交的“月费”也比较便宜。

另外，在入住条件上，在没有介护的必要性，只以“自立”为对象而设立的设施中，一旦在需要介护后，就不得不搬离。此外，对于近年来呈增加趋势的“痴呆症”，以及想要将这些地方作为终栖之家的人来说，需要确认的“临终服务”等问题的对应也因设施的种类不同而不同。

（三）养老设施中的痴呆症介护

上文表 9 中提到，养老设施是否接收痴呆症患者。其中，大多数的设施目前都有了接收痴呆症患者的服务，除了“养护养老院”“照护之屋（一般型）”“健康型收费养老院”。

表 10 将介绍 3 种可应对痴呆症介护的主流设施。其中“集体之家”是专门应对痴呆症患者的设施。①

表 10　日本的 3 种应对痴呆症介护的设施

设施类型	特点
特别养护养老院	• 痴呆症患者往往都不擅长在集体中生活，除了以多人为前提的“传统型”特护，以少数人为基础的“单元型”特护也在增加 • 需要介护 3 以下的痴呆症患者可入住 • 配备了护士，提供一定程度的医疗援助
收费养老院	• 带介护收费养老院会配备康复人员与护士等医疗人员 • 24 小时工作人员常驻 • 提供各种各样的娱乐活动
集体之家 （痴呆症应对型生活介护）	• “集体之家”以“单元型”进行生活，由痴呆症介护专业人员帮助痴呆症患者，让患者感觉像在家中度过一样 • 在需要医疗援助和重度介护的情况下，各企业都有其应对方式

资料来源：日本厚生劳动省。

① 「認知症の方が入居可能な施設と特徴」，https：//kaigo. homes. co. jp/manual/dementia/care/select/，最后检索时间：2021 年 11 月 23 日。

集体之家（痴呆症应对型生活介护）的痴呆症介护介绍如下。

1. 集体之家的痴呆症介护方式

痴呆症患者每天按照“单元型”小组进行共同生活。“单元”是指由居室（单间）、厕所、浴室、餐厅等公共空间构成的生活空间，如图 9 所示。①

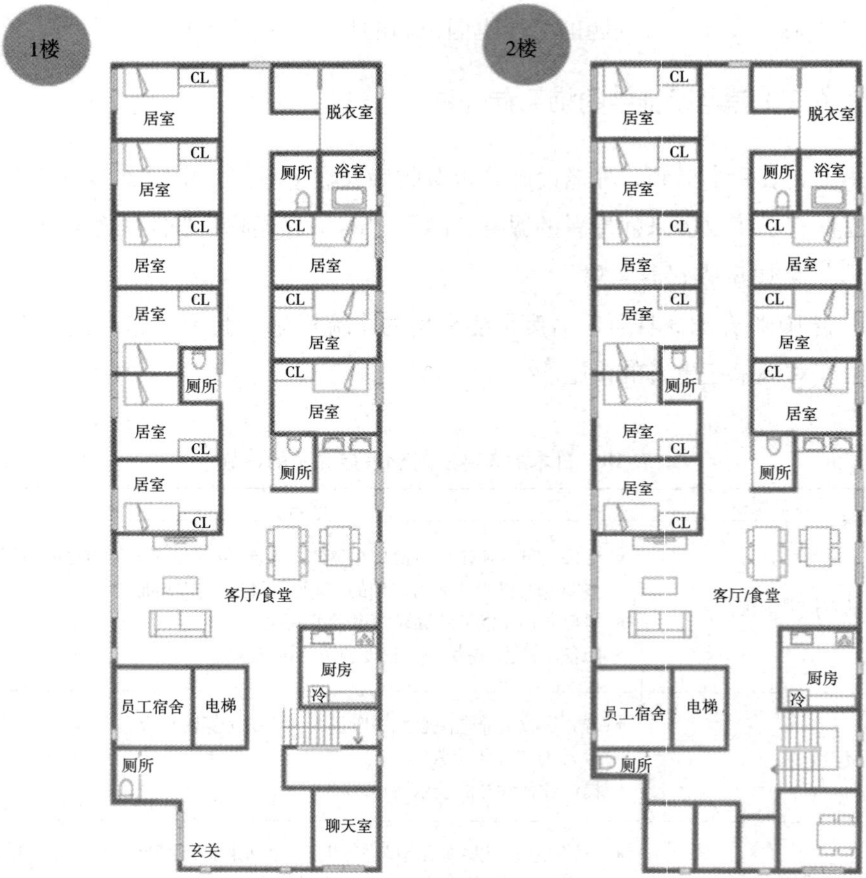

图 9　集体之家单元型生活布局

资料来源：日本 Unimat 股份有限公司。

① 「グループホームとは？認知症ケアに特化したサービス・費用・選び方」，https://www.unimat-rc.co.jp/media/elderly-dementia-group-home，最后检索时间：2021 年 11 月 23 日。

在集体之家中，每个单元由 5 ~9 人组成，每个集体之家最多有 3 个单元。这是为了让患有痴呆症的老年人能够很好地适应环境变化，认识并记住新认识的人或场所等。在人数较多的养老设施中，入住者与介护人员的变化也较多，有可能导致老年痴呆患者无法平静地生活，这种情况有可能导致病情恶化。另外，这么做还有减缓痴呆症症状的目的。因为每个单元都有非常完备的设施，可以让痴呆症患者分别承担做饭、打扫、洗衣服等任务，让其尽可能接受帮助与机能训练等，使其能够独立生活。

2. 集体之家近年发展状况

以下是厚生劳动省在 2020 年公开发表的关于集体之家的发展情况。从图 10 我们可以看到，近年来集体之家的设施数量一直呈上升趋势。在平成 31 年（2019 年）设施数量已经达到 13674 处。从图 11 可以看出近年来入住集体之家的痴呆症患者数也是呈持续上升趋势的，在平成 31 年（2019 年）入住集体之家的痴呆症患者数量已达 20. 66 万人。①

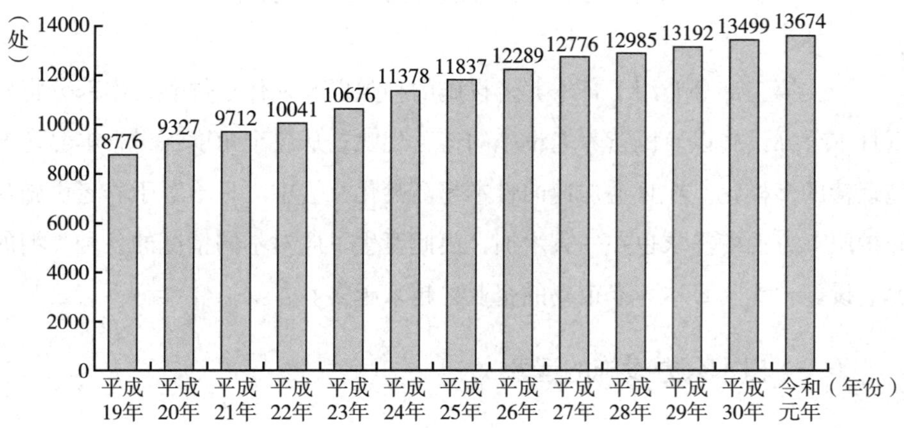

图 10　日本集体之家数量（2007 ~2019 年）

① 厚生労働省，「認知症対応型共同生活介護（認知症グループホーム）」，2020. 7. 8，https：//www. mhlw. go. jp/content/12300000/000647295. pdf，最后检索时间：2021 年 11 月 20 日。

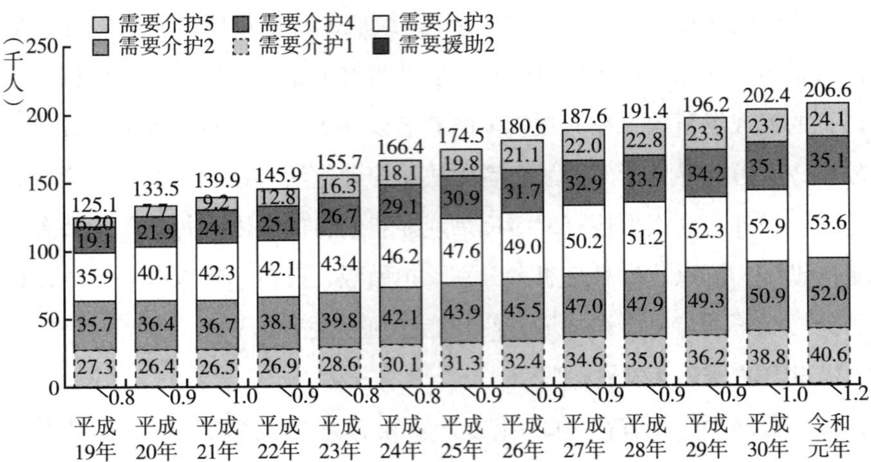

图 11　日本入住集体之家的痴呆症患者数（2007～2019 年）

资料来源：日本厚生劳动省。

四　日本养老设施运营现状

本文第三部分介绍了日本养老设施的种类以及入住条件等，本部分将介绍日本公办设施以及民营养老设施的运营现状，从各个角度探讨日本养老设施运营的多样化。在日益加速的日本超高龄化社会中，日本对于养老设施与介护服务方面的需求也在一直增加，由此诞生了应对不同情况的各种类型的养老设施，参与日本养老市场的企业也越来越多。

（一）日本公办设施的运营

本节主要参考了日本厚生劳动省《令和元年介护服务设施与事务所调查概况（2019）》的数据进行分析①。厚生劳动省公开的数据中只公布了“介护保险设施”（特别养护养老院、介护老人保健设施、介护疗养院与介

① 厚生労働省－令和元年介護サービス施設・事業所調査の概況（2019），https：//www. mhlw. go. jp/toukei/saikin/hw/kaigo/service19/index. html，最后检索时间：2021 年 11 月 20 日。

护疗养医疗设施）的数据，以下就现有数据进行分析。

1. 日本公办设施的设施数与可容纳数

表 11 是 2018 年和 2019 年公办设施的数量与可容纳数。[①]

表 11　2018～2019 年日本公办设施的数量和可容纳数

种类	设施总数(处)		可容纳数(张)	
	令和元年(2019 年)	平成 30 年(2018 年)	令和元年(2019 年)	平成 30 年(2018 年)
特别养护养老院	8234	8097	569410	558584
介护老人保健设施	4337	4335	374767	373593
介护疗养院	245	62	15909	4533
介护疗养医疗设施	833	1026	34039	44635

注：介护疗养医疗设施的可容纳数指的是病床数。

资料来源：日本厚生劳动省。

从设施总数看，特别养护养老院与介护老人保健设施是公办设施当中的主流设施。在设施数量与可容纳数量上都远远超过介护疗养院与介护疗养医疗设施。另外，从表 11 中可以看出，从 2018 年到 2019 年，总体上公办设施的数量是呈增加趋势的。这说明各设施的需求也都在增加。在涨幅方面，可以看出介护疗养院的涨幅较大，说明在介护疗养方面的需求越来越多。养老设施的服务也越来越多样化。

2. 日本公办设施的入住率

表 12[②] 是 2018 年与 2019 年公办设施的入住率。从表 12 可以看出，各设施的入住率都在 90% 左右，说明日本公办设施的入住率是非常高的。并且一半设施的入住率较前一年有了提升。但是，介护疗养院与介护疗养医疗设施的可容纳数和在住人数相较于前一年是呈减少趋势，介护疗养医疗设施的入住率也在降低（见表 12）。

① 厚生労働省，「令和元年介護サービス施設・事業所調査の概況（2019）」，https://www.mhlw.go.jp/toukei/saikin/hw/kaigo/service19/index.html，最后检索时间：2021 年 11 月 20 日。

② 厚生労働省，「令和元年介護サービス施設・事業所調査の概況（2019）」，https://www.mhlw.go.jp/toukei/saikin/hw/kaigo/service19/index.html，最后检索时间：2021 年 11 月 20 日。

表 12　2018～2019 年日本公办设施的入住率

种类	各设施可容纳数(张)		各设施 9 月末在住人数(人)		9 月末入住率(%)	
	令和元年(2019)	平成 30 年(2018)	令和元年(2019)	平成 30 年(2018)	令和元年(2019)	平成 30 年(2018)
特别养护养老院	69.3	69.1	66.3	66.2	95.7	95.8
介护老人保健设施	86.4	86.2	77.1	76.8	89.2	89.1
介护疗养院	65.0	74.0	61.6	67.3	94.8	90.9
介护疗养医疗设施	41.1	43.4	36.3	39.1	88.3	90.1

注：介护疗养医疗设施的可容纳数指的是病床数。入住率以可容纳数为基数进行计算。

资料来源：日本厚生劳动省。

（二）日本民营设施的运营

本节主要参考了日本《高龄者住宅报纸》2017～2019 年发表并且已经公开的“日本民营设施的设施数与居室数排行榜”的排名数据进行分析。以下的表 13①、表 14②、表 15③ 是通过整理得出的 2017～2019 年日本民营设施排名的前 10 位，详细记录了日本民营企业的各种类设施数量与居室数量。

首先，从表 13、表 14、表 15 来看，总体来说民营设施的数量与居室数一直呈现增加趋势，这也与现在日本老龄化现状相呼应，说明日本的民营企业也在不断增设设施来满足当今的养老需求。其中排名第一的“SOMOP ケア（损保护理）”在 2017 年和 2018 年相较于前一年设施数与居室数都有所减少，在 2019 年增加的设施数与居室数也很少。根据报道，该企业在近几年正进行战略调整，有着稳操胜券的设施数与居室数，同时对其他服务细节方面也在不断进行提升。所以也能看出，日本的民营养老企业在不断提升

① 『高齢者住宅新聞』，「高齢者住宅ランキング2019」，https：//www. koureisha－jutaku. com/ranking2019_ 01/，最后检索时间：2021 年 11 月 15 日。

② 『高齢者住宅新聞』，「高齢者住宅ランキング2018」，https：//www. koureisha－jutaku. com/ranking2018/，最后检索时间：2021 年 11 月 15 日。

③ 『高齢者住宅新聞』，「高齢者住宅ランキング2017」，https：//www. koureisha－jutaku. com/ranking2017/，最后检索时间：2021 年 11 月 15 日。

表 13　2019 年日本高龄者住宅排名

排名	公司法人名称	董事长	总栋数（处）		总居室数（间）		带介护收费养老院(处/间)		住宅型收费养老院(处/间)		集体之家（处/间）		其他高龄者住宅(处/间)		关联法人设施(处/间)		销售额
			栋数	上年比	居室数	上年比	栋数	居室数	栋数	居室数	栋数	居室数	栋数	居室数	栋数	居室数	
1	损保护理	远藤 健	433	2	25574	87	276	17320	3	91	21	405	132	7678	1	80	1238 亿日元
2	倍乐生护理	泷山 真也	324	8	17520	459	255	13554	64	3789	2	18	3	159	—	—	1169 亿 9900 万日元
3	日医学馆	森 信介	428	1	13945	78	140	8589	2	100	279	4958	6	238	1	60	1514 亿 4400 万日元
4	学研集团	宫原 博昭	413	297	12246	6454	17	857	8	205	272	5201	116	5983	—	—	非公开
5	Best Life	长井 力	174	2	11003	158	129	8167	44	2785	—	—	1	51	—	—	329 亿 8373 万日元
6	川岛 Corporation	川岛 雄辉	121	8	10339	819	86	7190	13	328	1	12	—	—	—	—	387 亿 6600 万日元
7	湖山医疗福祉集团	湖山 泰成	191	10	8332	377	18	1180	13	328	74	1185	18	488	—	—	643 亿 5262 万日元
8	创生会集团	伊东 钟赞	98	13	7946	1846	51	3677	22	1632	7	135	2	163	—	—	非公开
9	HITOWA Care Service	袴田 义辉	116	4	7041	335	52	3104	51	3260	4	63	9	614	—	—	非公开
10	木下介护	佐久间 大介	115	13	6672	763	88	5354	8	576	9	171	7	363	—	—	272 亿 7131 万日元

资料来源：日本高龄者住宅报纸。

表 14　2018 年日本高龄者住宅排名

排名	公司法人名称	董事长	总栋数（处）		总居室数（间）		带介护收费养老院(处/间)		住宅型收费养老院(处/间)		集体之家（处/间）		其他高龄者住宅(处/间)		关联法人设施(处/间)		销售额
			栋数	上年比	居室数	上年比	栋数	居室数	栋数	居室数	栋数	居室数	栋数	居室数	栋数	居室数	
1	损保护理	远藤 健	431	-17	25487	-934	275	17271	3	91	20	396	132	9649	1	80	1192 亿日元
2	倍乐生护理	泷山真也	316	5	17061	322	251	13338	60	3564	2	18	2	109	1	50	1118 亿 1200 万日元
3	日医学馆	森 信介	427	2	13867	74	140	8529	2	100	278	4940	6	238	1	60	1481 亿 2229 万日元
4	Best Life	长井 力	172	4	10845	228	128	8089	43	2705	—	—	1	51	—	—	302 亿 739 万日元
5	川岛 Corporation	川岛 雄辉	113	12	9520	1000	79	6461	33	3047	1	12	—	—	—	—	345 亿 2200 万日元
6	湖山医疗福祉集团	湖山 泰成	181	16	7955	216	18	1180	11	269	70	1095	16	430	—	—	588 亿 3000 万日元
7	HITOWA Care Service	袴田 义辉	112	7	6686	447	47	2775	52	3276	5	81	8	554	—	—	228 亿 7650 万日元
8	创生会集团	伊东 钟赞	85	34	6100	1171	21	1864	16	1230	7	135	2	163	—	—	约 350 亿日元
9	MCS	山本 教雄	228	16	5982	290	9	630	1	26	269	5156	—	—	—	—	265 亿 7400 万日元
10	木下介护	佐久间 大介	102	10	5909	452	78	4787	7	490	9	171	5	253	—	—	245 亿 7700 万日元

资料来源：日本高龄者住宅报纸。

表 15　2017 年高龄者住宅排名

排名	公司法人名称	董事长	总栋数（处）		总居室数（间）		带介护收费养老院(处/间)		住宅型收费养老院(处/间)		集体之家（处/间）		其他高龄者住宅（处/间）		关联法人设施(处/间)		销售额
			栋数	上年比	居室数	上年比	栋数	居室数	栋数	居室数	栋数	居室数	栋数	居室数	栋数	居室数	
1	损保护理	奥村　干夫	448	-6	26421	-164	291	18110	3	91	20	396	133	7744	1	80	1108 亿日元
2	倍乐生护理	泷山　真也	311	14	16739	839	251	13338	55	3224	2	18	3	159			1029 亿 9600 万日元
3	日医学馆	寺田　明彦	425	8	13793	432	139	8473	2	100	277	4922	6	238	1	60	2766 亿 5988 万日元

排名	公司法人名称	董事长	总栋数（处）		总居室数（间）		带介护收费养老院(处/间)		住宅型收费养老院(处/间)		其他高龄者住宅（处/间）		销售额
			栋数	上年比	居室数	上年比	栋数	居室数	栋数	居室数	栋数	居室数	
4	Best Life	长井　力	168	5	10617	280	125	7912	43	2705	—	—	294 亿 8016 万日元
5	川岛 Corporation	川岛　雄辉	101	11	8520	913	68	5568	32	2940	—	—	293 亿 6600 万日元
6	湖山医疗福祉集团	湖山　泰成	165	15	7739	1021	17	1147	9	174	15	321	497 亿 3089 万日元
7	长谷川介护服务	袴田　义辉	105	15	6239	932	39	2283	60	3821	1	81	191 亿 3917 万日元
8	MCS	山本　教雄	272	15	5692	305	9	630	1	26	8	150	265 亿 400 万日元
9	木下介护	佐久间　大介	92	2	5457	552	73	4651	5	386	4	191	229 亿 1600 万日元
10	学研 Cocofump	五郎丸　彻	109		5381		8	228	8	197	90	4911	168 亿 700 万日元

资料来源：日本高龄者住宅报纸。

设施数量的同时也在努力提升服务的质量，推动日本的养老产业不断完善，因此日本的养老产业才能成为全球参考的典范。

另外，在这前十名的企业当中，还有一家企业看起来比较特别，那就是“学研グループ（学研集团）”。从 2017～2019 年的数据来看，2017 年“学研集团”旗下的“学研ココファン（学研 Cocofump）”和“メディカル・ケア・サービス（MCS：Medical Care Service Company Inc.）”都上榜了，设施数都达到了 100 处以上，居室数也都达到了 5000 间以上。2019 年学研集团的设施数为 413 处，居室数为 12246 间。增长的数量非常多，排名也迅速增长到第四名，说明它近几年的发展非常迅速，同时也说明日本有与之相对应的养老需求来支持它的发展。未来的需求可能还会更大。

其次，从民营企业经营的设施种类来看，根据表 13、表 14、表 15 的数据可以得出以下结论。首先，在总设施数和总居室数呈上升状态的趋势下，大多数企业主要经营的都是收费养老院，而且以带介护收费养老院为主。另外，从这三年的数据来看，集体之家类型的养老院数量一直在呈上升趋势。其中“学研集团”的主营设施为集体之家。“ニチイ学館（日医学馆）”和“湖山医療福祉グループ（湖山医疗福祉集团）”的集体之家数量也很多。其次，表 13、表 14、表 15 中其他类型的设施一直都处于数量较少的状态，说明目前主流的民营设施就是带介护收费养老院、住宅型收费养老院和集体之家这三种。同时，从这三年的数据来看，其他类型的设施数和居室数也一直处在增长的状态。这说明近几年来面对日本老龄化的高需求，日本的民营企业也一直在不断调整，做出多样化的应对，增设了许多其他类型的设施来适应老年人养老的需求。

再次，从各养老企业的盈利状况来看，各企业的设施数和营业额也是大致呈正比的。根据报道，在日本，有超过 70% 的养老设施能够实现盈利。日本养老产业经过多年的发展与磨合，养老体系已经基本成熟，成为当今世界各国争相学习的成功范例。日本养老产业的盈利模式是以长期介护保险为基础，以产业生态圈构建、人性化及精细化管理、连锁化及标准化运营为增长点的模式，该模式的成功也源于日本养老设施企业在经营与管理方面的出色表现。但是，也有报道显示，近年来由于老龄化的程度加深，对于养老需求越来越大，日本的养老设施的利润率也在呈下降趋势。这也能够反映出为了更好地应对老龄化的困局，日本企业在推动养老产业发展的同时，也在尽量提供更好的、性价比更高的服务。

最后，从具体企业的排名来看，“SOMOPケア（损保护理)”“ベネッセスタイルケア（倍乐生护理)”“ニチイ学館（日医学馆)”三个企业的排名一直都居高不下，在2017年和2019年稳稳占住了前三的位置。另外，从这三年的前十名的排名来看，各个企业的排名似乎没有太大变化，这说明日本的养老企业一直处在稳步发展当中。但值得一提的是“学研集团”的排名上升速度非常快。据报道，在2021年，“学研集团”在《高龄者住宅报纸》发布的“日本民营设施的设施数与居室数排行榜”中已经进入了前三名。①

另外，值得一提的是，从各养老企业公司法人的背景看，能够发现一些有趣的现象。“倍乐生护理”、“日医学馆”和“学研集团”原本都是从事教育行业，后涉足养老行业，并且发展态势非常好，如表13、表14、表15所示，“倍乐生护理”“日医学馆”一直稳居第二和第三，同时，“学研集团”也发展迅速，排名涨幅非常快。可以说这些企业把在教育方面的经验也顺利融入了养老事业当中，并且获得了非常不错的成效。从中我们不难看出日本养老设施运营的多样化，经营者们把各种行业的经验总结并运用到养老设施运营当中，才使得养老体系越发完善。

（三）日本民营养老设施运营的典型案例——“学研集团”

上节主要介绍并分析了日本民营设施运营的多样化，其中多次提及“学研集团”。该企业作为教育行业的典范在投身养老行业后，在养老行业中也获得了斐然的成绩。

可以说“学研集团”在日本民营养老设施运营当中非常具有典型性。本节将把“学研集团”作为典型，从中具体看日本民营养老设施的运营。

---

① 『高齢者住宅新聞』，「学研グループ再編、新体制に「医療福祉」と「教育」連携」，2021. 10. 13，https：//www. koureisha - jutaku. com/newspaper/synthesis/20211013＿01＿1/，最后检索时间：2021年11月15日。

1. “学研集团”基本情况介绍

1946 年，在已故创业者古冈秀人的信念和热情下，成立了“学习研究社”，他说：“要复兴战后荒废的日本，肩负下一代重任的孩子们的教育是最重要的。”在当今老龄少子化问题越发深刻的现状下，老年人的社会生活环境更加严峻。有越来越多的老人无法受到良好的介护服务。随着患痴呆症的人的增加，老年伴侣中双方都患上痴呆症的情况也在增加。另外，随着独居老人的增加，由于与社会失去接触而导致的孤立死、老年人成为欺诈等受害者的事件层出不穷。在这样严峻的情况下，主要涉及教育领域的“学研集团”在 2004 年开始涉足医疗福祉领域。在各地区积极开展老年人住宅的开发、住宅介护、看护服务、护理饮食服务等，推进地区全面介护的实现。

“学研集团”在医疗福祉领域自 2004 年创业以来，在全国范围内开展了大量的老年人住宅与介护服务。近年来的发展也是非常迅猛，2021 年 10 月，“学研集团”经过了新一轮的改革，在医疗福祉领域方面，“学研集团”的具体组织如图 12 所示。①

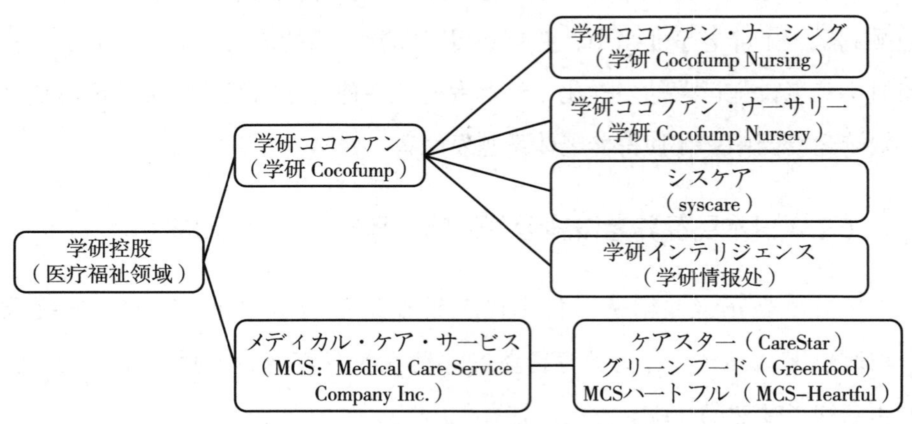

图 12 “学研集团”的具体组织

资料来源：日本高龄者住宅报纸。

① 『高齢者住宅新聞』，学研グループ再編、新体制に「医療福祉」と「教育」連携，2021. 10. 13，https：//www. koureisha – jutaku. com/newspaper/synthesis/20211013 _ 01 _ 1/，最后检索时间：2021 年 11 月 15 日。

从图 12 可以看出，“学研集团”在医疗福祉领域大致可以划分为两部分，分别是“MCS”和“学研 Cocofump”。

接下来，将具体介绍“学研集团”在医疗福祉领域的总公司与各子公司的分工与运营。①

“MCS”主要涉及在日本和海外开展各种介护设施的规划、开发以及运营。下设三个子公司，分别是“Greenfoood”、“CareStar”和“MCS-Heartful”。“Greenfoood”主要涉及运营设施内食品以及用餐方面的服务，“CareStar”主要涉及福祉用具的贩卖以及租赁，“MCS-Heartful”主要涉及的是运营设施内的各项事务及清扫工作，推动残疾人就业，助力他们融入社会。

“学研 Cocofump”主要涉及以下相关方面——

A. 面向带服务高龄者住宅及收费养老院等的企划、开发、运营指定居家服务项目（访问看护、居家看护援助通所看护、短期入所生活看护、其他）

B. 特许经营事务

C. 房地产租赁相关事务

D. 其他附带的一切事务

E. 介护与保育人才培养事务

并且下设四个子公司，分别是“学研 Cocofump Nursing”、“学研 Cocofump Nursery”、“syscare”和“学研情报处”。

“学研 Cocofump Nursing”主要负责介护预防访问看护及访问看护事务的企划及运营。该子公司于 2015 年设立，与“医疗法人社团悠翔会”集团进行资本合作，开展访问看护方面的事务，有 4000 名以上的老人接受了居家介护服务。该子公司通过健康管理进行预防护理、应对重度护理和临终护理以及开展护理和医疗的合作。

“学研 Cocofump Nursery”主要负责儿童教育方面。自创建以来积累了

① “学研集团”官方网站，https://ghd.gakken.co.jp/，最后检索时间：2021 年 11 月 23 日。

丰富的经验、想象力、教材教具等，旨在通过丰富的体验，培养肩负21世纪重任的孩子们的生存能力。该子公司主要运营以下事务——

- 认证托儿所、幼儿园的受托运营
- 通过公设民营化受托运营公立托儿所
- 伴随大型开发的复合型育儿援助设施的受托运营
- 受托经营儿童健康培育功能设施
- 育儿援助的启动和运营咨询事务
- 其他育儿援助设施的受托整体运营

“syscare”主要负责的是高龄者住宅、育儿援助设施的企划、开发、设计方面。

“学研情报处”主要负责的是“学研集团”在医疗福祉领域方面公司的人事、劳务、会计服务方面的事务。

可以看出，“学研集团”在医疗福祉领域方面不仅仅涉及了养老行业的发展，同时也利用自身在教育方面的丰富经验开展了育儿方面事务的运营。其做到了将育儿与养老有机结合为一体，成为“一老一小”服务的典范。并且，从整体结构来看，“学研集团”在医疗福祉领域方面的布局非常完整和全面，几乎涉及了吃穿住行的全部领域，正因为有了如此全面的布局与服务，“学研集团”在医疗福祉领域发展得才如此顺利。

2. “学研集团”企业理念

“学研集团”及其子公司自创立以来秉承着一定的企业理念。这些企业理念一直支撑着“学研集团”的发展（见表16）。

表16 “学研集团”及其子公司的理念

公司名称	原　文	译　文
学研集团	私たち学研グループはすべての人が心ゆたかに生きることを願い、今日の感動・満足・安心と明日への夢・希望を提供します	希望所有人都能心满意足地生活，为大家提供今天的感动、满足、安心和明天的梦想与希望
MCS	認知症を超える	超越认知症

续表

公司名称	原　文	译　文
Greenfoood	「食」でシニア世代の豊かな暮らしと輝く笑顔をつくります	用“吃”来创造老一代丰富的生活和灿烂的笑容
CareStar	私たちは介護事業経営の安定と発展を共に考え、“支える”を実現するビジネスパートナーです	共同考虑介护事业经营的安定和发展，是实现“支持”的商业伙伴
MCS-Heartful	障害のあるなしに関わらず一人でも多くの人が働く喜びを実感できる企業であり続ける	无论是否有障碍，都要继续成为让更多的人切实感受到工作喜悦的企业
学研 Cocofump	私たち学研ココファンは、『すべての人が心ゆたかに生きることを願い、今日の感動・満足・安心と明日への夢・希望を提供します』という企業理念の実現を目指しています	希望所有人都能心满意足地生活，为大家提供今天的感动、满足、安心和明天的梦想与希望
学研 Cocofump Nursing	わたしたち学研ココファングループは 「いつまでも安心して暮らせる、ココファンのある街、わたしの街」を目指します	能一直安心生活、属于我的、有“Cocofump”的城市
学研 Cocofump Nursery		
syscare	すべての人に誇りある人生の背景を提供します	为所有人提供足以自豪的人生背景

资料来源：学研集团。

从表 16[1] 可以看出“学研集团”一直都是以人为本，把人们的需求放在首位，旨在为高龄者和儿童提供更加优质的生活服务以及生活环境。

3.“学研集团”近年发展情况

在上一节当中有提到过，“学研集团”在 2017～2019 年的发展非常迅速，在《高龄者住宅报纸》的“日本民营设施的设施数与居室数排行榜”中，2019 年的排名已经攀升至第四。以下将参考“学研集团”2020 年 11 月 25 日，在『2020 年 9 月期決算中期経営計画「Gakken 2023」』中公开的数据分析“学研集团”的发展现状。[2]

---

① “学研集团”官方网站，https：//ghd. gakken. co. jp/，最后检索时间：2021 年 11 月 23 日。

② 『2020 年 9 月期決算中期経営計画「Gakken 2023」』，https：//ir. gakken. co. jp/ir/news/setumeikaisiryou201125/main/0/link/setumeikaisiryou201125. pdf，最后检索时间：2021 年 11 月 23 日。

图 13 展示了 2010 ~2021 年“学研集团”的设施数量（2021 年为预估数值），其中包括养老院和育儿援助设施。从总体设施数量来看，各种类设施数量逐年递增，尤其是 2018 年新增了“集体之家”等类型的养老院的建设与开发后，发展更加迅速。从设施数量上看，在 2018 年以后“集体之家”等类型的养老院也成为“顶梁柱”，到 2020 年 9 月，共计设施数达到了 312 处。预计在 2021 年的 9 月，“集体之家”等类型的养老院数量将达到 326 处，育儿援助设施数量将达到 81 处，其他类型的高龄者住宅数量将达到 172 处。

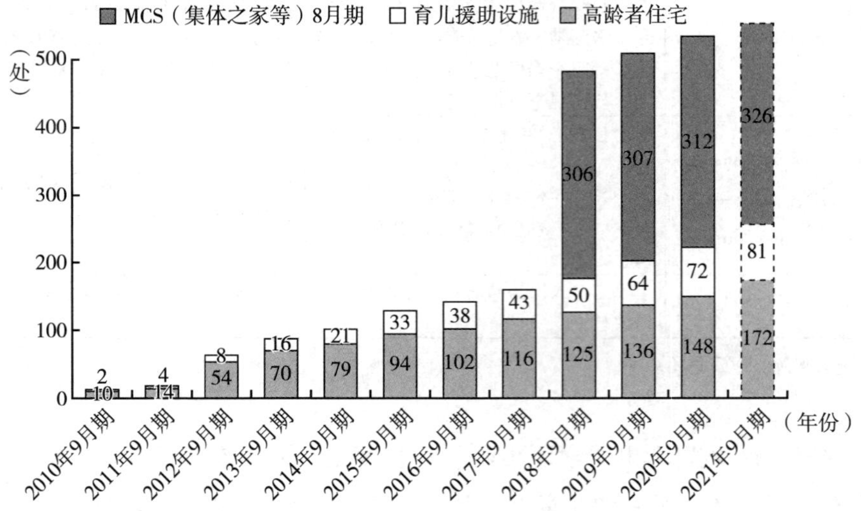

图 13　（2010 ~2021 年）“学研集团”各设施数量

资料来源：学研集团。

表 17[①] 展示了“学研集团”2018 ~2021 年各设施的入住率（2021 年为预估数值），从表 17 中可以看出老年设施方面的入住率非常高，都在 90%以上，并且每年入住的户数都在不断增长。可以看出，老龄化对于日本民营设施的需求非常大，也能看出日本民众对于该企业的认可度非常高。另外，

① 『2020 年 9 月期決算中期経営計画「Gakken 2023」』，https：//ir. gakken. co. jp/ir/news/setumeikaisiryou201125/main/0/link/setumeikaisiryou201125. pdf，最后检索时间：2021 年 11 月 23 日。

在育儿援助设施方面，入住率平均在85%左右，总体上呈逐年递增的状态，预计在2021年9月将达到92.5%。并且入住的儿童数量也是逐年增长的。由此，可以说“学研集团”在育儿事业方面也有了长足的发展。

表17　2018～2021年“学研集团”各设施的入住率

类别			2018年9月末	2019年9月末	2020年9月末	2021年3月末	2021年9月末
			实绩	实绩	实绩	计划	计划
高龄者福祉事业（学研 Cocofump）	首都圈	总户数(户)	3533	3628	4072	4441	5041
		入住数(人)	3320	3407	3727	4169	4593
		入住率(%)	94.0	93.9	91.5	93.9	91.1
	湘南	总户数(户)	932	991	1165	1165	1235
		入住数(人)	868	913	1095	1107	1446
		入住率(%)	93.1	92.1	94.0	95.0	92.8
	西日本	总户数(户)	1419	1838	1945	2111	2232
		入住数(人)	1297	1614	1778	1960	2079
		入住率(%)	91.4	87.8	91.4	92.8	93.1
	合计	总户数(户)	5884	6457	7182	7717	8508
		入住数(人)	5485	5934	6600	7236	7818
		入住率(%)	93.2	91.9	91.9	93.8	91.9
集体之家(MCS)		居室数(间)	5156	5156	5246	—	5426
		入住率(%)	96.6	97.4	98.0	—	97.5
育儿援助事业（托儿所）		可入园数(人)	2486	2704	2788	2788	2718
		园内儿童数(人)	2102	2280	2381	2381	2515
		充足率(%)	84.6	84.3	85.4	85.4	92.5

资料来源：学研集团。

4. “学研集团”未来发展目标

在『2020年9月期決算中期経営計画「Gakken 2023」』中，“学研集团”还对自身发展做了清晰完整的规划。①

① 『2020年9月期決算中期経営計画「Gakken 2023」』，https://ir.gakken.co.jp/ir/news/setumeikaisiryou201125/main/0/link/setumeikaisiryou201125.pdf，最后检索时间：2021年11月23日。

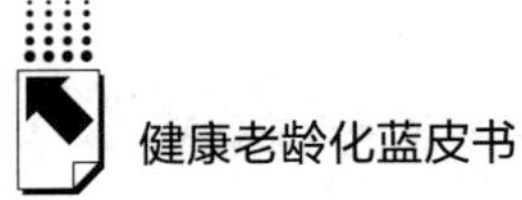

数据显示，“学研集团”在2020年9月期的总销售额为607亿日元，利润率为4.5%。目标在2023年总销售额达760亿日元，利润率上升至4.7%。

如图14所示：在2020年9月期，高龄者住宅设施数已达434处，居室数为12428间。目标在2023年扩增设施数至533处，居室数扩增至17127间；在育儿援助设施数方面，在2020年9月期已达72处，目标在2023年扩增至110处。

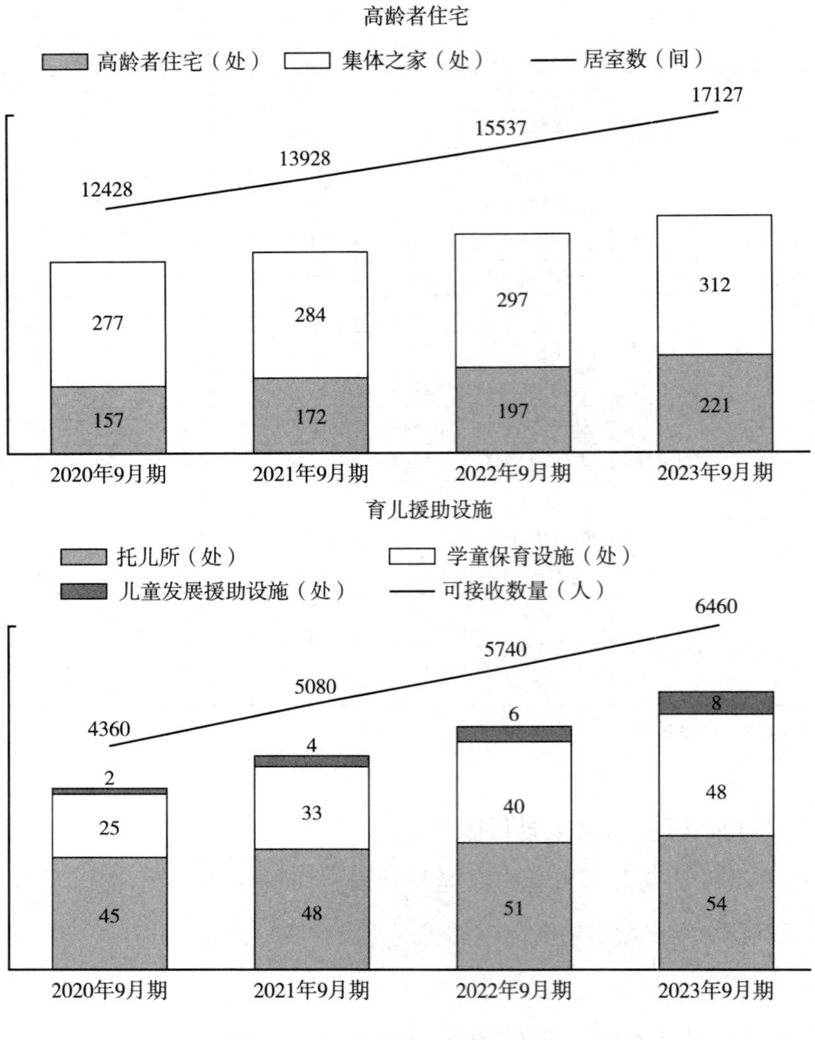

图14　“学研集团”各种类设施数以及未来目标（2020～2023年）

资料来源：学研集团。

另外，在人工智能养老方面，“学研集团”也将持续推进，推动智能养老、生态养老以及机器人的活用等。

五 日本养老设施的人性化服务——临终关怀

（一）临终关怀的分类以及定义

提到临终关怀，日本在相关领域有与之相对应的四个名词。定义如表18所示。①

表18 “临终关怀”的定义

名 词	定 义
緩和ケア	指面对威胁生命的疾病所带来的问题，患者本人及其家人通过医疗的方式减轻疼痛，提高生活质量的护理。该护理不仅仅是在临终期，也贯穿在疾病治疗的过程中
ホスピスケア	在治疗无望的临终期，以减少患者及其家属的痛苦为目的进行的关怀护理
看取りケア	指不管疾病如何，不只给予患者痛苦的延命治疗，而且进行像正常人一样迎接死亡的护理，一般是面向居家或在介护设施等迎接临终的人以日常生活为中心实施的护理
終末期医療（ターミナルケア）	指对因病而时日不多的人进行的医疗、介护、看护方面的护理。目的在于缓解疼痛、不安和压力，让患者能够平静地度过余下的生命，保证患者的生活质量。该护理主要是指在医疗现场，以医疗为中心进行的护理，是“緩和ケア”的一部分

资料来源：学研集团。

其实，这四个名词的定义大同小异，都是指对临终期的人进行护理，在这个过程中，有些人会涉及医疗，而有些人则不涉及。无论是否涉及医疗，都是一种方式而已。经过比较，“看取りケア”一词与本部分所探究的日本养老设施中的临终关怀的定义相近，本部分将遵照该词定义进行探究。

① “株式会社学研 cocofump”官网，「終末期医療に似た概念」，https：//www.Cocofump.co.jp/articles/byoki/43/，最后检索时间：2021年11月23日。

（二）日本养老设施中的临终关怀现状

目前，不论是公办设施还是民营设施，都有很多设施已经在提供临终关怀的服务。其实，要想在介护养老设施实施临终关怀服务，就必须建立与医疗机构的合作、配备足够的人员、居室设备的充实等完善的体制。如果体制尚不完善，就有可能无法提供优质的身体介护与看护。现将日本提供临终关怀服务的养老设施单独整理如下（见表 19）。①

表 19　日本提供临终关怀服务的养老设施

运营主体	种　类	是否提供临终关怀服务
公办设施	特别养护养老院	△
	养护养老院	×
	介护老人保健设施	△
	介护疗养院	○
	照护之屋(一般型)	×
	照护之屋(护理型)	△
民营设施	带介护收费养老院	△
	住宅型收费养老院	△
	健康型收费养老院	×
	带服务高龄者住宅	△
	集体之家	△
	高龄者专用分售住宅	△

注：○ = 可接受；× = 不可接受；△ = 需商谈。
资料来源：日本 Unimat 股份有限公司。

大致来说，老人们临终的场所可以分为“医院”“家”“介护养老设施”三大类。对于老年人来说，他们迎接临终期的场所大多数是医院或者家，但是最近几年，养老设施也成为老年人迎接最后时刻的场所的选择之一。

原因是随着老龄化的加剧，死亡人数的剧增，将会有越来越多的人进入

① 「老人ホーム11 種類の特徴や違い・費用・選び方」，https：//www. unimat – rc. co. jp/media/types – of – nursing – homes，最后检索时间：2021 年 11 月 14 日。

临终期。预计在将来医院的病床数会因此不足。为了弥补医院的这一问题，就需要加强介护设施的临终关怀功能与服务。并且在独居老人增多与家庭介护难以进行的社会背景下，比起在家进行介护度过最后的时刻，想在介护设施度过最后时刻的老年人也不少。

如图 15① 所示，日本在介护养老设施中度过最后时期的老年人在逐年增加。从比例上看，在医院迎接临终期比例居高不下，其次的场所是“自宅”。虽然养老设施所占的比例还不是很高，但逐年递增的现状是一个趋势。并且随着养老设施服务的发展愈加完善，一定会有更多的人入住养老设施享受临终关怀服务。

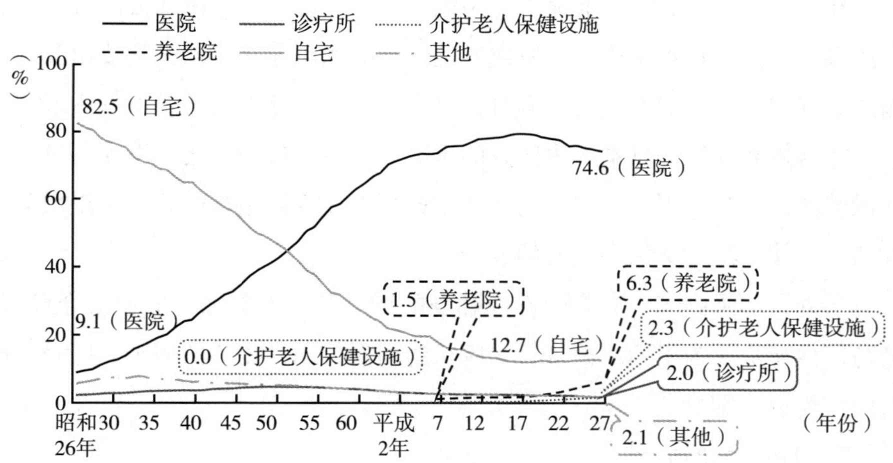

图 15　日本老年人死亡场所的推移（1951～2015 年）

资料来源：日本厚生劳动省。

要想在介护养老设施实施临终关怀服务，就必须建立起完善的体制。例如，与医疗机构合作、配备足够的人员、居室设备的充实。如果体制尚不完善，就有可能无法提供优质的身体介护与看护。

---

① 厚生労働省，『「人生の最終段階における医療の決定プロセスに関するガイドライン」における最近の動向』（2017），https：//www. mhlw. go. jp/file/05 – Shingikai – 10801000 – Iseikyoku – Soumuka/0000189050. pdf，最后检索时间：2021 年 11 月 23 日。

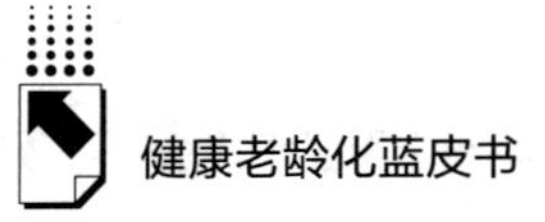

（三）临终关怀服务的详细内容以及流程

1. 身体方面的护理

吃饭、排泄、洗澡等日常护理是介护的基础。无论哪种情况，都必须尊重其本人的意愿，并根据身体状况，尽可能减少其痛苦与压力。

临终的老人食量可能会减少，但切忌强迫喂食。首先要找出原因，同负责的医生和营养师商量一下，找出可以合理食用的方法。例如，如果对食物有吞咽障碍，进入食道的食物进入气管的话，就很容易引起“吞咽性肺炎”，所以要想办法使食物变得黏稠，或者使用搅拌机进行搅拌。

在照顾到个人隐私的前提下，排泄应该采取适合本人活动范围与身体状态的方法。如果很难步行到厕所或者夜间有跌倒风险，可以适当使用便携式厕所。根据身体状况的不同，有时也会在确认本人意愿的情况下使用尿布。

在身体状况良好且本人也愿意的情况下，为了放松心情，洗澡尽量选择泡澡的方式。如果因为身体状况恶化等原因洗澡变得困难的话，可以用毛巾等清洁身体、洗头等保持全身的清洁。

另外，如果卧床不起自己不能翻身的话，压力大的地方的血流会变差，容易产生褥疮。为了预防褥疮，缓解长时间保持同样姿势的痛苦，每隔一段时间需要进行翻身。

2. 精神方面的护理

缓解不安与恐惧等精神上的痛苦，也是临终关怀服务当中非常重要的一项。在这个过程中，为了不让老人们感到孤独，经常陪伴他们是非常重要的。同时也要认真倾听老人们的需求与烦恼，关心他们的日常生活。

3. 关心他们的家人

临终关怀服务需要护理的对象不只是老人，还有他们的家人。消除家人的不安和痛苦也是不可缺少的。需要与临终者及其家人好好交流，及时汇报老人的状态，建立起互相信任的关系。在老人死后，家人会面临巨大的悲伤，此时就需要帮助家人接受死亡，从悲伤中恢复过来。

另外，为了让老人们获得更好的临终关怀服务，目前日本的养老设施也有一系列临终关怀服务的流程。①

流程主要有以下几个方面（见表20）。

表20　临终关怀的流程

阶段	详细内容
入住期	这是使用者入住设施，习惯养老设施生活的阶段。关于最后一段时间想要如何度过，听取本人与家人的想法
稳定期	这时使用者已经习惯养老设施的生活，要再次确认是否还有其他需求。也是为了让使用者能够迎接自己的临终而进行准备
不稳定期	出现食欲降低与体重减轻等症状，处于衰弱阶段。向本人和家人说明今后预计将会出现的状况和设施能够提供的医疗
临终期（死别期）	这是衰弱加剧，并且无法恢复的阶段。此时可以联络本人想要见面的人，并且为临终时能有家人一起做准备
临终后	是和家人待在一起的最后的时光。要一边照顾遗属的心情，一边联系医生和葬礼公司，准备善后事宜

资料来源：日本 Tryt 股份有限公司。

六　日本智慧养老

（一）智慧养老的需求及现状

随着人口老龄化不断加剧，劳动力短缺、介护人员不足、延期退休等各种迫切需要解决的一系列社会问题也接踵而至，其中养老问题尤为严重。

菅原尚子等学者②称，“日本到2020年底大约需要介护人才216万人，到2025年底需求将达到约245万人。”并且在女性平均寿命为87.32岁、男性平均寿命为81.25岁（2018年）的超老龄化社会中，对长期介护人员的需求很高，求人倍率为3.21倍（2017年），但是看护老年人的介护人员身

① 「看取り介護を解説！高齢者施設における看取り・ターミナルケアとは」，https://kaigoworker.jp/column/358/#content-index-11，最后检索时间：2021年11月20日。

② 菅原尚子、澤田武志、前田聡紀：「介護現場におけるロボット・AI活用に関する調査研究」，『日経研月報』2019年第10期。

体与精神上都有很大的消耗，73%的人在服务不到3年后就离职了。[①] 介护人员忙于各种日常护理工作，无法与老人保持充分的交流谈话，而这将导致无法有效预防老年人患老年痴呆症与抑郁症的情况。且起卧、喂食、行走、洗浴、上厕所、老人心理健康等各种介护问题对介护人员的身心都是极大的挑战。

毋庸置疑，在养老产业中，劳动力不足是最为棘手的问题之一。然而日本政府认为若将大量劳动力投入养老服务业，将一定程度上削弱国力，对经济发展带来不良影响。为应对这种情况，日本开始推行智能化养老。为了解决人员不足导致的老年人介护问题以及压力过大导致的介护人员心理问题，一些日本公司正在开发智能护理机器人作为长期护理人员的替代品，致力于通过IT技术与AI技术提高养老机构设施机能来解决这些问题，以在劳动力限制日益增加的情况下确保医疗和长期介护服务，通过利用科学技术等，提高医疗与长期介护服务的水平。

（二）“社会5.0”的理念

2016年，日本政府提出了“社会5.0”的概念，这是日本为应对养老的“超智能社会”。概念内容包含多方面，主要有智能家居家电普及、智能医疗和介护、AI化经营、AI自动化产业、全自动驾驶等。

日本政府重点扶持养老服务产业，推进帮助老人行走坐卧、自动排泄、移动搬运、功能训练、饮食洗浴等产品的开发，加速人工智能机器人以及相应设施设备的推广，以应对全面到来的超老龄化社会。目前比较成熟的老人智能移动辅助产品，包括智能轮椅——它可以通过声音或手柄进行遥控，根据老人行走的道路状况来感知障碍，还有可以及时调整长度的智能拐杖、基本实现全自动化的智能马桶等。

应对老龄化社会，不仅仅需要智能化的养老硬件，更重要的还体现在精

① 厚生労働省，「介護労働の現状（平成27年）」出典：（公財）介護労働安定センター「平成25年度介護労働実態調査」，2015。

神方面，需要社会整体对老人重视与关怀。在现代老年人家居的设计中，为了适宜老年人的生活，一般都会对卫生间、厨房、卧室等进行专门的改造，并且也会针对乘坐轮椅的老人就高度与收纳方面做出调整，比如现在的轮椅可以让老人独自到达阳台或者是洗漱台，又或是可调整的自由升降橱柜等。这一系列细节的投入再配合智能化设备，充分体现了“社会5.0”对老年人的重视，也看出日本的民间和政府为了让老年人尽可能自主进行生活而付出的巨大努力。

在智能介护机器人的开发与实践上，日本经验将给我国介护养老以一定的启示。

（三）多样化智能养老设施

1. 长期介护服务的种类

介护服务大致可分为居家、门诊、入住与长期介护预防服务四种。此外，由于提供的服务不同，介护对象与服务内容也有所不同，菅原尚子等[①]将详细信息汇总如下（见表21）。

表21　长期介护服务的种类

种类	服务内容
居家式介护	在家使用的长期介护服务，无须移动即可使用。典型的例子是上门长期护理。 • 访问介护 服务对象： 被认定为需要介护者 服务内容： a. 洗澡、排泄、吃饭等长期介护（身体护理） b. 做饭、洗衣、打扫等家务活（生活援助） c. 日常生活方面的咨询和建议 d. 其他日常生活护理

① 菅原尚子、澤田武志、前田聡紀：「介護現場におけるロボット・AI活用に関する調査研究」，『日経研月報』2019年第10期。

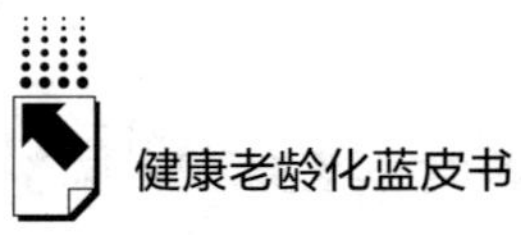

续表

种类	服务内容
门诊式介护	自行前往使用的长期介护服务，是一项当日去当日回的提供长期介护和生活功能训练的服务。典型的例子是门诊介护（日间服务） • 门诊介护 服务对象： 被认定为需要介护者 服务内容： a. 饮食、沐浴、排泄的护理　b. 卫生保健 c. 日常生活活动　d. 娱乐
入住式介护	提供居住场所和长期介护的服务，设施根据服务对象与接受的服务进行划分。典型的例子是敬老院（专门老人疗养院） • 敬老院（专门老人疗养院） 服务对象： 需要持续介护，在家里生活有困难的人（被认定为需要介护 3 以上的人。需要介护 1 或需要介护 2 的人也可以作为特例入院） 服务内容： a. 饮食、洗澡、排泄等日常生活中的长期介护　b. 康复等功能训练 c. 日常健康管理，例如重要检查　d. 咨询支援、休闲
长期介护预防服务	可在家中使用的防止病情变成可以需要介护的情况，或防止病情恶化的服务。典型的例子是长期介护预防性上访护理 • 长期介护预防性上访护理 服务对象： 被认定为需要援助 1 或需要援助 2 的人 服务内容： a. 洗澡、排泄、进餐等长期介护　b. 做饭、洗衣、打扫等家务活 c. 日常生活等方面的咨询与建议　d. 其他日常生活支持

资料来源：日经研月报。

2. 不同场景的护理机器人及 AI 技术的运用

菅原尚子等①针对每个护理场景总结了介护机器人和人工智能的使用情况，其内容如表 22 所示。护理场景大致分为以下 9 个场景：基于 AI 技术的

① 菅原尚子、澤田武志、前田聡紀：「介護現場におけるロボット・AI 活用に関する調査研究」，『日経研月報』2019 年第 10 期。

介护计划制定；清扫机器人（配备 AI）；转运辅助机器人（可穿戴型）（不可穿戴型）；运动援助机器人；排泄援助机器人；洗澡援助机器人；介护机器人（监测/交流）；业务支持系统；接送支持系统（配备 AI）。

表 22　不同场景的介护机器人及 AI 技术的运用一览

场　景	具体情况
基于 AI 技术的介护计划制定	学习介护经理创建的介护计划的数据，并从大量学习数据中自动创建介护计划的人工智能。它是一种可以在 PC 和平板电脑中使用的云类型服务，通过输入长期介护服务用户的状态来创建推荐的介护计划，并且还提供了对未来状况的一些预测
清扫机器人（配备 AI）	使用尖端深度学习进行物体识别、机器人控制与语音语言理解技术的机器人，可抓取物体、放置物体、制定运动计划与响应人类指令等。可以识别并抓取家中杂乱无章的衣服、玩具、文具等各种物品，将它们放置到位，或者通过口头或手势发出指令将它们收起
转运辅助机器人（可穿戴型）	使用气动人造肌肉的机器人和使用从大脑发送到肌肉的信号的机器人等可穿戴转移辅助机器人已经商业化。通过在转运辅助等介护期间减轻下背部的负荷，可以降低引起背痛的风险。有些机器人是防水的，可以用来辅助洗澡
转运辅助机器人（不可穿戴型）	帮助移动的机器人，例如帮助介护对象从床转移到轮椅，从轮椅转移到洗手间。此外，还有介护机器人可将床的一部分分开作为轮椅，以帮助介护对象下床，减轻介护人员的负担。机器人长期介护设备已经开发出来，可以搬运床和轮椅，很多非穿戴式搬运辅助机器人有多种形状及用途
运动援助机器人	配备电动辅助机器人的助行器（步行车辆）。在斜坡上自动启动助力与刹车以辅助步行。当介护对象在斜坡上松开手时助行器可自动停止以及帮助介护对象发出声音
排泄援助机器人	排泄预测装置，通过超声波测量膀胱肿胀的排尿时间，并根据膀胱测量数据通知排尿。安装在距耻骨上端 20mm 的位置，可在平板电脑、智能手机与网络浏览器上确认数据
洗澡援助机器人	介护浴缸，介护对象可坐在自动导引车上直接沐浴。导引车背带和浴缸可以正面对接，肩膀和脚趾可以稳固、自由地沐浴。在其他系列中，还有一种浴缸，可以让介护对象在特殊的担架上睡觉的同时洗澡
介护机器人（监测/交流）	可以“检测”“通知”“监控”“呼唤”起床的系统。它配备了一个即使在黑暗中也能投射出清晰图像的 CMOS 图像传感器和一个允许对话的内置扬声器，允许白天与黑夜通过手机进行语音和对话。在其他类似产品中，传感器和机器人可协同工作以检测被介护者的状况。在床头式产品中，安装在床垫下方的传感器测量身体运动（翻身、呼吸、心率等）并掌握睡眠状态

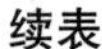

续表

场　景	具体情况
业务支持系统	可以通过一个智能手机输入长期介护记录、电话号码与进行监测的系统。可以用手机输入和确认娱乐设施的参与情况以及饮食等生活情况。此外，由于它与传感器配合使用，可以在智能手机上查看睡眠状态
接送支持系统（配备AI）	通过使用高精度汽车导航与人工智能的车辆管理系统，可以根据管理员的转移数据自动创建转移计划。其他功能包括安全驾驶支持和基于运营数据创建月度报告

资料来源：《日经研月报》。

介护对象的转移对介护人员而言是一个极大的工作难题，常常导致介护人员腰痛现象，为此介护工作中已经开发了许多可用于移乘的机器人。近年来，由于痴呆症独居老人的增加以及介护机构的劳动力短缺的问题，监控设备的需求显著增加，日本开发了各类可用于监测的机器人与传感器。在这些产品中，有可以进行交流的介护机器人，可以和老人、介护对象进行对话，也可以帮助其进行远程交流。

（四）智能介护设备与人工智能技术的使用意向

早期，智能服务机器人的需求还不大，且开发成本高，从开发到投入使用约需要数百万日元，因此难以实现量产，虽在部分养老服务机构内存在机器人设备，但机器人"走进家庭"的情况是少之又少。由于早期对智能服务机器人的接触不多，许多人对其多是负面印象。

有人指出，在养老介护中，传递给被介护者的关怀与温暖非常重要，而智能服务机器人"给人以冰冷的印象"，让许多人尤其是需要关心的老人在心理上感到难以接受。

据厚生劳动省2012年《福祉用具·介护机器人实用化支援事业报告书》，2009～2011年，引入新型福利介护设备的机构仅占总数的16.7%，80%以上的机构尚未引入用于智能介护机器人的福利介护设施设备。在已经引入介护机器人且已将其实用化的机构中，关于机器人引进的目的尚未明确，高达60%的人认为是为了“减轻介护人员的负担”，仅25%左右的人认为智能服务机器人能够“提高对入住者的服务质量”。养老机构对于介护机器人的看法也并不积极，仅30%的人认为“如果有合适的设备想讨论引进”，而更多的回答则是“价格太高了”“引进后无法投入使用”等。

而在坂本美枝等的文章①中则给出了不同答案。2015年日本总务省就一般消费者使用介护和通信机器人的意图进行了调查，其结果总结如下。

63.1%的受访者在假设自己是“介护方”时回答“想使用”或“可能考虑使用”（见图16）。② 而假设自己是“被介护方”时，63.3%的受访者回答“希望介护者使用”与“希望介护者考虑使用”，该结果与上面的“介护方”的结果几乎相同（见图17）。③

由此可见，人们对于智能介护机器人的看法在向积极方向转变，对介护机器人的使用意向也逐渐变得强烈，可以预见未来智能介护机器人将被更加积极地投入介护产业当中。

（五）关于智慧养老的国家措施

菅原尚子等学者在研究中称，“2012年，日本经济产业省和厚生劳动省确定了将智能介护机器人设备置于优先发展领域，并着力推进介护机器人设备的开发与普及。”经济产业省将会对私营企业与研究机构予以支持，从而推进以老年人与介护现场实际需求为基础的智能介护机器人设备的开发，厚生劳动省则将介护现场的机器人进行展示。

迄今为止，介护机器人发展的重点领域是“移乘辅助（穿戴式/非穿戴

---

① 坂本美枝、鈴木範子、松浦真理子、長沼将一、土屋陽介、前野譲二、加藤泰久、高木美也子：「ITによる介護現場のQOL向上を目指した開発研究」，〈学内共同研究報告（論文）〉，2019。

② 総務省，「平成27年版情報通信白書」，2015，http：//www. soumu. go. jp/johotsusintokei/whitepaper/ja/h27/pdf/27honpen. pdf，最后检索时间：2021年11月22日。

③ 総務省，「平成27年版情報通信白書」，2015，http：//www. soumu. go. jp/johotsusintokei/whitepaper/ja/h27/pdf/27honpen. pdf，最后检索时间：2021年11月22日。

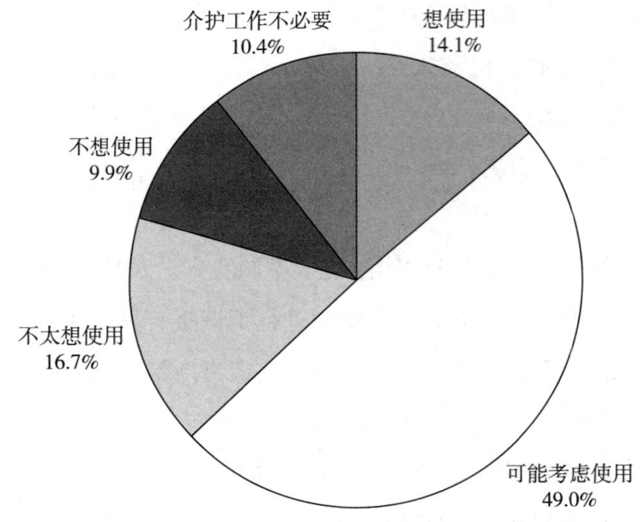

图 16　介护方机器人的使用意愿

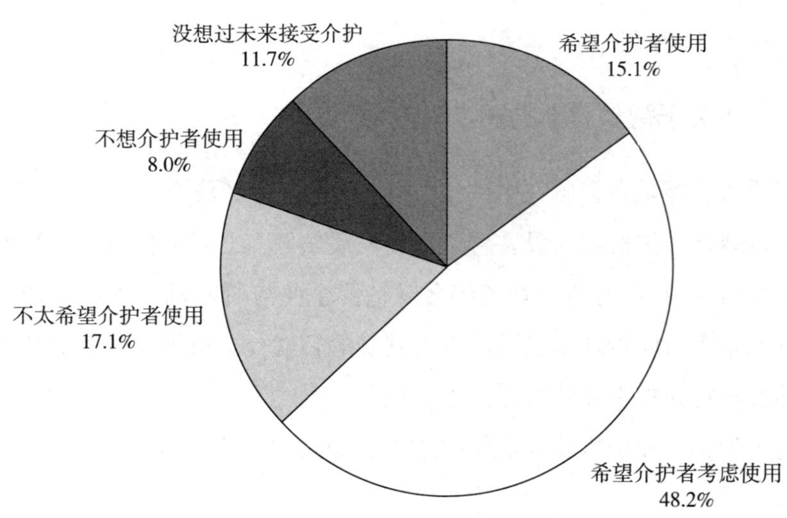

图 17　被介护方机器人的使用意愿

资料来源：日本总务省。

式）”“支持运动（室外/室内）”“支持排泄”“支持沐浴”“介护/通信（设施内/住宅内）”“支持移动（室内）”，而从 2018 年起，新增了“支持移动（穿戴式移动）”、“支持排泄（支持排泄预测/排泄动作）”、“监测/交流”和“支持介护项目”（见表23）[①]。

表 23　智能介护机器人·人工智能业务及重点推进领域

<table>
<tr><th colspan="3">业务内容</th><th>重点领域</th><th>H25</th><th>H26</th><th>H27</th><th>H28</th><th>H29</th><th>H30</th><th>H31</th><th>H32</th></tr>
<tr><td rowspan="2">推进智能介护机器人开发与引入项目</td><td colspan="2">制定标准与项目评价</td><td rowspan="2">A + B</td><td></td><td></td><td></td><td></td><td></td><td></td><td></td><td></td></tr>
<tr><td colspan="2">开发辅助项目</td><td></td><td></td><td></td><td></td><td></td><td></td><td></td><td></td></tr>
<tr><td rowspan="4">智能介护机器人开发与标准化项目</td><td colspan="2">效果测定与项目评价</td><td>A</td><td></td><td></td><td></td><td></td><td></td><td></td><td></td><td></td></tr>
<tr><td rowspan="2">制定标准与项目标准化</td><td>支持海外业务的发展，推动规范化</td><td>A + B + C</td><td></td><td></td><td></td><td></td><td></td><td></td><td></td><td></td></tr>
<tr><td>制定各种标准</td><td>C</td><td></td><td></td><td></td><td></td><td></td><td></td><td></td><td></td></tr>
<tr><td colspan="2">开发辅助项目</td><td>C</td><td></td><td></td><td></td><td></td><td></td><td></td><td></td><td></td></tr>
</table>

注：A 代表“移乘辅助（穿戴式/非穿戴式）”“支持运动（室外/室内）”“支持排泄”“支持沐浴”；B 代表“看护/通信（设施内/住宅内）”“支持移动（室内）”；C 代表“支持移动（穿戴式移动）”“支持排泄（支持排泄预测/排泄动作）”“监测/交流”“支持介护项目”。

资料来源：以国家研究开发署日本医疗研究开发机构《关于促进智能介护机器人的开发与引入》（2018 年 9 月 6 日）为基础作成。

在日本政府的引导下，各个企业将养老产业作为朝阳产业，大量投入预算，全力促进智能介护机器人的开发，形成了一套完整的设备开发与推广流程。以需求与服务协调合作为目的建立委员会，汇编反映介护现场需求的开发建议内容，推动满足介护场所需求的高实用性介护机器人的开发，在介护场所展示正在开发的试制设备，并创造能促进介护机器人实际应用的环境，并利用介护机器人的介护技术开发支援示范项目。

此外日本政府积极协调各个机关、制造商与养老设施机构，通过设立关于使用介护机器人等的咨询窗口，准备可合作示范的设施与经营场所示范点，对试制设备等进行监督调查，重点关注可以合作的设施与商业机构，制

① 菅原尚子、澤田武志、前田聡紀：「介護現場におけるロボット・AI 活用に関する調査研究」，『日経研月報』2019 年第 10 期。

作指南手册，开展关于使用介护机器人的培训等进行传播与启蒙等方式，大力推进福利设备以及智能介护机器人实际应用项目。

（六）典型案例分析

日本政府为应对人口老龄化这个棘手的问题，投入大量人力与财力研发智能介护机器人，以下有两个经典案例，从中可以看出人工智能技术在养老护理中做出的贡献。

1. 机器熊（Robear）

2015 年机器熊 Robear 走红世界，它是由来自独立行政法人理化学研究所和住友理工有限公司的科学家专为看护老年人而设计出来的机器人（见图 18、图 19）。这个机器人是力量介护型机器人的典范，不仅外形可爱，而且身材高大，可以完成抱起、移动、翻身等重体力活，极大地减轻了人工介护员的工作量，非常受欢迎，掀起了全球对介护机器人的热议。并且作为机器人，它可以一年 365 天不停地工作，仅需要定期维护检查电路和程序系统，确保其可以安全正确地执行命令。①

2. 松下真心香里园

松下创办的真心香里园也是非常典型的案例。该养老院充分使用数字技术，将数字技术应用于方方面面②，如——

- 通过各类传感器来检测老人周围的环境与老人的状态，以便介护人员应对突发状况（见图 20）
- 配套的轮椅与浴缸组合、坐式与卧式沐浴设备极大方便了老人的沐浴（见图 21）
- 座椅式智能马桶帮助如厕有困难的老人进行自主如厕（见图 22）
- 进行远程医疗介护，电脑终端实时监测身体数据，交流更加便捷

① ROBEAR 研究平台，http：//rtc. nagoya. riken. jp/ROBEAR/，最后检索时间：2021 年 11 月 22 日。

② 《日本智慧养老典型案例——松下真心香里园》，2018 年 5 月 26 日，https：//mp. weixin. qq. com/s/whxpl1cuCCrKcfj－qwImrw，最后检索时间：2021 年 11 月 22 日。

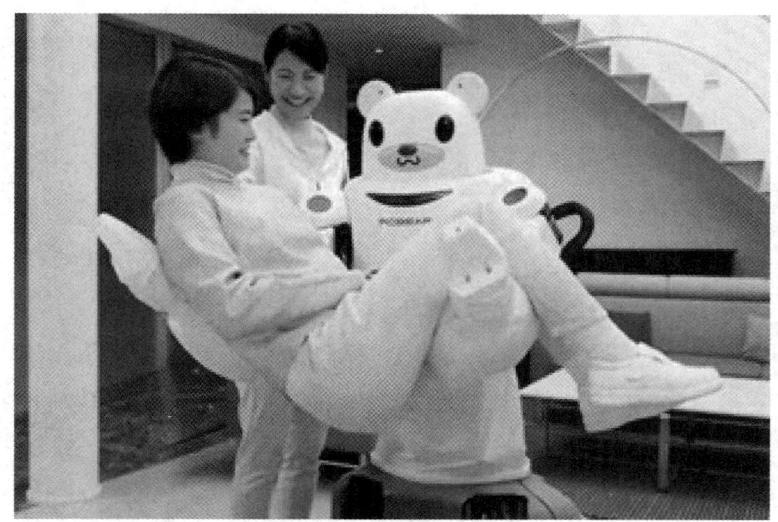

图 18　机器熊 1

资料来源：ROBEAR 研究平台。

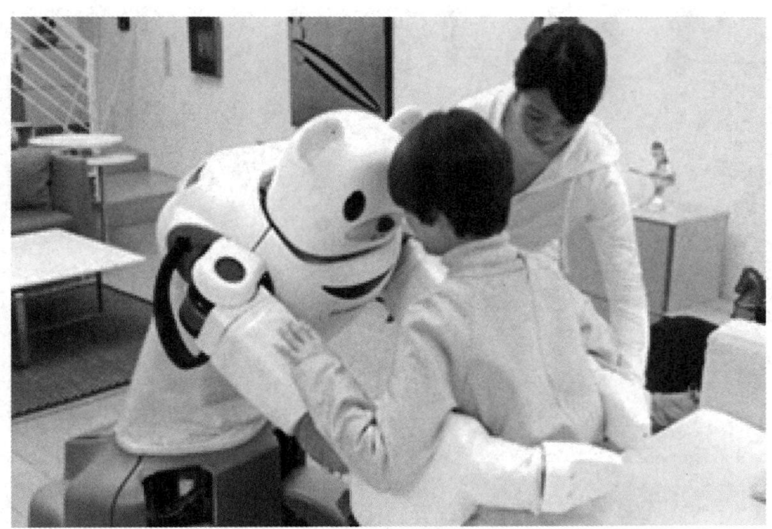

图 19　机器熊 2

资料来源：ROBEAR 研究平台。

（见图 23）

- 用于娱乐与交流的智能机器人给老人提供 24 小时的陪伴，预防老年

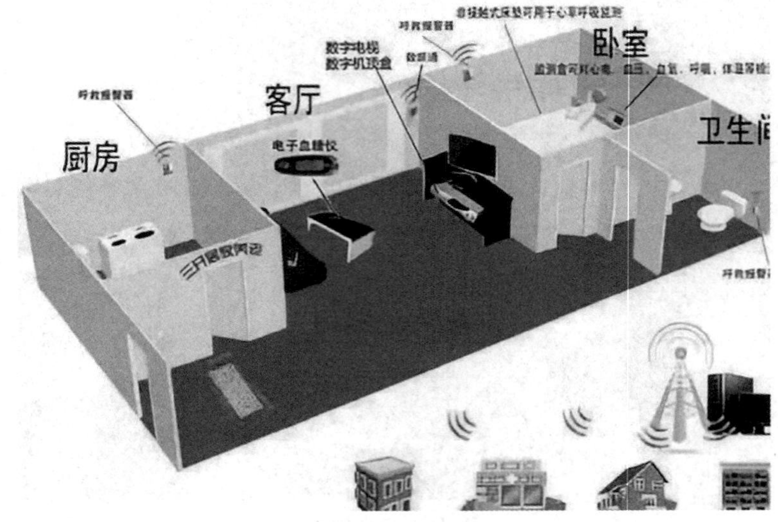

图 20　传感器检测

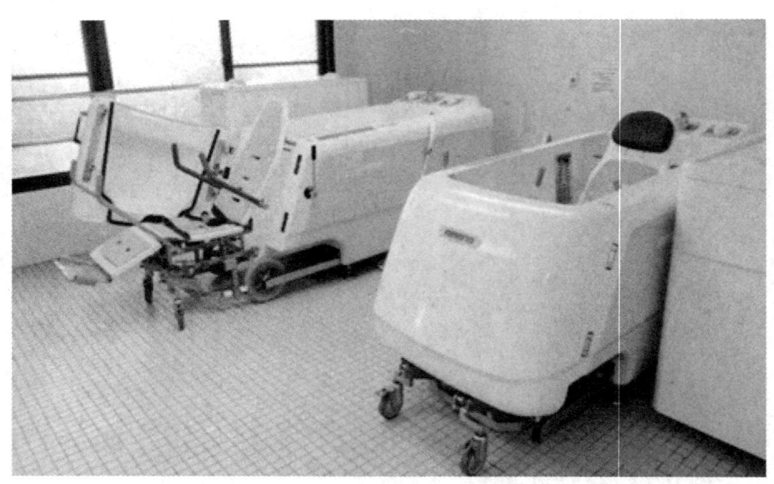

图 21　配套轮椅与浴缸结合

痴呆症与老人心理健康问题（见图 24）

• 洗发机器人与喂饭机器人方便老人日常生活自理等，虽然价格昂贵，但床位依然供不应求

日本不断尝试将人工智能技术运用在养老设施设备中，竭力应对人口老

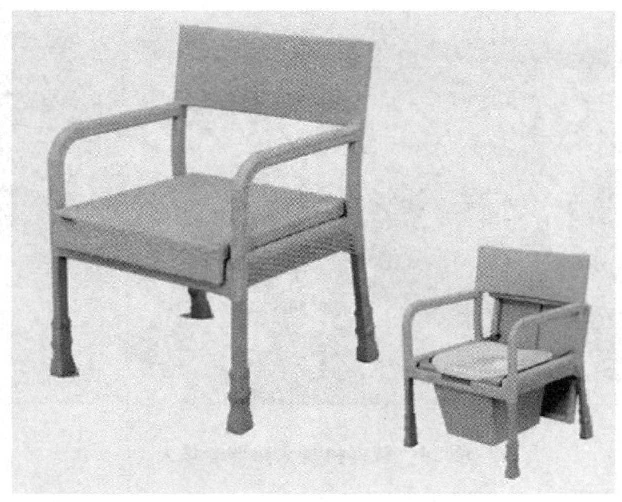

图 22　智能马桶

图 23　远程监测护理

龄化这一棘手的问题，从这两个典型案例可见日本在智慧养老方面的尝试已经取得良好成果。

七　日本多类型养老设施体系的启示

总体来说，一方面日本的多类型养老设施体系建设较为成熟与稳定，养

图 24　智能机器人陪伴老年人

资料来源：日本松下电器有限公司。

老体系的各个板块各个环节也呈现有机协调的态势，同时，养老产业为社会带来的作用也非常明显。例如，增加就业、繁荣经济、减轻社会和家庭各方面的压力等。但另一方面，政府的财政支出压力不可忽视，以及国内福祉设施供需矛盾等一些问题也需要及时解决。回顾日本养老产业体系化的发展历程并且对比我国的实际情况，再辩证地加以吸收借鉴，对于推进我国多类型养老设施体系的完善具有非常重要的实际借鉴意义。

（一）体系化：建立健全相关法律和政策体系

从日本过去的养老体系建设中我们发现，其实多类型养老设施的每一次进步都缺少不了国家政策法律的支持。政策法律为多类型养老设施体系建设指导了方向。每一次法律政策的颁布与修改，特别是介护保险制度的完善，都推动着养老体系的进一步发展。另外，我国的老龄化特征与日本也不尽相同。与日本不同的是，我国的老龄化规模大，并且来得早来得快，持续时间长。这也使得我国将面临的养老困难大大增加。同时，我国也正在积极探讨如何建立符合我国国情的介护保险制度、完善介护支付体系，如何通过政策加大介护人才的培养，等等。这些都是国内面临的迫在眉睫的课题。所以，日本成功的经验值得我们借鉴，并且我们也应该具体问题具体分析，进行反思，掌握真正的实际情况，应对实际出现的问题，制定出符合我国国情的介护保险制度、完善相关法律政策体系建设。

（二）人性化：提升多类型养老设施建设与服务的标准化水准，细化设施服务种类

日本的养老设施在总体格局的设计上非常人性化，考虑为老人饮食起居提供各种方便的服务，只要是为了照看老年人，在生活中各方面都进行了科学的设计。比如，扶手的高度以及粗细、各种物品摆放的位置等，所有的安排都考虑了最适合老年人的方式，具有实用性、贴合性。另外，在养老需求评估方面，日本也有非常人性化的评估标准。例如，介护认定中的两次判定，76 项调查项目，都是非常细致与标准化的。

所以，为了提升人性化服务水准，应引导建设设施的基层放弃那些毫无实用价值的点缀与装饰，以实用为前提制定和细化养老服务设施适用的实用标准。完善细化国内的养老需求评估系统，建立起更加人性化的服务标准。另外也可以通过政府的示范作用，逐步提高养老设施的适老性建设水平。①

（三）多元化：养老设施体系建设的发展方向

日本的养老设施非常多样化，按运营主体的不同分为公办设施与民营设施，其下设多种类型的养老设施供不同条件的老年人使用，通过评估老年人的具体需求，提供适宜的设施。可以试想一下，如果由政府一方主导养老产业，会有非常多的弊端，可能会出现不能照顾到每个人的需求、服务质量不高、效率低下等问题。养老市场也会因此失去发展活力。所以，不能仅仅依靠政府来满足社区养老服务现实的需求。除了政府，也应支持其他主体积极参与到养老产业的建设中来，这样能够促进养老市场机制的形成，能够提高资源利用效率。一定的竞争能为养老产业的发展带来动力，不同的主体也能

---

① 王佳伟：《日本养老带给我们的经验和启示》，http://mzt.jl.gov.cn/mzyw_74261/llyj/201607/t20160711_2599127.html，最后检索时间：2021 年 11 月 24 日。

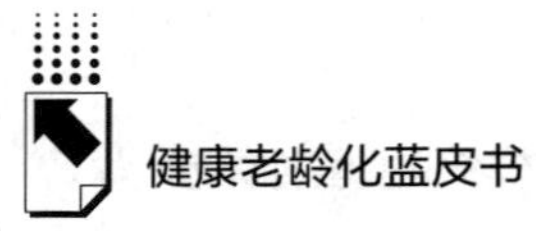

在其中发挥不同的作用，能从各方面来弥补政府运营的不足，减轻政府的负担。

（四）智能化：同步推动实现智慧养老

除了以上提到的这些，现代科技也应用在日本智慧养老的方方面面。日本的各个科技公司也都在致力于研发服务于老年人生活的人工智能技术。现在，无论是在老年人的正常生活方面，还是高龄者介护方面，都少不了人工智能的广泛应用。并且，在研发设计过程中，考虑到老年人的生活需求、生理特点还有实际的使用情况，对日常生活所需的各种物品进行改造，提供各种各样的智能辅助。

在推动人工智能发展、社会智能化的同时，我们也同样需要兼顾老年人群体，根据老年人群体的多样性具体需求特点，从各个方面入手，做到从硬件到软件的智能一体化，从线上到线下各个环节的周到化、细致化，真正实现智慧养老。

皮 书

智库成果出版与传播平台

✤ 皮书定义 ✤

皮书是对中国与世界发展状况和热点问题进行年度监测，以专业的角度、专家的视野和实证研究方法，针对某一领域或区域现状与发展态势展开分析和预测，具备前沿性、原创性、实证性、连续性、时效性等特点的公开出版物，由一系列权威研究报告组成。

✤ 皮书作者 ✤

皮书系列报告作者以国内外一流研究机构、知名高校等重点智库的研究人员为主，多为相关领域一流专家学者，他们的观点代表了当下学界对中国与世界的现实和未来最高水平的解读与分析。截至 2021 年底，皮书研创机构逾千家，报告作者累计超过 10 万人。

✤ 皮书荣誉 ✤

皮书作为中国社会科学院基础理论研究与应用对策研究融合发展的代表性成果，不仅是哲学社会科学工作者服务中国特色社会主义现代化建设的重要成果，更是助力中国特色新型智库建设、构建中国特色哲学社会科学“三大体系”的重要平台。皮书系列先后被列入“十二五”“十三五”“ 十四五”时期国家重点出版物出版专项规划项目；2013~2022 年，重点皮书列入中国社会科学院国家哲学社会科学创新工程项目。

皮书网

（网址：www.pishu.cn）

发布皮书研创资讯，传播皮书精彩内容

引领皮书出版潮流，打造皮书服务平台

栏目设置

◆ 关于皮书

何谓皮书、皮书分类、皮书大事记、皮书荣誉、皮书出版第一人、皮书编辑部

◆ 最新资讯

通知公告、新闻动态、媒体聚焦、网站专题、视频直播、下载专区

◆ 皮书研创

皮书规范、皮书选题、皮书出版、皮书研究、研创团队

◆ 皮书评奖评价

指标体系、皮书评价、皮书评奖

◆ 皮书研究院理事会

理事会章程、理事单位、个人理事、高级研究员、理事会秘书处、入会指南

所获荣誉

◆ 2008 年、2011 年、2014 年，皮书网均在全国新闻出版业网站荣誉评选中获得“最具商业价值网站”称号；

◆ 2012 年，获得“出版业网站百强”称号。

网库合一

2014年，皮书网与皮书数据库端口合一，实现资源共享，搭建智库成果融合创新平台。

皮书网　“皮书说”微信公众号　皮书微博

基本子库
SUB DATABASE

中国社会发展数据库（下设 12 个专题子库）

紧扣人口、政治、外交、法律、教育、医疗卫生、资源环境等 12 个社会发展领域的前沿和热点，全面整合专业著作、智库报告、学术资讯、调研数据等类型资源，帮助用户追踪中国社会发展动态、研究社会发展战略与政策、了解社会热点问题、分析社会发展趋势。

中国经济发展数据库（下设 12 专题子库）

内容涵盖宏观经济、产业经济、工业经济、农业经济、财政金融、房地产经济、城市经济、商业贸易等12个重点经济领域，为把握经济运行态势、洞察经济发展规律、研判经济发展趋势、进行经济调控决策提供参考和依据。

中国行业发展数据库（下设 17 个专题子库）

以中国国民经济行业分类为依据，覆盖金融业、旅游业、交通运输业、能源矿产业、制造业等 100 多个行业，跟踪分析国民经济相关行业市场运行状况和政策导向，汇集行业发展前沿资讯，为投资、从业及各种经济决策提供理论支撑和实践指导。

中国区域发展数据库（下设 4 个专题子库）

对中国特定区域内的经济、社会、文化等领域现状与发展情况进行深度分析和预测，涉及省级行政区、城市群、城市、农村等不同维度，研究层级至县及县以下行政区，为学者研究地方经济社会宏观态势、经验模式、发展案例提供支撑，为地方政府决策提供参考。

中国文化传媒数据库（下设 18 个专题子库）

内容覆盖文化产业、新闻传播、电影娱乐、文学艺术、群众文化、图书情报等 18 个重点研究领域，聚焦文化传媒领域发展前沿、热点话题、行业实践，服务用户的教学科研、文化投资、企业规划等需要。

世界经济与国际关系数据库（下设 6 个专题子库）

整合世界经济、国际政治、世界文化与科技、全球性问题、国际组织与国际法、区域研究 6 大领域研究成果，对世界经济形势、国际形势进行连续性深度分析，对年度热点问题进行专题解读，为研判全球发展趋势提供事实和数据支持。

法律声明

“皮书系列”（含蓝皮书、绿皮书、黄皮书）之品牌由社会科学文献出版社最早使用并持续至今，现已被中国图书行业所熟知。“皮书系列”的相关商标已在国家商标管理部门商标局注册，包括但不限于LOGO（ ）、皮书、Pishu、经济蓝皮书、社会蓝皮书等。“皮书系列”图书的注册商标专用权及封面设计、版式设计的著作权均为社会科学文献出版社所有。未经社会科学文献出版社书面授权许可，任何使用与“皮书系列”图书注册商标、封面设计、版式设计相同或者近似的文字、图形或其组合的行为均系侵权行为。

经作者授权，本书的专有出版权及信息网络传播权等为社会科学文献出版社享有。未经社会科学文献出版社书面授权许可，任何就本书内容的复制、发行或以数字形式进行网络传播的行为均系侵权行为。

社会科学文献出版社将通过法律途径追究上述侵权行为的法律责任，维护自身合法权益。

欢迎社会各界人士对侵犯社会科学文献出版社上述权利的侵权行为进行举报。电话：010-59367121，电子邮箱：fawubu@ssap.cn。

社会科学文献出版社